民法講義

III

担保物権

〔第3版〕

近江幸治著

成文堂

緒　言

　本書は，『民法講義』シリーズの第3巻『担保物権』として2004年（平成16年）に上梓したものであるが，それ以前の1988年（昭和63年）に，私の最初の著書であり，本書の前身となる『担保物権法』を弘文堂から出版していた。ワープロも普及していない時代であったから，万年筆で200字詰原稿用紙の一升一升を埋めていくという，今から考えれば，気の遠くなるような執筆方法であった。それだけに，執筆を終えたときには，安堵感とともに感慨も一入であった（もっとも，その執筆を終えた数ヶ月後に，出始めたばかりのワープロを流行に乗って買い入れたが）。そして，その16年後に，『担保物権法』を絶版にして，新たな視点から『民法講義』シリーズとして本書を著わした。

　担保法は，金融・経済状況の影響を受けやすい領域である。本書も，担保特別立法や判例の変更などの重要な展開に応じてその都度改訂を行ってきたが，今回は，2017年の債権法改正を機に全面的に見直した，全面改定である。

＊　　　　　＊　　　　　＊

　担保制度の背景は，金融経済である。したがって，金融経済の変動は，担保法の存在形態（規範としての在り方）に大きく作用するのである。民法典が成立して以降，日本経済は，数回の大きな経済変動に見舞われてきた。大まかに言えば，① 日清・日露戦争の勝利による「産業資本の確立」(1895〜1905)，② 金融恐慌・農業恐慌による「昭和不況」(1927〜1930)，③ 戦後処理と朝鮮戦争が重なった「高度経済成長期」(1950〜1954)，④ 2度にわたるオイルショックに伴う「低成長経済への突入」(1973・79)，⑤ バブル崩壊に伴う長期的な「デフレ・スパイラル」(1990〜2000)，⑥ リーマンショックを起因とする「執行制度の崩壊」(2008〜)，⑦ COVID-19による世界的な「生産・消費過程の停滞とスタグフレーション」(2020〜)，などである。

　この節目的な変動に遭遇して，執行法を含めた幾多の担保法関連の立法がなされ，また，担保物権規定の解釈も変更されてきたのである。「担保物権」は，大きな意味で「金融担保」制度の中核を形成するものであるから，解釈

学においても，このような視点から観察する必要もあろう。本書が，特に，第2編-第1章に「約定担保論——金融担保法序説」を置き，歴史的かつ経済的な問題を論じているのも，「担保制度」に対するひとつの見方を示したものである。

＊　　　　　＊　　　　　＊

　本書が，このように出版できたのも，多くの励ましを頂いた成文堂社長阿部成一氏と，入念な編集作業を担当された同社編集部小林等氏のお陰である。お二人には，心から感謝を申し上げる。

　　　2020 年 3 月 30 日

近　江　幸　治

目　　次

文献略語表

【参考文献】

生熊　　生熊長幸『担保物権法〔第2版〕』（2018・三省堂）

石口　　石口　修『民法要論Ⅲ担保物権法』（2016・成文堂）

石田　　石田　穣『民法大系3担保物権法』（2010・信山社）

内田　　内田　貴『民法Ⅲ債権総論・担保物権〔第3版〕』（2005・東大出版会）

大村　　大村敦志『新基本民法3担保編』（2016・有斐閣）

川井　　川井　健『担保物権法』（1975・青林書院新社）

川井・概論　　川井　健『民法概論2物権〔第2版〕』（2005・有斐閣）

河上　　河上正二『担保物権法講義』（2015・日本評論社）

北川　　北川善太郎『物権（民法講要Ⅱ）〔第3版〕』（2004・有斐閣）

佐久間　　佐久間弘道『共同抵当の理論と実務』（1995・金融財政事情研究会）

鈴木　　鈴木禄弥『物権法講義・五訂版』（2007・創文社）

鈴木・抵当制度　　鈴木禄弥『抵当制度の研究』（1968・一粒社）

鈴木・根抵当　　鈴木禄弥『根抵当法概説〔第三版〕』（1998・新日本法規出版）

田井ほか　　田井義信=岡本詔治=松岡久和=磯野英徳『新物権・担保物権法〔第2版〕』（2005・法律文化社）

高木　　高木多喜男『担保物権法〔第4版〕』（2005・有斐閣）

高木ほか　　高木多喜男=曾田厚=伊藤眞=生熊長幸=吉田真澄=半田正夫『民法講義3担保物権』（1978・有斐閣）

高島　　高島平藏『物的担保法論Ⅰ』（1977・成文堂）

高橋　　高橋　眞『担保物権法〔第2版〕』（2010・成文堂）

谷口=筒井編　　谷口園恵=筒井健夫編『改正担保・執行法の解説』（2004・商事法務）

椿編　　椿寿夫編『担保物権法』（1991・法律文化社）

貞家=清水　　貞家克己=清水湛『新根抵当法』（1973・金融財政事情研究会）

道垣内　　道垣内弘人『担保物権法〔第4版〕』（2017・有斐閣）

中井　　中井美雄『担保物権法』（2000・青林書院）

半田　　半田正夫『やさしい担保物権法』（1989・法学書院）

星野　　星野英一『民法概論Ⅱ物権』（1976・良書普及会）

槇　　槇　悌次『担保物権法』（1981・有斐閣）

松井　　松井宏興『担保物権法〔第2版〕』（2019・成文堂）

松岡　　松岡久和『担保物権法』（2017・日本評論社）

松坂　　松坂佐一『民法提要（物権法）』（1980・有斐閣）

柚木=高木　　柚木馨著/高木多喜男補訂『担保物権法〔第三版〕』（1982・有斐閣）

米倉・所有権留保　米倉　明『所有権留保の研究』（1997・新青出版）

米倉・譲渡担保　　米倉　明『譲渡担保の研究』（1976・有斐閣）

我妻　　我妻　榮『新訂担保物権法』（1971・岩波書店）

【Ⅰ】　　近江幸治『民法講義Ⅰ民法総則〔第7版〕』（2018・成文堂）

【Ⅱ】　　近江幸治『民法講義Ⅱ物権法〔第4版〕』（2020・成文堂）

【Ⅳ】　　近江幸治『民法講義Ⅳ債権総論〔第3版補訂〕』（2009・成文堂）

【Ⅴ】　　近江幸治『民法講義Ⅴ契約法〔第3版〕』（2006・成文堂）

【Ⅵ】　　近江幸治『民法講義Ⅵ事務管理・不当利得・不法行為〔第3版〕』（2018・成文堂）

【Ⅶ】　　近江幸治『民法講義Ⅶ親族法・相続法〔第2版〕』（2015・成文堂）

近江・旧版　　近江幸治『担保物権法［新版補正版］』（1998［初版1988］・弘文堂）

近江『研究』　　近江幸治『担保制度の研究』（1989・成文堂）

【文献引用の方法】

＊　上記以外は，原則として，法律編集者懇話会「法律文献等の出典の表示方法」による。

＊　引用判決文中にある「右」という用語は，横書きの関係から，すべて「上記」に置き換えてある。

序論 担保物権法の基礎理論

(1) 「担保」とは何か —— 債権保全制度 ——

(a) 債権の「保全」　「担保」とは，「債権」を保全する制度である。近代社会において，金銭と同等に価値基準として機能する「債権*」は，法律的には，一定の給付を債務者に対して「請求できる」（債務者は履行しなければならない）という当為（Sollen）規範に服している。そのため，債務者の一般財産を引当てとして包括的に保護される仕組みになっている（後掲(2)(b)（4頁）参照）。しかし，債務者が履行できるかどうかは，その者の弁済資力や弁済しようとする意思にかかっている。したがって，「債権」自体は，法律的仕組みとは裏腹に，きわめて不安定・不確実なものである。

　そこで，「債権」が満足（弁済）を得ることを確実にさせようとする制度が要求されてくる。この要求から生じた債権の保全制度が，「担保（＝引当て）」制度である。

> ＊　**「債権」（債務）の発生形態**　債権・債務は種々の形で発生するが，私法上は4つの形態に分類することができる。すなわち，① 当事者の合意によって発生する場合（＝契約），② 他人の要務を代わって行う場合（＝事務管理），③ 他人からの利得が法律上の原因を欠く場合（＝不当利得），④ 不法な行為によって損害賠償が発生する場合（＝不法行為），である。これらの債権発生原因は，『債権各論』の問題として論じられる（【V】1頁参照）。

(b) 債権保全の 2つの制度　担保制度上，この債権保全（引当て）方法には，大別して2つの制度がある。

　i　物的担保　〔図①〕第1は，「物」をもって特定の債権の引当てとする方法である。この「物」を「担保物」

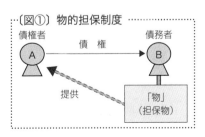

〔図①〕物的担保制度

債権者
A

債権者 →　債　権　→ 債務者
B

提供

「物」
（担保物）

（担保目的物）といい，この方法を「物的担保」制度という。これには，民法上，2つの類型がある。すなわち，——

　　① **約定担保物権**　　当事者が約定（合意）に基づいて担保を設定する場合である。例えば，借金をする際には，その借金の裏付けとして「担保物」（不動産や動産類）を提供するのが普通であるが，そのことは，もし借金を弁済できないときは，その「担保物」を借金（債務）の肩代わりとすることを意味しているのである。

　　② **法定担保物権**　　当事者の意思に関係なく，法律が担保を付与する場合である。例えば，企業が倒産して従業員が何か月かの給料をまだ支払ってもらっていない場合は，その給料（＝従業員の債権）は，倒産した企業財産から優先的に支払われるようになっており（306条2号），また，家に自動車が飛び込んで玄関を壊した場合には，それによって発生した損害賠償債権を払ってもらうまでその自動車（＝担保物）を留置する（＝返さない）権利が与えられている（295条）。これらの企業財産や自動車は，各債権の「担保物」なのである。

　　このように，「約定」または「法定」の差はあれ，当事者間において生じた「債権」は，その「物」（担保物）によって確実に保全されている[*]。これが担保物権の制度目的である。

　　　＊　被担保債権の存在しない担保？　　この関係で，次の担保形態が若干問題となろう。第1は，ドイツ民法で認められている，債権と無関係に土地より一定額の支払いのなされる土地債務（Grundschuld）および定期土地債務（Rentenschuld）における債権保全機能いかんである。これらの制度は，抵当権とは別の方向に発展したRentenkaufの系を引くものであり，法形式上は債権とは切断されるが，債権保全機能が完全に払拭されるものではないのである（鈴木・抵当制度9頁，近江『研究』151頁以下。なお，中山知己「ドイツ土地債務の担保的機能」立命法学185・186・187号参照）。
　　　　第2は，権利移転型担保における被担保債権の存在いかんである。そもそも権利移転型担保とは，制限物権型担保の脱法的な変則行為であって，そのために権利移転という外形を使わなければならなかっただけであり，その実，債務が存在しないわけではない（詳細は，第3編第1章（283頁））。

　　ii　人的担保　　〔**図②**〕第2は，他の「人」が，債務者の「債務」の履行を保証し，もし履行がなければ，自分が一般財産をもって「責任」を負うとす

る方法である（「責任」の意味は，後掲5頁。【「債務」と「責任」】参照）。その「人」を「保証人」といい，この方法を「人的担保」という。保証や連帯債務などがこれに当たるが，わが民法上，「担保物権」のような統一的な制度とはなっていない（これらについては，民法「債権」編で扱う）。

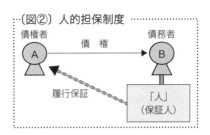

〔図②〕人的担保制度

(2)　優先弁済権

(a)「物権」制度に依拠した「優先弁済権」　債務者が債務を任意に弁済しないときは，債権者は，担保物を競売に付し，その売得金から債権部分を優先的に取得できる（優先弁済権）。この「優先弁済権」が，担保物権の本質的機能である。では，これはどのような法的メカニズムから導かれるのであろうか。

　〔図③〕「物権」は，物を排他的に「支配」する権利である。すなわち，①その「支配」権能は，具体的には，《使用》権能，《収益》権能，《処分》権能である（206条。詳細は，【Ⅱ】3頁以下）。そして，担保物権の設定とは，そのうちの《処分》権能を債権者に移譲することであるから（設定者には，担保目的物につき《使用》権能と《収益》権能しか残らない），《処分》権能を得た担保権者は，担保目的物を自由に処分できることになる。これが，担保権実行における「換価」すなわち「競売権」となって現れる（任意競売）。しかも，②《処分》権能は，「排他的」な支配権であるから，その「優先的効力」を本質とする。

　このしくみが，担保権の「優先弁済権」を導いているのである。つまり，

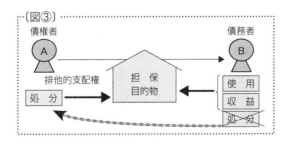

〔図③〕

担保物権は，その優先性を「物権」制度（＝排他的支配性）に依拠した債権保全制度である。このメカニズムのために，担保制度が「物権」とされ「物権編」に置かれているのである。

   * 留置権は例外   もっとも，留置権は，競売権が認められていないので，例外的存在である。ただし，民事執行法では留置権による競売権を規定しており（民執195条。形式的競売権といわれる），他方，他の債権者が執行した場合には，留置権者は優先弁済を受けることができるので$\left(\begin{smallmatrix}\text{民執59条4項，同}\\\text{124条，同190条}\end{smallmatrix}\right)$，事実上の優先弁済権がある$\left(\begin{smallmatrix}\text{詳細は，第1編第1}\\\text{章第3節(4)（36頁）}\end{smallmatrix}\right)$。

(b) 債権の効力の限界と「物権」の優先性 〔**図④**〕ところで，「債権」は，近代法においては，債務者が任意に弁済しない場合，最終的に，債務者の一般財産から，強制執行の方法により満足を受けることが保障されている（これを債権の「摑取力<ruby>摑取力<rt>かくしゅ</rt></ruby>」（Zugriffsmacht）といい，本体的な効力である「請求力」から派生する債権の効力である）$\left(\begin{smallmatrix}\text{【IV】12}\\\text{頁参照}\end{smallmatrix}\right)$。

  しかし，この摑取力には，2つの限界がある。第1は，債権者平等の原則による限界である。債権者が数人存在するときは，その債権の成立の前後に関係なく，各債権者は債権額に応じて平等に配当を受けることになる。したがって，債務者の破産の場合には，その一般財産の総額が総債権額に満たなくなるために，債権者は必ずしも十分な満足を受けうるとは限らない。第2は，債務者の財産処分の自由性による限界である。摑取力の具体的な発効(強制執行)までは，財産は債務者の自由な支配に委ねられている。したがって，破産の直前などには財産が自由に処分されてしまう危険がある。

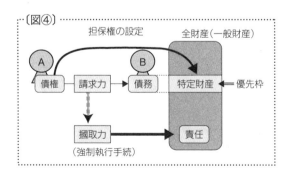

　そこで、いかなる場合であろうとも、債権を確実に保全し、債権者に優先弁済権を保障する方法が必要となってくる。「担保物権（物的担保）」とは、この要請から形成された債権保全制度である。すなわち、上述したように、債務者の一般財産のうちの特定財産につき、その《処分》権能を債権者に移譲し（＝担保権の設定）、債務が弁済されない場合には、債権者はその「処分」権能を実現させる（＝抵当権の実行→優先弁済権の実現）、という方法である（〔図④〕参照）。

> **【債権の執行と担保権の実行】**　　〔図④〕をもう少し詳しく説明しよう。債権からも担保権からも、共に債務者の一般財産に対して執行はできる。しかし、「債権」自体は、債務者の一般財産（責任財産）に属する個々の財産との直接的関係をもっていない。そこで、債権の執行として債務者の個々の財産を強制換価するためには、確定判決や執行認諾の公正証書などの「債務名義（Schuldtitel）」という法的根拠（権原）が必要となる（民執22条）。債権に基づく競売が、「強制競売」（民執43条）といわれるゆえんである。
>
> 　これに対して、担保権の設定（または法定の担保権付与）は、その特定財産の「処分」権能を債権者に移譲することであり、担保権の実行（＝競売申立て）は、この「処分」権能の発現なのであるから、「債務名義」などは必要でない。みずからの「処分」権原に基づく「換価」だからである。このことから、担保権に基づく競売は、「任意競売」といわれてきた。
>
> 　以上が、債権執行と担保権実行の制度の基本的な枠組みである。これは、担保権実行につき「担保権の存在を証明する文書」が要求されても、また、不動産担保権につき「収益執行」の方法が導入されようとも、制度の骨格に変わりはないのである（なお、113頁【処分権・換価権をめぐる理論的問題】参照）。

> **【「債務」と「責任」】**　　〔図④〕債務者は、債権者に対して「債務」（Schuld）を負っているが、それを任意に履行しない場合には、最終的に、自分の一般財産（全財産）が引当てとなる。この「一般財産」が引当てとなることを「責任」（Haftung）を負うという（もともと「債務」と無関係な「一般財産」が引当てになるのだから、「責任」概念の意味は理解されよう）。したがって、債務者は、債権者に対しては、「債務」を負担すると同時に、「責任」も負っていることになる。
>
> 　これに対して、〔図②〕保証人（さらに物上保証人）は、元来みずから「債務」

> を負っているわけではなく，ただ，自己の一般財産を引当てとして債務者の「債
> 務」を「保証」しているにすぎないから，「責任」のみを負う関係にある。いわ
> ゆる，「債務なき責任」である。ただ，現行民法は，保証人の「責任」を，特別
> に「債務」として構成した（強力な債権者保護思想である）。しかし，それによっ
> て，債務と責任との概念区別が否定されるわけではない。

(c) 優先弁済の方法──
**　　　「処分」権能の発現形態**　　　担保権の「優先弁済権」は，排他的支配権であ
る物権の《処分》権能から導かれるものである。
ただし，その優先弁済の方法は，担保権の種類と目的物により一様ではない。
以下の方法がある。

　　i　「競　売」　　　留置権を除くすべての担保物権に共通する，一般的
な優先弁済方法である。目的物が不動産でも，また動産でも同じである（ただ，
用語的には，前者を「担保不動産競売」（民執180条1号），後者を「動産競売」（同190条）とい
う）。担保権者に帰属した「処分」権能に基づいて行われるので「任意競売」
と呼ばれるが，これは，債権の効力としてなされる「強制競売」と対比した
概念である（5頁【債権の執行と担保権の実行】参照）。具体的な競売手続きについては，「抵当権の実
行」の箇所で説明する（→第2編第3章第4節**2**（163頁））。

　　ii　「収益執行」　　　目的物が不動産である不動産担保権（一般の先取特
権，不動産の先取特権，不動産質権，および抵当権）の場合には，競売に代えて，
または競売と共に，「担保不動産収益執行」の方法によることもできる（民執180条以下）。これは，強制執行の一形態である「強制管理」（民執93条以下）を範にとった担
保権実行の方法であり，不動産から生じる「収益」（天然果実・法定果実）の収
取を担保権者が管理して，それを被担保債権の弁済に充てることにより優先
弁済を実現するものである（2003年に創設）。具体的手続については，「抵当権の実行」
の箇所で説明する（→第2編第3章第4節**3**（169頁））。

　　iii　「私的実行」　　　他方，譲渡担保，仮登記担保などの変則担保では，
債権者と債務者の合意により，目的物自体を債権者に帰属させて価額的な差
額清算をする「私的実行」が行われる。これもまた，債権者の「処分」権能
に基づく優先弁済の一形態である。なお，破産手続が開始された場合に，破
産管財人が，みずからの管理処分権に基づいて行う「任意売却」（和解的性質）

もまた，この範疇に入ろう。

(3)　担保物権の構成

(a)　「担保関係」の成立 ——
**　　担保権者と担保設定者の紐帯**　担保物権は，「債権」<small>（債権債務関係・Schuldver-
hältnis（債権の目的達成に</small>
<small>向かった，当事者に対して「相手方の権利，法益および利益を
配慮すべき義務」（保護義務）を負わせた包括的な関係。ド民</small>
<small>241条2項）</small>
【IV】11頁参照）を保全（＝担保）するために設定されるものである。ここにあって
は，当事者間に，債務が履行されない場合には誠実に担保設定者としての責
任を果たそうとする意思が存在していることは明らかである。したがって，
この関係を「担保関係」（Sicherungsverhältnis）と呼ぶのが適切である。

「担保関係」は，信義則によって支配され，諸々の義務によって拘束されて
いる関係というべきである。とりわけ，設定者には担保価値維持義務が課さ
れていよう。137 条 2 号（債務者の担保の滅失・損傷・減少による期限の利益の喪
失）は，この法理（義務違反）の現れと考えられるのである（<small>第2編第3章第5節
②（179頁）参照</small>）。
この概念は，判例（<small>最大判平14・11・24
民集53巻8号1899頁</small>）によっても追認されたといいうる。

このような担保関係は，通常は当事者の合意（約定）によって成立するのが
普通であるが，債権関係の中でも特別の種類のものについては，公平の観点
や公益的な政策判断から，法律上当然の成立が認められている。前者が約定
担保物権であり，後者が法定担保物権である。両者は，次に述べるように，
社会的な意義はまったく異なるが，しかし，「担保関係」という信義則規範で
担保権者と担保設定者とを結合させている関係であることは疑いない。

(b)　約定担保物権と
**　　法定担保物権**　さて，民法典上の構成であるが，まず，担保物権は，
約定担保物権と法定担保物権とに分かれる。

**　i　約定担保物権**　金融取引において，当事者が信用創出の手段とし
て設定する担保関係である。ここでは，当事者の約定（合意）によって担保物
権が設定される。民法上の約定担保物権は，質権（<small>342
条</small>）と抵当権（<small>369
条</small>）である
が，これらを補強して，約定担保法を再構築している重要な 2 つの柱がある。
第 1 は，取引慣習から判例法上確立するにいたった「変則担保」であり，譲
渡担保，仮登記担保（代物弁済予約），所有権留保などがこれに属する。第 2 は，
抵当権に関する夥しい特別法の存在である。これらは，「信用」（Kredit）を基

本に展開する金融担保法を形成している。

　　ⅱ　法定担保物権　　特別の債権関係から発生する担保関係である。特定の債権を特に保護しようとする政策的判断から，法律上当然にその成立が認められる。民法上の法定担保物権は，留置権$\binom{295}{条}$と先取特権$\binom{303}{条}$であるが，先取特権については，特別法によるものがかなり多い。

　　【物的担保の効力】　　物的担保の効力として，次の3つが挙げられることがある$\binom{我妻4}{頁以下}$。

　　ⅰ　優先弁済的効力　　債権が任意に弁済されない場合，その物から他の債権者に先立って自己の債権の満足を受けることができるとするもので，物的担保の本体的効力である。

　　ⅱ　留置的効力　　債権者に占有が存する物的担保（留置権，質権）に認められるものであり，留置することによって間接に債権の弁済を強制する効力。

　　ⅲ　収益的効力　　不動産質権にのみ認められ，債権者は担保物を使用し収益することができるとする効力である。

　　しかし，ⅰの優先弁済的効力を除けば，他は，物的担保の効力というよりも，むしろ，担保物権の種類（あるいは，債権者の物支配の態様）による特性とでも考えた方がよい。

　　(c) 制限物権的構成と権利移転的構成　　次に，制限物権的構成と権利移転的構成である。担保物権は前者の構成をとるが，後者は，解釈によって認められてきた変則担保に特有の構成である。

　　ⅰ　制限物権的構成　　民法上の担保物権は，すべて他人の権利の上に成立する制限物権として構成されている$\binom{制限物権の意味について}{は，【Ⅱ】3頁参照}$。そして，上述したように，使用・収益・処分という支配権能$\binom{206}{条}$のうち，「処分」権能を基本とした制限物権なのである$\binom{前掲(2)(a)(3)}{頁）参照}$。

　　ⅱ　権利移転的構成　　これは，権利（所有権）の移転自体が担保機能を営むことから，慣習により生成し，解釈によって法認された担保方式であるが，もともと，このような担保制度が民法典上存在するわけではない。これらを総称して，学問的に，「権利移転型担保」と呼んでいるのである$\binom{来栖三郎『契約法』}{}$222頁〔昭49〕，川井183頁〔昭50〕がそのはしりである）。実際の金融担保の社会では，大きな作用を営んでい

る。以下の諸制度がこれに当たる。

　①　**買戻し・再売買予約**　　資金を必要とする者が，自己の財産を一旦
売却して金銭を得，後に金銭の都合ができたときにそれを買い戻す，という
方法である（579条以下）。実質的にも，その財産につき担保権を設定するのと変わ
るところがない。また，買戻しという構成の代わりに，民法上の規定はない
が，売買の一方の予約（556条）を利用し，再売買の予約付で売却する方法も，同
様の機能を営む。いずれも，所有権の移転と再移転（＝売買制度）という方法
を利用するものであり，慣習上かなり使われてきた。

　②　**譲渡担保**　　上記の買戻し・再売買予約の制度とまったく同じで，
担保のために自己の財産の所有権を債権者に移転し，後に受け戻すという方
法である。実際には，担保のための「売買」としてなされるものであり，買
戻し・再売買の予約と区別がつかないことが多い（第3編第1章(3)（286頁）参照）。なお，動産の
譲渡担保は，動産抵当を可能とするものであることから，取引社会におい
ては動産抵当制度として重要な役割を営んでいる。

　③　**仮登記担保**　　1978（昭53）年に制定法化されたが，その前身は「代物
弁済予約」である。借金を期限までに弁済できなかったときは，その弁済に
代えて自己所有の不動産自体を提供する（代物による弁済），ということをあ
らかじめ予約し，その予約状態（＝所有権移転の請求権）を「仮登記」によっ
て保全する制度である。所有権を移転するプロセスにおいて，まだ移転して
いない予約の状態を利用した担保方法である。

　④　**所有権留保**　　物の売買において，売主が，売買代金の完済を受け
るまでその物の所有権を留保しておくとする担保方法である。卑近な例では，
自動車の割賦販売があろう。売買代金が全額支払われるまでは，自動車の所
有権は通常ディーラーに留保され，購入者は車検証上「使用者」とされる。
所有権を全然移転させないという状態を利用した担保方法であり，消費過程
と流通過程の売買関係で発達した独特の担保手段である。

(4)　物的担保の種類

　最後に，民法典上の担保物権を中心に置いて，各種の担保制度を概観し，

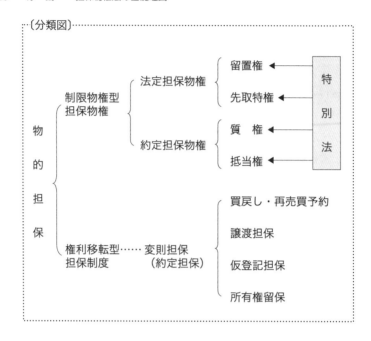

整理しておこう。上掲〔**分類図**〕参照。

(a) 典型担保　　まず，民法典上の担保物権であるが，民法に規定されていることから，これを典型担保と呼んでいる。法定担保物権が2つ，約定担保物権が2つ，の4種である。

　i　留置権　　他人の物の占有者が，その物に関して生じた債権を有するときに，債権の弁済を受けるまでその物を留置して弁済を間接的に強制するもので，法律上当然に成立する担保物権である$\left(\substack{\rightarrow第1編第1\\章（15頁）}\right)$。

　ii　先取特権　　債務者に対して特殊の債権を有する者が，債務者の財産から，他の債権者に先立って自己の債権の弁済を受けることのできる法定の担保物権である$\left(\substack{303条。\rightarrow第1編\\第2章（41頁）}\right)$。

　iii　質　権　　債権者が，債権の担保として債務者または第三者から提供を受けた物を占有し，かつその物につき他の債権者に先立って自己の債権の弁済を受けることのできる約定担保物権である$\left(\substack{342\\条}\right)$。抵当権との差異は，目的物の占有の移転の有無と考えてよい$\left(\substack{\rightarrow第2編第2\\章（88頁）}\right)$。

iv　抵当権　　債権者が，債権の担保として債務者または第三者から占有を移さずして提供を受けた不動産，地上権，永小作権につき，他の債権者に先立って自己の債権の弁済を受けることのできる約定担保物権である$\binom{369}{条}$。金融の社会で最も重要な機能を営んでいる$\binom{→第2編第3}{章 (112頁)}$。

(b)　特別法上の担保　　民法典制定後に，「特別法」という形で制定されてきたもので，実質的にも，民法典上の担保物権を修正する意味を持っている。特に重要な抵当権に関するものを挙げよう。

i　財団抵当・企業担保　　「財団抵当」とは，企業の財産を一括して「財団」と捉え，それを抵当権の一個の目的物とする抵当権である。経済的には，大型資金の導入を可能とする目的から導入された。企業の不動産・動産を一括して抵当に供する場合，通常の抵当権では一物一権主義が働くため，複雑・煩雑な手続きを要するので，それを回避したものである。1905$\binom{明}{38}$年以来，工場抵当法，鉱業抵当法，鉄道抵当法，軌道抵当法，漁業財団抵当法などが制定された$\binom{→第2編第3章第}{13節\mathbf{2} (271頁)}$。また，「企業担保法」$\binom{1958年}{(昭33)}$はこの延長上にあるものだが，先取特権的な「一般担保」$\binom{ゼネラル・}{モーゲージ}$的性格が強い$\binom{→第2編第3章第}{13節\mathbf{3} (274頁)}$。

ii　動産抵当　　動産の抵当権は民法典上欠如している。そこで，動産の抵当化の必要性から，特別法によって認められてきた。1933$\binom{昭}{8}$年の農業用動産信用法による農器具の抵当化に始まるが，本格的には，戦後の，自動車抵当法，航空機抵当法，建設機械抵当法からである$\binom{→第2編第3章第}{13節\mathbf{4} (276頁)}$。抵当制度は，債権者が目的物を占有しないため，登記・登録制度に依拠せざるをえないが$\binom{不動産の抵当}{権を考えよ}$，しかし，動産がすべて登記・登録になじむというわけではないので，動産抵当の立法化には限界がある。このようなことから，実際に動産抵当制度として機能しているのが，動産譲渡担保である$\binom{→第3編第3章}{第2節 (321頁)}$。なお，2004年に，法人に限定されるが，動産の譲渡の対抗要件につき登記制度が導入された$\binom{動産・債権譲渡特例}{法。323頁，333頁参照}$。

iii　抵当証券　　抵当権を「証券」に化体させ，証券法理により抵当権を流動化させようとするもの。抵当権付で投下した資金の固定化を防ぐことを狙いとしている。抵当証券法$\binom{1931年}{(昭6)}$によりその発行が認められる。現在では，多分に，高利回りの金融商品的な性格のものとして位置づけられよう

$\left(\begin{smallmatrix}→第2編第3章第\\13節\boxed{5}（278頁）\end{smallmatrix}\right)$。

iv 立木抵当 立 木 法$\left(\begin{smallmatrix}1909年\\（明42）\end{smallmatrix}\right)$により，土地の上に生育している立木は，登記することによって，土地と分離して抵当権の目的物とすることができる$\left(\begin{smallmatrix}→第2編第3章第\\13節\boxed{6}（281頁）\end{smallmatrix}\right)$。

(c) 変則担保
（非典型担保） 変則担保（ないし非典型担保）とは，① 民法典に「担保」として予定されたものでない他の独立した制度が，その内在する担保的機能により，もっぱら担保制度として使われているもの（したがって，制度としては跛行的性格をもっている），または，② 新たに担保取引慣行として生じ，判例法上担保手段として法認されるにいたったもの，という定義を与えておこう。したがって，この範疇に入るものは，前述した「権利移転型担保」である，買戻し・再売買予約，譲渡担保，仮登記担保$\left(\begin{smallmatrix}代物弁済予約が1978\\（昭53）年に立法化\end{smallmatrix}\right.$$\left.\begin{smallmatrix}されたものだが，実態\\的には変則担保である\end{smallmatrix}\right)$，所有権留保，その他である。これらの担保方式の内容については既述したので繰り返さない。

(5) 担保物権の通有性

担保物権は，第1に，「物権」であることから，物権の一般的効力を有している。すなわち，① 優先的効力，② 妨害排除的効力，③ 追及効，である$\left(\begin{smallmatrix}それらの詳細は，\\【Ⅱ】20頁以下参照\end{smallmatrix}\right)$。これらは，物権の一般的効力であるから，各担保物権ごとに検討しなければならないことはもちろんである。

第2に，「担保物権」として共通する性質を有している。これを，「通有（通融）性」（常有性）と呼んでいる。しかし，通有性といっても，各担保物権に等しく存在するものではなく，それぞれにおいて，かなりの重要な偏差が見られる。ここでは，通有性の原則論だけを説き，それに関する個別的な問題点については，各箇所で触れる。なお，通有性が変則担保に類推されるか否かについては，個別的検討が必要とされよう。

(a) 付従性 担保物権は，債権の保全を目的とするものであるから，「債権」の存在を前提として，担保物権も存在する。このような，担保物権が債権に付従する関係を，「付従性」という。債権が成立しなければ担保物権も成立せず，債権が消滅すれば担保物権も消滅する（原則論）。

　なお，債権の移転に伴って担保物権も当然に移転することを「随伴性」と呼んでいるが，随伴性は，付従性の一態様と理解してよい。

(b) 不可分性　担保物権は，債権の全部の弁済があるまで，目的物の全部につき担保物権を行使することができる。これを，「不可分性」という$\left(\begin{smallmatrix}296条, & 305条, \\ 350条, & 372条\end{smallmatrix}\right)$。したがって，債権の一部弁済を受けても，担保目的物全部が残債権を担保しているから，担保の一部を解除する必要がない。

(c) 物上代位性　目的物が，売却，賃貸，滅失または損傷によって，金銭その他の物（代償物。Surrogat）に化体した場合は，担保物権者は，これらに対して権利を行使することができる。これを「物上代位」といい，優先弁済的効力を有する先取特権，質権，抵当権について認められている$\left(\begin{smallmatrix}304条,350 \\ 条, 372条\end{smallmatrix}\right)$。担保物権が，目的物の交換価値を支配するものと考えるならば，目的物の代償物に対して効力を及ぼすことは当然となろう。しかし，目的物が消滅した場合には物権もまた消滅するというのが物権の大原則である以上，担保物権が代償物に効力を及ぼすのは，法律が特別に認めたものだと考えることもできる。このような考え方の相違が解釈論に現れてくることは後に見るとおりである。なお，先取特権，質権，抵当権では，目的物支配態様が異なるため，物上代位もまた個別的に検討されなければならない。

第1編　法定担保物権

第1章　留置権

第1節　序　説

(1)　留置権制度の意義

〔図①〕留置権とは,「他人の物」を占有している者が, その物に関して生じた「債権」を有している場合に, その債権の弁済を受けるまで, その物を留置することのできる権利である$\left(\begin{smallmatrix}295\\条\end{smallmatrix}\right)$。例えば, 自動車が玄関に飛び込んで家屋を壊し, 運転者が逃げてしまった場合に, その損害を賠償しても

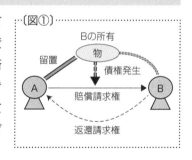

〔図①〕
Bの所有
物
留置
債権発生
A
賠償請求権
B
返還請求権

らうまでその自動車の返還を拒否したり, 二人が互いに傘を取り違えた場合に, 自己の傘を返してもらうまで相手の傘を返さなくてよい, ということは, いずれも留置権の作用である。

その結果, 債務者Bが物の返還を請求するには, まず自己の債務を弁済しなければならず, その意味で, 債権者Aの債権は確実に保全されることになる。つまり, ここには,「債権者による物の留置によって債務者は間接的に弁済を強制される」という法的仕組みが存在する。これが留置権の債権保全作用である。

留置権には, 他の担保物権と異なり, 債権の弁済を受けない場合, 最終的

にはその物から弁済を受けることができるとする優先弁済権というものがない。ただ，他の債権者や競売の買受人に対しても弁済を受けるまでは留置物の返還を拒絶できるし$\left(\begin{smallmatrix}不動産については民執59条4項参照。動\\産については同124条，同190条参照\end{smallmatrix}\right)$，形式的な競売権も与えられているので$\left(\begin{smallmatrix}民\ 執\\195条\end{smallmatrix}\right)$，実質的には，優先弁済が認められているのと変わりはないといえる$\left(\begin{smallmatrix}そのことの意味は，後掲\\第3節(4)（36頁）参照\end{smallmatrix}\right)$。しかし，制度上，実体的権利としては優先弁済権をもたないのであって，その意味で，留置権は担保物権の例外的存在である。

(2)　留置権の法的性質

(a) 物権性　　まず，留置権は，「物権」として，以下の法的性質を有する。

i　対抗力　　留置権は，「物権」である以上，何人に対しても主張できる（同時履行の抗弁権と異なるところである）。債務者はもとより，目的物の譲受人，他の債権者や競売の買受人に対しても留置権を主張できる。

しかし，債務者に破産手続が開始した場合には，その財産上の留置権は消滅する$\left(\begin{smallmatrix}破\ 66\\条3項\end{smallmatrix}\right)$。民事再生手続・会社更正手続では存続するが，担保権としては扱われない$\left(\begin{smallmatrix}これら倒産手続上の特別な取扱いは，\\後掲第3節(1)(b)iii（34頁）を参照\end{smallmatrix}\right)$。

ii　追及力　　留置権は占有に基礎を置く物権であるため，占有の喪失は留置権自体を消滅させる$\left(\begin{smallmatrix}302条本文。後掲第4\\節(4)（39頁）参照\end{smallmatrix}\right)$。したがって，物権的請求権をもたず，占有を他人に侵害された場合は占有訴権$\left(\begin{smallmatrix}200\\条\end{smallmatrix}\right)$を行使できるのみである。このように，物権の特性である追及力は否定されている。

iii　不動産上の留置権　　留置権は不動産の上にも成立するが，この場合には登記を対抗要件としない。この点も，通常の不動産物権と異なる。

(b) 担保物権性　　次に，留置権の担保物権としての法的性質である。——

i　付従性　　留置権は，物と牽連性のある債権の発生によって成立し$\left(\begin{smallmatrix}295\\条\end{smallmatrix}\right)$，債権の消滅によって消滅する。また，被担保債権が譲渡された場合，目的物の占有が移転するときは，留置権も移転する（随伴性）。しかし，目的物の占有が移転されないときは（債権のみの譲渡），留置権は消滅し，債務者は

物の返還請求ができるものと解すべきである。けだし，「占有」は，留置権の成立・存続要件だからである。

　　ii　不可分性　　留置権者は，債権の全額の弁済を受けるまでは，目的物の全部を留置することができる（不可分性）$\binom{296}{条}$。したがって，目的物の一部を債務者に引き渡した場合には，その残部が債権全額を担保することになり，被担保債権は縮減されない$\binom{最判平3・7・16民集45巻6号1101頁}{・近江『平成3年度重判解説』62頁}$。

　　iii　物上代位性　　留置権は，物を留置（占有）することを効力の本体としているので，物上代位権は認められない。

(3)　同時履行の抗弁権との関係

　　(a) 歴史的沿革　　留置権は，物を留保することによってその物から生じた債権を保全する制度であるが，実際上は，物の引渡（履行）拒絶権として現れる。そうすると，同時履行の抗弁権$\binom{533}{条}$との関係が問題となってこよう。しかし，両者は決して無縁のものではなく，沿革上も密接に関連を有する制度なのである$\left(\begin{smallmatrix}沿革につき，椿寿夫「同時履行の抗弁権 —— 留置権との関係\\について」『契約法大系 I』237頁以下，清水元『留置権概念の\\再構成』8頁以下。なお，【V】39頁以下参照\end{smallmatrix}\right)$。

　　履行拒絶の制度は，ローマ法の悪意の抗弁（exceptio doli）に由来する。すなわち，ローマ法においては，債権者が，債務者に対してみずからも債務を負っているにもかかわらず，それを弁済せずに自己の債権の履行を求める場合に，それが信義に反するとみられるときは，債務者にその履行の拒絶を認めたのである。この悪意の抗弁は，その後，2つの方向に発展した。1つは，双務契約関係における同時履行の抗弁権であり，もう1つは，債権保全制度としての物権としての留置権である。もっとも，各国においては必ずしも明白な形でこれら2つの方向に展開したわけではない。特に，留置権を物権として構成するか，債権として構成するかは，各国でまちまちである。わが国の留置権は，フランスの学説に倣い，これを物権として規定した。

　　(b) 制度上の差異　　次に，両者を制度の本質から見た場合の原則的差異は，以下のとおりである。

　　i　法的性質　　留置権は物権であり，対世的効力を持つが，同時履行

の抗弁権は債権であって，契約当事者間のみでしか主張できない。

　　　ii　履行拒絶の基礎　　留置権は，物と債権との牽連関係を基礎とするのに対し，同時履行の抗弁権は，双務契約から生ずる両債務についての履行上の牽連性を基礎とする。

　　　iii　適用範囲　　同時履行の抗弁権は，双務契約に限定され，しかもその成否は契約の性質・当事者の意思・信義則等に依存するが，留置権は，契約関係外でも適用されるし，また，法律上当然に生じるものである。

　(c) 両者の競合　　同時履行の抗弁権は両債務の交換的給付を問題とする場合の制度であり，留置権は物の引渡しを問題とする場合の制度であって，それぞれ目的を異にするが，契約関係のあるとき，両者が競合的に発生すると考えられることが少なくない。例えば，売買において，買主Bが，代金未払いの状態で売主Aに目的物の引渡しを請求した場合，Aが目的物の引渡しを拒絶する根拠としては，同時履行の抗弁権と留置権とが考えられよう。この場合，両権利の行使を認めるのか，または一方の権利だけが認められるのか。いわゆる「請求権競合」の問題の1つであり，学説の対立が激しい。

　〔**A**〕**競合説（請求権競合説）**　　通説は，それぞれの要件を満たすならば，両権利のいずれを行使してもよいとする（川井284頁，高木21頁。東京高判昭24・7・14高民集2巻2号124頁）。対価的債務関係以外の場合に競合を認める一部競合説もある。

　〔**B**〕**非競合説（法条競合説）**　　これに対して，物権関係は二人の間に特殊な関係のない場合の一般法の問題であって，契約という特殊の関係にある場合は契約が物権法の規定を排除して適用されるものであり，「競合」という現象は仮象（法規上の競合）にすぎないとする考え方がある（川島武宜『民法解釈学の諸問題』126頁，鈴木15頁，広中俊雄『債権各論講義〔第6版〕』409頁，石田喜久夫『口述物権法』455頁など）。これによれば，留置権は，契約関係のない場合に限って生ずることになる。

　〔**C**〕**私見（請求権競合・規範優先説）**　　請求権競合のケースは多々あるが，ここでの契約規範と物権規範との競合に限定して考えると，この場合，当事者は，契約という特別な関係にあるから，契約規範が適用されるべきことは当然であり，その意味では，考え方の上では〔B〕非競合説に正当性があ

ろう。しかし，〔B〕説は，「法条競合」── そもそも，法規上両方の要件を充
足して2つの請求権が成立しているように見えるのは仮象にすぎず，実体は，
1個の請求権だけが存在し，他方は，当然に排除される ── という特殊な理論
を背景にしている。しかし，我われの生活秩序を考えた場合，契約関係にあ
る場合でも，その裏には，きちんとした物権法秩序が存在しているのである。
そこでは，その秩序に基づいて一定の請求権が発生するのであって，その要
件を充足するならば，その発生を否定することはできない。したがって，2つ
の請求権は共に成立し得ると考えなければならない。ただし，〔B〕説が説く
ように，契約関係がある場合には，契約規範が物権規範に優先して適用され
るべきことは当然であろう。ただ，契約規範が機能しないときには，物権規
範が機能すると解すべきである。例えば，物の修理の依頼人がその物を第三
者に譲渡し，その第三者が修理人に引渡しを請求する場合には，契約関係を
脱しているから，留置権が機能することになる（しかし，〔B〕説は，この場合
も同時履行関係内の問題として捉える（鈴木298頁・341頁））。このような考え方を「請求権
競合・規範優先説」と呼んでいる（請求権競合理論の詳細は，【Ⅵ】64頁・102頁）。

(4) 商事留置権

(a) 商法521条の意義 商法は，商行為によって生じた債権を保全するため
に，商行為によって占有を取得した「債務者の所有
する物または有価証券」の留置を認めている（商521条。商31条(代理商)，商557条(問屋)，商562条(運送取扱人)などの個別的な商事関係でも同様）。ここでは，民事留置権のような「その物に関して生じた債権」とい
う制限（物と債権との牽連性）はなく，およそ商行為上の債権であればよい。

　このような商事留置権の構成は，民事留置権と沿革を異にし，中世イタリ
アの商人団体の慣習法に由来するものである。すなわち，商人間の継続的取
引における信用取引を促進させるため交互計算ないし相殺を基礎として発展
し，動産と有価証券のみに成立する制度として規定されたといわれる。

　商事留置権は，倒産に際しても，特別の扱いを受ける。破産に際しては，
民事留置権がその効力を失う（破66条3項）のに対し，商事留置権は，「特別の先取
特権」とみなされて（破66条1項），「別除権」が与えられている（破65条）。このこと

の意味は，「先取特権」となるも，その留置的効力を失わないとされ $\binom{最判平}{10\cdot7\cdot14}$ $\binom{民集52巻5}{号1261頁}$，民事留置権に比べて強化されていることである。同様に，民事再生手続では別除権が認められ $\binom{民再}{53条}$，会社更生手続でも，更生担保権として扱われている $\binom{会更2条10項。後掲第}{3節(1)(b)iii（34頁）}$。

(b)「不動産」と商事留置権　問題なのは，商事留置権の目的物である「物」に「不動産」が含まれるのか否かである。

ⅰ　一般原則　民事留置権にせよ商事留置権にせよ，その目的物となるのは「物」であって，「不動産」を除外していない。したがって，商事留置権にあっても，「不動産」がその目的物となることは明らかである。判例も，土地賃貸人が解除により賃貸土地の明渡しを請求したのに対し，賃借人が，既に発生している運送委託料債権を被保全債権として，本件土地の留置権を主張したことにつき，「物」から不動産を除外する根拠はないとして，これを認める $\binom{最判平29\cdot12\cdot14民}{集71巻10号2184頁}$。

ⅱ　土地抵当権との対抗　この問題が先鋭化しているのは，土地所有者Bが土地上に建物を建築するため，銀行Aから融資を受けて当該土地に抵当権を設定し，建築会社Cが建物を完成させたが，Bの返済不能のためAが土地抵当権を実行するケースである。Cは，請負代金債権を保全するために，当該土地を「商行為によって自己の占有に属した物」として留置できるかどうか。判例・学説は，以下のように対立している。

〔A〕**商事留置権肯定説**　商事留置権の成立を肯定する考え方である $\binom{河野玄逸「抵当権と先取特権，留置権との競合」銀法21第511号94頁以下，片岡宏一郎「建}{築請負代金債権による敷地への商事留置権行使と（根）抵当権」銀法21第522号31頁以下}$。

〔B〕**「対抗」説**　留置権の成立と抵当権設定登記との先後で優劣を決定しようとする説である $\binom{秦光昭「不動産留置権と抵当権の優劣を決定する基準」金法1437号4頁}{以下，生熊長幸「建築請負代金債権による敷地への留置権と抵当権（上・下）」金法1446号6頁以下・1447号29頁以下}$。

〔C〕**不動産除外説**　不動産を商事留置権の客体から除外する説である $\binom{淺生重機「建物建築請負人の建物敷地に対する商事留置権の成否」金法1452号16頁以下），}{吉田光碩「判批」判タ1001号70頁以下，高木20頁。東京高決平8・5・28判時1570号118頁}$。

学説上は，沿革にも合っているとされる〔C〕説が有力である。しかし，前掲最判平29・12・14が，不動産を商事留置権から除外する理由なしとしたことから，単純に肯定はできないように思われる。

商事留置権は，成立の点（「商行為によって取得した物」）においても$\left(\substack{商法\\521条}\right)$，効力の点（優先弁済的効力）においても$\left(\substack{民執188条→同59条4項。第\\3節(\mathbf{1})(\mathbf{b})\mathbf{ii}①（34頁）参照}\right)$，異常な優越的地位が与えられている。その結果として，後発の建物に対する権利者にすぎない請負人が，既存の登記された土地抵当権にも優先する効力が認められるという，不均衡が生じている。この問題は，請負人の請負代金債権を確保する法手段が欠如していることに起因しており，したがって，本来は，不動産工事の先取特権制度などによるべきものである[*]（例えば，338条の容易な運用）。しかし，立法論は措くとしても，前掲最判平29・12・14が出現した現在の解釈論としては，〔B〕説が妥当なように思われる$\left(\substack{旧版を改\\説する}\right)$。

    *　先取特権制度の改正問題　　不動産工事の先取特権につき，2003年の民法改正の原案では，「商事留置権は不動産については成立しないものとする」とされていたところ，不動産工事の先取特権について濫用防止を図りつつ実効性を向上させる措置を講じることは容易ではなく，限られた検討時間の中で適当な措置を見出すことも困難であったことから，商事留置権および不動産工事先取特権のいずれについても見直しを行わないこととされた$\left(\substack{谷口=筒\\井編16頁}\right)$。

第2節　留置権の成立要件

1 「物に関して生じた債権」

(1) 「物に関して生じた債権」概念の問題性

　留置権によって保全される「債権」は，「物に関して生じた」ものでなければならない(295条1項本文)。これを，債権と物との「牽連関係」という。しかし，「その物に関して生じた」との意味は，必ずしも明確ではない(ちなみに，旧民法は，「其物の譲渡に因り，或は其物の保存の費用に因り，或は其物より生じたる損害賠償に因りて，其物に関し又は其占有に牽連して生じたるとき」(債権担保篇92条) としていた)。というよりは，「物から生じた債権」(例，損害賠償債権)がこれに当たることはいうまでもないが，それ以外に，より広く留置権の成立を認めるべき現実的必要性があるのである。例えば，後掲する，債権が物の返還義務と同一の法律関係や事実関係から生じたような場合である。このような拡張的適用は，制度的に類似する同時履行の抗弁権が公平の理念から拡張的に適用されてきたことと軌を一にしているのである(椿・前掲論文251頁参照)。

　そこで，学説は，「物に関して生じた」を具体化し，① 債権が物自体から生じた場合と，② 債権が物の返還義務と同一の法律関係または事実関係から生じた場合，の2つに分けて解釈の基準としている(この分類の批判として，高木ほか20頁〔曾田厚〕，篠塚=川井編『物権法・担保物権法』180頁〔清水元〕)。ただし，この基準といえども，留置権制度の存在理由である公平の原則と，これを「引渡拒絶」を内容とする物権としたわが民法の制度思想を標準として，合理的な解釈を導く必要がある(我妻28頁以下)。

(2) 2つの解釈基準の設定

(a) 債権が物自体から生じた場合（〔基準Ⅰ〕）　この範疇が，295条の要件の中心に位置していよう。具体的には，① その占有物が発生させた

損害賠償債権の場合と$\left(\begin{smallmatrix}\text{自動車が飛び込んで玄関を壊したり,}\\\text{家の犬が入り込んで盆栽を壊したなど}\end{smallmatrix}\ \substack{隣\\}\right)$，② その占有物にかけた必要費または有益費の費用償還債権の場合$\left(\begin{smallmatrix}\text{借家の修}\\\text{理など}\end{smallmatrix}\right)$である。これらの場合に，留置権は，「引渡拒絶権」として機能する$\left(\begin{smallmatrix}\text{後掲第3節(1)(c)}\\\text{(35頁) 参照}\end{smallmatrix}\right)$。

　後者②の償還（債権）の範囲については，民法の規定$\left(\begin{smallmatrix}196\\条\end{smallmatrix}\right)$や特別法によって定まるが，問題となるのは，その物に対していかなる範囲で留置権が認められるのか，である。例えば，物の一部の改良費につき物全体の留置や，造作費用につき建物全体の留置ができるかどうか。この問題は，成立要件の問題とは異なるので，(4)で後述する。

(b) 債権が物の返還義務と同一の法律関係　　i　2つの類型　　この
**　　または事実関係から生じた場合（〔基準Ⅱ〕）**　範疇は，やや拡張的である。
①「同一の法律関係」とは，例えば，売買契約から生じる物の引渡義務と代金債権，物の修理委託契約から生じる修理物引渡義務と修理代金債権などの場合である（契約関係によって発生）。②「同一の事実関係（ないし生活関係）」とは，例えば，2人の者が互いに傘を取り違えて持ち帰ったときの，相互の返還義務の場合である（契約関係がない場合に発生）$\left(\begin{smallmatrix}\text{ただし, 鈴木331頁は, この}\\\text{場合の留置権成立を否定}\end{smallmatrix}\right)$。

　　ii　被保全債権は何か　　②の類型で問題となるのが，留置権によって保全される被保全債権は何か，である。①の類型では契約関係が生じているから問題はないが，②では，契約関係が存在しないから，「返還」を基礎づける被保全債権は不明となる。いくつか考えられよう。

　〔**A**〕　**所有物返還請求権**）　傘の取り違えで所有物返還請求権が発生するのは当然であるが，これは，所有権に基づく物権的請求権であるから，被保全債権とはなりえない。

　〔**B**〕　**不法行為による損害賠償請求権**）　そこで,「取り違えたことによって自分の受けた損害を，自分に返還を請求する相手方の占有するものの返還によって補償されるまでは，そのものの返還を拒絶することができる」のだとする考え方が出てくる$\left(\begin{smallmatrix}\text{我妻}\\\text{32頁}\end{smallmatrix}\right)$。

　しかし，取り違えによって受けた「損害」というのは，その「物」（傘）の所有権を失って初めて生じるのであって，所有権の返還を請求する根拠とするのは悖理である。

〔**C**〕　**不当利得返還請求権（私見）**　そこで，私は，互いに相手方の所有物を「占有」していること自体が不当利得であり，その返還請求権が被保全債権となると解したい。ただし，この場合は，「占有の不当利得」概念を認めることが前提である。「占有の不当利得」概念は，ドイツの無因的物権変動の下で給付不当利得を基礎づけるために承認された理論であるが，「物が相手方の占有に残っている場合にはなお実質上の利得は存する」（我妻栄「法律行為の無効取消の効果に関する一考察—民法における所有物返還請求権と不当利得との関係—」『民法研究Ⅱ』所収165頁以下）ことは疑いないから，この概念は侵害不当利得の場合でも承認されるべきである（【Ⅵ】60頁参照）。したがって，上記②の類型における被保全債権は，不当利得返還請求権であると解する。

　　iii　「同一の」概念　以上につき「同一の」という概念規定は重要である。これは，「特定の債権を保全するために，特定の引渡義務の履行を拒絶する」，ということが，「同一の」法律関係（ないし事実関係）から直接生じているのだ，ということを指している。これが問題となるのは，特に，占有物に対する権利が第三者に移転し，第三者が物の引渡しを請求してきた場合である。その際，占有者が留置権を主張できるかどうかは，特定の債権と特定の引渡義務とが「同一の法律関係」から直接に生じたものなのか否かが判断基準とされなければならない。この問題は，「第三者」との関係で債権に対する義務履行拒絶を考える必要があるので，項を改め，次の(3)で詳論する。

(3)　「第三者」と留置権の成否

　占有物に対する権利が第三者に移転して，第三者が物の引渡しを請求してくる場合に，占有者の留置権の成否が問題となるケースがいくつかある。いずれも，上述したように，〔**基準Ⅱ**〕の中心的な概念である「同一の法律関係」における「引渡拒絶」の意義から判断されなければならない。

(a)　**留置権の目的物の譲渡**　〔**図①**〕まず，当事者間ですでに留置権が成立しており，その目的物が第三者に譲渡された場合である。Aが建物をBに売却し，登記を経たが，その明渡しは残代金と引き換えに行うことを約したところ，Bは残代金を支払わないうちに第三者Cに建物を転売して登記を移転させた。この場合，Cからの引渡請求に対しては，

Aは留置権を行使できる。そして，「C
はAに対して残代金債務の弁済義務
を負っているわけではないから，Bか
ら残代金の支払を受けるのと引換えに
本件建物の明渡を命ずべきもの」であ
る（最判昭47・11・16民
集26巻9号1619頁）。

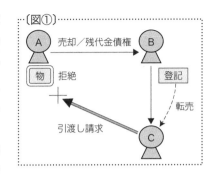

〔図①〕

同様に，仮登記担保権者Aが債務
者Bに清算金を支払わないで不動産
を第三者Cに譲渡した場合，Cからの引渡し請求に対し，Bは留置権をもっ
て対抗できる（最判昭58・3・31民
集37巻2号152頁）。

留置権は物権である以上第三者対抗力を有し，第三者Cは，すでに成立し
ている留置権の付着した目的物を取得したにすぎないから（後掲第3節(1)(b)
i（34頁）参照），当
然の結論である。

**(b) 法律関係未定間の
占有物の権利移転**　問題なのが，「同一の法律関係」において，その法律
関係（＝所有権帰属）が未定の間に，物に対する権利
（物の引渡請求権ないし所有権）が第三者に移転し，第三者がその引渡しを請求
してくる場合である。

i　譲渡担保権者の目的物の譲渡　〔図②〕まず，Bが不動産をAに譲
渡担保に供したが，Aは約束に反してこの不動産を第三者Cに譲渡して所有

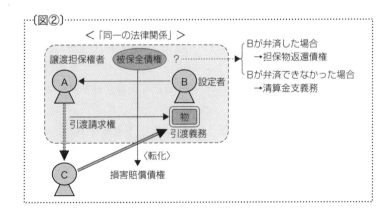

〔図②〕

権移転登記を経由し，CがBにその不動産の引渡しを請求してきた場合，B
は，Aに対する担保物返還義務不履行に基づく「損害賠償請求権」を保全す
るために留置権を主張できるか。判例は，当該損害賠償請求権は，Aに対し
てなら格別，Cには対抗できないものであるから，Aの債務不履行と本件不
動産との間には，留置権の発生要件である一定の牽連がないとし，Bの留置
権の主張による引渡請求を否定する（最判昭34・9・3民
集13巻11号1357頁）。

　留置権が成立（＝返還拒絶）するためには，留置物の「引渡義務」と留置権
によって「保全されるべき債権（被保全債権）」とが「同一の法律関係」から生
じたものでなければならない。留置権は，引渡義務の履行拒絶となって現れ
るものだからである。そこで，「被保全債権」は何かというと，この法律関係
は譲渡担保であるから，Bが弁済した場合には「担保物返還請求権」，Bが弁
済できなかった場合は「清算金支払請求権」であろう。しかし，これらの請
求権（債権）は，譲渡担保の目的物の所有権帰属がA・Bいずれかに確定し
て初めて生じるものであって，所有権帰属が確定しない以上は，これらの債
権は成立せず，したがって，Bが引渡しを拒絶するということはありえない
のである。この所有権帰属が未定の間において，Aが登記を利用して第三者
Cに担保物を売却しても，Bは，保全すべき債権が確定していない以上，留置
する権原を欠くというべきである。

　そして，なるほど，担保物返還債権ないし清算金支払債権は「損害賠償債
権」に転化するからそれを被保全債権として留置権は成立すると考える説も
あるが，しかし，その場合には，もはや「同一の法律関係」ではなく，損害
賠償債権は，第三者Cが介入したことによる「新たな法律関係」から生じた
債権なのである。上に述べたように，留置権の本体である引渡義務と被保全
債権とは，「同一の法律関係」から直接に生じたものでなければならない。判
例の結論が妥当である。

　　ⅱ　不動産の二重譲渡　　〔図③〕次に，Aが不動産をB・Cに二重譲渡
し，Bに占有を移転した一方で，Cに登記名義を移転し，CがBにその引渡
しを請求した場合である。判例は，前掲最判昭34・9・3と同じ理由で，Bは，
Aに対する損害賠償請求権を保全するために留置権を主張することはでき

ないとする$\left(\substack{\text{最判昭}43\cdot11\cdot21民\\\text{集}22巻12号2765頁}\right)$。

この場合についても，上記 i で述べたことがそのまま当てはまる。すなわち，留置権は履行の拒絶権である以上，その引渡義務と被保全債権とは「同一の法律関係」から直接に生じていなければならないが，<u>B の A に対する損害賠償債権は</u>$\left(\substack{\text{B が受戻しを}\\\text{諦めたにせよ}}\right)$，A・B 間の不動産譲渡という「同一の法律関係」から直接

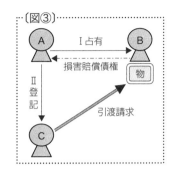

〔図③〕

に生じた債権ではなく，C が入ってきたことによる<u>新たな法律関係から生じた債権</u>であるから，留置権の成立要件を満たしていない。

iii　土地賃借人と新所有者　〔図④〕また，土地の賃貸人 A が賃貸目的物を第三者 C に譲渡し，C が賃借人 B に対してその明渡しを請求した場合

(しかも，この賃貸借が新地主である C に対抗できないとき)，賃借人 B は，賃貸人 A に対する損害賠償請求権$\left(\substack{\text{大 判 大}\\9\cdot10\cdot16\\\text{民録}26輯\\1530頁}\right)$，または，A に対する賃借権自体$\left(\substack{\text{大判大}11\cdot8\cdot21\\\text{民集}1巻498頁}\right)$を，「其物に関して生じた債権」として留置権を主張することはできない。この場合も，引渡請求権と被保全債権とは「同一の法律関係」

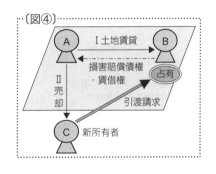

〔図④〕

から外れるというべきであって，上記 i・ii とまったく同様に解してよい。

(4) 牽連性と留置権成立の範囲

(a) 建物買取請求の場合　借地権の存続期間が満了した場合，建物を建築した借地人 (借地権者) は，地主 (借地権設定者) に対し，その建物を時価で買い取るべきことを請求できる (建物買取請求権[*]) $\left(\substack{\text{借地}\\\text{借家}13\\条1項}\right)$。その際，借地人は，その代金の支払いを受けるまで，建物を留置できることは当然だが，その敷地をも留置できるであろうか。判例は，<u>建物の引渡拒絶の効力として敷地の引渡拒絶が認められるとしている</u>$\left(\substack{\text{大判昭}14\cdot8\cdot24民集\\18巻877頁は，建物の}\right.$

引渡拒絶の結果敷地を占有することは違法）。
を阻却し，不法行為を構成しないとする

　この場合，土地と建物とは別個の不動産であるから純理論的には建物のみ
の留置となろうが，建物が物理的に土地と分離して存立できない以上，敷地
までもの留置を認めなければ建物買取請求権の実を上げることはできない。
判例が，「建物の引渡拒絶の効力として」とするのはそのためである（高木26頁
が「建物上の留置権が敷地に延長する」というのも同じ意味である）。正当である。

　なお，敷地分については，建物買取請求権とは直接的牽連性がないのであ
るから，その留置（占有）による利得は，これを不当利得として返還すべきで
ある。ただし，買取請求権を行使した借地人は，その利得を果実に準じて，
自己の債権に優先的に充当することができると解すべきである（後掲第3節(2)
(35頁)参照）。

　　　　＊　**建物買取請求権は「形成権」**　　建物は借地人が建築したものであり，その所有権
　　　は借地人に帰属する。しかし，建物買取請求権は「形成権」であるから，その行使
　　　（＝「買取請求」という一方的意思表示）によって売買効果が発生し，建物の所有権は直
　　　ちに地主に帰属することになる。それによって，留置権の成立要件である「他人の
　　　物」（地主の所有物）の留置が可能となるのである。

(b) 物の一部の改良の場合
**　　(有益費の償還請求)**　借家人が建物の一部改良のために新たな原材料
を加えた場合において（例えば，外壁の塗り替え，瓦の取り替えなど），借家
人は，その費用（有益費）の償還請求（196条2項）のために，建物全体を留置できる
であろうか。「物の一部改良」において，新たに加えられた原材料は，主物で
ある建物の「本質的構成部分」となり，動産たる独立性を失って，その所有
権は建物所有権に吸収されることになる（242条。【II】236頁参照）。すなわち，原材料が建
物本体に融合し，所有権が消失するのであるから，借家人は，有益費保全の
ために建物全体を留置できるというべきである（この「付合」における「本質的構成部
分」と「従物」の違いに注意せよ。134頁＊「構成部分・従物」理論」参照）。

┌─────────────────────────────
│**【借地契約の解除と第三者(建物賃借人)の有益費支出】**　これに対し，Aか
│ら土地を賃借したBがそこに建物を建築してこれをCに賃貸したが，Bの地
│代不払いのため，Aが借地契約を解除してCに明渡しを請求した場合，建物
│につき修繕費を支出していたCは留置権を主張できるだろうか。
│　Cの建物修繕費用の償還請求権はBに対するものであり，Aとの間の借地

自体に関して生じた債権でもなければ，Aに対して取得した債権でもないから，留置権の成立を認めることはできない$\binom{\text{大判昭9・6・30民集13巻1247頁，}}{\text{最判昭44・11・6判時579号52頁}}$。

(c) 造作買取請求の場合　建物に「造作」を施した場合，賃貸借の終了にあたって，賃借人は，その造作を時価で買い取るべきことを請求できる（造作買取請求権）$\binom{借地借}{家33条}$。その際，賃借人は，代金を受領するまで，「建物」本体を留置できるかどうか（造作買取請求権が形成権であり，賃借人の一方的意思表示によって造作の所有権が家主に移転することは，前掲(b)と同じである）。「造作」は，前掲の本質的構成部分を組成する原材料などとは違って，本体に付合するも，建物所有権には吸収されず，依然独立して権利の対象となりうる動産（＝「従物」）である$\binom{134頁＊「構成部分・}{従物」理論」参照}$。

　したがって，判例が，造作の買取請求権は造作に関して生じた債権であるにとどまり，家屋に関して生じた債権とはいえないから，留置権を理由として建物の明渡しを拒むことはできない$\binom{\text{大判昭6・1・17民集10巻6頁，最判昭29・1・14民}}{\text{集8巻1号16頁，最判昭29・7・22民集8巻7号1425頁}}$としていることは，論理的には一理あろう。これに対し，学説は，借地借家法が造作買取請求権を認めた趣旨からも留置権の成立を認めるべきだ，として反対する$\binom{高木25}{頁など}$。ただ，造作は，「賃貸人の同意を得て」$\binom{借地借}{家33条}$付加された建物の価値増加物$\binom{畳，建具}{その他}$である以上，建物との経済的・法的一体性を有していると考えてよいから，学説の結論が正当であろう。

(d) 敷金返還請求の場合　賃貸借契約の終了に際して，借家人は，敷金返還請求権を保全するために，家屋を留置できるだろうか。判例は，家屋明渡債務は敷金返還との関係では先履行義務であるから留置権は成立しない，として否定する$\binom{\text{最判昭49・9・2民集28巻6号1152頁（また，敷金契約}}{\text{と賃貸借契約とは別個の契約であり，家屋明渡債務}}$
$\text{と敷金返還債務とは対価的債務関係にない}$
$\text{から同時履行の抗弁権も成立しないとする）}$。

　これに対して，多くの学説は，賃借人の保護に欠けるとして反対する。しかし，敷金は，慣習上認められている，賃借人のありうる「不履行による損害」を担保する金銭である$\binom{622条}{の2}$。「不履行による損害」とは，目的物明渡終了時までに生じた一切の損害であるから，建物明渡債務が先履行であり，したがって，敷金返還債務は，契約終了時ではなく，不動産の明渡時に発生すると解すべきである$\binom{詳細は，【V】198}{頁以下参照}$。判例の結論が正しい。

2 「他人の物」の「占有」

(1) 「他人の物」

　留置権は，「他人の物」を留置（占有）することである。この関係で注意を
要するのは，——

　　i　建物買取請求や造作買取請求の場合に，各請求権行使によって，建
物・造作の所有権が地主・家主に移転し，「他人の物」となることである。

　　ii　「他人」とは，債務者以外の第三者でもよいのか。例えば，① Ｂが
Ｃから預かった物をＡに修理に出した場合や，② Ｃの所有物をＢがＡに寄
託したところＡがその物の瑕疵で損害を被った場合に，Ａに留置権が成立す
るだろうか。保全されるべき債権はＡのＢに対する債権であるが，目的物は
第三者Ｃの所有である。スイス法，フランス法にならって否定する説がある
（高木27頁は，AがCに対して債権を取得しない限りは，Bに対する債
権を被担保債権としてCに留置権を主張することは許されないとする）。しかし，295 条は，商事
留置権（商521
条）と異なり，所有者と限定しておらず，「物」から生じた債権を広
く保護しているので（物権的効力），留置権の成立を認めた方が制度目的にか
なっているであろう（通
説）。

(2) 「占 有」

　留置権者がすでにその物を「占有」しており，かつ，その「占有」を継続
することが「留置」（＝引渡しの拒絶）となる。

3 「債権が弁済期」にあること

　留置権は，占有物の引渡しの拒絶を内容とするものであるから，債権が弁
済期にないときは，拒絶することができず，したがって，留置権自体が成立
しない（295条1項
ただし書）。ちなみに，先取特権・質権・抵当権は，債権が弁済期にな
くてもすでに成立しており，弁済期の到来は権利の行使要件にすぎないこと

と比較せよ。

$\boxed{4}$　占有が「不法行為」によって始まった場合でないこと

⑴　「占有開始」の不法

　占有が不法行為によって始まった場合には，留置権は成立しない$\binom{295条}{2項}$。他人の物を盗み，これに必要費・有益費をかけ$\binom{196}{条}$，その返還を請求されたときに留置権を主張するというのは公平でないからである。

⑵　「事後的な不法」の場合

　問題なのは，占有開始時は適法であったが，後に無権限占有（不法占有）となり，その後に債権を取得した場合である。例えば，AがBに建物を賃貸したが，Bの賃料不払いのために賃貸借契約が解除され，それにもかかわらず，その後Bが占有を続けて修繕費（必要費ないし有益費）をかけた場合に，Bは留置権を主張できるかどうか。295 条 2 項が直接に適用されるケースではない。

　〔A〕　295 条 2 項類推適用説）　判例は，占有すべき権利がないことを知りながら他人の物の占有を続け，その状況下で支出した有益費の償還請求権については，295 条 2 項の類推適用により留置権を有しない，とする$\binom{大判大10・12}{}$・23民録27輯2175頁，最判昭46・7・16民集25巻5号749頁，最判昭48・10・5判時735号60頁（抵当権の付着した第三者取得者の費用償還請求権につき），最判昭51・6・17民集30巻6号616頁（違法な農地買収のため所有者から訴えを提起された後に買受人が有益費を支出した場合，その買収が無効に帰するかもしれないことを疑わなかったことに「過失」があるとする）。多数説もこれを支持する$\binom{川井291頁（ただし，この説に立った上で，信義則上占有者を責めるべ}{きでない事情のあるときは留置権の成立を認める），道垣内25頁など}$。

　〔B〕　196 条 2 項ただし書根拠説）　判例の見解に対し，まず，四宮博士は，196 条 2 項ただし書は，有益費につき，たとえ占有者が悪意であっても，占有の違法性の強弱，出費額，出費についての回復者の承諾の有無などを裁判所が考慮しながら期限を許与したときにはじめて留置権を排除する趣旨であるが，判例の見解をとればこの解釈の余地はなくなり，その不当性は，必要費の場合（悪意占有者に留置権は無条件に与えられる）を考えればさらにはっ

きりするとし，これらの規定は 295 条 2 項の趣旨と合わないことを指摘した $\left(\substack{\text{四宮和夫「判批」法}\\\text{協90巻6号82頁以下}}\right)$。

　我妻博士は，この考え方に依拠しつつ，196 条 2 項ただし書を類推して，原則として事後的不法者でも留置権が成立するとし，ただ，例外的に，占有者に特に不信行為がある場合にだけ，295 条 2 項を適用して留置権の成立を否定すべきだとする $\left(\substack{\text{我妻}\\\text{36頁}}\right)$。

　悪意の占有者も，費用（必要費・有益費）償還請求権がある $\left(\substack{196\\条}\right)$ 以上留置権を有し，ただ，有益費については裁判所による期限の許与によって留置権を失うにすぎない $\left(\substack{\text{同条2項}\\\text{ただし書}}\right)$。要は，「占有開始時の不法」の場合に留置権の成立を認めない 295 条 2 項がこの規定を排除するかどうかであるが，「事後的不法」とは，「占有開始時の不法」とは異なって，強度な悪意から軽度な過失まで，その態様が様々であり，〔A〕説ではこの現実性に柔軟に対応できない $\left(\substack{\text{四宮・前掲「判}\\\text{批」87頁以下}}\right)$。ちなみに，前掲最判昭 51・6・17 は，訴訟提起後の有益費の支出につき「過失」があるとするが，しかし，国の買収計画に基づいて買い受け，訴訟においてあるいは自分の権利が認められる可能性があるからこそ争っているとも考えられ，そこで敗訴して占有が「不法」とされた場合でも，それほどの非難可能性はないであろう。

　したがって，悪意占有者であっても，基本的には留置権が成立するが $\left(\substack{196\\条}\right)$，ただ，例外として，① 有益費については裁判所による期限の許与によって留置権を失うことがあり得ること $\left(\substack{\text{同条2項}\\\text{ただし書}}\right)$，また，② 悪意占有者に特に著しい不信行為 $\left(\substack{\text{例，Aに対する嫌がらせのた}\\\text{めに有益費を支出したなど}}\right)$ があった場合には，295 条 2 項の類推により留置権の成立を否定すべきである $\left(\substack{\text{我妻}\\\text{36頁}}\right)$，と考えるのが妥当であろう。

第3節　留置権の効力

(1)　留置的効力

(a)「留置」とは何か　留置権は，他人の物を留置してその引渡しを拒絶する権利である（留置的効力）。したがって，「留置」とは，相手方からの物の引渡請求に対し，それを拒絶し，占有を続けることである。この関係で，動産の場合には問題はないが，不動産の場合が問題である。

　不動産賃貸借の終了後に，借家または借地を「留置」するとはどういうことであろうか。298条2項は，「債務者の承諾を得なければ，留置物を使用し，賃貸」することができないと定めている（後掲**5(b)**(37)頁）参照）。この規定との関係で，不動産の場合は，従前どおりそこに居住することができるのか，または空家にして管理人を置くといった処置が必要なのか。

　判例は，①「借家」の場合について，居住することは298条2項ただし書の保存に必要な行為であるとする（大判昭10・5・13民集14巻876頁）。しかし，②「借地」の場合については，土地上の建物を第三者に賃貸することは，保存に必要な使用の範囲を越えて許されないものとする（大判昭10・12・24新聞3939号17頁）。また，③「船舶」上の留置権につき，従前どおりの遠距離にわたる船舶の使用は，航行の危険性からみて保存に必要な限度を逸脱したものとする（最判昭30・3・4民集9巻3号229頁）。

　以上，判例は，298条2項ただし書にいう「保存に必要な使用」を基準とし，それに当たるならば継続使用を許すが，それから外れる場合は留置権を認めない，という立場である。

　学説も，大方判例に賛成であるが，不動産の「留置」は従前の占有・使用の状態の継続であって差し支えなく，ただ，債権が弁済等で消滅した場合は遅滞なく引き渡すことができる態勢を作っておくべきだとする説（我妻38-39頁），判例の「留置物の保存に必要な場合」とは「留置物の保存のため相当な場合」に言いかえるべきとする説（高木ほか25頁〔曾田〕），がある。

　なお，留置権者が留置物を使用したことにより得た「利益」は，不当利得として，所有者に返還すべきである。ただし，その利益は，「果実」に該当するから，自己の債権の弁済に充当することができる（297条1項。後掲(2)（35頁）参照）。

(b) 留置権の対抗力　　留置権は物権であるから対抗力を有するが，ただ，手続法上では，若干異った処遇がされている。

　i　対抗力（原則）　　留置権は物権として対世的効力を有し，すべての人に対して行使することができる。したがって，いったん成立した後は，その物の譲受人に対しても留置権を主張できる。これが，民法上の原則である（第2節**1**3）（24頁）参照）。

　ii　民事執行法上の対抗力　　留置権の目的物が執行の対象である場合には，留置権は，以下のような優先的扱いがされ，実質的に優先弁済権が与えられた結果となっている。──

　①　不動産留置権　　他の債権者が競売した場合には，競売の買受人は，留置権の被担保債権を先ず弁済しなければならない（民執188条→民執59条4項）。その弁済があるまで，留置権者は留置権をもって対抗できる。

　②　動産留置権　　一般債権者の強制執行においては，留置権者は，目的物を執行官に提出することを拒むことにより，その執行を阻止することができる（民執124条参照）。また，動産担保権者による競売は，債権者が執行官に対して留置権者が差押えを承諾することを証する文書を提出しない限り，開始しない（民執190条1項2号）。このように，他の債権者は，まず留置権を弁済によって消滅させなければ，執行手続をとることができない。

　iii　倒産法上の対抗力　　債務者に倒産手続が開始された場合には，債務者の財産上に存在する留置権は，以下のように扱われる。──

　①　民事留置権　　通常の留置権は，破産手続においては，効力を失う（破66条3項）。これは，破産手続が債務者の財産の「清算」であり，優先弁済権をもたない留置権は，その手続においては存在理由がないからである。したがって，清算ではない民事再生手続・会社更生手続においては存続する（ただし，担保権としての地位は与えられず，再生債権・更生債権となるにすぎない）。

　②　商事留置権　　それに対して，商事留置権は，破産手続においては

「特別の先取特権」とみなされ$\binom{破66条}{1項}$,別除権が与えられる$\binom{破65条}{2項}$。しかも,留置的効力も失わない$\binom{最判平10・7・14民}{集52巻5号1261頁}$。民事再生手続においても担保権として別除権が与えられ$\binom{民再}{53条}$,また,会社更生手続においても,更生担保権として扱われる$\binom{会更2条10項。第1節}{(4)(a)(19頁)参照}$。

(c) 留置権行使の効果 —— 抗弁権的作用 留置権は,現実には,相手方からの物の引渡請求に対して,その引渡拒絶権として現れる(抗弁権的作用)。したがって,相手方からの物の引渡請求訴訟において,留置権を行使した場合には,相手方(原告)敗訴となるのではなく,引換給付の判決がされることになる$\binom{最判昭33・3・13民集12巻3号524頁,最判昭33・6・6民集12}{巻9号1384頁。なお,前掲最判昭47・11・16の判決文参照}$。

この権利発現形態は,同時履行の抗弁権とまったく同一である。

(2) 果実収取権

留置権者は,留置物より生ずる果実を収取し,他の債権者に先立ってこれを債権の弁済に充当することができる$\binom{297条}{1項}$。この果実は,まず債権の利息に充当し,なお残余があるときは元本に充当しなければならない$\binom{297条}{2項}$。ここで,果実とは,天然果実のほか,法定果実も含まれる$\binom{298条2項}{本文参照}$。したがって,留置権者は賃借料を収受して優先弁済に充てることができるのである$\binom{ただし,債務者の承諾を得ない場合}{は消滅請求をされ得る。298条3項}$。

同じ理由から,留置権者が物を占有(留置)する場合において,その継続利用して得た利益は,果実に準じて扱い,自己の債権の弁済に充当することができる$\binom{大判大7・10・29新聞1498号21}{頁。前掲(1)(a)(33頁)参照}$。

(3) 費用償還請求権

(a) 必要費の償還 留置権者が留置物につき「必要費」を支出したときは,所有者にその償還を請求できる$\binom{299条}{1項}$。必要費の費用償還請求においては,目的物の留置も当然に認められる。

(b) 有益費の償還 他方,留置物について「有益費」を支出したときは,その価格の増加が現存する場合に限って,所有者の選択に従い,① その支出した金額か,または,② 増価額,のいずれかを償還させ

ることができる$\binom{299条2}{項本文}$。この場合も目的物の留置が認められるが，ただ，有益費の償還につき，所有者の請求により裁判所が相当の期限を許与した場合には$\binom{299条2項}{ただし書}$，留置権は成立しない。

(4)　競売権

(a) 形式的競売権　留置権は，優先弁済権がないから競売（換価権）も認められていない。しかし，民事執行法では，留置権者に競売権が与えられている$\binom{民執195条。旧}{競売法も同様}$。これは，優先弁済権のない換価のための競売（形式的競売）であり，留置権者が長く弁済を受けないでいることの不便（この間，債権の消滅時効は進行するし$\binom{300}{条}$，大型の物であれば長期の保管にも困ることになる）を考えて設けられたものである。その結果，競売による換価金の上に留置権が存在することになる。

　このような形式的競売権であるから，「配当」を前提とするものではない。したがって，この競売に際して他の債権者が配当加入できるか否かの議論は無意味である（肯定説は，297条を持ち出すが，同条項は果実についての規定であるから，優先弁済を認めるべき何の根拠にもならない）。

　【留置権に基づく競売の要件事実は】　　Xは，Aに駐車場を貸していたが料金滞納のため，その支払いを求める訴訟を提起し，勝訴判決を得た。そこで，この判決正本を提出し，甲自動車につき，駐車料金支払請求権を被担保債権とする留置権による競売を申し立てた。この競売は「担保権の実行としての競売の例」によるから$\binom{民\ 執}{195条}$「担保権の存在を証する文書」が必要であるところ，原審・原々審は，本判決正本は留置権の存在を証する文書ではないとして排斥した。

　これに対して，最決平18・10・27$\binom{民集60巻8}{号3234頁}$は，「登録自動車を目的とする留置権による競売においては，執行官が登録自動車を占有している債権者から競売開始決定後速やかにその引渡しを受けることが予定されており，登録自動車の引渡しがされなければ，競売手続が取り消されることになるのであるから……，債権者による目的物の占有という事実は，その後の競売手続の過程においておのずと明らかになる。……したがって，……その<u>被担保債権が当該登録自動車に関して生じたことが主要事実として認定されている確定判</u>

決であれば，民執181条1項1号所定の『担保権の存在を証する確定判決』に当たる」とした。

(b) 事実上の優先弁済　しかし，形式的競売によって留置権者は，換価金を留置することになるが，これは，金銭債権であって弁済期が到来したものであるから，「相殺」の規定$\binom{505}{条}$のメカニズムが働くことは明白である。すなわち，「双方の債務が同種かつ弁済期到来」（相殺適状）という要件を充足する。

したがって，この「相殺」によって，留置権者は，事実上優先弁済を受けたのと同じ効果をもたらすことができるのである。いうまでもないが，これは，留置権の優先弁済権の否定とは無関係のことであり，あくまで，相殺制度によってもたらされる効果である。

(5)　留置権者の義務

(a) 善管注意義務　まず，留置権者は，「善良な管理者の注意」（＝善管注意義務）をもって留置物を占有しなければならない$\binom{298条}{1項}$。違反した場合には，「債務者」は留置権の消滅請求ができる$\binom{同条}{3項}$。

(b) 留置物の利用制限　次に，留置権者は，「債務者」の承諾がなければ，留置物を「使用」，「賃貸」または「担保」に供することができない$\binom{298条2}{項本文}$。ただし，その「使用」が，「物の保存に必要」な場合は許される$\binom{同条項た}{だし書}$。この場合にも，その違反に対しては，「債務者」は，留置権の消滅請求ができる$\binom{同条}{3項}$。

ところで，上記に「債務者」といったが，これを「所有者」と解すべきだとする説がある$\binom{我妻}{45頁}$。債務者以外の所有物上にも留置権は成立するからだという。この説によると，例えば，BがCから賃借した物をAに修理を依頼したが，Aはその物を承諾なく使用していた場合には，留置権の消滅請求ができるのは，Cだけである。しかし，Bからの消滅請求を認めなければおかしいであろう$\binom{Bは，明らかに，Cの消滅請求権を代}{位行使することはできるのである}$。したがって，法文の「債務者」を「所有者」と読み替えるのは妥当ではなく，むしろ「債務者または所有者」と解すべきであろう。

第4節　留置権の消滅

　留置権は，「物権」の一般的消滅事由（目的物の滅失・放棄・混同など）のほか，「担保物権」の一般的消滅事由（被担保債権の消滅など）によっても消滅するが，留置権に特有の消滅原因もある。以下では，これについて述べよう。

(1)　債権の消滅時効

　留置権の行使中であっても，その被担保債権の消滅時効は進行する（300条）。物の留置は，時効の完成を停止させる事由ではないからである。その結果，債権の時効消滅によって，留置権自体が消滅することがありうる。

> 　**【訴訟上の留置権の主張は時効の完成猶予事由となるか】**　債務者からの物の引渡請求訴訟において，債権者が留置権の抗弁を提出するにあたり，被担保債権の存在を主張した場合は，時効の完成猶予事由となるであろうか。
>
> 　判例は，訴訟上の留置権の主張は反訴ではなく単なる抗弁にすぎないので，時効の完成猶予の効力はないが，「催告」（150条）として訴訟係属中は完成を猶予し，訴訟終結後も6か月以内は他の事由に訴えることによって完成猶予の効力が維持される，とした（最大判昭38・10・30民集17巻9号1251頁。我妻『新訂民法総則』466頁）。これに対して，時効の完成猶予そのものを認めるべきだとする説（川井・概論249頁）も強い。
>
> 　このような裁判上の留置権の主張は，被担保債権の主張として時効完成猶予効を認めてよいであろう。その後の最高裁判例（最判昭43・11・13民集22巻12号2510頁（本判決によって前掲最大判昭38・10・30が変更された）との指摘もある）は，「応訴」につき，直截に時効完成猶予効を認めているからである（詳細は，【Ⅰ】349頁以下）。

(2)　留置権者の消滅請求

　前述したように（第3節(5)），留置権者が298条1項および2項に違反したときは，債務者は，留置権の消滅を請求できる（298条3項）。留置権者がこれら各条項に違反した場合，物の所有者は，違反行為が終了したかどうか，またこれに

よって損害を受けたかどうかを問わず，留置権の消滅を請求できる $\binom{最判昭38}{・5・31民}$ $\binom{集17巻4}{号570頁}$。留置物の第三取得者もこの消滅請求権を有する $\binom{最判昭40・7・15民}{集19巻5号1275頁}$。

　この消滅請求権は形成権であり，債務者の一方的意思表示により留置権は当然に消滅する。

(3)　代担保の供与による消滅

　債務者は，留置物の代わりとして，相当の担保を提供して留置権の消滅を請求できる $\binom{301}{条}$。債権額に比し，留置されている物の価格が著しく大きい場合に，この制度の意義がある。代担保は，物的担保でも，人的担保でもよいが，留置権者の承諾が必要である（いずれも，留置権者との合意によって成立する）。そこで，代担保を提供しても留置権者がこれに応じない場合，債務者の一方的な消滅請求によって留置権は消滅するであろうか。これを認める説 $\binom{我妻46-}{47頁}$ もあるが，まずその承諾判決を得て，その後，消滅請求ができるとする説が正当である $\binom{通}{説}$。

(4)　占有の喪失

　留置権は，物の占有を喪失した場合には，消滅する $\binom{302条}{本文}$。留置権は，物の「留置」すなわち「占有」をその本体としているからである。したがって，占有を侵害された場合には留置権も消滅するが，しかし，占有回収の訴えによって占有を回収したときは，留置権も回復する。

　なお，留置権者が，留置物を「賃貸し，または質権の目的とした」場合（298条2項の場合）は，留置権は消滅しない $\binom{302条た}{だし書}$。この場合，留置権者は，占有を失うわけではなく，間接占有をしているからである。このことは，債務者の承諾を得る得ないにかかわらない。もとより，債務者の承諾のない「賃貸または質権設定」は，債務者からの留置権消滅請求の原因となるが，しかし，そのことは，留置権者の善管注意義務違反に対する債務者の救済手段であって，留置権の成立・存続要件である「占有」の欠如とは別問題である。

(5)　債務者の破産手続開始

　留置権は，債務者に破産手続きが開始された場合には，その破産財団に対して効力を失う$\left(\begin{smallmatrix}\text{破産66}\\\text{条3項}\end{smallmatrix}\right)$。民事再生手続・会社更生手続においては，存続するも，担保権としては扱われない。これらは既述した$\left(\begin{smallmatrix}\text{詳細は，第3節(I)(b)}\\\textbf{iii}\ \text{（34頁）参照}\end{smallmatrix}\right)$。

第2章　先取特権

第1節　序　説

(1)　先取特権制度の意義

**(a)「特権」——
「特別な債権」の保護**　　先取特権は，法律に定める「特別な債権」を有する者が，債務者の一定の財産より優先弁済を受けることのできる法定の担保物権である。例えば，使用人は雇主が破産をした場合でも給料その他の債権につき雇主の一般財産から優先的に弁済を受けることができるし，また，運送人は運送代金につき運送品から，家屋を建築した請負人は請負代金につきその家屋から，それぞれ優先弁済を受けることができる（「競売」（先取特権の実行）が前提となることはもちろんである）。このように，先取特権というのは，<u>特定の「債権」</u>につき，それが密接に関係するところの一定の財産（一般財産・特定動産・特定不動産）上に，法律が優先弁済権（処分＝換価権）を与えた「特権」（priviléges）である（303条）。

　このような優越的な扱いは，これら「一定の債権」が，他の債権者と平等の立場で弁済を受けさせること（債権者平等の原則）を否定し，特に優先して弁済させるべき客観的かつ合理的な理由が存するからである。その理由とは，あるいは公平の見地から，あるいは当事者の意思の推測として，あるいは社会政策的配慮からと，債権の種類によって多様である。

> 【近代的担保制度と先取特権】　このような「特権」制度は，公示なくして優先性を与えられるものであり，他の債権者にとって，いきなり先取特権が出現することはまさに苦痛である。したがって，公示制度を旨とする担保制度の理念とは，一面において相容れないものである。そこで，近代的担保制度の構成にあたっては，各国は慎重な態度をとった。

　本来，ローマ法では，各種の特権（優先権）が広範に認められていた。これ
を受け継いで，フランス民法は，法定抵当権として先取特権（privilèges）を認
め，債務者の総財産に対するもの，特定の動産に対するもの，特定の不動産に
対するもの，の3種に分けて規定した。他方，公示制度の機能(近代化への機能)
を重視して民法制度を構成したドイツ民法は,その趣旨に悖る特権制度を廃止
し(ローマ法を基盤とした普通法時代には認められていた)，公示の原則に影響しない程度での優先弁済権を「法
定質権」（gesetzliches Pfandrecht）として散在的に数個の規定を置いたにすぎ
ない。
　わが民法は，旧民法がフランス民法の先取特権を継受したものを，基本的に
はそのまま受け継いでいるのである。

(b) 先取特権制度の発展性　　上記のように，先取特権は，公示制度に離背す
るものであり，その意味では，近代的担保制度
と相容れない，遅れた制度ということになろう（事実，優先権（特権）が全盛で
あったのは，近代的公示制度成立以前の，ローマ法の影響を受けた法圏であった）。
　しかし，他面において，先取特権の基盤は，特別の債権を優先させるとす
る，その政策性にあることに注意すべきである。この意義での先取特権の機
能は，現代においても益々強く要請されるところである。民法典制定後，民
法のみならず他の分野においても，特別法によって多くの先取特権(ないし優
先弁済権)が出現しているのは(例えば，国税（税徴8条），地方税（地税14条），健康保険保険料の徴収金（健保180条4項，同182条）など)，この
ような意味においてこそ理解すべきである。

(2) 先取特権の法的性質

(a) 物権性　　先取特権は「物権」として構成されている。したがって，一般
的には，物権の特性としての強力な対第三者効が生ずることに
なる。しかし，先取特権といっても，一般の先取特権，動産の先取特権，不
動産の先取特権と3種あり，それぞれかなり性格を異にするので，その効力
を一概に論ずることはできない。詳細は各箇所で説明するので，ここでは簡
単に触れておこう。
　i　優先弁済効　　「一般の先取特権」においては，目的物が不動産の場

合に，登記なくして優先弁済を主張できるのは一般債権者に対してのみであるが $\left(\substack{336\\条}\right)$，目的物が動産のときは，それを債務者が占有している場合に限られる $\left(\substack{333\\条}\right)$。他方，「動産の先取特権」においては，占有を要件としないで優先弁済を主張できるが，やはり目的物が債務者の手中にある場合に限られる $\left(\substack{333\\条}\right)$。また，「不動産の先取特権」においては，保存および工事の先取特権が登記を得れば抵当権に優先する $\left(\substack{339\\条}\right)$。

ii 追及効 「一般の先取特権」は，一般財産から逸脱した物には追及効が及ばないことはもちろんである。「動産の先取特権」は，目的動産が第三取得者に引き渡されると追及できない $\left(\substack{333\\条}\right)$。

(b) 担保物権性 次に，先取特権の担保物権としての法的性質である。――

i 付従性 先取特権は，被担保債権の発生と共に成立し，その消滅によって消滅する。また，被担保債権が移転すると，先取特権も移転する（随伴性）。

ii 不可分性 先取特権は，被担保債権の全額の弁済を受けるまでは消滅しない $\left(\substack{305条→\\296条}\right)$。

iii 物上代位性 304 条は，先取特権は，その目的物の売却，賃貸，滅失または損傷によって債務者が受けるべき金銭その他の物に対しても，行使することができる，と規定する。しかし，物上代位性が認められるのは，動産の先取特権と不動産の先取特権だけであって，一般の先取特権については問題となり得ない。一般の先取特権の場合は，債務者の総財産が目的物となるため，債務者の受けるべき金銭または物は，総財産の中に当然に吸収されると考えられるからである $\left(\substack{詳細は，第3節\boxed{2}\\(57頁) 参照}\right)$。

第2節　先取特権の種類

　民法は，フランス民法に倣い，先取特権を，その対象に着目して3種に分けている。すなわち，債務者の総財産の上に成立する「一般の先取特権」，特定動産の上に成立する「動産の先取特権」，特定不動産の上に成立する「不動産の先取特権」，である。

1　一般の先取特権（4種類）

　債務者の「総財産」の上に成立する「一般の先取特権」は，「公示なき優先権」であるから，最も強力なものである。そのため，民法は，① 共益の費用，② 雇用関係，③ 葬式の費用，④ 日用品の供給，の4つの原因から生じた債権の場合に限って，一般の先取特権の成立を認めている（$\frac{306}{条}$）。

(1)　共益の費用

　「共益の費用」とは，各債権者の共同の利益のためにされた，「債務者の財産の保存，清算又は配当」に関する費用のことである（$\frac{307条}{1項}$）。「保存」とは，債権者代位権や債権者取消権の行使であり，「清算」とは，清算人による債権の取立てであり，「配当」とは，配当表の作成，などを指している。いずれも，それによって全債権者が利益を受けるものであり，公平的思想がその根拠になっている。したがって，その各場合において共同の利益を受けない債権者に対しては，優先権を主張できない（$\frac{307条}{2項}$）。

(2)　雇用関係

　使用人は，雇用関係から生じた給料その他の雇主に対する債権について（$\frac{308}{条}$），雇主の一般財産上に先取特権を有する。「雇用」関係とは，雇用契約だけでなく，請負や委任等の契約で労務を提供する場合でもよい。また，その

「債権」は，給料のみならず，例えば，工場設備の瑕疵により使用人が怪我を
した場合の雇主に対する損害賠償債権なども含まれる。要するに，雇用関係
から生じたすべての債権につき，その発生期間を限定することなく$\binom{2003年改正}{前は，「6か}$
$\binom{月の給料」に}{限定された}$先取特権が成立するのである。

(3)　葬式の費用

　債務者および債務者が扶養すべき親族の葬式費用を支出した者は，債務者
の総財産の上に先取特権を有する。ただし，それは，葬式費用のうち相当な
額に限られる$\binom{309}{条}$。

(4)　日用品の供給

　債務者またはその扶養すべき同居の親族およびその家事使用人の生活に必
要な，飲食料品・燃料・電気を供給した場合は，最後の6か月分につき，一
般先取特権が認められる$\binom{310}{条}$。

2　動産の先取特権（8種類）

　以下の8種類の原因より生じた債権を有する者は，債務者の「特定の動産」
の上に先取特権を有する$\binom{311}{条}$。

(1)　不動産の賃貸借

　不動産の賃貸人は，その不動産の賃料その他賃貸借関係から生じた賃借人
の債務につき，賃借人の持ち込んだ「動産」上に先取特権を有する$\binom{312}{条}$。た
だし，以下のような制限がある。

(a) 被担保債権の範囲　原則として，賃貸借関係から生じたすべての債権で
あるが$\binom{312}{条}$，次の2つの場合に例外がある。

　i　**賃借人の財産の総清算の場合**　破産，法人の清算など賃借人の財
産のすべてを清算する場合には，賃貸人の先取特権は，「前期，当期および次
期」の賃料その他の債務，並びに「前期および当期」に生じた損害の賠償債

務に限定される$\binom{315}{条}$。「当期」とは，年払いなら清算の年，月払いなら清算の月をいう。

　　ii　賃貸人が敷金を受け取っている場合　　この場合には，その敷金で弁済を受けない債権の部分についてのみ，先取特権を有する$\binom{316}{条}$。

> **【賃貸人が敷金を返還した場合は】**　　一般債権者が賃借人の動産を差し押えた後に，家主が敷金を賃借人に返還した場合について，判例は，差押えの効力として，敷金相当部分につき賃貸人は先取特権を主張できないとした$\binom{大判昭12}{\cdot7\cdot8民集\atop16巻1132頁}$。これにつき，結論を正当とするも，担保の放棄と考えるべきだとする説$\binom{川井・概\atop論258頁}$が有力である。

(b) 目的物の範囲　　土地賃貸借の場合と建物賃貸借の場合とでは処理が異なろう。すなわち，——

　　i　土地の賃貸借の場合　　賃借地に備え付けられた動産$\binom{灌漑用ポ\atop ンプなど}$，賃借地の利用のための建物$\binom{納屋\atop など}$に備え付けられた動産$\binom{農器具・\atop 牛馬など}$，賃借地の利用に供された動産$\binom{上に\atop 同じ}$，および賃借人の占有下にある土地の果実，である$\binom{313条\atop 1項}$。

　　ii　建物の賃貸借の場合　　賃借人がその建物に備え付けた動産である$\binom{313条\atop 2項}$。問題は，「建物に備え付けた動産」の意味であり，どの程度までの動産が先取特権の対象になるのか。文字どおり，建物に備え付けた動産$\binom{畳・建\atop 具など}$，すなわち「従物」がこれに当たることは問題ない。判例は，さらに進んで，「建物内にある時間継続して存置するため持ち込んだ動産」をいうとして，金銭，有価証券，懐中時計，宝石類でもよいとする$\binom{大判大3\cdot7\cdot4\atop 民録20輯587頁}$。

> **【「建物に備え付けた動産」とは】**　　上記判例は，内職用器具につき先取特権の成立を認めたもので，金銭以下の部分は傍論であるが，これに賛成する説もある$\binom{星　野\atop 201頁}$。しかし，金銭や宝石類が含まれるとなると，建物賃貸借においては，賃借人の一身上の財産すべてが先取特権の対象となり得る。そうすると，一般債権者を害すること甚だしく，少なくとも，「特定動産」に対する先取特権として規定した意義が失われてくるであろう。
> 　それゆえ，この場合の動産とは，「賃借人が建物の使用に関連して常置する物」と解し，家具・機械器具・営業用の什器や商品などは含まれるが，建物の

使用と関係のない賃借人の金銭・懐中時計・宝石などはこれに含まれないと解すべきである $\left(\begin{smallmatrix} 我妻80頁，川 \\ 井・概論258頁 \end{smallmatrix}\right)$。

iii　目的物の範囲の拡大　　先取特権は，賃借人の動産についてのみ成立するのが原則であるが，次の 2 つの場合には，目的物の範囲は拡大する。

①　賃借権の譲渡または転貸の場合　　先取特権は，譲受人または転借人の動産に及ぶ。譲渡人または転貸人が受けるべき金額についても同様である $\left(\begin{smallmatrix} 314 \\ 条 \end{smallmatrix}\right)$。

②　先取特権の即時取得の場合　　賃借人（および，譲受人，転借人）が他人の動産を建物に備え付けた場合，賃貸人は，192 条ないし 195 条の要件（平穏・公然・善意・無過失でその物を占有）を具える限り，その動産につき先取特権を即時取得することができる $\left(\begin{smallmatrix} 319 \\ 条 \end{smallmatrix}\right)$。

(2)　旅館の宿泊

旅館主 $\left(\begin{smallmatrix} ホテルや旅館 \\ のオーナー \end{smallmatrix}\right)$ は，宿泊客が負担すべき宿泊料および飲食料につき，その旅館に在る宿泊客の手荷物の上に，先取特権を有する $\left(\begin{smallmatrix} 317 \\ 条 \end{smallmatrix}\right)$。この場合も，即時取得の成立が認められる $\left(\begin{smallmatrix} 319 \\ 条 \end{smallmatrix}\right)$。

(3)　旅客または荷物の運輸

運輸の先取特権は，旅客または荷物の運送賃および付随の費用につき，運送人の手にある荷物の上に存在する $\left(\begin{smallmatrix} 318 \\ 条 \end{smallmatrix}\right)$。ここでも，即時取得の成立が認められる $\left(\begin{smallmatrix} 319 \\ 条 \end{smallmatrix}\right)$。

(4)　動産の保存

動産の保存のために要した費用，または動産に関する権利の保存，承諾もしくは実行のために要した費用，については，その動産の上に先取特権が認められる $\left(\begin{smallmatrix} 320 \\ 条 \end{smallmatrix}\right)$。船舶の修繕費も，この保存費に含まれる $\left(\begin{smallmatrix} 最判平14・2・5 \\ 判時1787号157頁 \end{smallmatrix}\right)$。

(5)　動産の売買

　動産の売主は，その代価および利息につき，その動産の上に先取特権を取得する$\left(\substack{321\\条}\right)$。公平の原則に基づくもので，流通過程や消費過程において意義がある。この先取特権は，いうまでもなく，動産の所有権が買主に移転した後に成立するものであるから，まったく同じ機能を営む「所有権留保」とは両立しない。

　また，売主は，目的物を買主に引き渡すまでは，同時履行の抗弁権ないし留置権を有しているので，この先取特権が実効性をもつのは，目的物を買主に引き渡した後である。

(6)　種苗または肥料の供給

　種苗・肥料供給の先取特権は，種苗または肥料の代価およびその利息につき，その種苗または肥料を用いた後1年以内にこれを用いた土地から生じた
••
果実の上に存在する$\left(\substack{322\\条}\right)$。蚕種または蚕の飼養に供した桑葉の使用によって生じた物も，この「果実」に含まれる$\left(\substack{322\\条}\right)$。

(7)　農業の労務

　農業労務の先取特権は，その労務に従事する者の最後の1年間の賃金につき，その労務によって生じた果実の上に存在する$\left(\substack{323\\条}\right)$。

(8)　工業の労務

　工業の労務に従事した者は，その労務の最後の3か月間の賃金につき，その労務によって生じた制作物の上に先取特権を取得する$\left(\substack{324\\条}\right)$。

3　不動産の先取特権（3種類）

　以下の3種類の原因から生じた債権を有する者は，債務者の「特定の不動産」の上に先取特権を有する$\binom{325}{条}$。ただし，これら不動産の先取特権には「登記」が必要である（登記がないと優先権を否定される）$\binom{この登記・効力等の特則については，第1節(2)(a)i（42頁）}{参照}$。なお，不動産の先取特権は，その手続きの厳格性や登記を要求することの不信感などから，現実にはあまり利用されない。

(1)　不動産の保存

　不動産の保存のために要した費用，および不動産に関する権利の保存，承認もしくは実行のために要した費用については，その不動産の上に先取特権が認められる$\binom{326}{条}$。登記は，保存行為完了後，直ちにしなければならない$\binom{337}{条}$。

(2)　不動産の工事

　不動産の工事の設計，施工または監理をする者が債務者の不動産に関してした工事の費用については，その不動産の上に先取特権が認められる$\binom{327条}{1項}$。「工事」とは，新築，改築，増築をいい，修繕は「保存」に当たる。
　ただし，この先取特権は，その工事によって生じた不動産の価格の増加が現存する場合に限り，その増価額についてのみ認められるが$\binom{327条}{2項}$，工事を始める前にその「費用の予算額」を登記する必要がある$\binom{338条1}{項前段}$。この場合，工事の費用が予算額を超えるときは，先取特権は，その超過額については存在しない$\binom{同項}{後段}$。また，工事によって生じた不動産の増価額については，配当加入の時に，裁判所が選任した鑑定人に評価させなければならない$\binom{同2}{項}$。
　ところで，近時，A銀行のために自己所有土地を抵当に入れ，その土地上に建物建築をCに請け負わせたBが，Aに対してもCに対しても返済不能となった場合，請負人Cが土地に対して商事留置権を主張できるかどうかが問題となってきた$\binom{第1章第1節(4)(b)}{(20頁)\ 参照}$。この問題は，既述したように，不動産工事

につき，請負人の請負代金債権を確保する法手段が欠如していることである。したがって，その対処は，本質的には，338 条の容易な運用など，不動産工事の先取特権の改革によるべきものである$\left(\substack{21頁\\参照}\right)$。

(3) 不動産の売買

　不動産の売買代価およびその利息につき，その不動産上に先取特権が認められる$\left(\substack{328\\条}\right)$。ただし，その先取特権の効力を保存するためには，売買契約と同時に，その代価・利息がまだ弁済されていない旨を登記しなければならない$\left(\substack{340\\条}\right)$。

第3節　先取特権の効力

1　優先弁済効

(1)　優先弁済の方法

(a) 先取特権の実行　先取特権者は，債務者の財産につき，以下の方法で先取特権を実行することにより，優先弁済を受けることができる$\left(\substack{303\\条}\right)$。

　　i　担保不動産競売　目的物が「不動産」（一般の先取特権および不動産の先取特権）の場合である。「担保権の存在を証する」確定判決もしくは家事事件手続法 75 条審判，公正証書または登記簿の謄本(これらを，「開始文書」という)を提出して，競売を開始する$\left(\substack{民執181\\条1項}\right)$。ただし，一般の先取特権にあっては，その開始文書は，「その存在を証する文書」である$\left(\substack{同条項\\4号}\right)$。

　　ii　担保不動産収益執行　目的物が「不動産」の場合には，上記 i の「担保不動産競売」に代えて，またはそれと共に，「担保不動産収益執行」の方法によることもできる。「開始文書」の提出によって開始されることは同じである$\left(\substack{民 執\\181条}\right)$。

　　iii　動産競売　目的物が「動産」の場合は，① 債権者が執行官に対し当該動産を提出したとき，② 債権者が執行官に対し「当該動産の占有者が差押えを承諾することを証する文書」を提出したとき，③ 債務者の任意の協力が得られない場合には，債権者が「担保権の存在を証する文書」を執行裁判所に提出して得た「動産競売開始許可の決定書」の謄本を，執行官に提出し，かつこれが債務者に送達されたとき，に限り競売が開始される$\left(\substack{民執190\\条1項}\right)$。

　　iv　債権執行　目的物が債権その他の財産権の場合は，「担保権の存在を証する文書」(一般の先取特権以外のものについては，民執 181 条 1 項 1 号〜3 号

に規定する文書）$\binom{\text{前掲 i}}{\text{参照}}$が提出されたときに限り，開始する$\binom{\text{民 執}}{\text{193条}}$。

(b) 他の債権者の執行手続　　次に，先取特権者は，他の債権者の執行手続の中で優先弁済を得ることもできる。

　i　一般債権者による執行手続　　①「不動産競売」の場合は，一般先取特権者$\binom{\text{その存在を証する民執181条1項所}}{\text{定の文書が必要。民執51条1項}}$と，不動産先取特権者$\binom{\text{登記必要。民}}{\text{執87条1項4号}}$が，②「動産競売」の場合には，一般・動産両先取特権者$\binom{\text{その存在を証する文書}}{\text{が必要。民執133条}}$が，③「債権執行」の場合は，一般先取特権者$\binom{\text{その存在を証する文書}}{\text{が必要。民執154条1項}}$が，それぞれ「配当要求」により優先弁済を受けることができる。

　ii　他の担保権者による担保権実行の競売　　①「不動産競売」の場合は，民執188条→民執51条1項・同87条1項4号が，②「動産競売」の場合は，民執192条→民執133条が，③「債権執行」の場合は，民執193条2項→民執154条1項が，それぞれ準用され$\binom{\text{上記(a)}}{\text{参照}}$，その順位に応じて優先弁済を受ける。

　iii　債務者の倒産　　債務者に破産手続が開始された場合，一般の先取特権者は他の債権に優先して弁済を受け$\binom{\text{破98}}{\text{条1項}}$，特別（動産，不動産）の先取特権者はその目的物につき別除権を有する$\binom{\text{破65}}{\text{条2項}}$。また，特別の先取特権は，民事再生手続においては別除権が認められ$\binom{\text{民再}}{\text{53条}}$，会社更生手続においては，更生担保権として扱われて$\binom{\text{会 更2}}{\text{条10号}}$，更生手続への参加が認められる$\binom{\text{会 更}}{\text{135条}}$。

(2)　優先弁済の順位原則

《競合の優劣決定》　　同じ目的物の上に，いくつかの先取特権が競合する場合がある。例えば，家具につき，一般の先取特権と動産（不動産賃貸）の先取特権とが競合することがあろう。民法は，先取特権が法定担保物権であることにかんがみ，被担保債権の保護の度合いに応じて，その優劣の順位原則を法定している$\binom{\text{特別法上の先取特権と民法の先取特権との}}{\text{優劣については，各特別法に規定がある}}$。

(a) 先取特権相互間　　　　各先取特権相互間の優劣関係の規制である。

　i　一般の先取特権相互間　　一般の先取特権が互いに競合する場合，

その優先権の順位は 306 条に掲げた順序に従う$\left(\substack{329条\\1項}\right)$。優劣順序の意味については，各自考えられよ。

　　ii　一般の先取特権と特別の先取特権　　特別（動産および不動産）の先取特権が優先する。ただし，共益費用の先取特権は，その利益を受けたすべての債権者に対して優先する効力を有する$\left(\substack{329条\\2項}\right)$。

　　iii　動産の先取特権相互間　　同一の動産について，特別の先取特権が互いに競合する場合は，その優先権は次の通りである$\left(\substack{330条\\1項}\right)$。

①　**第 1 順位**　　不動産の賃貸，旅館の宿泊および運輸の先取特権

②　**第 2 順位**　　動産の保存の先取特権（数人の保存者があるときは，後の保存者が前の保存者に優先する）

③　**第 3 順位**　　動産の売買，種苗・肥料の供給，農業の労務および工業の労務の先取特権

　＜例　外＞──

①　第 1 順位の先取特権者が，債権取得の当時，第 2 および第 3 順位の先取特権者のあることを知っていたときは，これらの者に対して優先権を行使することができない。第 1 順位者のために物を保存した者に対しても，同様である$\left(\substack{330条\\2項}\right)$。

②　果実に関しては，第 1 順位は農業の労務に従事する者に，第 2 順位は種苗または肥料の供給者に，第 3 順位は土地の賃貸人に属する$\left(\substack{330条\\3項}\right)$。

　　iv　不動産の先取特権相互間　　同一の不動産につき特別の先取特権が互いに競合する場合は，その優先権の順位は 325 条に掲げた順序（保存，工事，売買の順）に従う$\left(\substack{331条\\1項}\right)$。同一の不動産につき，売買が順次されたときは，売主相互間の優先権の順位は，売買の前後による$\left(\substack{331条\\2項}\right)$。

　　v　同順位者相互間　　同一の目的物につき，同順位の先取特権者が数人あるときは，各自その債権額の割合に応じて弁済を受ける$\left(\substack{332\\条}\right)$。

　(b) 他の担保権との関係　　先取特権と他の担保権との優先関係の規制である。

　　i　留置権との関係　　留置権には優先弁済権がないので，理論上は競

合は問題となりえない。しかし，不動産の競売においては，その買受人は留置権の債権を弁済しなければならないし $\left(\begin{smallmatrix}\text{民執188条→}\\\text{民執59条4項}\end{smallmatrix}\right)$，動産の競売においても，留置権者の承諾を前提として開始されるので $\left(\begin{smallmatrix}\text{民執190}\\\text{条1項2号}\end{smallmatrix}\right)$，留置権は，事実上優先弁済が受けられることになる。

　　ii　質権との関係　　先取特権と動産質権とが競合する場合，動産質権者は，330 条 1 項に掲げた第 1 順位の先取特権者と同一の権利を有する $\left(\begin{smallmatrix}334\\\text{条}\end{smallmatrix}\right)$。質権者は，目的物を「占有」しているので，優先権が与えられるのを適当とするのである。この場合，当然に，330 条 2 項・3 項の適用がある。

　　不動産質権については，抵当権と同様の扱いになる $\left(\begin{smallmatrix}361\\\text{条}\end{smallmatrix}\right)$。

　　iii　譲渡担保との関係　　先取特権（特に動産売買先取特権）の目的物が譲渡担保に供された場合，先取特権者と譲渡担保権者のいずれが優先するのであろうか。判例は，譲渡担保を所有権の移転と解し(所有権的構成)，しかも譲渡担保権者は目的物につき占有改定による引渡しを受けたものとして，譲渡担保の設定は 333 条にいう「第三取得者に引き渡し」にあたるから，先取特権の追及力が切断されるという $\left(\begin{smallmatrix}\text{最判昭62・11・10民集41巻8号1559頁。69頁【譲}\\\text{渡担保権者は「第三取得者」に当たるか?】参照}\end{smallmatrix}\right)$。

　　しかし，譲渡担保の目的となったとしても，目的物は依然買主が占有をしており，しかも，譲渡担保は一つの担保権にすぎないから（担保権的構成），譲渡担保を動産担保権の設定とみなして 334 条を類推適用し，両者は 330 条における順位的優先関係の中に位置づけられるとする解釈が妥当である。

【**動産売買先取特権と集合動産譲渡担保の競合**】　　〔図①〕前掲最判昭 62・11・10。A は B に鋼材を供給していたが，B は C との間で，「特定倉庫内の鋼材等一切の在庫商品」を目的とした，いわゆる集合動産譲渡担保を締結し，その後，B が倒産し，A の動産売買先取特権の主張と B の譲渡担保権主張とが衝突した事案である。

　論点は 2 つある。1 つは，債務者（買主）の特定場所に入ってきた動産が，それ以前に設定されていた集合動産譲渡担保の目的となり得るのか，ということ

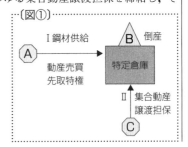

〔図①〕

である。「集合物」に特定性（種類，所在場所および量的範囲）のある限り，そこに後から入ってきた物は「集合物」自体の占有改定によってその目的となる（この「集合物」理論は，現在では異論なく認められている。最判昭54・2・15民集33巻1号51頁，および本判例）。この点は，ここでの問題ではないので，後述する（第3編第3章第3節（331頁））。

　もう1つは，動産売買先取特権の目的物に譲渡担保が設定された場合，両権利の優劣関係はどうなるのか。学説は次のように紛糾している。──

　〔A〕　333条適用説　　前述したように，本判例は，譲渡担保の設定は333条の「第三取得者」への「引渡し」にあたり，それによって先取特権の追及効が消滅する（333条）として，譲渡担保を優先させている。

　しかし，333条にいう第三取得者への引渡しとは，買主からの動産所有権の離脱とその表象としての引渡しをいうのであって（後掲**3**2)（69頁）参照），単なる動産担保権の設定である譲渡担保をそれと同視することはできない。

　〔B〕　334条類推適用説　　そこで，譲渡担保を，動産担保権の設定という本質から，「質権」と同質・同列に捉えて334条を類推適用し，譲渡担保は330条1項の第1順位として，先取特権に順位的に優先する（先取特権者は第3順位）と考えるのが妥当である（田原睦夫「動産の先取特権の効力に関する一試論」林良平還暦・上『現代私法学の課題と展望』95頁，角紀代恵「判批」ジュリ854号120頁，近江「動産売買先取特権をめぐる新たな問題点」森泉章還暦『現代判例民法学の課題』374頁以下）。こうすることによって，先取特権を消滅させることなく，両者は順位的優先関係の中に位置づけられ，もし目的物に余剰が出たときは，先取特権者もそこから弁済を受けることができる。

　この解釈は，330条2項の適用があるので，すでに先取特権の存することを知っている譲渡担保権者は優先権を主張できないことになる。他方，譲渡登記（動産・債権譲渡特例法3条）がされた動産の譲渡担保や，明認方法が一般化・慣習化している動産の譲渡担保については，その存在が明確になっているので，334条の当然適用と考えてよいであろう。

　〔C〕　先取特権優先説　　債務者の占有に対する先取特権者の信頼を保護すべきだとの観点から，333条の適用を否定するか，または判例同様肯定したとしても319条による先取特権の即時取得を認めて，先取特権を優先させるとする（鈴木223頁，星野209頁，野沢純平・NBL180号35頁，今中利昭・自由と正義37巻1号63頁，高木新二郎・金商737号134頁）。

　しかし，少なくとも動産売買の先取特権が330条1項の中でも劣後的な位置にあることを考えると，先取特権がなおかつ譲渡担保に優先するとする根拠に乏しい。また，319条は，不動産賃貸借，旅館宿泊，運輸に限って準用される

規定なので，占有を伴わない動産売買に類推するのは困難であろう。

iv　抵当権との関係　不動産をめぐって，一般の先取特権と登記を備えた抵当権が競合する場合，一般の先取特権に登記があるときは登記の前後により，ないときは抵当権が優先する$\binom{336条た}{だし書}$。未登記抵当権$\binom{127頁}{参照}$は，「特別担保を有しない債権」に準じて考えられるから（対抗要件主義理論から），常に先取特権が優先すると解すべきである$\binom{336条本}{文の類推}$。

他方，不動産の先取特権は，登記がないと優先権を持ちえない$\binom{後掲(4)(57)}{頁) 参照}$。そして，登記を具えた不動産の先取特権と抵当権とが競合する場合，保存と工事の先取特権は，常に抵当権に優先するが$\binom{339}{条}$，売買の先取特権と抵当権との競合は，一般原則（登記の前後）に従う。

(3)　一般の先取特権についての特則

(a) 登記との関係　一般の先取特権は，不動産については登記をしなくても，特別担保を有しない債権者に対抗することができるが$\binom{336条}{本文}$，登記をした第三者には対抗できない$\binom{336条た}{だし書}$。つまり，不動産について登記のない一般の先取特権は，一般債権者には優先するが，抵当権や不動産質権に対しては劣後することである。

(b) 配当の順序　一般の先取特権は，債務者の全財産を捕捉しているので，他の債権者をなるべく害しないための配慮が必要である。

i　一般の先取特権者は，まず，不動産以外の財産から弁済を受け，それでなお不足あるときでなければ，不動産から弁済を受けることはできない$\binom{335条}{1項}$。

ii　不動産については，まず，特別担保の目的となっていないものから弁済を受けなければならない$\binom{335条}{2項}$。

iii　前2つの順序を怠った一般の先取特権者は，その配当加入をしたならば弁済を受けることができた額については，登記をした第三者に対して先取特権を行使することができない$\binom{335条}{3項}$。

iv　以上の規定は，不動産以外の財産の代価に先だって不動産の代価を配当し，または，他の不動産の代価に先だって特別担保の目的である不動産

の代価を配当すべき場合には，適用されない$\left(\genfrac{}{}{0pt}{}{335条}{4項}\right)$。

(4)　抵当権規定の準用

　先取特権の効力については，以上のほか，抵当権に関する規定が準用される$\left(\genfrac{}{}{0pt}{}{341}{条}\right)$。共に目的物を占有しない担保権(非占有担保)であるという性質に基づく。370条，374条，378条〜387条などが重要である。

2　物上代位

(1)　物上代位制度の意義

(a)「304条」——
物上代位の基本規定
「物上代位」とは，担保物権の目的物が，「売却，賃貸，滅失または損傷」によって，債務者が，金銭その他の物（代償物。Surrogat）を受け取ることになったときは，担保権者は，その「代償物」に対しても権利を行使することができる，とする制度である$\left(\genfrac{}{}{0pt}{}{304条}{本文}\right)$。これは，優先弁済的効力を有する先取特権，質権，および抵当権について認められている。

　ところで，規定の仕方であるが，民法は，先取特権についてこれを規定し$\left(\genfrac{}{}{0pt}{}{304}{条}\right)$，それを，質権$\left(\genfrac{}{}{0pt}{}{350}{条}\right)$と抵当権$\left(\genfrac{}{}{0pt}{}{372}{条}\right)$とに準用するという形式をとる。特に，担保権の作用や効力に関して，法定担保物権の規定を約定担保物権に準用することについては，問題がなくはないが，ただ，物上代位の制度的仕組みや構造自体に変わるところはなく，また304条自体が先取特権の規定なので，本書では，物上代位の制度的しくみや基礎理論・基本原理についてはここで解説し，各担保権に固有の現象や解釈上の問題については，各個所で触れる。

(b)「物上代位」の基本理論
担保権は，その目的物が「売却，賃貸，滅失または損傷」によって「代償物」に変形したときに，どうしてその代償物に権利を行使できるのであろうか。これは，設定者には代償物が手に入るから損失はないのに対し，担保権者は損失を被ること

になり，公平に反する結果となるからである。しかし，この制度をどのように理解するかは大きな問題である。基本的に2つの考え方が対立する。

〔A〕　**価値権説**　担保物権は価値権支配であり，上記の「代償物」は，担保目的物の価値変形物（交換価値のなし崩し的実現）であるから，担保権の効力は当然にその「代償物」に及ぶのだとする。

〔B〕　**特権説**　担保物権は物権である以上，その目的物が消滅すれば物権も消滅するのは当然であり（物権法の一般原則），上記のような「代償物」に対して担保権の効力が及ぶのは，法律が特別に定めた政策的判断によるものだと考える（大連判大12・4・7民集2巻209頁）。

　以上の2つの考え方の対立と変遷は後に詳述するが（63頁【特定性維持説と優先権保全説の対立と展開】，および後掲3(b)（64頁）），まず第1に，価値を支配する抵当権といえども，その本質は物権であるから，目的物が消滅した場合に物権自体も消滅することは，理論的帰結である。したがって，考え方の基本としては〔B〕説が正当といわなければならない。〔A〕説が「交換価値のなし崩し的実現」を強調したところで，そのことをもって，物権原則を否定することはできないからである。

　第2に，〔A〕説にせよ〔B〕説にせよ，それらの主張がそのまま妥当するのは，「売却」および「滅失または損傷」の場合のみである。「賃貸」の場合は，いわば価値の殖産であり，交換価値のなし崩し的実現でもなければ，また物権が消滅したわけではないから「代償」の観念もあてはまらないのである。それゆえ，〔A〕説からも〔B〕説からも，この制度を一元的に説明することは困難であることを率直に認めなければならない。

　第3に，「売却，賃貸，滅失または損傷」の各原因についても，先取特権，質権・抵当権では，それぞれの制度に固有の問題がある。したがって，これら各原因については個別的に検討する必要がある。

(c) 304条の基本構造　次に，304条における物上代位権の基本構造をあらかじめ理解しておこう。——

　i　「請求権（債権）」に対する執行　物上代位の「目的物」，すなわち債務者が受けるべき「金銭その他の物」とは，現物自体ではなく，その物に対する「請求権」（債権）を指している（次掲iiも参照）。「物」自体に対する効力は，

物上代位の問題ではなく，担保権の直接的効力（追及力）の問題だからである。したがって，物上代位権の行使は，具体的には，「債権執行」となる。

ii　「払渡し（引渡し）前に差押え」　物上代位権を行使するには，「差押え」が必要である。このことの意味は，「代償物」が債務者に払い渡され（または引き渡され）ると債務者の一般財産を構成することになるが，担保権は特定物に対する処分権であるから，一般財産に対する処分権限をもたない。したがって，その代償物が債務者の一般財産に混入する（＝払渡し・引渡し）前に，当該請求権を特定する必要があるということである（詳細は，後掲(3)(62頁)で詳述）。

iii　物上代位権の性質　物上代位権は，担保物権の本来的な効力であって，差押えによって発生するというものではない。ただ，物上代位権の行使には，「差押え」を必要としている。この関係をどのように捉えるかについては議論が激しい。

(2)　物上代位の目的物（先取特権）

物上代位の「目的物」は，一般の先取特権を除き，動産の先取特権と不動産の先取特権の場合において，「売却，賃貸，滅失または損傷」によって生じた，債務者が受けるべき金銭その他の物（代償物）である（304条）。しかし，個別的に検討する必要がある。――

(a)「売却」による代金　動産の先取特権，不動産の先取特権共にあり得る。しかし，不動産の先取特権にあっては，「登記」がされることから（第2節**3**頁参照(48)），その「追及力」は失われていない（目的不動産が第三者に譲渡されても追及ができる）。そこで，このような追及効があるものに物上代位を認めるのは過分な保護というばかりか，担保権者にとっても，「売却代金」に物上代位権を行使する意味はほとんどないことから（第2編第3章第3節**2**2(143頁)参照），不動産の「売却」代金に対する物上代位を否定すべきだとする説が多数を占めている（鈴木176頁，鈴木・抵当制度118頁，西沢修『注民(9)』54頁，小川英明「物上代位」『不動産法大系Ⅱ担保』150頁，高木141頁）。

肯定説は，立法論としては否定説に与するも，解釈論としては売却代金に物上代位を認めてもよかろうという（我妻281頁，川井57頁，川井・概論344頁）。

私も，かつては否定説に与していたが（近江・旧版46頁），否定説の理由は，①　追及

効のある担保権に物上代位を認めるのは過分な保護であること，② 売却代金への物上代位の無意味性など，であろう。しかし，①につき，「過分な保護」が物上代位権を否定する積極的根拠となるわけはないし，また，②につき，確かに，「売却代金」への物上代位は，担保権者にとって有利なものではないが（詳細は，第2編第3章第3節**2**2)（143頁）），それでも，その有利でない方法を担保権者が希望するなら，それを否定する必要もないわけである。それゆえ，改説して肯定説を支持する。

* **追及効**　物権は，排他的支配権であるから，誰に対しても主張できる。この効力を「追及効」という（【Ⅱ】37頁参照）。すべての物権はこの追及効を有するが，ただ，一定の場合には追及効が遮断される場合がある（333条や「対抗」によって）。しかし，不動産上の抵当権や先取特権は「登記」を備えるため，これによって追及効は完璧に保障され，担保不動産が誰に譲渡されても担保権を実行することができ，それによって本来の優先弁済を受けることができるのである。

【請負人に材料を供給した場合】　　〔図②〕「売却」からは若干はずれるが，請負人Ｂが売主Ａから供給を受けた原材料を使って仕事を完成させた場合において，その注文者Ｃに対する請負代金債権につき，原材料の売主Ａは，動産売買先取特権に基づく物上代位権を行使できるであろうか。

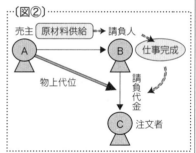

〔図②〕

〔**Ａ**　**否定説**〕「請負代金は建築工事の完成に要する一切の労務材料等に対する報酬を包含する」ものであり，単純に売主が供給した原材料のみを直接代表するものでないとして，請負代金に対する物上代位を否定する（大判大2・7・5民録19輯609頁。川井312頁）。

〔**Ｂ**　**肯定説**〕請負代金には実質的に材料代金が含まれているから，肯定することが公平を旨とするこの制度趣旨に適うとする（我妻61頁，柚木＝高木45頁）。さらに，「転化した物に対しても，被担保債権の範囲内においてその価値を支配しうる」とする割合的物上代位説（石田喜久夫・法時57巻7号122頁）は，この見解の最たるものである。

〔**Ｃ**　**折衷説**〕原則として否定説に立つが，請負と転売（売却）との関係を実質的に判断し，一定の基準から例外的に肯定しようとする。2説がある。

　　(a)　**動産同一性説**　売買目的物（動産）と加工された動産とにつき，外観上，社会的に見て同一性がある場合には肯定する（いくつかの下級審判例。吉田光碩・判タ655号49頁，堀龍児・判タ529号60頁（座談会），高橋隆一「調査官解説」判タ677号53頁）。

　　(b)　**両債権同視説**　請負代金債権の全部または一部が「転売」債権と同視できるか否かを基準とし，同視できる場合には肯定する（最決平10・12・18民集52巻9号2024頁。近江・判例百選I〔第5版新法対応補正版〕176頁）。

　まず，〔A〕否定説と〔B〕肯定説との本質的な違いは，後者が物上代位を価値の「転化」と考えていることである（価値の転化である以上，「売却」であろうが「請負」であろうが，代償物の性質を問わない。その典型は，前掲割合的物上代位説）。しかし，「売却」の観念から離れることは，304条の規定趣旨に合わない。他方，〔C〕(a)動産同一性説は，売買の「目的物」と加工・転化された「完成物」との同一性（客観的識別性）に着目するが，ここで問題とするのは，担保権から派生する物上代位権の対象物（=「債権」）いかんなのであるから，動産の同一性をいうのはおかしい（今尾真・法教226号129頁）。

　以上の点をふまえて考えると，第1に，「請負」を304条の「売却」（転売）と同視できるかについては，ケースバイケースで実質的に判断するほかはない（下村信江・判タ1004号78頁，池田雅則・福島大行政社会学論集12巻4号1頁）。第2に，「請負」における請負代金債権は，当該動産の対価のみならず，それ以外の労力や他の原材料に対する対価を包含するものである以上，「転売」における転売代金債権と同一視することはできない（原則論）。しかし，例外的に，両者を実質的に同視できる場合があろう。その際，「請負代金全体に占める当該動産の価額の割合や請負契約における請負人の債務の内容」（前掲最決平10・12・18），が，一つの判断基準となろう（この問題の詳細は，近江・前掲判例百選I176頁以下参照）。

(b)「賃貸」による賃料　動産・不動産の先取特権において，その目的物が「賃貸」された場合に，その賃料につき物上代位権の行使が認められる。いうまでもないが，債務者が債務不履行に陥った場合である（後掲(5) i（68頁））。債務者が債務不履行にありながら法定果実を取得しているのは，公平的正義に反することでもある。したがって，このような場合には，担保権の実行よりもより簡便な「賃料」からの優先弁済を認めようとした。

　304条2項にいう，債務者が「目的物につき設定した物権の対価」（地上権の地代

など）は，不動産の先取特権でのみ問題となる。

**(c) 「滅失または損傷」に
　　　よる損害賠償請求権**　動産・不動産の先取特権に認められる。公法上の収用・買収（収用104
条等）はこの場合に当たる。なお，保険金については，保険法理との関係で議論があるが，抵当権の箇所で述べる（後掲第3章第3節**2**3**(b)**＊「保
険金の法的性質」(147頁)）。

(3)　「払渡し（引渡し）」と「差押え」

**(a) 「払渡し又は引渡し」
　　　の意義**　第三債務者から債務者に対して「払渡しまたは引
渡し」（払渡しは代償物が金銭の
場合，引渡しは物の場合）があれば，担保権者は，
物上代位権を行使できない（304条1項
ただし書）。既述したように，物上代位権の目的物
は「請求権」（債権）であって，それが実際に払い渡され，または引き渡され
てしまうと，債務者の一般財産に混入してしまうからである（前掲**(1)(c)ii**
(59頁)参照）。

　この関係で問題なのは，他の一般債権者が物上代位権の目的である債権を
差し押さえ若しくは転付命令を受けた場合，または債務者に破産手続が開始
された場合に，はたして担保権者は，物上代位権の行使ができるかどうかで
ある。すなわち，差押え，転付命令，破産が「払戻し又は引渡し」と同視で
きるであろうか。

　i　一般債権者の差押え・転付命令　　まず，一般債権者が差し押さえ
又は転付命令を受けた場合においても，担保権者は，物上代位権を行使する
ことができるか。かつて，通説は，目的債権が第三者に譲渡・転付された後
でも，現実に支払われるまでは物上代位権の行使ができるとしていた（「現実
支払」基準説）（我妻290頁
以下参照）。しかし，判例は，「第三債務者による弁済又は債務
者による債権の第三者への譲渡の場合とは異なり，単に一般債権者が……目
的債権につき差押命令を取得したにとどまる場合には，これによりもはや先
取特権者が物上代位権を行使することを妨げられるべき理由はない」とした
（「債権帰属」基準説）（最判昭59・2・2民集38巻3号431頁。同旨，
最判昭60・7・19民集39巻5号1326頁）。この考え方が，現在の通
説を形成している。

　「差押え」は債務者の処分権限の制限にすぎないから，担保権者が重ねて
差し押さえ，物上代位権を行使することはできるが，しかし，転付命令は，

債権の委付（法定譲渡）であるから，転付命令が効力を有して（第三債務者への送達時（最判平14・3・12民集56巻 3号555頁（抵当権事例）））債権の帰属が変更した以上，物上代位権の行使はできないというべきである。

　ただし，問題が2つある。第1は，抵当権者が重ねて「差押え」をすることができるとして，その結果として，担保権者が優先するのか，それとも一般債権者と平等の配当になるのか（物上代位権の行使は「債権執行」にすぎない）。これについては議論があるが，物上代位権が担保権から派生した効力であり，物権的性質を有する以上は，前者と解すべきである（第2編第3章第3節**2**(4)(c)**i**（149頁）参照）。

　第2は，目的債権が譲渡された場合に，担保権者は物上代位権を行使できるか。債権譲渡は債権の帰属の変更であるから，転付命令の実質と異なるところはないはずである。しかし，最判平10・1・30（民集52巻 1号1頁）は，抵当権事例で別の論理を展開した（抵当権は登記により公示されているから，それに遅れた債権譲渡に優先するとする）（「債権譲渡」と物上代位の関係は，第2編第3章第3節**2**(4)(f)（150頁））。そして，それを承けた形で，動産売買先取特権は，「抵当権とは異なり公示方法が存在しない」ゆえに，物上代位の目的債権が譲渡されて対抗要件が備えられた後は，物上代位権を行使することはできないとしている（最判平17・2・22民集59巻2号314頁）。

【特定性維持説と優先権保全説の対立と展開】　　後掲するように（(b)**i**（64頁）），物上代位をどのように考えるかについては，立場が分かれる。

　かつて，大審院判例は「特定性維持説（価値権説）」に立っていたが，大連判大12・4・7（民集2巻 209頁）は，それを覆して，改めて「優先権保全説（特権説）」に立つことを表明し，同時に，抵当権者がみずから差し押さえる前に，他の債権者が転付命令を得た場合には，譲渡された場合と同様，債権の帰属が変更するから，物上代位権の行使はできないとした。

　これに対して，学説は強力に批判し，担保物権者は，転付命令を取得した後でも，目的債権が譲渡された後でも，物上代位権を行使できるが，ただ，これら新債権者（転付債権者・譲受債権者）に「払渡し」があるとその請求権は消滅するから，その前でなければならない，と主張したのである（以前の判例の立場を支持。我妻290頁など）。

　しかし，前掲最判昭59・2・2は，依然，前掲大連判大12・4・7と同様の見解に立つことを明らかにした（同旨，前掲最判昭60・7・19）。そして，この考え方は，学説によって支持され，これまでの通説を形成してきたといってよい。

> 【差押命令と転付命令】　理解のために，民事執行法上の差押命令と転付命令の概要を示しておこう。
>
> (*1*)　差押命令
>
> 　**i**　債務者および第三債務者を審尋しないで発する$\left(\substack{法145\\条2項}\right)$。
>
> 　**ii**　債務者および第三債務者へ送達される$\left(\substack{同条\\3項}\right)$。
>
> 　**iii**　差押えの効力は，①「債務者」に対する取立てその他の処分の禁止$\left(\substack{同条\\1項}\right)$，②「第三債務者」に対する弁済の禁止$\left(\substack{同条\\1項}\right)$，③「差押債権者」の1週間経過後の債権取立権の発生$\left(\substack{法155\\条}\right)$。
>
> 　**iv**　差押えの効力発生時期は，差押命令が第三債務者に送達された時$\left(\substack{法145\\条\\4項}\right)$。
>
> (*2*)　転付命令
>
> 　**i**　差押債権者の申立てにより，支払いに代えて，券面額で差し押さえられた金銭債権の転付命令を発する$\left(\substack{法159\\条1項}\right)$。
>
> 　**ii**　債務者および第三債務者に送達される$\left(\substack{同条\\2項}\right)$。
>
> 　**iii**　転付命令の失効 —— 第三債務者への送達時までに，他の債権者が，差押え，仮差押えの執行または配当を要求したとき$\left(\substack{同条\\3項}\right)$。
>
> 　**iv**　転付命令の効力は，債権が，転付命令が第三債務者に送達された時に，その券面額で弁済されたものとみなされることである$\left(\substack{法160\\条}\right)$。

　ii　債務者の破産　次に，債務者に「破産」手続開始の決定があった場合，先取特権者は物上代位権を行使できるであろうか。債務者の破産手続開始決定は，上記した「差押え」と同じく，債務者の処分権限が制限されているにすぎない。つまり，「破産者の所有財産に対する管理処分権能が剥奪されて破産管財人に帰属せしめられるとともに，破産債権者による個別的な権利行使を禁止されることになる」だけであり，破産者の財産の所有権が譲渡されるわけではないから，「差押え」の場合と区別すべき理由はない$\left(\substack{前掲最判昭\\59・2・2}\right)$。

　(b)「差押え」の意義　先取特権者が，物上代位権を行使するには，債務者が受けるべき金銭その他の物の払渡しまたは引渡し前に差押えをしなければならない$\left(\substack{304条1項\\ただし書}\right)$。

　i　なぜ「差押え」を必要とするか　「差押え」が必要とされる根拠である。価値権説・特権説の考え方に応じて，2つの理解がある。——

〔**A**　**特定性維持説**〕　担保物権の交換価値支配性に着目し，目的物が代償物に代わったとしてもその価値支配性が失われるものでないとするならば，「差押え」は，変じた代償物を一般財産に混入する前に特定する意味をもつことになる。さきの〔A〕価値権説の主張である（我妻60頁，柚木=高木281-282頁，鈴木155頁，川井61頁，川井・概論271頁）。また，要は債権が特定されればよいことであるから（一般財産への混入阻止），誰が差し押えてもよく，他の一般債権者が差し押さえた場合には，重ねて差し押さえることを必要としないことになる。この立場は，古い大審院判例が表明していた考え方である（大判大4・3・6民録21輯363頁，大判大4・6・30民録21輯1157頁。我妻286頁参照）。

〔**B**　**優先権保全説**〕　これに対し，大審院連合部判決（大連判大12・4・7民集2巻209頁（抵当権事例））は，それまでの特定性維持説（上記各判例）の考え方を覆えし，担保物権は目的物の滅失によって消滅し，債務者が受けるべき金銭については当然に存するものではないが，特に抵当権者を保護するためにこれを認めたのであるとした。したがって，抵当権者自身による差押えは欠くべからざる要件であるとする。

　そうすると，この「差押え」により，第三債務者は，本来の債権者に対する弁済・引渡し等が制限を受けることになるから，「差押え」は実質的に「対抗要件」としての機能を営むことになる（田中ひとみ「物上代位権行使と差押」慶応大法学研究科論文集24号70頁）。これを「対抗要件的機能説」（競合債権者保護説）と呼ぶことがある（この機能は，〔A〕説の「債権の特定」という立場からは出てこない）。

〔**C**　**二面説**〕　「差押え」の機能は，物上代位の目的物である債権を特定する意味をもつと同時に，優先権を公示して保全する意味の二面性があるとする（高島65頁，高木・旧版130頁。最判昭59・2・2民集38巻3号431頁）。

〔**D**　**第三債務者保護説**〕　以上に対し，近時，判例は，差押えの趣旨目的は，「第三債務者は，差押命令の送達を受ける前には抵当権設定者に弁済をすれば足り，右弁済による目的債権消滅の効果を抵当権者にも対抗することができることにして，二重弁済を強いられる危険から第三債務者を保護するという点にある」とした（最判平10・1・30民集52巻1号1頁（抵当権事例）。同旨，清原泰司『物上代位の法理』101頁以下。高木149頁は，この立場から多面的に捉える）。

　物上代位で要求される「差押え」には，その代償物が債務者の一般財産を構成する前に特定（＝担保目的物との接合）する意義もあることは否定できな

い（前掲**(1)(c)ii**（59頁））。しかし，「差押え」の実際の機能に着目するならば，請求権等に変じた目的物につき，第三債務者に対する処分の禁止・弁済の制限という形で，その優先性を公示・保全していることも疑いのないところである。したがって，304条の「差押え」は，一面において代償物を特定し，他面において優先権を公示する機能を（したがって，上記の「対抗要件的機能」も）営んでいるものと考えるべきである（〔C〕二面説）。

　他方〔D〕説だが，前掲最判平 10・1・30 がいう「第三債務者の保護」というのは，差押えによって弁済禁止効がかかるからであって，差押えがされた場合にその効果が生ずるのは当たり前のことである（民執145条1項）。ここで問題なのは，「物上代位が機能するために差押えがなぜ必要なのか」という実体法的目的なのであって，手続法的に，差押えの効力としての弁済禁止効により第三債務者が保護されるためだという問題ではないのである。〔D〕説は問題の次元をすり替えているといわざるをえない。

　　ii　担保権者の差押えが必要か　　上記 i で触れたことであるが，一般債権者が差し押さえている場合に，担保権者は，さらにみずから差し押さえなければならないのかどうか。

　上記〔A〕特定性維持説は，「差押え」の意義を目的物の特定性の維持にあると解し，他の債権者の差押えによっても目的債権の特定性は維持（一般財産への混入阻止）されるから，担保物権者自身の差押えを必要としないとする。

　ただ，他の債権者の差押えでもよいといっても，実際にその債権者の手続の中で自己の優先権を確保するにはどうするかについては議論がある。学説は，あるいは，担保物権者は優先弁済を得るためには差押えが必要であり，それは他の債権者が差押え・転付命令を受けた後でもよいが，ただ，その者が弁済を受けたときは物上代位は消滅するとし（我妻290-291頁（前掲最判昭59・2・2以前の見解）），あるいは，担保物権者は差押えは必要でなくとも配当要求が不可欠である（鈴木155頁。なお，高木・旧版130頁は，304条の「差押え」とは配当参加を含むと解する），としている。

　それに対して，上記〔B〕優先権保全説・〔C〕二面説は，「差押え」の意義を主として優先権の保全（公示）に求めるから，担保物権者みずから差し押えなければならないとする。近時の判例も，抵当権事例であるが，「物上代位

権を行使する債権者は，他の債権者による債権差押事件に配当要求をすることによって優先弁済を受けることはできない……けだし，……304条1項ただし書の『差押』に配当要求を含むものと解することはできず，民事執行法154条及び同法193条1項は抵当権に基づき物上代位権を行使する債権者が配当要求することは予定していないからである」，とする（最判平13・10・25民集55巻6号975頁，最判平14・3・12民集56巻3号555頁）。

(4) 物上代位権の行使の方法

　物上代位権の行使は，担保権の実行の一方法であるから，「担保権の存在を証する文書」を提出したときに限り，開始する（民執193条1項後段）。そして，執行裁判所の差押命令により，「債権執行」として開始される（民執193条2項→143条）。このように，304条の「差押え」においては，「担保権の存在を証する文書」の提出が要求される。

　【「先取特権の存在を証する文書」の提出が困難なとき — 仮差押え，仮処分は？】　問題は，抵当権や不動産質権と異なり，法定担保権である動産売買先取特権にとって「担保権の存在を証する文書」の提出は必ずしも容易ではないことである（生熊長幸「動産売買先取特権の実行(2)」ジュリ876号116頁参照）。そこで，「担保権の存在を証する文書」を提出できない場合，その文書を入手するまでの間，物上代位権を保全させる必要が出てこよう。もう一つ，先取特権の被担保債権の弁済期が未到来の場合は，差押命令の申請は却下される。しかし，この場合にも，その保全の必要があろう。

　このようなことから，物上代位権の保全のための差押えが必要となる。生熊教授は，このような「保全」のための差押えも304条の「差押え」に含まれているが，現行の手続法上は「保全」の差押えに関する規定を欠くため（民執193条は物上代位権「行使」のための差押えを定めるもの），その手段として，保全処分としての「処分禁止の仮処分」も，304条の「差押え」の要件を満たすとすべきだとされる（生熊「物上代位権行使の保全のための差押えと物上代位権行使としての差押え」法学50巻5号42頁）。

　ただし，生熊教授は，その前提として，この「保全」を，先の判例の優先権の保全（〔B〕説）と同じものと捉え，端的にこの「保全」こそが304条の「差押え」の基本的意義とされる。しかし，判例のいう，優先権の「保全」とは，

むしろ，優先権の公示であって，それによって結果的に優先権が保全されることをいっているのであり，実際にされる差押えが，目的物の特定よりもその公示性にあることを強調しているものにすぎない（そこから，みずから差し押える必要性が導かれることになる）。したがって，生熊教授のいわれる「保全」とはその意味が異なるものといえよう。

(5)　物上代位の効果

　物上代位は，担保権が本質的に有する効力であり，その本体的な効果（目的）は，優先弁済を受けることである。これに関連して，いくつかの基本的なことを掲げておこう。

　i　債務不履行による発効　まず，既述したことだが，物上代位権の効力が発生するのは債務者の債務不履行によってであり，それ以前に，物上代位権が物的支配権を及ぼすことはないことである。

　ii　担保権本体と物上代位権との関係　次に，本体たる担保権との関係である。これらに主従の関係はないのであるから，担保権者は，そのいずれを行使してもよい。しかし，——

　①　担保不動産の「売却」　「売却代金」に対して物上代位権を行使したときは，代金額が被担保債権額に充たない場合でも，担保権は消滅し，買主は担保権の付着しない不動産を取得する。債務の残額は無担保債務となる。滅失による保険金や収用の補償金についても同様である（我妻293頁）。売却代金は，担保不動産が変じたもの（代償物）であるからである。要するに，「追及効」が消滅するのである。

　②　「賃貸」の場合　しかし，「賃貸」の場合には，その法理は当てはまらない。賃料・地代・永小作料に対して物上代位権を行使しても，担保権自体は存続している（我妻293頁）。「賃料」は，担保目的物が変じたものではないからである。

3　動産に対する追及力の制限

(1)　追及効の切断

物権は一般的特質として「追及力」（追及効）を有するから，先取特権も追及力がある。しかし，目的物が動産の先取特権においては —— 一般の先取特権であれ，動産の先取特権であれ ——，債務者がその動産を第三取得者に引き渡した後は，その動産につき，先取特権を行使することができない$\binom{333}{条}$。ここで，「権利行使ができない」ことの意味は，先取特権自体の消滅と解してよい（後述するように，先取特権の即時取得$\binom{319}{条}$が機能することがあり得るからである。「即時取得」とは，無権利からの権利取得理論である）。

(2)　「第三取得者への引渡し」

(a)「第三取得者」　「第三取得者」が所有権取得者のみを意味することは明らかである。したがって，動産の賃借人$\binom{大判昭18\cdot3\cdot6}{民集22巻147頁}$，受寄者，質権者（担保権者），賃借人から動産の占有を得た単なる占有取得者$\binom{大判昭16\cdot6\cdot18}{新聞4711号25頁}$などは，これに当たらない$\binom{通説\cdot}{判例}$。要するに，第三者がその物（動産）の所有権を取得することが前提となる。

> **【譲渡担保権者は「第三取得者」に当たるか？】**　譲渡担保の設定を，所有権の譲渡だと解すると（所有権的構成），譲渡担保権者は「第三取得者」に当たるとする解釈が出てこよう。判例$\binom{最判昭62\cdot11\cdot10民}{集41巻8号1559頁}$は，このように解している$\binom{前掲\boxed{1}2(b)iii}{(54頁)\ 参照}$。しかし，譲渡担保の実質は動産担保権の設定にすぎないから（担保権的構成），譲渡担保権者は質権者と同列に考えるべきである。質権者が第三取得者に当たらないことは，334 条から当然である。

(b)「引渡し」　次に，第三取得者への「引渡し」を要件とすること。第三取得者が所有権を取得しただけでは追及力は切断されない。以上のことから，「第三取得者」への「引渡し」とは，債務者からの所有権離脱と，その徴表としての引渡しを指すものと解さなければならない。

　問題は，この「引渡し」に「占有改定」が含まれるかどうかである。判例（大判大6・7・26 民録23輯1203頁）・通説（川井・概論274頁）は，第三取得者保護の観点からこれを肯定している。含ませるべきでないとする否定説も有力に主張されている（鈴木223頁）。

　思うに，第1に，ここでは「所有権の取得」を前提とするのであるから（上記(1)参照），第三取得者が所有権を取得した上での占有改定ならば認めてよいが，担保権の設定にすぎない譲渡担保権者については，否定すべきである（折衷的見解）。第2に，第三取得者の所有権取得によって先取特権が切断された場合，319条による先取特権の即時取得もあり得ると解すべきである（前掲大判大6・7・26，鈴木223頁，星野209頁）。

【占有改定による「引渡し」と先取特権の即時取得】　〔図③〕前掲大判大6・7・26 は，不動産賃貸借の賃借人Bが，そこに備え付けた動産をCに譲渡し，占有改定によって引き渡したという事案で，333条の「引渡し」に占有改定が含まれることを前提に，賃貸人Aは，319条により先取特権の即時取得を主張しなければ当該動産に対して効力を及ぼすことができない，としている。

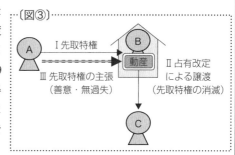

〔図③〕

Ⅰ先取特権

Ⅱ占有改定による譲渡（先取特権の消滅）

Ⅲ先取特権の主張（善意・無過失）

　319条は，「不動産賃貸借」，「旅館宿泊」，および「運輸」の各先取特権につき準用されている規定である（いずれも，先取特権者は，各目的物（動産）につき，「占有」を取得しているといえるからである）。したがって，これらの場合に，第三取得者によって先取特権が切断されても，旧先取特権者は，再度先取特権を即時取得できることがあり得る。

第2編　約定担保物権

第1章　約定担保論 ── 金融担保法序説

1　金融取引の基礎

⑴　「金融」手段としての約定担保

「金融」とは《金銭の融通》である。社会において金銭が必要とされるのは，経済活動の場面，すなわち企業の「生産」の場面と市民の「生活」の場面である。そして，金銭は，その保有者（供給者）から需要者へと流れる。したがって，ここにおいては，《いかにスムーズに金銭を流すか（融通するか）》が基本的な命題となっていよう。これが基本となって，そのための様々な制度が構築され，政策（金融政策）が施行されることになる。「担保」制度もまた，このような金融の一つの手段なのである。

⑵　「金銭の融通」を規定する3つの原理

《いかにスムーズに金銭を融通するか》── これを規定づけるのは，以下の3つの原理である。

⒜《需要と供給》原理　「需要と供給」は，交換の基本原理であり，経済活動そのものを決定する。したがって，「金銭の融通」も，金銭の「需要と供給」原理に支配されることになる。この原理は，必然的に《競争》原理へと発展するのであるが，しかし，金銭の需要に対する供給政策は，国家の様々な要因から決定されるから，必ずしもそのような現象が直截に見られるとは限らない。

(b)《信用》原理　金銭の「需要と供給」が生じていても，そこに《信用》(Kredit) のメカニズムが機能していなければ，実際の「金銭の融通」は生じない。すなわち，投下した資本が安全かつ確実に回収できるのでなければ，誰も金銭を供給するなどはしないのである。したがって，「信用」は，金融における重要な要素となる。

(c)《経済力》原理　これは，「持てる者が持たざる者を支配する」という現実的原理である。この原理は，金銭の供給者（持てる者）が，金銭融通のイニシアティブをとることを容認し，需要者（持たざる者）は，したがって，取引的弱者として位置づけられることになる。取引の両当事者が対等な人間であることを前提に構築されている近代取引法にあっては，この原理が表面化することは少ないが，しかし，現実的には「経済的支配」という大きな作用を営むのである。

2　「信用」と「担保」

(1)　「信用」(Kredit) とは何か

「信用」は，経済学で通常，商業信用，生産信用，消費信用の３つに分けて論じられる。「商業信用」は，流通過程において，流通時間・手続き・費用等の節約ないし制限のために，掛売りの形式でなされるところの，商品と対価との異時的交換関係である。「生産信用」は，生産過程において，遊休資本を自己に集中させた銀行が，産業資本の生産過程のために投入する貨幣の前貸し（異時的交換関係）である。また，「消費信用」は，投下資本が利潤を生み出さないところの消費過程において，消費者に貨幣の貸付けないし掛売りの形でなされる，異時的交換関係である（【Ⅳ】3頁参照）。

このように，「信用」は，取引の場面では，「異時的交換関係」となって現れる。異時的交換関係とは，本来同時的等価交換関係にあるべき取引が，"信用がある"ということから，「前貸し・掛売り」という形に転化させられた取引形態である（その間の等価性を維持しているのが利子（Zinsen）である。）。

⑵ 「信用」手段としての「担保」

金銭の貸し借りや商品の前貸し（掛売り），すなわち異時的交換においては，通常は，その相手方を「信用」して ── すなわち，返してくれるであろうと信じて，または，代金を払ってくれるであろうと信じて ── 行うのである。ここで，相手方を「信用」するとは，具体的には，相手方の「返済能力」と「返済意思」とに対する信頼である。この「返済能力」と「返済意思」とが，貸付けや掛売りを可能にするところの「信用」（Kredit）なのである。

しかし，「返済意思」は，個人的・主観的問題なので，法律の表面にはほとんど浮上しない。そこで，「信用」は，債務者の「返済能力」を中心に判断されることになる。ただ，「能力」といっても，個人間の関係が希薄化した近代社会にあっては，客観的な返済能力のみを問題とせざるをえない。人的担保や物的担保の制度は，まさにこのような，返済能力を客観的に保障する制度として登場してくる。したがって，「担保」制度は，「信用」手段それ自体なのである。そして，大量取引が要求される資本主義社会にあっては，物的確実性を本質とした物的担保が，「信用」の中心に位置づけられるのである。

③ 約定担保物権の構成 ── 質権と抵当権

⑴ ドイツ法における担保構成

近代的担保物権である質権と抵当権とが対蹠的な制度として形成された背景には，歴史的な経緯がある（柚木馨『担保物権法』〔昭33〕140頁以下参照）。まず，近代的な抵当権が典型的に発展したドイツ不動産法をみると，ゲルマン古法から中世にかけては，「用益質」（収益質）が隆盛を極めていた。用益質とは，債権者が担保目的物である土地を実際に占有してそこから収穫を得ることができるとする担保形態で，わが国の不動産質を想起すればよい。農業社会では，収穫を生ずる土地こそ価値があるものであり，担保はこの土地の移転によって行われていたのである。したがって，土地（担保物）の移転は収穫権の移転であり，債権者が

土地を取得することは，収穫高の増大を意味したのである[＊]。形態的には，古くは「解除条件付所有権譲渡」（所有権担保）（bedingte Übereignung）であったが，次第に，制限物権的な「旧質」（ältere Satzung）が主流となっていった。

　ところが，12世紀ごろから，「都市」が興隆したことによって，担保物の占有を移転しない担保方法（非占有担保）が発達した。いわゆる「新質」（neuere Satzung）である。「都市」市民にとって，生活や営業の基盤となる土地・建物の占有を与えることはできないからである。債権者にとっても，貨幣経済の発達した都市の状況にあって，担保物から収穫することは意味をもたなくなっていた。このために，土地を引き渡さないで公示する必要が生じ，登記簿制度が発達した。「新質」は，このような便宜性のゆえに，当然のことながら大きく発達し，その利用度は「旧質」を遙かに凌駕していったのである（"ältere Satzung から neuere Satzung へ" というドグマがそれを物語る）。そして，後にローマ法の継受を契機として，「新質」は hypotheca と呼ばれ，近代法に至って「抵当権」（Hypothekenrecht）に発展した（Hübner, Grundzüge des Deutschen Privatrechts, 5. Aufl. 1930, S. 402 ff., Planitz, Grundzüge des deutschen Privatrechts mit einem Quellenbuch, 2. Aufl. 1931, S. 61ff., 林毅『ドイツ中世都市法の研究』165頁以下，鈴木・抵当制度6頁以下）。

　用益質である「旧質」（占有担保）は，ローマ法継受後もフランスに anti-chrèse の存在することによってその存在性が正当化されてはいたが，近代的担保物権の成立に際しては，その存在すら否定された。

　他方，動産については，古くから「占有担保」（Faustpfand）という原則が存在している。ただ，中世後期に，一時的に動産（特に，船舶）の非占有担保が生じ，またローマ法の継受により動産抵当（Mobilienhypothek）が現れたが，18世紀に至って公示主義が高唱されるに及んで姿を消し，「占有担保」として確立したのである（Hromadka, Die Entwicklung des Faustpfandprin-zips im 18. und 19. Jahrhundert, 1971, S. 41ff.）。このような経緯で，ドイツでは，《質権＝動産担保制度／抵当権＝不動産担保制度》というドグマさえ存在している（以上の歴史的経緯につき，近江『研究』139頁以下，）。

　　＊　**封建的小作関係の存在**　　債権者が収穫を上げるといっても，みずから用益するわけではなく，多数の小作人を使う封建的小作関係の存在を基盤としていることに注意しなければならない。封建的な大土地所有制，荘園，地方貴族の発展は，このような小作関係に支えられていた。なお，荘園領主の土地収奪の手段としても担保

制度はかなり使われたのである。

(2)　日本法における担保構成

　わが国においても，明治中期ごろまでは，社会的に重要であったのは，用益質（占有担保）である「質入」（不動産質）であった。零細な小作関係を前提とした地主制度が広範に存在し，それが農業社会の基調をなしていたからである。非占有担保である「書入」（抵当）は，江戸中期ごろからわずかに，下級武士，寺社関係で利用されていたにすぎない。

　しかし，明治期に入って，土地の永代売買が解禁され$\binom{明治}{5年}$，地券制度の導入$\binom{明治}{6年}$にあたって，土地の担保関係の整備が急務となった。そこで，フランス法を範にとり，従来の担保制度を「占有」を基準として区別（「質入」＝質権，「書入」＝抵当権）した「地所質入書入規則」$\binom{明治}{6年}$を制定した$\binom{フランス}{抵当制度}$については，高橋康之「フランスにおける資本主義」の発展と抵当制度の変遷」法時28巻11号21頁以下）。ただし，この時期にあっても依然として重要なのは，用益質である「質入」であった（立法の経緯については，藤原明久「明治初期における土地担保法の形成」神戸法学雑誌24巻3号215頁以下，藤原「明治前期における書入の戸長公証とフランス抵当権の登記」神戸法学雑誌53巻3号37頁以下，近江『研究』41頁以下，伊藤孝夫「明治初期担保法に関する一考察」法学論叢128巻4・5号334頁以下）。

　この「地所質入書入規則」が，「旧民法」債権担保編を経て，現行担保制度へと発展し，近代的担保物権としての質権および抵当権が成立する。ただ，注意しなければならないのは，この立法の経緯のなかで，一方において，抵当制度の重要性が徐々に認識されるとともに，他方において，外国法（フランス，ドイツ）の継受*によって質権の動産担保制度としての意義が認識されることにより，不動産質の社会的な存在意義が消失していくことである。わが国の商品経済と産業化の急速な発展によるものである。ただ，従来の「質入」に対する観念から，「不動産質権」の規定が置かれたのである。

　　＊　**抵当制度における外国法の影響**　「地所質入書入規則」$\binom{明治}{6年}$の原案を作成したのは大蔵省であるが（ここでは，公事方御定書の思想が強い），司法省は，フランス抵当理論を移入してこれに修正を加え，本規則を成立させた。その後の旧民法は，いうまでもなくフランス民法一色であるが，しかし，現行明治民法になると，ドイツ民法第一草案の理論が色濃く影響を与えているのである（藤原・前掲「明治初期における土地担保法の形成」215

頁以下）
参照）。

4 物的責任（代当責任）から人的責任へ
　── 優先弁済の方法

(1) 物的責任（代当責任）── 始源的形態

　担保制度は，債権が弁済されない場合に，最終的には，担保物から「優先弁済」を受けさせる制度である。この優先弁済の方法は，歴史的には変遷してきた。

　その始源的形態は，担保として供された物自体が債務の代わりになるというもので，「物的責任」（Sachhaftung）と呼ばれる。つとに中世・近世において，担保物は「債務」に代わる賠償のすべて（責任対象物）であり，債務者は「物」以外に人的な責任（債務）を負うことはないとする制度（物的限定責任）として確立していた。この責任の中核をなす観念は，「債務に代わるべき物」と「賠償」であった（単なる物的責任以上の観念を含んでいるので，名称的には「代当責任」の方が正鵠を得ていよう（中田薫「独仏中世ニ於ケル債務ト代当責任トノ区別」法協29巻10号1509頁））。

　わが国の封建時代においても同様であり，「質入」につき，一定の要件の下に「流 質」を認めるという担保慣行（公事方御定書31条）も，物的責任である（小早川欣吾『日本担保法史序説』復刻版293頁以下，小早川『続明示法制叢考』407頁以下，藤原明久「明治初期における土地担保法の形成」神戸24巻3号248頁以下，近江『研究』54頁以下参照）。

(2) 人的責任への発展

　その後，中世後期から近世にかけて，「人的責任」（Personenhaftung）観念が出現し，近世後期に至って制度として完成した。「人的責任」は，＜債権者―債務者＞という「人」を紐帯とする関係理論であり，債務者は，「債務」については，それを消滅させるまで無限の「責任」を負わなければならないと同時に，債務の保全として設定された担保は「目下の（設定時点での）担保」に過ぎないことになる。したがって，担保物の価額が被担保債権額を超過する場合には，その超過部分を返還しなければならず，反対に，担保物の価額が

被担保債権額を下回れば，債務者は，その不足分を弁済しなければならない義務を負うことになる。

このような人的責任制度を発達させたのは，「債権」制度の発展（債権規範の確立）と，物的責任が内包する「暴利行為の排除」理論の展開である。近代民法は，この原則を担保制度の基本原則に据えた。

(3)　変則担保の位置づけ

近代に入って，担保制度の隙間を縫う形で，譲渡担保・買戻し，代物弁済予約，所有権留保などの，所有権の移転を利用した「変則担保」（非典型担保）が発展してきた。これらは，債務者が弁済できなかった場合もしくは請け戻せなかった場合には，所有権それ自体が債権者に移転することになるから，「物的責任」以外の何物でもない。

近代民法が廃棄したはずの物的責任が，再度現れてきたのである。物的責任自体に内包されている暴利性を求めての利用からである。それに対処した近代民法は，その暴利性の排除のため，「清算法理」を確立した（第3編「変則担保」で後述する）。

5　金融構造の転換 ——「間接金融から直接金融へ」

(1)　戦後における間接金融の形成

銀行資本は，一般大衆から預金という形で社会の遊休資本を集積し，それを，利潤を生み出す生産過程（企業）へ投下する。企業は，商品の「生産→再生産」という生産の循環を通じて，利潤（剰余価値）を無限に生み出すメカニズムをもっているからである（生産した商品がすべて売れると仮定して）。これが銀行資本の典型的な運動（利潤追求行動）であり（したがって，利潤を生み出さない一般大衆（消費過程）への貸付けは消極的となる），これを，金融形態上，「直接金融」に対比させ，「間接金融」と呼んでいる。

この金融システムは，戦後のわが国の金融形態を特徴づけるものである。そして，銀行と企業とは「強い絆」で結びつき，いわゆる「メインバンク・

システム」を形成していく。これは，銀行と企業との相互依存関係であり，銀行は，融資する反面，役員を派遣して経営に介入し，企業も，それに甘んじる見返りに倒産から救済してもらうなど，様々な“作用”をもつ（よい意味でも悪い意味でも），わが国独特の現象構造である。それを支配しているのは，前記した《経済力》原理である。

　この間接金融形態が，1980年代半ばまで，わが国の企業金融の主流を占めてきたのである（なお，この問題については，近江『「間接金融から直接金融へ」が意味するものとその課題」みんけん（民事研修）545号3頁以下参照）。

　　＊　「間接金融」と「直接金融」の概念　　企業が，みずから資金を獲得する方法を「直接金融」といい，他に依存して資金を得る方法を「間接金融」という。具体的には，前者は，金融市場でみずからの努力（＝信用）によって資金を得ること ―― すなわち，社債や株式の発行 ―― であり，後者は，金融機関（銀行）から資金を借り入れることである。

　【間接金融の歪み】　　しかし，このような間接金融は，その特殊性から，消費金融制度の未発達という歪みをもたらした。「消費金融」は，国民の所得の不足を補うものであって，利潤を生み出すメカニズムをもっていない。したがって，利潤を追求する銀行資本が，消費金融制度を発達させなかったことは，しかく当然であった。そして，そのことが，高利貸資本（サラ金）を助長させたのである。一般大衆は，街の金貸し業者に依存せざるをえなかったからである。はたして，1960年代半ば（昭和40年前後）には，「サラ金」が闊歩して大きな社会問題となり，それに対して，最高裁判例による利息制限法理が確立していく。

---

(2)　日本経済の興隆と「海外起債ラッシュ」

　1980年頃から1990年頃までの約10年間の日本経済は，ハイテク技術産業を中心に，かつてない絶頂期を迎えた（ただ，1980年前後のアメリカ経済がバブル崩壊のどん底にあったこと，および，アメリカのハイテク産業が東西冷戦構造の中で商品化の制約を受けていたことなど，相対的な要因もあった）。ここにあって，海外の市場は，日本企業の良好な財務体質に目をつけ，その海外起債を盛んに誘致したのである。これに応じて，わが国の企業は，大企業から中小企業にいたるまで，海外起債へと走った。海外での起債は，無担保のため簡便であり，費用も節約できるからである。この現象を，「海外起債ラッシュ」と呼んでいるが，実に，わが国の

社債発行企業の4分の3が，海外で起債したのである（近江「有担保主義の動揺と『信用』問題(1)」早稲田法学63巻4号16頁以下参照）。

　これによって，わが国の企業金融の構造はどのように変化したか。第1は，日本の起債市場の空洞化である。これに危機感を感じた日本政府は，1980年代の後期以降，市場の開放・自由化政策をとるようになる（ただし，アメリカの圧力も強かった）。

　第2は，間接金融の衰退である（間接金融は，1986年頃までは，企業金融の80％以上を占め，株式・社債発行は10％台であったが，1988年頃からは，いきおい60％台に落ちた）。この期を境に，わが国の企業金融の形態は，「間接金融から直接金融へ」と転回していく。

(3)　銀行資本の変質と遊休資本のゆくえ

　この結果，間接金融の中核にあった銀行資本は変質する。すなわち，それまで企業に投下していた膨大な遊休資本がだぶついてきたのである。そこで，これらの資本は，別の分野へと投下された。

　第1は，株式その他の金融商品への投資である。その結果，株式市場は活況を呈し，「バブル」崩壊前は，日本経済史上最大規模の市況となった（ちなみに，1989年末には，日経平均株価が3万9千円近くまで上昇した）。

　第2は，不動産市場への投資である。子会社や系列のノンバンク・住宅金融専門会社（住専），あるいは不動産関連会社やゼネコンなどに，大量に流れた。そして，これらの莫大な資本が，大都市の土地を買い集めた。この不動産市場と株式・投資市場への資本流入が日本の「バブル」の形成の要因であって，銀行の遊休資本が大きく作用したことは，否定すべくもない。

　第3は，消費金融への積極的な進出である。従来，銀行は，利潤を生まない消費信用に資本を投下するのは消極的だったのであるが，このように資本がだぶついてくると，リスクの大きい消費金融に進出するようになった。もっとも，サラ金の闊歩に対する銀行への社会的批判に応えたという要因も大きいが。

　【日本の「バブルの生成」をどう見るか】　「バブル」自体は，各種の金融機関や不動産会社のみならず，商社やメーカー，あるいは個人資本など，およそ

日本の一定の「資本」が総動員的に不動産市場に投下されたことによって生じた総合的現象であることはいうまでもない。

　このことにつき，ひとつには，1985年の「プラザ合意」と1987年の「ルーブル合意」によってもたらされたものだという見解がある。では，これらの「合意」とは何であったか。

　第1次$\binom{1973}{年}$・第2次$\binom{1979}{年}$オイルショックを経て，1980年代前半には，世界は同時不況となり，特にアメリカは，バブルの崩壊により，「インフレ」，「長期不況」，「国際収支の赤字」という"三重苦"に陥った。そこで，アメリカは，巨額の財政赤字を解消するため，高金利政策により世界中の資金を集中させ，ドル高を維持した。

　他方，日本は，金融緩和政策をとって，公定歩合を数度にわたって引き下げた。その結果，日米の金利差が拡大し，ドル高・円安が一層助長された。そして，日本の輸出が急増し，日米貿易摩擦が深刻化した。そこで，アメリカのドル高，経常収支赤字を解消するため，各国が協調してドル安を誘導し，金利を低下させようとしたのがプラザ合意・ルーブル合意である。

　しかし，それらの合意は，金融に関する国際協調政策であって，バブル生成の基本的要因ではない。「バブル」というのは，「不動産」市場と「株式」市場に，大量の資金が流入した結果生じた経済行動的現象なのである。この経済行動を誘発したのは，投機的な「金」の流れなのであり，それは，わが国では，1980年代に金融構造が変化した結果生じた，大量のだぶついた遊休資本の流れなのである。

(4)　直接金融の展開

　1980年代の半ば以降，わが国の金融構造は，「直接金融」へと転回していく$\left(\begin{smallmatrix}\text{ただし，このことは，特に企業金融においては顕著に見られる現象であって，}\\\text{直接金融が間接金融に取って代わるということでないことは，いうまでもない}\end{smallmatrix}\right)$。「直接金融」は，もはや「担保」の領域を越えるので簡単に述べるが，この展開過程は，1980年代初頭のアメリカの「証券化」（Securitization）の影響を受け，CP（コマーシャル・ペーパー）の解禁$\binom{1987}{年}$，ABCP（Asset Backed Commercial Paper）と同様の構造を持つ「特定債権事業規制法」（特債法）の制定$\binom{1992}{年}$，「資産の証券化」の意義を担う「特定目的会社による特定資産流動化法」（SPC法）の

制定($\substack{1998\\年}$)，証券化のための債権譲渡の方法（民法原則）を簡便にする手当としての「債権譲渡対抗要件特例法」の制定($\substack{1998\\年}$)，などに特徴づけられよう。

　なお，この「証券化」は，わが国では，バブルの崩壊に伴う「不良債権の処理」（債権の流動化）としての方法でもあることに注意しなければならない。

(5)　間接金融と直接金融の機能の対比

　最後に，間接金融と直接金融との機能と理念を対比しておこう。

(a) 間接金融の本質とその意義　「間接金融」では，銀行と企業との関係は，直接に「債権者・債務者」の関係になって現れる。このことから，以下の特徴を抽出することができる。

　i　「**非市場原理**」(非競争・相対(あいたい)主義)　融資は，金融機関と企業との相対で行われるから，金利や担保などの融資条件につき，他との競争は生じない。

　ii　「**有担保の原則**」(債権の保護)　債権者は，債権の保全として，「担保」を要求する。ここから，担保制度による強固な債権保護が開始される。

　iii　「**メインバンク・システム**」を媒介とした経済行動　間接金融は，究極において，「メインバンク・システム」という特殊な結合関係を成立させる。非競争・相対主義の産物である。

　iv　**間接金融の命題＝《債権者保護の原則》**　以上を総括すれば，「間接金融」は，「市場」とは無縁の金融取引であって，法律的には，常に，「債権者保護」という命題が貫徹されることになる。

(b) 直接金融の本質とその意義　「直接金融」では，企業と投資家の関係は，「市場」(市場原理)によって決定づけられる。このことから，以下の諸特徴を抽出できよう。

　i　「**市場原理**」(競争原理)の貫徹　企業が「市場」で発行した証券（株式・社債）を投資家が購入するという「市場」取引メカニズムが基本となるから，株式・社債の条件は，すべて「市場」が決定することになる。ここでは，「市場原理」（競争原理）が貫徹されるのである。

　ii　**投資行動における「自己責任の原則」**　融資者（証券の購入者）は，

常に「投資家」となって現れる。そのインセンティブは「ハイリターン」であるが，その裏では，常に，「ハイリスク」を覚悟しなければならない。したがって，ここでの法律的命題は，「自己責任の原則」である。

　　iii　投資判断（自己責任）のための「インフラ整備」　　「投資家」は，一定の「投資情報」を元に，自分の判断（自己責任）で投資をするのであるが，しかし，その投資情報が正確かつ客観的であるという投資環境が整備されていなければ，投資家（したがって，「市場」）は育たない。それゆえ，直接金融においては，投資判断のためのインフラ整備（セーフティ・ネットの構築）が必須である。その中心的課題は，(α)内部的には，ディスクローズやモニタリング実施，投資アドバイザリーの育成など，(β)外部的には，客観的な評価機関としての「格付機関」の確立，が要求されよう。

　　iv　直接金融の命題＝《自己責任とセーフティ・ネットの構築》　　以上を総括すれば，「直接金融」にあっては，「競争」という市場原理が貫徹されると共に，間接金融において中心的命題であった「債権者保護の原則」は後退し，「自己責任の原則」と「投資家の保護」（セーフティ・ネットの構築）に転換されるのである。

6　担保理念の変遷

(1)　序　説

　担保法の歴史をみると，「担保」の機能ないし理念が，時代によって異なっている。それは，担保の「価値」を目的物の何に見い出すかの問題であり，それが時代によって変遷しているのである。封建時代には，主に，土地の収穫高にその価値を見い出していたため，土地の移転という形式が重要視された（「用益価値」担保）。しかし，商品経済の資本主義の下では，商品としての土地に価値が見い出されたため，その交換（売買）価値が重要視された（「交換価値」担保）。ところが，1990年頃から，高収益を生む賃貸ビルが不動産の大きな割合を占めるようになると，その収益性に価値を見い出す担保方法が

考案された（「収益価値」担保）。

　このような担保「価値」の変化に注目するならば，担保の機能ないし理念は，《用益担保から交換価値担保へ》，《交換価値担保から収益価値担保へ》，と変遷していることがわかるのである（この問題については，近江「新しい担保法制の意義と展望」金融・商事判例増刊『担保法の最前線』6頁以下参照）。

(2)　「用益価値担保から交換価値担保へ」

　まず，用益価値担保（用益担保）から交換価値担保への変遷過程をみてみよう。

(a)「用益価値担保」
　　の制度的基盤　　　近世までの封建時代にあっては，不動産担保のもっぱらの機能は，「用益」（用益価値）であった。これは，その土地が果実（米など麦）を産出するからであり，その収穫高が担保価値の基礎となったのである。だから，貸金業（庄屋など）は，自作農に金を貸し付け，その担保として土地自体をもらう（占有の移転）。そして，自作農は，貸金業の下で小作人として農業に従事することになる。そこで借金を返せなければ土地を手放すことになり（小作農・水呑への転落），反対に，庄屋などはこの方法で大量の土地を獲得してきたのである（大土地所有制・荘園制の形成）。

　この「用益価値担保」は，近代初頭（明治20年台頃）までは，わが国の一般的な担保理念であった。そのため，現行民法典が制定された当時においては，近代的な抵当権の意義などは，一般には，ほとんど理解されなかったのである。

　しかし，近代社会は，商品社会（資本制社会）であって，そのためには，あらゆる財貨が商品化されなければならない。日本の「近代化」は，それがいつかは論争（講座派・労農派の対立）があるものの，一般には，明治政府の成立時と考えてよいであろう。明治政府は，資本制経済の基盤として，まず，1872年（明治5年）に田畑永代売買を解禁して「地券制度」を導入し，地券の交付による担保準則として「地所売買譲渡ニ付地券渡方規則」を制定する。翌73年には，フランス担保制度を模範として「地所質入書入規則」と「動産不動産書入金穀貸借規則」を制定した。その後，1890年（明治23年）にはそれを承継した旧民法担保

制度が成立するが，延期され，1896 年 $\binom{明治}{29年}$ に，明治民法担保制度として完成する。

　ただ，このような近代的なフランス・ドイツの抵当法を模倣して制定されるも，担保制度は，依然，用益価値担保が主流であり，社会は，その収穫高に価値を認めていたのであった。このような「用益」に価値が置かれたわが国の特殊性は，民法の随所に見られる。短期賃貸借制度や法定地上権制度は用益権保護そのものであり，また，滌除制度において滌除権者に「地上権者・永小作権者」を含ませたことは，"用益権保護"思潮の何ものでもないのである。

(b)「交換価値担保」への発展　前近代的な「用益担保」制度が，近代的な「交換価値」を基準とする制度へと展開するためには，2 つの制度的基礎が必要である。

　第 1 は，担保権の存在を公示する制度，すなわち「登記」制度の確立である。「地券」制度は，抵当制度になじまない。また，「地所質入書入規則」が採用した「戸長による証明制度」も，十分に機能しなかった。本格的な発達は，1899 年 $\binom{明治}{32年}$ の「登記法」の制定を待たなければならなかった。

　第 2 は，交換価値「市場」（商品としての不動産の流通市場）の形成である。用益価値担保の時代にあっては，不動産はこのような実態ではないから，不動産流通市場などは存在しなかった。ところが，1894 年 $\binom{明治}{27年}$ から 1904 年 $\binom{明治}{37年}$ の 10 年間の，日清戦争・日露戦争を契機とした生産過程の飛躍的拡大は，経済状況を一変させ，産業資本を確立させた。この産業資本の確立によって，不動産が，収穫財から流通財へと転回したのである。すなわち，不動産商品市場の形成である。このことは，企業金融の中心的手段である「財団抵当」制度の制定 $\binom{1905年\,(明}{治38年)}$ が，それを物語っていよう。そして，その交換価値の実現を担保するものが，「競売」制度なのである。

　この不動産流通市場の成立を前提として，担保法における「交換価値」理論が形成されてくる。「交換価値」理論は，いうまでもなく，近代担保法の基本理念であり，今日に至るまで近代担保制度の骨格を支えている理論であるが，制度的には，商品経済の発達に伴う不動産流通市場の形成を前提として

登場してきたものである。

⑶ 「交換価値担保から収益価値担保へ」

　次に，交換価値担保から収益価値担保への変遷である（ただし，交換価値担保が収益価値担保へと転化したということではなく，このような方法が出現し，おそらく，今後，不動産の大きな割合を占めてくるであろう賃貸ビル*について*は，収益価値担保が主流となるであろうということである）。

> ＊　**不動産財としての賃貸ビルの意義**　　わが国の国土で有効利用できる土地は約30％にすぎない。そのため，「土地」は，財として最たるものであった。しかし，建築技術の高まりによって強固かつ耐久力のある高層ビルが建築され，それが量的に増加するようになると，ビル自体の価格も高額なことから，国土に対する不動産財としての賃貸ビルの割合が相対的に高くなるのである。この傾向は，将来において，ますます進むであろう。

　⒜ **「収益」に対する価値の評価と実現**　　2003年の民法改正で，抵当権の実行方法として，新たに「収益執行」方法が採用された。このことは，何を意味するか。第1は，「収益」価値に対する評価である。第2は，近代的担保制度の価値実現方法である「競売」の破綻である。

　1980年代前半のバブル崩壊後，アメリカでは，不動産モーゲージは，「賃料譲渡」制度へと展開した（青木則幸「アメリカ法における賃料譲渡制度の史的考察⑴〜⑸」早稲田大法研論集95号1頁以下・96号1頁以下・97号1頁以下・100号1頁以下・101号1頁以下）。これは，収益担保のはしりであって，1990年代に入って，「証券化」と連動し「収益担保」へと一般化していく。そして，今や，少なくとも商業用不動産については，「収益」すなわち「キャッシュ・フロー」に担保価値を置いた方法が一般化・本格化しているといってよい（青木則幸「アメリカにおける収益型不動産担保制度⑴⑵」比較法学36巻2号1頁以下・37巻1号49頁以下参照）。

　このアメリカでの担保制度の展開は，わが国の不動産担保制度に少なからぬ影響を与えている。その原因は，1990年のバブル崩壊に伴う不良債権の処理が，多くはアメリカの方式を踏襲してきたこともあるが，それ以上に，従来の担保理念の骨格であった不動産「交換価値」市場が，バブル崩壊の中で機能的に壊滅したことである。このことは，もはや，不動産担保制度は，従

来の「交換価値」担保のみでは機能しないことを意味するのである。

　このように考えれば，今般の「収益執行」方法の導入は，物上代位によっ
て「収益」に価値が見出され，さらに，抵当権の「競売」（交換価値の実現）が
必ずしも機能しないことから発想された「強制管理」の応用化ではあるけれ
ども，単にそれにとどまらず，日本の担保制度が機能的・理念的に大きく転
換し始めたものだと，位置づけることができるのである。

(b)「収益価値担保」の制度的基盤　ただし，「収益価値担保」が制度として機能するためには，そのための前提条件が整わなければならない。

　その第1は，「収益（キャッシュ・フロー）」の安定性・確実性を客観的に評
価する機構の存在である。担保評価方法が，交換価値評価から収益価値評価
へ切り換えられる以上，担保不動産の収益価値が客観的に把握されるかどう
かにかかっているからである。近時，盛んに主張されている「収益還元法」
は，そのための基本的な評価方法であろう。また，「収益価値担保」が，いわ
ゆる「証券化」にリンクするのであれば，その価値の客観性を評価する中立
的な「格付機関」の介在は必須である。

　第2は，「収益価値」市場の成立である。これは，「証券化」と共通に考え
られるものであるが，「収益」（債権）が活発に取引される市場が整備されなけ
ればならない。要するに，証券市場において「収益」が金融商品として取引
されるかどうかである。近時は，CP，ABCP をはじめ，証券化の手法の中で，
多彩な展開を見せている。金融方法が多様化している現代においては，いま
だ十分とはいえないが，今後は，このような市場がますます発展するであろ
う。

　　　　　　　＊　　　　　　　　＊　　　　　　　　＊

　ここで，約定担保制度の発展を図示するが，説明は，各箇所に委ねる。

〔図〕

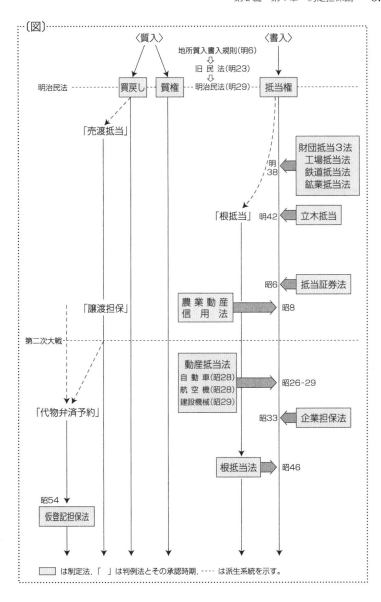

は制定法，「　」は判例法とその承認時期，----は派生系統を示す。

第2章　質　権

第1節　質権法総則

1　質権制度の意義

(1)　質権の社会的作用

(a) 占有の移転　質権者は，債権の担保として債務者または第三者より受け取った物を占有し，かつ，その物につき他の債権者に先立って自己の債権の弁済を受けることができる（342条）。このように，質権の設定は，目的物（質物）の占有を債権者に移転することによって行われる。

　質権者が目的物の占有を取得することは，実際には2つの作用を営む。1つは，それによって質権の存在を明白にするという公示作用である。もう1つは，留置権と同じく，目的物を留置することによって間接的に弁済を強制するという留置的作用である。

(b) 優先弁済権　留置権と異なり，質権者には優先弁済権が認められる。すなわち，目的物を換価して（処分権能）優先的に弁済を受ける。その方法は，動産，不動産，権利の各場合においてそれぞれ異なっているので，各箇所で述べる。

　質権は，上記 (a)・(b) の2つの特質を基本としているが，目的物の占有の移転が桎梏となって，不動産はもとより，動産でも，使われる場面が限られてくる。このことから，質権は，現代においてはそれほどの有用性はない。

(2)　質権の法的性質

(a) 物権性　質権は物権であるが，占有の移転が効力発生要件とされている$\left(\substack{344\\条}\right)$結果，物権としての対抗力についても種々の特殊規定が存在する。動産・不動産それぞれ異なるので，各箇所で触れる。

(b) 担保物権性　担保物権であることから，付従性を有することはもちろんであるが，不可分性と物上代位性については，準用規定がある$\left(\substack{350条→296\sim\\300条・304条}\right)$。

2　質権の設定

(1)　質権設定契約

(a) 当事者　質権は，質権者（債権者）と質権設定者（債務者または第三者）との「質権」設定契約（物権契約）によって設定される。「第三者」とは，債務者のために自己の財産を質権に提供する「物上保証人」であって，債務は負わないが責任のみを負担する者である$\left(\substack{\boxed{序論}5頁\left[\substack{「債務」\\と「責任」}\right]参照}\right)$。〔図①〕で，もし，第三者Ｃが債務者Ｂの債務を弁済するか，または質権者Ａが質権を実行してＣが物の所有権を失ったときは，ちょうど保証人が主債務を弁済したときと同様の関係になるので，Ｃは，保証債務に関する規定に従って，求償権を行使することが認められる$\left(\substack{351\\条}\right)$。

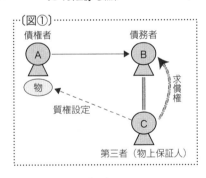

〔図①〕
債権者　　　　　　債務者
Ａ　　　　　　　　Ｂ
　　　　　　　　　　　　求償権
物　　　　　　　　Ｃ
質権設定
第三者（物上保証人）

(b) 質権の目的物　質権の目的物は，譲渡可能な物でなければならない$\left(\substack{343\\条}\right)$。譲渡ができないとは，第1に，所有者が意思に基づいても処分できないことであり，禁制品がこれに当たる。質権者は，優先弁済権行使のための処分・換価ができないからである。第2に，法律上譲渡が禁止または制限された場合である。漁

業権$\binom{漁業}{26条}$，立木法による立木$\binom{立木2}{条2項}$，一個の不動産とみなされる財団$\binom{工抵}{14条}$$\binom{2}{項}$）や，動産抵当の認められる航空機$\binom{航抵}{23条}$・自動車$\binom{自抵}{20条}$・建設機械$\binom{建抵}{25条}$などは，それぞれの政策から，質権設定が禁止されている。*

> ＊ **差押え禁止動産** 　民事執行法で差押えの禁止される動産$\binom{民執131}{条所掲}$は，これに当たらず，質権の目的となりうる。それらは，強制執行の際に，債務者の生活上のまたは公益的な理由から差し押えてはならないとされているだけであり，処分が禁止されているわけではないからである。

(c) 被担保債権　質権によって担保される債権（被担保債権）の目的には制限がない。金銭を目的とする債権に限らず，特定物の給付または一定の行為を目的とする債権でもよい。これらの債権も，質権の留置的作用により，間接に履行を強制できるし，債務不履行の場合には，損害賠償債権に転化するからである。また，現存する債権に限らず，将来発生する債権，増減変動する不特定の債権（根担保）でもよい。

(2) 要物契約性 ── 効力発生要件

(a) 「目的物の引渡し」　質権の設定は，債権者に目的物を引き渡すことによって，その効力を生ずる$\binom{344}{条}$。このように，質権設定においては，目的物の引渡し（占有の移転）が効力発生要件となっている。これを，「要物契約性」という。「引渡し」は，「現実の引渡し」のみならず，「簡易の引渡し」，「指図による占有移転」$\binom{大判昭9・6・2民集13巻931頁}{は，不動産について認めた}$でもよい$\binom{通}{説}$。指図による占有移転については，倉庫に寄託している動産や賃貸中の物を質入れする場合に問題となる。賃貸の目的物を質入れする場合には，「賃貸人たる地位」を質権者に移転（→賃料収得権も移転）するときは質権は成立するが，賃料を賃貸人が依然収取するときは，質権は成立しないと解されている$\binom{我妻}{130頁}$。

(b) 占有改定の禁止　しかし，「占有改定」による引渡しは禁止される。質権設定者に質物を占有させることはできないのである$\binom{345}{条}$。ドイツ民法，フランス民法いずれも占有改定による質権設定を禁止している。質権の留置的作用が失われるからである。問題は，質権設定後，質

権者が任意に質物を設定者に返還した場合である。質権は消滅するのか否か。

〔A〕　**質権消滅説**）　345条の趣旨を，主に質権の「留置的作用」にあるとし，しかも，質権の設定において要物性が要求されることから，質権者みずからその占有を放棄するときは，質権は消滅する，とする（我妻131頁，柚木＝高木101頁，鈴木211頁，伊藤進「質権」『新版民法演習2』165頁，高木63頁）。

〔B〕　**対抗力喪失説**）　これに対し，質権の要物性はもっぱら「公示作用」にあり，留置的作用は優先弁済的作用を促進する補助策にすぎないとの立場から，質権者が物を設定者に返還した場合は，対抗力を失うにすぎず，質権が消滅するのではない，とする（石田喜久夫『注民(8)』259頁，槇88頁，川井233頁，川井・概論281頁）。判例もまた，不動産質権者がいったん引渡しを受けて質権を設定・登記した後に，設定者に返還した場合には，質権は消滅しない（不動産質権については占有も対抗要件ではない（登記が対抗要件となるから）），とする（大判大5・12・25民録22輯2509頁）。

　この問題は，2つの視点から考えなければならない。第1は，制度趣旨の問題であり，占有改定の禁止は留置的作用と公示作用のいずれに重きをおくのかである。第2は，それに関連して，譲渡担保との関係をどのように捉えるのかである。

　まず，質権の「占有」は，留置権と同じく，その「留置的効力」（→弁済の間接強制）が基本に置かれていることは，沿革からも明らかである。そして，「占有」がはたして公示機能として十分かといえば，多様な占有形態があること自体，占有はもはや公示制度として十分ではないといわざるをえない。そこで，あえて動産質権につき厳格に占有改定を禁止することは，公示方法としての完全性を求める意味ではなく，むしろ留置的効力を確保するために要求されるのだと考えるべきである（我妻103頁）。そうであれば，質権者がみずから留置的効力を放棄するときは，質権は消滅すると考えるべきであろう〔A〕質権消滅説）。

　次に，〔B〕説は，譲渡担保は〈質権設定＋占有改定〉と同じ構成であり，譲渡担保を承認する以上，質権者が占有を失った場合に質権が消滅するとすることは均衡を失する，という。しかし，譲渡担保とは，現行民法には存しない「権利移転型担保」であって，それを現民法が承認するに際しては，〈質

権設定＋占有改定〉という法構造は等閑に付されたはずである（そうでなければ，345条に抵触する（＝脱法行為）ゆえに，法認はありえない）。したがって，制度そのものが異なる譲渡担保をこの問題に絡ませて論ずることは妥当ではない。

3 質権の効力

(1) 被担保債権の範囲

質権によって保全される被担保債権の範囲は，「元本，利息，違約金，質権の実行の費用，質物の保存の費用，および，債務の不履行または質物の隠れた瑕疵によって生じた損害の賠償」である$\binom{346}{条}$。抵当権によって保全される被担保債権の範囲$\binom{375}{条}$と比べると，相当に広い。これは，質権者が目的物を占有するため，後順位質権者の生ずることがほとんどなく，また，質物が第三者に譲渡されることも少ないため，質物の全価値を質権者に把握させてよい，とする理由からである。

ただ，不動産にあっては，抵当権法理に服する$\binom{債権額は登記}{事項となる}$ほか，若干の特別規定がある$\binom{後掲第3節(3)(a)}{(109頁) 参照}$。

(2) 物上代位

質権についても，物上代位が認められる$\binom{350条→}{304条}$。しかし，304条にいう，「売却，賃貸，滅失または損傷」は，質権固有の観点から見る必要があるし，動産質と不動産質とでも，それぞれ異なるので，後に個別的に検討する。

(3) 留置的効力

(a) 留置機能　質権者は，被担保債権$\binom{その範囲}{は，346条}$の弁済を受けるまで，質物を留置することができる$\binom{347条}{本文}$。この効力は，例えば，質物の譲受人が所有権に基づく返還請求をする場合には，これを拒否できることであり，先取特権者が質物を競売する場合には，配当に参加して優先弁済を受

けることではなく，引渡しを拒否して留置できることである。留置権と共通
する権能である。

**(b) 訴訟での発現形態
—— 留置権との相違** 債務者が債務全額を弁済しないで目的物の返還を請
求した場合，留置権では引換給付判決が認められた
が $\left(\begin{smallmatrix}第1編第1章第3\\節(1)(c)\;(35頁)\end{smallmatrix}\right)$，質権では原告敗訴の判決が下される $\left(\begin{smallmatrix}傍論ではあるが，大判大\\9・3・29民録26輯411頁\end{smallmatrix}\right)$。
これは，留置権は，優先弁済権がないため，抗弁権的に作用するのに対し，
質権は，優先弁済権を本体とする担保権として「対抗」（債務者に対する対抗）
の問題となるからである。

(c) 担保権としての位置 したがって，同様の論理から，質権者は，「自己に
対して優先権を有する債権者」に対しては，留置
的効力をもって対抗することができない $\left(\begin{smallmatrix}347条た\\だし書\end{smallmatrix}\right)$。この場合，質権者は，留置
権能を主張して引渡しを拒むことができず，自己の順位に従って配当を受け
ることになる。動産の場合 $\left(\begin{smallmatrix}→第2節(3)\\(c)(104頁)\end{smallmatrix}\right)$ と不動産の場合 $\left(\begin{smallmatrix}→第3節(3)(e)\\i(110頁)\end{smallmatrix}\right)$ とで異なる。

(d) 留置権規定の準用 留置的効力の効果として，留置権に関する以下の規
定が準用される $\left(\begin{smallmatrix}350\\条\end{smallmatrix}\right)$。

i 果実を収取して優先弁済に充てることができる $\left(\begin{smallmatrix}297\\条\end{smallmatrix}\right)$。ただし，不動
産質権については，使用収益権能があるので，適用されない。

ii 留置物の保管義務（善管注意義務）が課され $\left(\begin{smallmatrix}298条\\1項\end{smallmatrix}\right)$，また，債務者の
承諾なくして使用・賃貸・担保設定が禁止され $\left(\begin{smallmatrix}同2\\項\end{smallmatrix}\right)$，それらに違反した場合
は，債務者は質権の消滅を請求できる $\left(\begin{smallmatrix}同3\\項\end{smallmatrix}\right)$。この規定も，不動産質権には当
てはまらない。

iii 質権者の必要費・有益費の償還請求権 $\left(\begin{smallmatrix}299\\条\end{smallmatrix}\right)$。

iv 質権の行使は，債権の消滅時効の進行を妨げない $\left(\begin{smallmatrix}300\\条\end{smallmatrix}\right)$。

(4) 流質契約の禁止 —— 優先弁済的効力の特則

(a)「流質契約の禁止」法理 質権設定者は，設定行為または債務の弁済期前
の契約において，質権者に弁済として質物の所
有権を取得させ，その他法律に定める方法によらないで質物を処分させるこ
とを約することができない $\left(\begin{smallmatrix}349\\条\end{smallmatrix}\right)$。これを，流質（または質流れ）契約の禁止

という。この規定の趣旨は，窮迫な状況にある債務者が，僅かな額の借金のために高価な物を質物として提供してしまい，返済できないときに暴利行為の犠牲となることを防ぐところにある。弁済期到来後に流質契約が許されるのは，質権設定者に金銭の急需に迫られて無謀な契約をするという要素がなく，何をもって弁済に充てるかは自分の判断だからである。

【流質契約の歴史性】　流質契約（lex commissoria）は，ローマ法以来一貫して禁止されてきた。債権者（貸金主）の暴利行為を排除する思想からである $\left(\begin{smallmatrix}\text{Leo Raape, Die Verfallklausel bei Pfand und Sicherungs-}\\ \text{übereignung, 1913/高島＝近江訳・比較法学14巻2号93頁以下参照}\end{smallmatrix}\right)$。フランス，ドイツ，スイス各法においては禁止規定が置かれているし，わが国の，流地禁止令 $\left(\begin{smallmatrix}\text{明治}\\ \text{6年}\end{smallmatrix}\right)$，旧民法 $\left(\begin{smallmatrix}\text{債権担保}\\ \text{編131条}\end{smallmatrix}\right)$ も同様であった。

　しかし，現行民法の政府原案にはこの禁止規定はなかった。それは，編纂者が，意識的に流質契約を契約自由の原則の下に置こうとしていたからである。ところが，後の衆議院の審議において，特に農民の土地の担保流しへの対処から，349条の挿入が可決された。

　このため，その後，編纂者は，契約は自由であること，暴利行為は90条によれば足りること，買戻制度によって349条は実質的に骨抜きになること，などを理由に，349条の廃棄の解釈論を展開することになる $\left(\begin{smallmatrix}\text{近江『研究』}\\ \text{73-74頁}\end{smallmatrix}\right)$。この考え方が，現在の通説 $\left(\begin{smallmatrix}\text{我妻145頁，鈴木214}\\ \text{頁，高木68頁など}\end{smallmatrix}\right)$ に受け継がれているといってよい。

【禁止法理の脱法性】　流質（流担保）的効果は，買戻しや譲渡担保によってももたらされる。例えば，BがAから1000万円の融資を受ける場合に，自己の不動産（価額3000万円）につき，質権を設定するのではなく，それをAに融資額と同額の1000万円で売却し，一定期間後に買い戻すという方法（譲渡担保も同じ）によっても，同じ担保目的を達することができる。しかし，この場合，期限までに買い戻すことができないときには，その不動産は確定的にAの所有となり，反対に，Bは，1000万円のために，3000万円の不動産を失うことになる。流担保的効果である。このように，流質契約の禁止法理は，権利移転型担保によって脱法され得るのである。変則担保の「私的実行」というのは，これである。

(b) 流質契約の許される場合　流質契約は原則として禁止されるが，法律上許される場合がある。

　i　被担保債権が商行為によって生じた場合　　商行為によって生じた債権を担保するために設定された質権については,流質契約の特約があれば,それが認められる$\binom{商515}{条}$。

　ii　営業質屋の場合　　質屋営業法は,営業質屋に流質権を認めている$\binom{同法}{18条}$。市中の質屋で「質流れ」が行われているのは,このためである。小額金融に流質を認めても,社会的弊害が少ないからである。

　【**営業質権は民法上の質権とは違うのか?**】　　近代民法上の質権は,人的無限責任の上に構築された担保権（優先弁済権）である。したがって,「質権者は,債務者の一般財産から弁済を受けるについても,まず質物から弁済を受け不足部分について一般財産から請求することができるというのではない。したがって,質物を競売しないでまず債務者の一般財産に対して執行しても,債務者はもとよりのこと,一般債権者も,これに対して異議を述べることはできない」$\binom{我 妻}{143頁}$。また,質物からの弁済で不足がある場合は,設定者の他の財産から弁済を受けることができることも当然である。

　そこで,流質を認める営業質権は,民法上の質権と異質なのか否か。福岡高判平 27・9・25$\binom{公刊集}{未登載}$は,「質屋営業法の適用を受ける営業質屋の質権は,慣習上一種の物的有限責任と解されているから,質権者は,たとい質物の価格が被担保債権を完済するに足りない場合にも,債務者の一般財産に対して執行することはできない。」$\binom{我 妻}{143頁}$とする説を引用し,民法上の質権とは異別の制度だとする。

　問題は,営業質権において,なぜ「流質」が認められるのか,である。一説によれば,質屋は都道府県公安委員会による監督が及ぶから流質契約が許容されているのだとする理解があるようである（この考え方は,刑事取締規定である質屋取締法の成立の経緯から考えているのであろう）。しかし,この理解は正しくない。「流質」がなぜ禁止されるかといえば,債権者が,債権額を超える価値の質物を丸取りすることができる（＝暴利の発生）からであって,この暴利を公安委員会から許可を受けた者が取得できるとすれば,おかしな話しであり,制度に違背することになろう。また,商法515条で認められている流質についても,説明がつかない。

　そうではなくて,営業質屋に持ち込まれる動産類は,不動産質と異なり,少額な物品（着物類,刀剣・美術品,装飾品など）が多く,債務者の日常生活を圧迫

するようなものでもないし，また，流されたとしても，不動産質と比べてそれほど暴利性がなく，社会的弊害が少ないと評価されてきたからである。動産を担保とする質権は，田畑の質入と比べ，債務額も担保物価格も少額なのが一般であり，いわば町の金融手段と理解されていた。実行方法についても，動産については，旧慣習を尊重すると共に（小早川『日本担保法史序説』286頁以下），費用倒れの観点から，354条のような簡便な方法が認められたのである（我妻145頁）。

　以上のことから，営業質権は，民法上の質権にはかならず，その際，特に動産担保という内容にかんがみ，流質約款が許容されたにすぎない。民法上の質権とは別個独立した質権であると解することはできない。もとより，旧慣的な物的責任の残滓を見ることができるが，近代民法の下においては，特殊な質権と解すべき理由はない。

4　転　質

(1)　転質制度の意義

(a) 転質の社会的作用

〔図②〕「転質」とは，質権者 A が，設定者 B から質物として受け取った「物」（質権）を，再び C（転質権者）に質入れすることである。いうまでもなく，質権者（金融業者）の資金調達手段であり，江戸時代から重要な作用を営んできた。なお，転抵当と同一に論じられることがあるが，「転」担保の法理は同じだが，社会的作用は異なる（我妻391-392頁）。

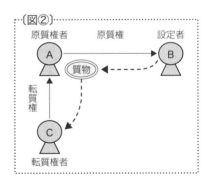

〔図②〕

(b) 348条と298条2項との関係

348条は「自己の責任で」質物について転質をすることができる旨を定めているが，他方，350条は，298条2項を準用している。これによると，質権者は，設定者の承諾がなければ，質

物を担保に供することができない。そこで，両者の関係が問題となるが，判例（大連判大14・7・14\n刑集4巻484頁）・通説は，298条2項は設定者の承諾を前提とする承諾転質であり，348条の転質はその承諾を必要としない責任転質であると解している。以下では，348条に規定された，自己の責任においてする「責任転質」について論じる。

【責任転質と承諾転質】　　古くは，348条は298条2項と相俟って承諾転質のみを認めているものとする説があり，大判明44・3・20（刑集17輯\n420頁）は，承諾を得ない転質は横領罪を構成するとした。しかし，前掲大連判大14・7・14はこれを変更し，348条が存在するのだから，転質に関しては298条2項は排除されるとした。現在では，責任転質を認めない説はない。両者の差異は次のとおりである。

　i　承諾転質　　① 設定者の承諾を前提とする。② 原質権とは別個の，新たな質権設定である（原質権の把握する担保価値に左右されない）。

　ii　責任転質　　① 加重責任がある。② 原質権の支配する担保価値を基礎とした質権の設定である。

　このように，承諾転質では，原質権者の承諾を条件とする（298条\n2項）ので，その分，質権者の責任が軽減されるのに反し，責任転質では，質権者は，一切の自己責任の下で転質を行う。

(c) 転質権者は「転質であることを知っている」　　質権者Aが，質物であることを秘して転質に入れたときは，相手方Cは，即時取得によって新たな質権を取得する（192\n条）。しかし，これは原質権とは切断された，まったく新しい質権であって，転質ではない。したがって，転質の場合には，転質権者は，転質であることを知っていることになる。このことを考えるならば，転質権者Cは，転質であることを知って質物を受け取っている以上，その裏には，原債権のあることを期待しているのではないだろうか。つまり，転質権者は，原質権者Aから弁済を受けることができなくても，転質物の留置的効力によって，原質権の設定者Bからの弁済があるはずだ，という期待である。このことは，解釈論に微妙に絡んでこよう。

(2)　転質の要件

(a) 原質権の債権額内

第1は，転質権の債権額が，原質権の債権額を超えないことである。では，超過する場合はどうか。例えば，AがBに対して100万円，CがAに対して120万円の被担保債権を有する場合，転質権は，超過しない100万円の範囲で成立すると解されている$\left(\substack{通\\説}\right)$。そうすると，これは，要件といっても，転質権の成立する範囲を画しているものにすぎないことになろう。

(b) 原質権の存続期間内

第2は，転質権の存続期間は，原質権の存続期間内であることである$\left(\substack{348\\条}\right)$。「存続期間」という観念は，不動産質にはあてはまるが，動産質では適切ではない。ただ，この要件の意味は，原債権の弁済期が到来したときに，転質権がなお存続していることの不都合を表現していると解するべきであろう$\left(\substack{我\ 妻\\150頁}\right)$。そこで，後掲の「共同質入説」から見るならば，債権も同時に転質権の対象となっているので，債権質の規定である366条3項により，Bは供託することができ，Cはこの供託金の上に質権をもつことになる。

(3)　転質の法的構成

　転質をどのように構成するかについては，考え方が分かれている。基本的な違いは，質権のみを質入れするのか，または質権と共にその被担保債権も質入れされるのか，である。

　〔A〕　**単独質入れ説**）　質権または質物だけが質入れされるとするが，そのいずれを目的とするかによって，説が分かれる。

　ⓐ　**解除条件付「質権譲渡」説**）　転質の被担保債権が弁済などで消滅することを解除条件として，「質権」が譲渡されるのだとする$\left(\substack{梅\\富井}\right)$。譲渡により原質権者はまったく質権を失うので，質入れの基本構造に反しよう。

　ⓑ　**「質権」再度質入れ説**）　質権をさらに質入れすると考える$\left(\substack{田\\島}\right)$。原質権の転質権に対する拘束を説明できるが，権利質と同じこととなり，348条に「質物」と規定した文言に反する。

　　ⓒ　「質物」再度質入れ説　　債権は債務者の承諾なく質入れすること
ができるし，また，被担保債権が質入れされたときは質権もまた担保の目的
となることは当然であるが（随伴性），それでは，348条が規定された意味はな
い。そこで，転質とは，もっぱら質物について把握された担保価値を，被担
保債権と切り離して質入れするのだとする（我妻148頁以下，星野231頁，横95頁，川井・概論289頁）。

　　〔B〕　共同質入れ説　　これは，「質権」と「原質権」とが共に質入れされ
ると解するもので，その主眼は，原質権の転質権に対する拘束の承認である
（柚木=高木114頁，伊藤進「質権」『新版・民法演習2』171頁）。この構成によると，転質権の成立範囲は原質権に
よって制限され，原質権の債権は転質権によって拘束されることになり，転
質の説明としては最も適切である。これに対しては，質権付債権の担保とし
て債権質とすればよく，348条は独立の意味をもたなくなるとする批判
（我妻148頁）があるが，転質は，質物の移転による質権の設定と共に，被担保債権
も質入れされるのであって，債権の質入れによって（付従性により）質権が質
入れされるのではないのである（同旨，伊藤・前掲論文171頁）。

　　さらに，通説である〔A〕ⓒ説は，「質物について〔原質権によって〕把握
された担保価値」を質入れするというのであるが，しかし，「質物」自体が転
質の対象となるのであれば，質物自体の価値が把握されるのだというのが論
の筋であろう。質物にはそれなりの客観的な価値があるはずであり，原債権
額は，たまたま原質権者と設定者との間で約定された与信枠にすぎないから
である。したがって，転質権者がそれ以上の価値を把握している場合でも，
それを認めず，質物が「把握された担保価値」に制限されるというのはおか
しい（この点の我妻150頁の説明参照）。だが，後述するように（(4)参照），すべての学説は，転質権
に対する原質権の厳格な拘束を認めているのである。このことは，原債権も
質権と共に質入れされるのだと解する以外にないであろう。

(4)　転質の効果

(a) 加重責任　　責任転質は，承諾を得ずに「自己の責任で」転質を行う結果，
　　　　　　　　転質をしなければ生じなかったであろう不可抗力による損失
についても，責任を負わなければならない（348条後段）。

(b) 転質の実行 転質権を実行するには，以下の諸点に注意すべきである。

i まず，転質権の債権の弁済期が到来することだけでなく，原質権の債権についても弁済期の到来することが必要である。共同質入説からは，当然のことであるが，質物質入説でもこのように解している（我妻151頁）。

ii 次に，原質権の債権の弁済期が先に到来した場合，共同質入説は366条3項により供託を認めること前述のとおりであるが，質物質入説も同条の類推を認めている。

iii 転質権実行による換価代金は，まず，転質権者Cが優先弁済を受け，余剰があれば原質権者Aが弁済を受ける。

iv 共同質入説からすると，債権も同時に質入れされているのだから，原質権の債権を直接取り立てることができる（366条1項）。

(c) 原質権者に対する拘束 原質権者は，当然のことながら，原質権を消滅させない拘束を受ける。したがって，原質権の実行，債権についての免除や相殺などはできない。

> **【原質権の債権額が転質権の債権額を上回る場合】** 例えば，原質権の債権額が100万円，転質権のそれが80万円の場合，その超過部分20万円について，原質権者Aは，その拘束を受け，原質権の実行はできないのか。
>
> 共同質入説からすると，原質権は拘束されているのでその実行が禁止されることは当然である。この結論は，質物質入説からは直截には出てこないが，やはり超過部分も拘束を受けるものとしている（ちなみに，我妻152頁は，従来肯定していたが，改説した）。

(d) 原質権設定者に対する拘束 原質権設定者Bは，原質権者Aに弁済することをもって，転質権者Cに対抗できるであろうか。これを認めると，およそ転質というものが無意味となってくるであろう。しかし，無条件に否定することも，Bに対して不測の損害を被らせることになろう。

そこで，共同質入説は，債権も質入れの対象になっていることを根拠に，Cが364条によって対抗要件（Bに対する通知または承諾）を具えた場合には，もはや，Bは，Aへの弁済をもってCに対抗できないが，通知または承諾のない場合には対抗できる，とする。質物質入説でも，364条（ないし377条）

を準用すべしとしている $\left(\substack{鈴木214頁。我妻\\152頁も，同じ結論}\right)$。

(5)　転質権の消滅

　転質権は，その被担保債権の消滅によって消滅することはもちろんであるが，特有の消滅原因として，原質権の消滅がある。しかし，原質権者Aも原質権設定者Bも原質権を消滅させない拘束を受けるため，原質権が消滅する場合とは，Bが供託したとき $\left(\substack{366条\\3項}\right)$ か，転質につき通知または承諾がない間に，BがAに弁済したとき，であろう。

(6)　承諾転質

　承諾転質は，原質権設定者Bの承諾を前提として成立する転質である $\left(\substack{298\\条\\2項\\参照}\right)$。これは，責任転質と異なり，原質権とは別個の新たな質権設定である。そこから，原質権の債権の弁済期が到来しなくても，転質権の債権が弁済期にあれば，転質権を実行できるし，また，BがAに弁済しても，転質権は消滅しないものとされる $\left(\substack{我妻154\\頁参照}\right)$。

　しかし，これらの責任一切を，その承諾のゆえに原債務者Bに課すのは問題ではなかろうか。戦後の銀行取引では責任転質は行われておらず，実務においても，責任転質を回避して承諾転質をすることにしているといわれる $\left(\substack{堀内仁・民法判例百\\選I〔第二版〕185頁}\right)$。ここにあって，承諾転質につき，上記の責任（承諾責任）がかかってくることは，Bにとって著しい負担といわざるをえない。概念理論を排した解釈論が展開されるべきであろう。

第2節　動　産　質

(1)　動産質権の設定

(a) 処分権限　質権の設定契約は，契約内容の実現（履行）を義務として残すという性質のものでなく，直ちに物権的効果を生じる処分契約（物権契約）である。したがって，設定者（債務者または第三者）には，原則として処分権限がなければならない。

(b) 即時取得による質権の取得　しかし，動産質の場合は，設定者に処分権限がなくても，質権者は，192条により質権を即時取得することができる。〔図①〕例えば，Eから寄託を受けた物をBがAに質入れした場合に，設定者Bがその動産につき処分権限を有しない場合（他人の物の場合）でも，質権者Aは，その動産がEの所有物であることを知らず，知らないことに過失がないときは，動産質権を取得できる（最判昭45・12・4民集24巻13号1987頁）。なお，この場合は，所有者Eが質権設定者となり，物上保証人と類似の関係が生じる。

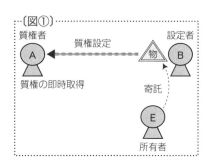

〔図①〕

質権者　質権設定　設定者
A　　　　　　　物　　B
質権の即時取得　　　　寄託

E
所有者

(2)　動産質権の対抗要件 ──「占有」

(a) 占有の継続　動産質権者は，継続して質物を占有しなければ，質権をもって第三者に対抗することができない（352条）。質権は，質物を債権者に引き渡すことによって成立するが（要物契約）（344条。第1節**2**(2)(a)（90頁）参照），これによって質権がいったん成立すると，質物を設定者に任意に返還した場合を除き（前掲第1節**2**(2)(b)（90頁）参照），占有を失っても質権が消滅するわけではなく，対抗要件が失われるだけである（高木63頁）。「第三者」とは，債務者および設定者以外の者

をいう。したがって，これらの者に質物が渡ったとしても，質権者は，質権に基づいて返還請求できる。

【質権者が質物を第三者に引き渡した場合】 〔図②〕質権者Aが，質物を一時使用や修繕などで第三者C（ただし，上記の352条にいう「第三者」ではない）に引き渡した場合，AはCを通じて間接占有をしているので，占有を失ってはいない。したがって，質権は消滅しないし，対抗力も失われていない。さらに，Cが設定者Bに引き渡したときも，Aが間接占有していることには変わりはないので，AはBに返還請求できる。ただし，この関係で，次のことに注意すべきである。

  i 質権者の質物保管義務違反として，Bから，質権の消滅請求をされることがあろう（350条→298条3項）。

  ii 〔図②〕を少し変えて，BがEから預かった物を質入れした場合において，質権者AがBに質物を返還したときは，債務者Bは設定者ではないが，設定者と同視し，質権は消滅すると解すべきである（我妻132頁，伊藤・前掲論文168頁）。これは345条（占有改定の禁止）の問題である。

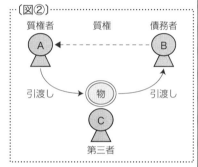

〔図②〕

質権者　質権　債務者
A ←-------- B
引渡し　　物　　引渡し
C
第三者

(b) 質物の回復手段 動産質権者が，第三者に質物の占有を奪われたときは，占有回収の訴え（200条）によってのみ，その質物を回復することができる（353条）。「占有を奪われた」とは，占有者の意思に反すること，すなわち占有侵奪の場合である（【II】199頁参照）。この規定の意味は，動産質権は占有の継続が対抗要件であるため（352条），その「占有」が奪われたときは，質権自体を対抗できないから，占有権に基づいて回収するしかない，ということである。

【詐欺・遺失による占有喪失の場合】 「詐欺」によって質物を第三者に引き渡した場合や，質権者が質物を「遺失」した場合が問題である。これらの場合には，質権は対抗力を失っているが，「占有侵奪」という要件には該当しないから，353条は適用にならない。そうすると，質物回復の手段がないので，立法の当否が問われているところである。

(3) 動産質権の効力

(a) 効力の及ぶ目的物の範囲 質物の「従物」については，それが引き渡されたときは効力が及ぶことは当然である $\binom{87条}{2項}$。果実について297条が準用されているが $\binom{350}{条}$，実際に問題となるのは，質権者が設定者の承諾を得て賃貸をした場合 $\binom{298条}{2項}$ の法定果実くらいであろう。

(b) 物上代位 質権についても物上代位が認められるが $\binom{350条→}{304条}$，ここでは動産質権という特質から検討する必要がある。

第1に，「売却」代金であるが，質物たる動産が売却されることはまずないし，売却されたとしても，質権者は留置的効力により，優先弁済を受けることができるので $\binom{第1節\boxed{3}}{(3)(92頁)}$，代金を差し押えて物上代位をする必要がない。

第2に，「賃貸」による賃料であるが，設定者が質入れした動産を他に賃貸してみずから賃料を取得することはできない（指図による占有移転の質権も成立しない $\binom{我妻}{130頁}$）。質権者が設定者の承諾を得て賃貸し，その賃料を優先弁済に充てることができるのはもちろんだが，これは物上代位ではない。

第3に，「滅失・損傷」による損害賠償請求権や保険金であるが，この場合には，現実にありえよう。したがって，動産質権の物上代位が実際上問題となるのは，第3の場合のみであろう。

(c) 留置的効力 質権には，前述した留置的効力（質権者は債権の弁済を受けるまで質物を留置することができる）$\binom{第1節\boxed{3}}{(3)(92頁)}$ がある。ただし，動産質権者は，「自己に対して優先権を有する債権者」，すなわち，先順位質権者 $\binom{355}{条}$，330条2項によって動産質権者に優先するとされる動産先取特権者 $\binom{334条}{参照}$ には，留置的効力を対抗できない $\binom{347}{条}$。これらの債権者が，その質物につき執行すると，動産質権者は留置を主張できず，配当手続きの中で配当要求ができるだけである $\binom{民執192条→}{民執133条}$。質権は，担保権として「対抗」の場に立つからである $\binom{第1節\boxed{3}3)(b)・}{(c)(93頁)参照}$。

(d) 優先弁済の方法 動産質権の優先弁済を受ける方法は多様である。——

i 競 売 民事執行法に定める動産競売の手続による $\binom{民執190条}{・192条}$。こ

れが，動産質権においても原則である。

　ii　流質契約禁止の特則　　被担保債権が商行為によって生じた場合$\left(\substack{商515\\条}\right)$と営業質屋の場合$\left(\substack{質屋営\\業18条}\right)$には，流質契約が認められることは前述した$\left(\substack{第1節 ❸ 4)\\(b)　(93頁)}\right)$。

　iii　簡易の弁済充当　　動産質権者は，債権の弁済を受けないときは，「正当な理由」のある場合に限り，鑑定人の評価に従い，質物をもって直ちに弁済に充当することを，裁判所に請求することができる。この場合は，質権者は，あらかじめ債務者にその請求をする旨を通知しなければならない$\left(\substack{354\\条}\right)$。動産質権では，担保額も大きくなく，質権実行の費用倒れを防ぐ趣旨である。

　iv　その他　　他の債権者の執行手続の中で配当要求できること$\left(\substack{民事執\\行法の\\定めに\\よる}\right)$，質物からの弁済で不足がある場合は設定者の他の財産から弁済を受けることができること，担保物権者としてではなく，一般債権者として設定者の他の財産にかかることもできること，などは，担保物権に共通する効力（法理）である。

　(e) 動産質権の　順位の特則　　数個の債権を担保するため，同一の動産につき質権を設定したときは，その質権の順位は設定の前後による$\left(\substack{355\\条}\right)$。

(4)　動産質権者の義務

　298条が準用される結果，動産質権者は，善良な管理者の注意をもって質物を保管し（善管注意義務），設定者の承諾がなければ質物を使用$\left(\substack{保存に必要な\\使用を除く}\right)$，賃貸，または担保設定ができない。これに反するときは，質権の消滅請求を受ける$\left(\substack{350条→\\298条}\right)$。

(5)　動産質権の消滅

　物権に共通の消滅原因，担保物権に共通の消滅原因があるほか，動産質権に特有の消滅原因として，質物の設定者への任意の返還$\left(\substack{第1節 ❷ (2)\\(b)　(90頁)}\right)$，承諾を得ない質物の使用，賃貸または担保設定$\left(\substack{前掲\\(3)}\right)$などがある。

第3節　不動産質

(1) 不動産質の意義

　不動産質は，動産質とまったく異なった制度であり，むしろ封建時代にあっては，不動産担保の一般的な形態であった。これは，土地の占有の移転により，収穫権（使用収益権能）を債権者に移転させることを本体とする「用益質」（Nutzungspfand）である。すなわち，債務者（質置主^{しちおきぬし}）は借金の形^{かた}として土地を一定期間債権者（質取主^{しちとりぬし}）に与え，質取主は，その間，その土地を耕作して収益を得ることができるとする担保方法である。質権者が貸金の利息を請求できないことや，管理費用の負担することなどは，この「用益」的本質から導かれるものである。

　　＊　**実際の耕作関係**　　このことは，必ずしも質取主自身の耕作・用益を意味するものではない（前掲第1章**3**1）＊「封建的小作関係の存在」（74頁）参照）。この場合，質置主（債務者）は，質取主の下で，小作人として働くのが一般であった。そして，土地を請け戻せない債務者は，否応なく小作人・水呑百姓^{みずのみ}へと転落する。このようにして発生する小作関係（土地収奪）を基礎として，封建的大土地所有制が成立するのである。

　　【不動産質と買戻し制度の歴史性】　　不動産質は担保物権として，買戻しは売買の付款としての債権契約として，それぞれ別個に規定されている。しかし，両者の基本的な構造・各規定はほとんど同一である。これはどのような事情に由来するのであろうか。

　　既述したように（第1章**3**2）（75頁）），明治以前の質権の原型は，「質入^{しちいれ}」であった。だが，正確にいうと，徳川時代の「質入」と，制限物権として構成された近代的質権とは，同一的性格のものと捉えることはできない。寛永20年（1643年）に土地の売買が禁止されたことにより，それまでの買戻_{・・・}し制度（担保制度）であった「本銭返^{ほんせんがえし}」ないし「年季売^{ねんきうり}」が否定され，担保制度としては「質入」のみが認められることになったからである（前者は，後者の中に混入してしまった。中田薫『法制論集(2)』524頁以下，小早川欣吾『日本担保法史〔復刻版〕302頁以下）。このことの現実的な結果として，「質入」には，債務弁済手段と

しての「流地」(流質)と相まって，実質的に「売買」の機能を担わされた。つまり，土地の売買の禁止は，「質入」+「流地」によって脱法され，これが実際に土地の「売買」手段となっていったのである。したがって，「質入」は，制限物権的な質権としての性格と，権利移転型担保的な買戻しとしての性格とを帯有するにいたった。

　このような状況下で，明治初年$\left(\begin{smallmatrix}1868\\年\end{smallmatrix}\right)$に土地の売買が解禁され，近代的土地担保法の形成が始まった。「質入」は，一方において，地所質入書入規則→旧民法を通して「質権」へと発展したが，他方においては，旧来の買戻し的担保としての観念（機能）から，「買戻し」（売買契約の付款）として規定された（西欧においても買戻しは担保として機能し，パンデクテン体系においても売買の付款として位置づけられていた）。このように，「質入」は，近代法の形成においては，担保物権としての質権と，債権契約としての買戻しとに分化したのである$\left(\begin{smallmatrix}87\\頁\\〔図〕\\参照\end{smallmatrix}\right)$。したがって，両者が，同一の構成・規定から成っていることは，当然のことなのである$\left(\begin{smallmatrix}近江=小賀野晶一『民法コンメンタール第12\\巻』2101頁以下，近江・NBL266号30頁以下\end{smallmatrix}\right)$。

(2)　不動産質権の設定

(a)　対抗要件　　不動産質権は，引渡しを効力発生要件としているが（要物契約），その対抗要件は，登記である$\left(\begin{smallmatrix}177条，\ 不\\登3条\end{smallmatrix}\right)$。

(b)　存続期間　　不動産質権の存続期間は，10年を越えることができない。もし，設定契約でこれより長い期間を定めたときは，その期間は10年に短縮する$\left(\begin{smallmatrix}360条\\1項\end{smallmatrix}\right)$。この期間は，更新することができるが，更新の時より10年を越えることはできない$\left(\begin{smallmatrix}360条\\2項\end{smallmatrix}\right)$。買戻期間の10年を規定する580条と同一である。これは，長きにわたって他人の土地を占有しその耕作権能を奪うことを防ぐためだと解されているが$\left(\begin{smallmatrix}我妻\\170頁\end{smallmatrix}\right)$，古くは，必ずしもそうとはいいきれない。

　i　存続期間の意義　　もともと，民法典施行前においては，この「存続期間」とは「流地」処分（流質）の条件であって，逆からいうならば，それは受戻しのできる期間を意味したのである。すなわち，この期間の経過によって，「流地」処分が合法的に行われると同時に，この期間内は請戻しができることを意味する（次掲の公事方御定書31条「質地小作取捌之事」参照）。ここに

あっては，弁済期という観念は独立しておらず，受戻期間が重要なのであった。[*]

しかし，近代法において，債権の「弁済期」が重要な概念として認められるようになると，必然的に存続期間と弁済期との論理的な関係が問題となってくるのである（このことは，仮登記担保における弁済期と受戻期間との関係からも理解されよう）。不動産質権の「存続期間」とは，このような前近代的問題性を孕んでいる。

【公事方御定書31条「質地小作取捌之事」】 この条項を簡単に説明すると，──

i 年季が明けても請け戻さないときは流地にするという証文の場合は，年季明けより2か月内は請け戻しを認め，その後は流地とする。

ii 年季の定めがなく金子の都合次第で請け戻すことを約定した場合は，質入れ後10年過ぎれば流地とする。

iii 年季明け10年を経過した質地の場合は流地を認める。

ただし，流地にするという文言のない証文は，年季明け10年内は請け戻しを認め，その訴えがなければ済方を申付ける。

これからわかるように，この規定は，質地における「流地」処分の基準を定めたものである（詳細は，近江『研究』54頁以下参照）。したがって，この規定をして3種類の田畑質が存在したとする理解（柚木=高木135-136頁，石田喜久夫『注民(8)』322頁）は，史実に反しよう。

　＊ **「受戻し」（請戻し）の意義**　「受戻し」（古くは，「請戻し」）という観念は，元来，買戻しなどの所有権担保（権利移転型担保）の場合に，弁済期の徒過により所有権が債権者に移転した後において，なおその所有権を取り戻すことを債権者に請うことであった。それが債務者の権利として昂められ，「受戻期間」ないし「受戻権」という概念へと発展したのである。「質入」などの用益担保にあっては，「流地」が認められていたため，「受戻し」という観念が重要な意味をもっていたのである（「弁済との関係については，299頁【弁済と受戻し】参照）。

　ii　存続期間と弁済期　〔図①〕そこで，「存続期間」と「弁済期」[*]との関係の解釈だが，まず，通常の形態である，存続期間と弁済期とが一致している場合，質権はその到来によって即座に消滅するのではなく，質権者は遅滞なく競売の申立てをすればその消滅を阻止できると解すべきである（我妻171頁）。次に，不動産質権が存続期間の経過によって消滅することを前提に，弁済期が存続期間前にある場合（〔図①〕の〔A〕の場合）は問題がなかろうが，

弁済期が存続期間後にく
る場合（〔**図①**〕の〔B〕の
場合）$\left(\substack{現実におこりうるか\\は，疑問であるが}\right)$
は，弁済期到来後は債権
は無担保となり，質権の
実行はできないと考えざ

〔図①〕
〔A〕 弁済期 / 不動産質権の存続期間 / 無担保
〔B〕 弁済期

るをえないであろう。存続期間も弁済期も定めなかった場合は，質権の存続
期間は 10 年となる$\left(\substack{我妻171-\\172頁}\right)$。

* **「存続期間」の意義の消失** しかし，「質入」が，制限物権としての近代的「質
権」に発展し，かつ，流質が禁止されたことにより，存続期間の「受戻期間」とし
ての意義が消失したことに注意すべきであろう。

(3) 不動産質権の効力

(a) 被担保債権の範囲 被担保債権の範囲は 346 条の通則によるが$\left(\substack{第1節\\**3**I\\(91)\\頁}\right)$，不動産質権の対抗要件が登記であるため，債権
額は登記をしなければ第三者に対抗できない$\left(\substack{不登95条・\\83条}\right)$。また，不動産質権で
は，原則として利息の請求はできない（特約があれば認められるが$\left(\substack{358条・\\359条}\right)$，そ
の場合は登記事項となる$\left(\substack{不登\\95条}\right)$）。「用益質」にあっては，用益価値と利息とは
価値的等価とみなされるからである$\left(\substack{前掲(I)\\参照}\right)$。この理は，買戻しにおける買戻
代金の同一性および果実と利息の等価性$\left(\substack{579\\条}\right)$と同様である。

(b) 効力の及ぶ目的物の範囲 抵当権の規定が準用されるため，目的物の範囲
は 370 条によって定まる$\left(\substack{後掲第3章第3節\\**1**(131頁) 参照}\right)$。ただ
し，不動産質権は使用収益権を本体としているので，371 条は準用されず，果
実を収取する権能を有する$\left(\substack{356条\\参照}\right)$。

(c) 物上代位 物上代位も一般的に認められるが$\left(\substack{350条→\\304条}\right)$，ただ，不動産質権
にあっては，質権者に用益権があるため，賃貸してその賃料
を収取することができるので，「賃貸」による物上代位を論ずる意義はない。

(d) 使用収益権能 「使用及び収益をする」権能は，不動産質の本体的効力で
ある$\left(\substack{356\\条}\right)$。この効果として，質権者は，① 質物（不動産）

の管理費用等を負担しなければならない$\left(\substack{357\\条}\right)$。② 用益価値と利息とは価値的対等とみなされるから，債権の利息については請求はできない$\left(\substack{358\\条}\right)$。

＜例外＞──　　ただし，上記の効果については，以下の例外がある$\left(\substack{359\\条}\right)$。

ⅰ　設定行為による特約　　当事者が，設定行為で別段の特約をしたときは，この限りでない。これは，登記事項である$\left(\substack{不登\\95条}\right)$。

ⅱ　担保不動産収益執行の開始　　収益執行$\left(\substack{民執180\\条2項2号}\right)$が開始されると，担保不動産の使用収益権能が管理人に移転し，管理人が管理費用等を負担することになり，上記①・②の価値的均衡性が崩れる。そこで，収益執行開始後は，不動産質権者は，使用収益権を失う反面，管理費用等を免れ，利息を請求できる$\left(\substack{これらは，収益執行の申立てが，① 不動産質権者自身による場合か，② 第2順位に\\不動産質権者がある場合に第1順位の抵当権者による場合に生じる。谷口＝筒井57頁}\right)$。

(e) 留置的効力　　留置的効力の通則$\left(\substack{第1節\textbf{3}\\(3)(92頁)}\right)$が当てはまる。したがって，他の担保権者や一般債権者が不動産を競売する場合，不動産質権者は，競売の買受人から自己の債権の弁済を受けるまで$\left(\substack{民執188条→\\民執59条4項}\right)$，質物を留置できる$\left(\substack{347条\\本文}\right)$。ただし，2つの例外がある。

ⅰ　自己に対して優先権を有する債権者の競売　　この場合は，不動産質権者は留置効を主張できず，順位に従って配当を受けるだけである$\left(\substack{347条た\\だし書,\\民執188条→民\\執87条1項4号}\right)$。その論理は既述した$\left(\substack{→第1節\textbf{3}(3)\\(b)・(c)(93頁)}\right)$。

ⅱ　使用・収益をしない不動産質権　　この特約のある不動産質権$\left(\substack{359\\条\\参照}\right)$は，競売においては消滅するとされるので$\left(\substack{民執188条→\\民執59条1項}\right)$，たとえ最優先順位であっても，留置効を主張できない$\left(\substack{347条ただ\\し書の例外}\right)$。順位に従って配当を受ける。

【後順位抵当権者の競売】　　不動産に〔表〕のように担保物権が設定されている場合に，質権者Bは第1順位抵当権者Aの競売には対抗できないが，第2順位抵当権者Cが競売申立てをしたときはどうか。2つの考え方がある。

　〔**A説**〕　　競売をすべての担保物権者のための清算であると解して，Aの抵当権に基づく競売申立てと同一の効力を認め，Bの質権は消滅することになるとする$\left(\substack{なお，この場合には\\民執59条2項参照}\right)$。

　〔**B説**〕　　競売を申し立てたCの抵当権を基準とし，それに優先する抵当権や質権は消滅し

〔表〕

Ⅰ順位	抵 当 権　A	➡ 競売申立て
Ⅱ順位	不動産質権　B	
Ⅲ順位	抵 当 権　C	➡ 競売申立て

ないで買受人が引き受けるとする（大判昭14・11・28民集18巻1347頁，我妻175頁）。

(f) 優先弁済的効力　不動産質権の優先弁済については，以下の方法による。──

i 「競売」（換価処分）　不動産質権には抵当権の規定が準用されるので（361条），その実行方法は，競売によることになる（民執181条）。簡易の弁済充当（354条）はできない。

ii 流質契約の禁止　流質契約は禁止される（349条）。ただし，不動産買戻しが不動産質の流質契約の禁止を実質的に脱法できることは，すでに述べた（94頁【禁止法理の脱法性】参照）。

iii 他の債権者の競売手続における優先弁済　留置的効力の箇所（前掲(e)）で述べたとおりである。

iv 他の担保物権との関係　不動産質権相互間および抵当権との関係（順位）については，登記の前後による（361条→373条）。先取特権との関係については，先取特権の箇所に特則がある（336条，339条。第1編第2章第3節Ⅱ2(b)ii(54頁)参照）。

(4) 転　質

転質についても，通則があてはまる（第1節Ⅳ頁）参照(96)）。ただ，ここで注意すべきは，不動産転質の対抗要件は登記であること（177条，不登3条），および，「存続期間」（348条）のほかに「弁済期」を定めたときは問題となってくること（第1節Ⅳ(2)(b)(98頁)，本節(2)(b)ii(108頁)参照），である。

(5) 不動産質権者の義務

不動産質権者の保管義務は，動産質権者のそれ（350条→298条）と異なり，目的物の使用収益権があるため（356条），管理費用その他の負担（公租・公課なども）を負わなければならない（357条）。

(6) 不動産質の消滅

抵当権の規定が準用されるところから（361条），第三者取得者による代価弁済（378条）および質権消滅請求（379条）による消滅があり得る。

第3章　抵当権

第1節　序　　説

(1)　抵当権制度の意義

(a) 非占有担保権　抵当権とは，債務者または第三者（物上保証人）が占有を移転しないで債務の担保に供した不動産について，抵当権者が他の債権者に先立って自己の債権の弁済を受けることのできる担保物権である（369条）。例えば，BがAから借金をする担保として自己の不動産に抵当権を設定した場合，借金（債務）の弁済期までは，Bはその不動産を従前どおり使用していることができる（非占有担保）。

　このような方法は，占有担保形態（質権）と比較して，債権者からみれば，きわめてリスクの大きいものである。したがって，担保物につき占有しなくても目的物を確実に把握することができるという方法によってのみ，可能となる担保方法なのである。それを可能にしたのが「登記」制度である。そして，その対象物は，土地・建物（不動産），および土地を基礎とした利用権である地上権・永小作権である（さらに，動産へと展開）。

(b) 優先弁済権　〔図①〕しかし，もし，その借金を弁済期日までに返済できないときは，抵当権者Aは，抵当権に基づいてこの不動産を競売に付し（抵当権の実行），その売得金の中から自己の債権分を優先的に弁済を受けることができる（換価処分）。この優先弁済権は，既述したように，抵当権設定によって当該不動産の「処分権能」が債権者に移転した結果，そ

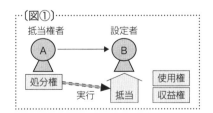

〔図①〕

抵当権者　　　　設定者

A　　→　　B

処分権　　　　　　使用権

実行　　抵当　　収益権

の処分権の行使によるもの（任意競売）なのである（序論²⁽ᵃ⁾ (3頁) 参照）。

【処分権・換価権をめぐる理論的問題】　　上記のように，担保権の設定とは，目的物に対する「処分権」（排他的支配権）の移譲であり，その担保権の実行とは，その「処分権」の行使なのである。そして，その実行方法の典型が，「競売」（換価処分・任意競売）である。しかし，「競売」は，優先弁済権実現の一つの方法でしかない。抵当権では，「競売」が典型的な方法ではあるけれども，それ以外に，「収益執行」という方法もある。さらに，私的実行としての「任意売却」も盛んに使われており，また，同じく私的実行である「抵当直流」（帰属処分）も有効である。このように，「処分権」の発現形態は単一ではない（序論⁽²⁾⁽ᶜ⁾ (6頁) 参照。優先弁済の方法については→後掲第4節 (160頁)）。

　ところで，民事執行法（昭和54年）は，強制競売と任意競売との一元化を図り，後者の場合にも抵当権の存在とは無関係に「債務名義」によるものと考えたが，完全な統一はできず，抵当権実行の要件として「抵当権の存在を証する文書」を要求して（民執181条1項），強制競売での債務名義と同じような扱いをする一方，抵当権の不存在または消滅という実体法上の理由による執行異議の申立てを認めた（民執182条）。

　これに発想を得て，任意競売の観念は執行手続きを一本化した民事執行法では解消し，抵当権実行手続も国家の執行権の行使として行われ，その執行請求権は，執行法上の権利であり，私権である抵当権に内在する権利ではないとする主張がある。これは，さらに，担保権に内在する換価権とは，仮登記担保や譲渡担保等の変則担保に適合する観念であるとし，抵当権や質権ではこの観念を否定する（生熊長幸「執行権と換価権」岡山大創立30周年『法学と政治学の現代的展開』280頁以下。同旨，高木93頁）。

　しかし，それでは，なぜ抵当権者に執行請求権があるかを説明できないであろう（「債権者」に根拠を求めるなら優先弁済権を説明できない）。そもそも，担保権における優先弁済というのは，「物権」の本質的効力である「排他的支配性」（物権としての優先性）から導かれるものであって，物的支配権能（使用・収益・処分）の1つである「処分権」が設定者から担保権者に移譲されたことにより，担保権者がその処分権を行使することが「担保権の実行」なのである。このように，担保権の実行は，強制競売とは異なり，債務名義を根拠にするものではなく，設定者から移譲された処分権を根拠とするものである。このことは，民事執行法が，「債権に基づく強制執行（強制競売）」と「担保権の実行としての競

売（任意競売）」とを峻別していることからも理解されよう。

　それゆえ，たとえ今後において執行手続の一元化が実現したとしても，抵当権に基づく競売申立権（執行請求権）は，抵当権に内在する処分権能から発現するものと解すべきである（同旨，三ケ月章「任意競売と強制競売の再編成」『民事訴訟法研究6巻』138頁以下，中野貞一郎「担保権実行の基礎」『民商法雑誌50周年論集Ⅱ』208頁以下）。そして，処分権能に基づく優先弁済権の発現は，上記のように，様々な形態があり得るのである。

(2) 抵当権の法的性質

(a) 付従性　抵当権が，被担保債権に付従して存在する様態をいう（序論5(a)(12頁)参照）。これは，① 債権が存在しなければ抵当権は成立しないこと（成立に関する付従性），② 債権が消滅すると抵当権もまた消滅すること（消滅に関する付従性），の2つを含んでいる。しかし，例えば，将来発生する債権や条件付債権，債権譲渡の場合など，この付従性に関する解釈が問題となる。他方，継続的取引関係から生じる不特定の債権群を担保する必要（根抵当）もある。詳細は後述する（普通抵当は第2節③2)(124頁)，根抵当は第11節①2)(243頁)）。

(b) 不可分性　被担保債権の全部の弁済を受けるまでは，抵当権の効力は目的物の全部に及ぶ（372条→296条。序論5(b)(13頁)参照）。一部の弁済を受けても，抵当権は残額をカバー（担保）しているのである。なお，債権の一部譲渡があった場合に，抵当権は，債権の譲受人との準共有となる（判例通説）。

(c) 物上代位性　担保目的物が，売却，賃貸，滅失または損傷によって金銭その他の物（代償物）に変じた場合は，抵当権者はこの代償物に対しても抵当権を及ぼすことができる（372条→304条）。抵当権に特有な物上代位として，第3節②(143頁)で詳述する。

(3) 抵当権に関する諸原則

(a) 公示の原則　抵当権が非占有担保であるところから，一般債権者が不慮の損失を受けないために，抵当権の存在は公示されなければならない，とする原則である。さきに，抵当権は登記制度の整備によって発展した，といったのはこの意味である。わが国では，登記は抵当権の対抗

要件とされているので $\binom{177}{条}$，この目的は一応達せられているが，物権変動につき意思主義をとることから $\binom{176}{条}$，未登記抵当権も有効である。

(b) 特定の原則　抵当権の目的物は特定の物でなければならない，とする原則である $\binom{不登18条は，目的不動}{産の特定を要求する}$。したがって，債務者の全財産上に成立する一般抵当権や，特定債権者保護のための法定抵当権は認められない $\binom{これらは，かつてのローマ法，ドイツ普通法，}{フランス法で広範に認められていたものである}$。現行ドイツ民法では公示・特定性を厳格に要求しているが $\binom{18世紀以来のプロイセン抵}{当制度がそれを推進させた}$，フランスにおいても 1955 年の「不動産の公示に関するデクレ」により公示・特定の原則が承認された $\binom{柚木＝高木}{177頁以下}$。わが国では，一般抵当権ともいうべき一般先取特権がフランス法の影響の下に若干認められたが $\binom{306}{条}$，その行使において制限を受けるので $\binom{335条,}{336条}$，特定の原則を害するものではないといえよう。

(c) 順位昇進の原則　「順位昇進の原則」とは，先順位の抵当権が弁済等により消滅した場合，次順位の抵当権の順位が昇進することをいう。例えば，Ⅰ（第1順位）抵当権が被担保債権の弁済によって消滅すると，Ⅱ（第2順位）抵当権が当然に第1順位となる。これとは逆に，Ⅰ抵当権の債権が弁済された場合でも，Ⅰ抵当権は消滅しないで残り，Ⅱ抵当権の順位が昇進しないとするものを，「順位確定の原則」という。

　順位確定の原則を採用するためには，第1に，被担保債権がなくても抵当権が存在するという原則（付従性の否定）が認められなければならず，第2に，債権者不存在のため，所有者みずから自己の所有物の上に抵当権を有するとする「所有者抵当制度」が確立されなければならない。ドイツにおいては，このような制度を前提として，順位確定の原則が抵当権法の基礎をなしているのである $\binom{所有者抵当については，松井宏興}{『抵当制度の基礎理論』120頁以下}$。

　わが国では，担保物権の付従性が厳格に存在しており，また，所有者抵当制度を採用する構造ではないので，必然的に「順位昇進の原則」につながってくるのである。

【順位昇進の原則と順位確定の原則】　〔図②〕抵当権設定者 E の不動産(価格 1000 万円) 上に，A が Ⅰ抵当権（債権 700 万円・金利 5%），B が Ⅱ抵当権（債権 200 万円・金利 10%），C が Ⅲ抵当権（債権 300 万円・金利 25%）を有しており，

Eが，Aに債務を弁済した後に，再び資金が必要となって抵当権を設定しようとする場合はどうであろうか。

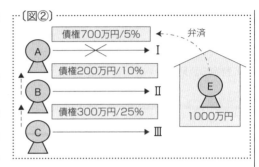

〔図②〕

債権700万円/5%　　　弁済

A　　I

債権200万円/10%

B　　II

債権300万円/25%

C　　III

E　1000万円

　順位確定の原則の下では，Ⅰ抵当権枠は消滅しないから，Eは，これを，Aやその他の金融機関から

の借入れの担保として使うことができる。B以下の抵当権の順位に変更はない。これに対し，順位昇進の原則の下では，AのⅠ抵当権は消滅し，BがⅠ抵当権の地位を，CがⅡ抵当権の地位を取得することになる。

　ところで，抵当権を多重に設定する場合，金融機関にもよるが，順位が下がるごとに債権の金利が上昇するのが普通である。上記の例で，Aは安全圏 $\left(\substack{評価額\\ の70～80\%内}\right)$ である。Bは満額回収できない可能性があるため金利が高い。Cは金利収入を目的に回収不可能を承知で貸し付けるのであろう $\left(\substack{高利貸し\\ 的な融資}\right)$。この場合，順位昇進の原則では，本来，回収が困難なことを承知で貸し付けたB，Cは，Ⅰ抵当権の消滅という偶然の事情で，安全圏に入ってくるのである（しかも高金利で）。このことから，単純に比較するならば，順位確定の原則の方が優っているといえよう。

【**後順位抵当権者の法理**】　　後順位抵当権者は，抵当権者ではあるが，「後順位」という制限を受けている。その法理を総括しておこう。

　i　「処分」権能（抵当権実行権）　　物権（排他的支配権）としての「処分」権能（＝抵当権実行権）を有することは，先順位抵当権者と異なるところはない。

　ii　順位的保護（残余価値支配権）　　後順位抵当権者の「処分」権能は，順位的に保護される。その実体は，残余価値支配権である。すなわち，先順位抵当権者が把握した価値の「残余部分」につき「処分」権能を有するから，その実現である換価（競売）は，原則として，剰余の生じる場合に限って認められる（剰余主義）$\left(\substack{民執63条←\\ 同188条}\right)$。共同抵当では，先順位抵当権者に対する超過競売の禁止 $\left(\substack{同73\\ 条}\right)$ により保障される。

　iii　順位昇進期待権　　先順位抵当権が弁済その他で消滅した場合には，後

順位抵当権の順位はその分上昇する。共同抵当では，代位権$\binom{392条}{2項}$によって保障される。

(d) 消滅（消除）主義 すでに抵当権の目的となっている不動産につき，一般債権者が強制執行をすることもできるし，また，後順位抵当権者が競売を申し立てることもできる。この場合，「先順位抵当権」の処遇が問題となるが，わが国では，基本的に競売によって消滅するとする消滅主義（消除主義）がとられているが，例外的に，引受主義がとられる権利もある。

【消滅主義と引受主義】 競売において先順位の担保権をどう扱うかは，担保権によって異なる。――

(1) 消滅主義（消除主義） 先順位担保権は，消滅して，競売の売得金から最優先で弁済を受ける方式である。売得金に対する追及である。この主義がとられるのは，抵当権，先取特権，使用収益をしない質権である$\binom{民執59}{条1項}$。ただし，使用収益をする質権でも，それに優先する先順位抵当権が消滅する場合は，消滅する$\binom{民執59}{条2項}$。先順位の仮登記担保権も同様$\binom{仮担13条,}{16条1項}$。これらの担保権者は，その順位に応じて，売却代金から配当を受けるに止まる$\binom{民執87条}{1項4号}$。

(2) 引受主義 先順位担保権は消滅せず，競売の買受人がこれを引き受ける方式である。物自体に対する追及である。この主義がとられるのは，留置権，最優先で使用収益の定めのある質権であり，売却によって消滅せず，買受人がこれらによって担保される債権を弁済しなければ，存続する$\binom{民執59}{条4項}$。仮登記担保権のうち，仮登記担保権者が清算金を支払った後に競売申立てがなされた場合も，同様である$\binom{仮担15条2}{項，16条1項}$。

他方において，買受人は目的不動産の承継人であるので，対抗力のある地上権，永小作権，賃借権は，買受人が引き受けなければならない。

---

(4) 抵当権の流通性

(a) 保全抵当と流通抵当 ドイツにおいては，抵当権が債権の保全制度であることはもちろんであるが，民法典の制定に際しては，譲渡性を中心に構成され，そのための簡便な譲渡方法と譲受人の保護とが図られた。具体的には，登記の公信力を利用し，債権との原因関係を切

断して，流通性（譲渡性）を促進させたのである（したがって，債権不存在の場合でも，譲受人は抵当権を取得する）。これが通常の抵当権の形態であり，抵当権制度の原則であって，「流通抵当」（Verkehrshypothek）と呼ばれている。他方，流通性を考慮せず，純粋に債権保全のための抵当権も，例外的に認められている。登記に公信力・推定力はなく，債権の証明に登記を援用できない抵当権である。これは，その性格から，「保全抵当」（Sicherungshypothek）と呼ばれる。

> ＊　**ドイツ抵当権の存在形態**　抵当権には，抵当権を証券に化体してその流通を図る「証券抵当」（Briefhypothek）となる場合と，「登記簿抵当」（Buchhypothek）となる場合の，2つの存在形態がある。流通抵当は，原則として，証券抵当とされるが，当事者の合意によって，抵当証券の発行を禁止することができ，この場合には，流通抵当は登記簿抵当となる。現実では，証券抵当はあまり行われてはいないといわれる。他方，保全抵当の存在形態は，登記簿抵当のみである。

(b)「流通化」と近代化論　この区分からするならば，わが国の抵当権は保全抵当であり，流通抵当は認められていないことになる。そこで，抵当権の「近代化」論が強力に主張され，抵当権の流通化は抵当権の発展する方向として観念されるようになった。すなわち，近代的抵当権とは，目的物の交換価値を確実に把握し，投資の客体として金融市場に流通させることを目的とするもの，という観念のもとに，わが国の抵当権の進むべき方向がそこに求められたのである。

> **【近代的抵当権論】**　近代的抵当権論の主張者は，次のように理論化する。まず，抵当権の目的物に対する支配が，実体権(Substanzrecht，用益価値をいう)支配ではなく，価値権（Wertrecht）的支配（交換価値支配）であることを認識の基礎とし，そこから，この価値権が実体権から完全に独立し，投資の対象として金融市場で流通することが近代的抵当権の純粋な形態であるとする（我妻『民法研究』Ⅳ 3頁以下）。そして，抵当権の発展をこのように考え，わが国の抵当権の進むべき方向性を，流通性の保障された「投資」抵当権に求めたのである（石田文次郎『投資抵当権の研究』119頁，我妻214頁以下，我妻『近代法における債権の優越的地位』〔SE版〕87頁以下）。
> これからすると，流通性の確保は近代的抵当権に必須の課題だということになる。そして，そのためには，① 抵当権の流通が公信の原則によって保障され

ること，② 抵当権を証券に化体して流通させること，が図られなければならない。それゆえ，抵当証券はそのような意義を持つものと評価される。さらに，このような抵当制度が確立するためには，それを支える，公示の原則，特定の原則，順位確定の原則，独立の原則，流通性確保の原則が確立される必要があり，したがって，この5つの原則をもって，近代的抵当権の特質とされた$\left(\substack{我妻214\\頁以下}\right)$。しかし，この近代的抵当権論は，取引実態から離れた抽象的理念型であることは否定できず，現在では批判も多い$\left(\substack{松井宏興「近代的抵当権論」\\『民法講座3』33頁以下参照}\right)$。

* **抵当権の価値権支配**　　抵当権の本質が交換価値の支配にあるとしても，目的物に対する支配が「価値権」支配だといい切れるであろうか。抵当権が究極的に不動産の所有を奪うということは，価値権のみの説明では不十分であるし$\left(\substack{川井12\\頁以下}\right)$，抵当権設定によって，設定者は確実に目的物の用益に対する拘束（担保価値維持義務）を受けるのである。

第2節 抵当権の設定

1 抵当権設定契約

(1) 方　式

　抵当権は，約定の担保物権であるから，当事者間の契約によってのみ設定される $\left(\begin{smallmatrix}369条\\1項\end{smallmatrix}\right)$。旧民法に存在した，法律によって発生する法定抵当権債権担保編204条や，遺言によって成立する遺言抵当権同212条などは認められていない。

　また，この契約は，当事者の合意（意思表示）のみによって成立し $\left(\begin{smallmatrix}176\\条\end{smallmatrix}\right)$，登記は対抗要件にすぎない $\left(\begin{smallmatrix}177\\条\end{smallmatrix}\right)$。しかし，目的物を占有しない抵当権にとって，その公示方法である登記は，債権保全の重要な手段となっている。

(2) 当事者

(a) 抵当権者　抵当権者は，被担保債権の債権者に限られる。ドイツのような所有者抵当権 $\left(\begin{smallmatrix}前掲第1節(3)\\(c)\ (115頁)\end{smallmatrix}\right)$ は，わが国では認められない。

(b) 抵当権設定者　抵当権の設定者は，債務者に限られず，第三者でもよい $\left(\begin{smallmatrix}369条\\1項\end{smallmatrix}\right)$。この場合の第三者は，「物上保証人」と呼ばれ，みずから債務を負わないが，債務者のために自己の財産をもって責任のみを負う（「債務なき責任」の負担者 $\left(\begin{smallmatrix}第2編第2章第1節\mathbf{2}\\(1)(a)\ (88頁)\ 参照\end{smallmatrix}\right)$）。物上保証人が抵当権を消滅させるために債務者に代わって債務を弁済したり，または，その債務のために抵当権が実行された場合は，物上保証人は，自己の出捐によって他人（債務者）の債務を消滅させたことになる。この関係は，ちょうど保証人が主債務者の債務を弁済したのと同じなので，民法は，保証債務の求償に関する規定 $\left(\begin{smallmatrix}459~\\465条\end{smallmatrix}\right)$ に従い，物上保証人は債務者に対して求償できるものとした $\left(\begin{smallmatrix}372条\\→351条\end{smallmatrix}\right)$。

　＊　**保証法理の適用の可否**　　物上保証人も，保証人と同様，他人の債務を負担する者であることを考えれば，できるだけ保証法理が適用されるべきだということになろう。そこから，時効の援用，相殺，事前求償権などについて，物上保証人や第三取得者の権利行使を認めるべきだとの主張もある（淡路剛久=新美育文=椿久美子「保証法理の物上保証人等への適用可能性」金法1263号・1264号・1266号・1267号・1268号，椿久美子「物上保証人および第三取得者の法的地位」立教大大学院法学研究11号1頁以下）。しかし，最判平2・12・18（民集44巻9号1686頁）は，物上保証人の事前求償権（460条）の可否につき，債務負担行為である保証の委託とは異なり，物上保証の委託は，物権行為設定の委託であり，受託者は抵当不動産の価額の限度で責任を負担するにすぎないから，460条の規定を類推適用することはできないとして，否定した。事前求償権は保証人の債務が拡大することを防止するために認められるものであるから，判例の見解は正当である。

(3)　処分権限

　質権の場合と同様（第2章第2節(1)(a)(102頁)），抵当権の設定は処分行為であるから，その目的物について，設定者は処分する権利（所有）または権能（代理権等）を有することが必要である（我妻228頁参照）。この関係で，以下の点が問題となる。──

(a) 設定者に処分権がない場合　　登記名義を有していても，それが他人所有の不動産である場合には，抵当権は成立しない。このため，抵当権の効力が不安定になることは否定できない。そこで，可能な限り94条2項によって抵当権の成立を認めるべきことが主張されている（川井・概論316頁）。

　＊　**抵当権の不存在と競売手続**　　設定者に処分権がない場合，登記に公信力がない以上，抵当権が成立しないのは当然である。これは，その抵当権に基づく競売が終了しても主張することができる。そのため，競売手続を不安定にする一因とされてきた。民事執行法制定過程ではこの点の改正が図られたが，しかし，従前同様，抵当権の不存在を理由とする執行異議の訴えが認められている（民執182条。113頁【処分権・換価権をめぐる理論的問題】参照）。

(b) 抵当権設定の約定　　まだ取得していない特定の不動産につき，取得すれば抵当権を設定するという契約は有効であり，抵当権は，設定者の不動産取得と同時に成立する（抵当権者は登記を請求することができる）。新たに不動産を購入する場合に購入資金の借入れのためその不動産に抵当権を設定するなど，通常見られる形態である。

(c) 抵当権の効力の制限　設定者に処分権があっても，抵当権の効力が制限される場合がある。例えば，破産手続開始後に設定された抵当権$\left(\substack{破47条\\1項}\right)$や，差押え・仮差押えを受けた不動産について設定された抵当権は，その対抗力が剥奪される。

2　抵当権の目的物

(1)　抵当権の目的となり得るもの（公示制度上の要請）

抵当権は目的物の占有を移さないため，債権保全方法としては「公示」制度に依存している。したがって，その目的物は，公示制度（帳簿等による表象）に親しむものでなければならない$\left(\substack{前掲第1節(1)\\(a)\ (112頁)}\right)$。民法上は，不動産（土地・建物），地上権，および永小作権である$\left(\substack{369\\条}\right)$。なお，特別法によって，動産抵当制度に拡張されている$\left(\substack{→後掲第13節\\\boxed{4}\ (276頁)}\right)$。

(2)　特定性・独立性との関係

(a) 1筆の土地の一部　1筆の土地の一部は独立して物権の客体となりうるので$\left(\substack{【I】152頁，【II】\\17頁参照}\right)$，この部分を区分して抵当権を設定することは，実体法的には可能である。しかし，その登記をするには，分筆した上でしなければならない。

(b) 共有不動産の持分　共有不動産の持分上に抵当権を設定することはできる。マンションなどの場合を考えればよい$\left(\substack{ただ，この場合は，}\right)$専有部分と敷地共有権とを分離して処分$\right)$することはできない。建物区分22条1項$\right)$。では，この持分の割合的な一部$\left(\substack{例えば，その\\持分の2分の1}\right)$についてはどうか$\left(\substack{同様に，所有権の一部分\\についても問題となる}\right)$。目的物を特定できないので$\left(\substack{前掲第1\\節(3)(b)\\(115)\\頁}\right)$，登記実務上は抵当権の設定が否定されている。学説では，このような方法での担保的処分の必要性から，登記実務を実現した上で肯定すべきことが主張されている$\left(\substack{柚木=高木232頁，横\\138頁，高木109頁}\right)$。

(c) 未完成の建物　社会通念上独立の建物と認められない未完成建物への抵当権設定は，債権的効果を発生させるのみであり，建物

となった後に改めて設定契約をしなければ物権的効果を生じさせることはできない，とするのが実務の取扱いである。したがって，抵当権設定登記に必要な登記原因証明情報の提供としては，建物となった後に作成された抵当権設定契約情報が要求される。

　しかし，未完成の建物の資金調達を可能とするためにも，抵当権の設定を認める必要があろう。このため，建物の完成を停止条件としてそれを認めるべきだとの説が強い（浦野雄幸「抵当権の目的となりうる物」『不動産法大系Ⅱ』110頁，檜139頁，高木109頁。ただし，川井・概論315頁は，建物完成の日付などの点で登記申請書類の補充は必要とする）。

(d) 付属建物　物置などの付属建物は，主たる建物から独立している以上，実体法上は独立して抵当権の目的となりうる。ただ，主たる建物と合体して「1箇の建物」として登記された場合には（不登44条1項5号），建物の分割の登記（不登54条1項1号）が前提となる。

(e) 抵当権設定後の建物の合体　Bが所有する互いに主従の関係にない甲・乙建物のうち，甲建物または乙建物につきAの抵当権が設定され，その後，甲・乙両建物の内部隔壁が除去されて1棟の丙建物となったとき，甲建物または乙建物上の抵当権どうなるであろうか。

　判例は，「甲建物又は乙建物を目的として設定されていた抵当権は，丙建物のうちの甲建物又は乙建物の価格の割合に応じた持分を目的とするものとして存続する」とする（最判平6・1・25民集48巻1号18頁）。登記簿上は，合体による建物の表示の登記がされ，そこに，合体前の建物についての所有権以外の権利が移されることになる（不登49条）。

③　被担保債権

(1)　被担保債権と抵当権設定形式

(a) 債権の種類　抵当権の設定できる「債権」については，特に制限はない。金銭債権以外の債権でも，債務不履行によって損害賠償債権に転化するために，抵当権の設定が可能である。ただし，この場合は，登

記に際し，その債権を金銭に算定してその価格を記載しなければならない（不登83条）。

(b) 債権と抵当権の設定形式 被担保債権との関係で，抵当権の設定形式が問題となる。

i 一部抵当 1個の債権の一部について抵当権を設定することも可能である。

ii 数個の債権に1個の抵当権を設定 数個の債権が，①「同一債権者」に属する場合でも（判例・通説），また，②「数人の債権者」に属する場合でも，可能というべきである（我妻246頁，川井・概論316頁，槇142頁，高木111頁）。後者は，1つのプロジェクトに対して，各金融機関が共同して融資をする，いわゆる共同融資や協調融資などの場合に意義がある。その場合には，1個の抵当権は，各抵当権者の準共有となる。

iii 共用抵当 「複数の債務」に1個の抵当権を設定する場合であり，抵当権を共用することから，このように呼ばれる。主に，根抵当権（共用根抵当権）で使われる（→後掲第11節⑤3）(256頁)）。

(2) 付従性との関係

(a) 成立に関する付従性 抵当権は，担保すべき債権が存在しなければ，成立しない（第1節(2)(a)(114頁)）。ドイツ民法とは異なり（例「所有者抵当権」），わが民法では原則的に貫かれている。しかし，次の2つの場合に問題となる。

i 債権が無効な場合 被担保債権が無効な場合には，設定された抵当権も無効である。判例では，公序良俗に違反する取引所外での株式連動差金取引の保証金代用として設定した抵当権（大判昭8・3・29民集12巻518頁）や，利息制限法（旧）上の制限利息を超えた債権のために設定された抵当権（最判昭30・7・15民集9巻9号1058頁）が無効とされた。

【債権の無効と抵当権の取扱い】 〔図①〕Bは，A労働金庫から金銭を借り受けるに際し，会員資格がないために自己を代表者とする架空のP組合を作り，P組合の借入れにつき自己の不動産に抵当権を設定する方法をとった

が（実質上の員外貸付），それを返済できないために抵当権が実行され，C が不動産を競落し，所有権登記も C に移った。これに対して，B（原告）は，違法な員外貸付債権を担保する抵当権設定は無効であり，その実行も無効であるとして，C（被告）に対し，移転登記の抹消と不動産の明渡しを請求した。このような請求が認められないことはいうまでもなかろう。──

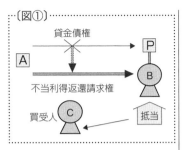

〔図①〕

〔**A**　信義則説〕　判例は，まず，労働金庫の員外貸付については無効と解するのが相当であって，この理は，農業協同組合が組合員以外の者に対し，組合の目的事業と全く関係のない貸付をした場合と異るところはない（最判昭41・4・26民集20巻4号849頁を引用）として，一般原則を述べた上で，「しかしながら，……B は自ら虚無の従業員組合の結成手続をなし，その組合名義をもって A 労働金庫から本件貸付を受け，この金員を自己の事業の資金として利用していたというのであるから，(a)仮りに上記貸付行為が無効であったとしても，B は上記相当の金員を不当利得として A に返済すべき義務を負っているものというべく，結局債務のあることにおいては変りはないのである。そして，本件抵当権も，その設定の趣旨からして，経済的には，債権者たる労働金庫の有する上記債権の担保たる意義を有するものとみられるから〔o.d.（傍論）〕，(b)B としては，上記債務を弁済せずして，上記貸付の無効を理由に，本件抵当権ないしその実行手続の無効を主張することは，信義則上許されない〔r.d.（法原則）〕ものというべきである。」（最判昭44・7・4民集23巻8号1347頁）とする。

〔**B**　債権同一性説〕　これに対し，おそらく，上記判例の(b)傍論部分に影響を受けて，その無効な貸金債権は不当利得返還請求権に転化し，両者には法律上の同一性はないが，経済的実質的同一性があるので，抵当権は成立し，無効ではないとする説がある（四宮・法協87巻9=10号988頁以下，高木112頁）。この説では，抵当権の被担保権は不当利得返還債権となろう。

しかし，この事案において，〔B〕説のように，不当利得返還請求権を担保するから抵当権は有効だとする必要があるであろうか。そもそも，両債権に同一性があるかどうかは疑問である。貸付債権は，無効なのだから不当利得返還請

求権に転化することは確かであるが，しかし，両者は，経済的実質的同一性が
あるといっても，元本額・利息の利率・弁済期などからして直ちに同一性があ
ると考えることは困難である（千種秀夫・別冊ジュ
リ104号179頁参照）。

　思うに，この場合，抵当権は無効であるから，その実行も無効であると解し
てよい。しかし，Bは，借金を弁済しないまま抵当権の設定・実行無効を主張
しているのであるから，明らかに信義則に反する。それゆえ，信義則法理を適
用して，Bの主張は許されないと解すべきである。その結果（その反射的効果
として），Aの抵当権は有効なものとして扱われることになる。この場合に，
あえて債権の同一性などを論じる必要はない。

　ii　将来の債権　　将来発生する債権のために，抵当権を設定できるか。
わが民法は，原則的にこれを認めないが（ドイツではこのような抵
当権の設定を認めている），しかし，一定
の範囲で付従性が緩和されている。次の場合である。

　①　金銭消費貸借契約の効力発生前に抵当権が設定された場合　　金銭
の交付が，抵当権設定日よりも遅れる場合である。判例は，抵当権設定手続と
債務の発生とは同時であることを要しないとして肯定する（大判明38・12・6
民録11輯1653頁）。
この問題の核心は，消費貸借契約の要物性（587
条）にあり，要物性の緩和からも
解決が可能である。

　②　保証人の求償権を担保する抵当権　　保証人の求償権は，主債務者
が弁済しないときに，保証人が弁済することによって生じるもので，将来債
権（条件付債権）である。しかし，将来債権といっても，特定の法律関係から
生ずる特定の債権なので，設定される抵当権は普通抵当権である（方法としては，
不動産登記法
88条1項3号により，被担保債権
が条件付であることを登記する）。ただ，保証人の求償権は，保証委託契約から生ずる
債権でもあるので，「保証（委託）取引」を債権の範囲とする根抵当権が設定
された場合には，求償権は根抵当権によって担保されることになる。

　なお，求償権が既存の貸金債権として登記された場合には，登記と事実関
係に不一致があるが，当事者がその抵当権を設定する意思で登記した以上，
登記は有効である（最判昭33・5・9民
集12巻7号989頁）。

　③　将来において消滅・発生を繰り返す不特定債権　　「根」抵当の問題
なので，後述する（→第11節
（242頁））。

④　**限度貸付・分割貸付**　「限度貸付」は，1個の債権を数回に分けて貸し付けるが，融資者は金融市場の事情によっては交付しないとするもの。「分割貸付」は，貸付金を分割して交付するもの。いずれも，抵当権の設定が認められる。

(b) 消滅に関する付従性　被担保債権が消滅すると，抵当権もまた消滅する$\left(\begin{smallmatrix}\text{前掲第1節(2)(a)}\\\text{(114頁) 参照}\end{smallmatrix}\right)$。ここで注意すべきは，被担保債権の一部が消滅したときは，抵当権の担保の範囲もまたその限度で当然に縮減することである（負担の縮減）。例えば，被担保債権100万円のうち50万円が弁済されたときは，以後抵当権は50万円の担保枠として存続する。これは，抵当権設定登記の債権の変更登記をしなくとも，抵当権付債権の譲受人に対して対抗力をもつ$\left(\begin{smallmatrix}\text{大判大9・1・29民録26輯89頁}\\\text{(後掲④4(b) (130頁) 参照)}\end{smallmatrix}\right)$。もとより，不可分性により抵当権は目的物の全部に及ぶので，目的物の一部が抵当権の対象からはずされることを意味するものではない。

④ 公示方法

(1) 登 記

(a) 対抗要件　抵当権は，登記を対抗要件とする$\left(\begin{smallmatrix}\text{177条，不}\\\text{登3条}\end{smallmatrix}\right)$。したがって，およそ第三者と利害が対立する場合の，優先ないし対抗関係は，登記時を基準として決定されることになる$\left(\begin{smallmatrix}\text{ただし，若干}\\\text{の例外はある}\end{smallmatrix}\right)$。

(b) 未登記抵当権　抵当権の本体的効力は換価力と優先弁済権であり，未登記抵当権といえどもこの効力を有することはいうをまたない。しかし，民事執行法は，担保権の実行による競売手続の開始決定の要件として，「担保権の存在を証する文書」（確定判決，公正証書，登記簿の各謄本等）を要求している$\left(\begin{smallmatrix}\text{民 執}\\\text{181条}\end{smallmatrix}\right)$。その意味については既述した$\left(\begin{smallmatrix}\text{113頁【処分権・換}\\\text{価権をめぐる理論的}\\\text{問題】}\end{smallmatrix}\right)$。それゆえ，未登記抵当権の実行は事実上困難である$\left(\begin{smallmatrix}\text{確定判決または公正}\\\text{証書が必要である}\end{smallmatrix}\right)$。

(2) 登記の内容

抵当権の登記は，抵当権の存在だけでなく，抵当権の内容（優先弁済の範囲）をも公示する。そこで，登記事項として，「債権額」のほか，登記原因に，「利息」，「債務不履行」による「損害の賠償」，「債権」に付した「条件」，「370条ただし書」または「抵当証券発行」の定めがあるときはこれを記載しなければならない（不登83条1項，／同88条1項）。

登記の誤記により登記内容と実体とが一致しないことがあるが，同一性を識別できないような著しい齟齬があるときは無効だが，通常は登記事項を基準に対抗力を有することになる。しかし，誤記が容易に判明するときは，事実が効力をもつ（大判大14・12・／21民集4巻723頁）。

(3) 無効登記の流用

弁済等によって抵当権が消滅し無効となった登記を，他の同額の債権の担保のために流用できるか。例えば，AのBに対するⅠ抵当権がBの弁済によって消滅した後，再びAから同額を借り入れ，Ⅱ抵当権を設定したとしよう。Ⅰ抵当権の登記を抹消していなかったときは，その登記をⅡ抵当権のために使えるであろうか。もとより，原則は否定である（消滅に関する付従性）。とりわけ，後順位権者や第三取得者などの第三者は，順位昇進の原則（前掲第／1節(3)(c)(115)頁）による期待を害されるからである。

しかし，登記の本命は現実の実体関係を公示することにあるから，たとえその過程が正確でなくとも，現在の権利状態に符合している限り，しかも，第三者の利益を害しない以上は，流用を認めうる余地が存しよう（【Ⅱ】134頁参照）。このような見地から，現在では，判例・学説共に無効登記の流用を認める方向にある。問題は第三者の利益を害しないことであり，このことを柱に解釈が展開されなければならない。〔図②〕

(a) 第三者の出現しない場合 第三者が出現しない場合は，登記の流用を認めることに問題はない。

(b) 旧抵当権の消滅前に第三者が存在する場合

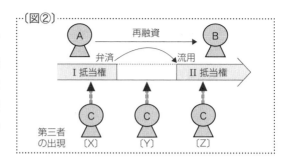

〔図②〕

〔**X**〕の場合。後順位抵当権者Ｃは，先順位抵当権の存在を承知して設定したものであることを考えると，流用を認めてよいように思われるが，Ｃの順位昇進の原則による期待を剥奪すべきではないであろう。したがって，否定するのが正当である（我妻232頁，幾代通『不動産登記法』413頁など）。判例（大判昭8・11・7民集12巻2691頁）は流用を否定し，2番抵当権となるとしている。

(c) 旧抵当権消滅後，流用までの間に第三者が出現した場合

〔**Y**〕の場合。この場合も，学説は一般に否定する。第三者がＩ抵当権の消滅を知っていれば当然に第1順位となりうるし，知らなくても順位昇進の原則の制度的期待権があるからである。

(d) 流用後に第三者が出現した場合

〔**Z**〕の場合。第三者は，新しいⅡ抵当権の存在を承知しながら不動産を買い受けたのであるから，流用登記であることを知ってその登記の無効を主張するならば，登記の欠缺を主張する正当な利益を有しない，とするのが判例である（大判昭11・1・14民集15巻89頁，最判昭49・12・24民集28巻10号2117頁（担保仮登記の流用））。

　ただし，この場合において，Ｉ抵当権の消滅は知っているが，流用の事実は知らなかった第三者に対しては，流用は無効とすべしとの説がある（高津環「旧登記を新たな物権変動に流用することは可能か」判タ177号127頁，半田正夫「無効登記の流用に関する諸問題」民事研修250号45頁，高木117頁）。さらに，同一抵当権者Ａが流用するのではなく，Ｂが別のＤから金銭を借り入れて抵当権設定契約を結び，その登記はＡの旧登記を流用する場合（ＡからＤへの抵当権譲渡の形態をとり，抵当権譲渡の付記登記をする）においては（第三者流用型），第三者は付記登記の存在を前提としてその地位に入ってきた以上，先順位の抵当権の存在を覚悟していたのであるから，流用を肯定すべきだとする（高木119頁，玉田弘毅「抵当権登記の流用」『不動産登記をめぐる今日的課題』219頁）。

(4)　債権・抵当権の消滅と登記

(a) 債権・抵当権の消滅　　債権が消滅したにもかかわらず，抵当権登記が抹消されず，抵当権の存在を信じて第三者がこの抵当権を譲り受けた場合，登記に公信力がない以上は，第三者が抵当権を取得することはできない$\left(\substack{94条2項の適用により抵当権取得が\\認められることがあるだけである}\right)$。

　これに反し，抵当権が消滅した場合，その抹消登記がされなければ，消滅をもって第三者に対抗することはできない。

(b) 債権の一部消滅と登記　　債権の一部消滅が抵当権の負担を縮減することは，さきに述べた$\left(\substack{前掲\mathbf{3}2)\\(b)(127頁)}\right)$。この場合は，変更登記に関係なく，その消滅をもって第三者に対抗できる$\left(\substack{通説\cdot\\判例}\right)$。前掲大判大9・1・29$\left(\substack{民録26\\輯89頁}\right)$は，AのBに対する抵当権付債権がCに譲渡された場合に，第三債務者Bの債権一部消滅の抗弁$\left(\substack{468条\\2項}\right)$は，債権額の変更登記に関係なく，その譲受人Cに対抗できるものとした。この理が，債権の一部消滅の場合に広く承認されている。

第3節　抵当権の効力 (1) —— 効力の及ぶ範囲

1　効力の及ぶ目的物の範囲

(1)　「370条」の問題性

　抵当権は，抵当地の上に存する建物を除き，その目的である「不動産に付加して一体となっている物」に及ぶ（370条 本文）。ただし，設定行為で別段の定めをした場合，および，他の一般債権者が債務者の付加行為を取り消すことができる場合（424 条），には及ばない（370条た だし書）。

　問題は，その「付加して一体となっている物」（付加物・付加一体物）の範囲である。民法は，他で「不動産に従として付合した物」（付合物）（242 条），および，不動産の「常用に供するため……附属させた物」（従物）（87条 1項），という類似した概念を規定しており，それらとの関係が明確ではないからである。そこで，これら「付合物」ないし「従物」にも抵当権の効力が及ぶのかどうか，すなわち，「付合物」ないし「従物」と370条の「付加物」との関係が明らかにされなければならない。

> 【問題の視点】　　370条を厳密に解釈すれば，抵当権の効力の及ぶ範囲は，わずかに不動産に付加した物だけであり，いわゆる「従物」などに及ぶことなどは考えられていなかった。しかし，明治後期以降の日本経済の生産力は急速に拡大し，各企業は大型の投資を必要としていた。ところが，その与信の裏付けとなるべき抵当権は，このとおり，目的物を広範に把握できるという構造ではないため，大型与信を可能とするものではなかった。
> 　そこで，一方では，大企業のために「財団抵当」制度の整備が行われ，他方で，普通抵当権についても効力の及ぶ目的物の範囲を拡大しようとする解釈が叫ばれたのである。とりわけ，抵当権設定後の「従物」にも抵当権の効力を及

ぽさせようとする解釈態度は，このような経済的要請に応じた法律的対応といってよい。本節の解釈問題(できるだけ効力の及ぶ範囲を拡大しようとする方向性)は，このような歴史性を有しているのである(近江「日本民法の展開(2)特別法の生成 —— 担保法」広中＝星野編『民法典の百年・第1巻』181頁以下参照)。

(2)　「付合物」

(a)「付合物」の捉え方　「付合物」とは，「不動産に従として付合した物」($\binom{242}{条}$)であるが，その場合，付合される物は，付合によって独立の存在を失い，不動産の所有権に吸収されることになる（付合理論）(瀬川信久『不動産附合法の研究』7頁以下)。したがって，「付合物」は，370条の「付加物（付加一体物）」に当然に含まれ，しかも付合の時期の前後を問わないで，抵当権の効力が及ぶことになる(我妻260頁)。付合物に抵当権の効力が及ぶとすることに，異論はない。ただし，それをどのように理論化するかについては，学説上の対立がある。「付加物」($\binom{370}{条}$)と「付合物」($\binom{242}{条}$)・「従物」($\binom{87条}{1項}$)との関係の理論的操作である。

〔A〕　**経済的一体性説**）「付加して一体となっている」($\binom{370}{条}$)とは，経済的・一体性を意味するものであり，したがって，付加物とは，「付合物」($\binom{242}{条}$)のみならず，「従物」($\binom{87}{条}$)をも包含する，とする(我妻258頁・270頁，於保不二雄「付加物及び従物と抵当権」民商29巻5号20以下，林良平「抵当権の効力」『新版・民法演習2』184頁以下，鈴木195頁，川井・概論337頁)。

〔B〕　**構成部分説**）「付加して一体となっている物」とは，「付合物」($\binom{242}{条}$)のみを指し，物として独立性を有する「従物」はこれに含まれない，とする(柚木＝高木257頁，高木122頁)。このような基準で従物と区分する以上は，付加物すなわち付合物とは，理論的には「構成部分」を指すものといってよい(後掲134頁＊「構成部分・従物」理論参照)。

370条の「付加一体」とは，抵当権の効力の範囲を定めるものである以上，特に構成部分に限定する必要はないから，〔A〕経済的一体性説が妥当である。

(b) 付合物の具体例　主物が土地の場合と，建物の場合とがありうる。——

i　土地の付合物　土地の付合物として考えられるのは，立木法の適用のない立木であるが（立木法の適用のある立木は独立した不動産として扱われ

る$\binom{立木}{2条}$），設定者が植栽したものである以上，抵当権の効力が及ぶ。第三者が植栽した場合は，明認方法を施さない限り，抵当権者に対抗できない。植木・取り外しの困難な庭石なども宅地の構成部分（付合物）である$\binom{最判昭44\cdot}{3\cdot28民集23巻3号699頁}$。これに反し，稲立毛は，天然果実なので，付合物とはみなされない$\binom{後掲(6)}{(142頁)}$。

ii　建物の付合物　雨戸・分離しえない造作などは，建物の付合物と考えられよう$\binom{大判昭5\cdot12\cdot18民集9巻1147頁（雨戸や入り口の扉は}{動産たる性質を失うので抵当権の効力が及ぶとする）}$。付属建物として登記されている建物が付合物か従物かは問題であるが，どちらと解しても抵当権の効力は及ぶ$\binom{後掲131頁＊＊}{「付属建物」}$。

(c)　＜例外＞ ── いくつかの例外がある。

i　370条ただし書上の例外　第1は，設定行為で別段の定めをしたとき，である$\binom{その旨の登記が必}{要。不登88条1項4号}$。第2は，付加することが他の一般債権者を害し，一般債権者が，その付加行為を取り消すことができる場合$\binom{424}{条}$である。

ii　242条ただし書上の例外　第三者が権原によって付加した物については，抵当権者の効力は及ばない。

(3)　「従　物」

(a)　「従物」への抵当権の効力　上記のように，「付合物」に抵当権の効力が及ぶことは問題がない。問題は，「従物」$\binom{87}{条}$である。「従物」とは，主物に付従しても独立性を失わず，独立して権利の対象となる動産である。したがって，主物（不動産）に抵当権が設定されても，その効力が，付属している動産（従物）に当然に及ぶというわけではない（この結論は，「構成部分・従物」理論から導かれるものである*）。

そこで，370条の「付加して一体となっている物」（付加物）と「従物」とはどのような関係にあるのかが問題となる。前掲の学説の対立である。──

〔**A**〕　**経済的一体性説**　この説は，370条の「付加物」の中に「従物」が含まれるとするので，問題はない（前掲〔A〕説）。

〔**B**〕　**「構成部分・従物」峻別説**　「付加物」が「付合物＝構成部分」を

指すとなると，それに「従物」は含まれないことになる。そこで，抵当権の効力を従物に及ぼさせる方法として，87条2項「従物は，主物の処分に従う」の規定により，抵当権の設定は「主物の処分」に当たるものとして，抵当権の効力が及ぶことを認める（柚木=高木264頁）。

判例も，この立場である。すなわち，大連判大8・3・15（民録25輯473頁）は，従物は87条2項によって抵当権の効力が及ぶものとし，また，前掲最判昭44・3・28は，「本件石灯籠および取り外しのできる庭石等は本件根抵当権の目的たる宅地の従物であり，本件植木および取り外しの困難な庭石等は上記宅地の構成部分であるが，……本件宅地の根抵当権の効力は，上記構成部分に及ぶことはもちろん，上記従物にも及び」，とする。

なお，湯殿，便所，物置などの付属建物も，独立の登記をしない限り，従物として扱われる。**

* 「構成部分・従物」理論　ドイツの学説で明確にされた理論で，ある物（乙物）が主物（甲物）に付属させられた場合，乙物が物理的に甲物の本質的な構成部分を構成し，物としての独立性を有しないものを「（本質的）構成部分」（wesentlicher Bestandteil）といい，付属してもなお乙物として独立性を失わないものを「従物」（Zubehör）という（我妻栄「抵当権と従物の関係について」『民法研究Ⅳ』29頁以下。【Ⅰ】154頁参照）。ドイツ民法第一草案では，この理論に依拠しているところが少なくない。わが民法87条もまた，この理論を受け継いでいるのである。

** 付属建物　それら付属建物は，通常，「主たる建物」の「付属建物」として登記されるが（不登44条），この場合は独立の登記ではないので，抵当権の効力はそれらに当然に及ぶ。しかし，これが独立の1個の建物として登記されると，抵当権の効力は及ばず，独立の抵当権の対象となる（既述第2節**2**(2)(d)（123頁））。

(b) 抵当権設定「後」の従物　このように，従物につき，抵当権の効力が及ぶべきだとすることについては，学説・判例上異論を見ない。しかし，問題は，抵当権を設定した後に付加された従物に効力が及ぶかどうかである。この問題の本質は，抵当権の効力が設定後の従物に及ばないとすると，抵当権の目的物の価値の把握が著しく狭小のものとなり，とりわけ経済活動上の担保手段として適切ではないことである（我妻「抵当権と従物の関係について」『民法研究Ⅳ』29頁以下。前掲131頁【問題の視点】参照。）。このことから，学説は，従物の範囲を拡大し，抵当

権設定後の従物についても抵当権の効力を及ぼすことに努めてきた。

　すでに繰り返したように，370条の立法の仕方に問題がある。外国諸法で
は，抵当権の効力が設定後の従物にも及ぼすものとされている。しかるに，
わが民法は，そのようなことを意識しないままに立法化された。そこで，外
国法を参酌したした解釈論が展開されている（我妻・前掲論文29頁以下，近江「抵当権設定後に付加した従物に対する抵当権の効力」判タ411号47頁以下参照）。

【ドイツ法・フランス法の処理と370条の立法の経緯】　まず，フランス民
法は，抵当権を設定できるものは，取引能力ある不動産およびその付加物（付
属物）にして不動産とみなされるものであり（2118条1号），抵当権の効力は，抵当
不動産の上に生じるすべての「改善」に及ぶ（2133条），と規定する。この背景に
は，「性質による不動産」（構成部分に該当）・「用途による不動産」（従物に該当し，
「用途上」の客観的結合物により不動産化されたもの）の峻別理論がある。そして，
設定時に存する「用途による不動産」（従物）には，当然に抵当権の効力が及ぶ
が（2118条1号），設定後のそれも，不動産化した物の「改善」（＝状態の変化）とし
て，効力が及ぶことになるのである（2133条）。

　次に，ドイツ民法では，「構成部分」（主物に付加して一体化した物）・「従物」
（主物より独立した物）の峻別理論をとることの結果，従物は独立性を失わない
ので，抵当権の効力は，従物には当然には及ばない。そこで，抵当権の特殊性
として，従物が主物に従うのは，主物を処分する者の意思による，とする特別
規定を置いた（1120条）。この規定は，設定後の従物をも包含すると解釈されてい
る。

　そして，わが370条であるが，立法理由としては，旧民法債権担保編200条
「抵当は……不動産に生ずることあるべき増加又は改良に及ぶ」に文字の修正
を施したものだという。しかし，旧民法はフランス民法に倣って規定されたも
のであり，本来的に，上記のような理論に支えられているのである（「増加又は
改良」によって，設定後の従物を包含しうる）。しかるに，現行民法は，87条を見
てもわかるように，ドイツ民法第一草案に倣い，「構成部分・従物」峻別理論
に依拠しているのであって，単純に，旧民法200条との同一性を持ち出すわけ
にはいかない。このような理論を採る以上，ドイツ民法1120条のような処置が
施されるべきであったのである（以上につき，我妻・前掲論文33頁以下参照）。

設定後の従物へ効力を及ぼそうとする考え方は，さきの学説の対立に照応
して次のように分かれる。——

〔Ａ〕 **370条による処理**） 既述したように，「付加して一体となってい
る」を経済的一体性と捉え，付合物，従物双方を含み，しかも抵当権設定の
前後を問わずに，抵当権の効力が及ぶものとする（前掲〔Ａ〕説の主張）。

〔Ｂ〕 **87条2項による処理（ドイツ法的解釈）**） フランス法とは物概念
を異にするわが民法（＝ドイツ法的）の解釈としては，370条の付加物は付合
物（構成部分）のみを意味し，独立の物である従物はこれに含まれないが，87
条2項にいう「処分」は抵当権設定後実行までのことを指し，したがって，
従物が主物の処分に従うとは，抵当権の効力が設定後実行までの間に付加さ
れた従物に及ぶことを意味する，と解する（柚木＝高木264–265頁，東京高判昭53・12・26判夕383号109頁）。

(c)「従物」の現代的問題 これまでは，抵当権の目的物の範囲を拡張し，そ
の担保枠の拡大を図ることに努力が注がれてきた
といってよい。抵当権の解釈と改革とは，わが国の資本主義の発展に照応す
る形でなされてきたのである（131頁【問題の視点】参照）。しかし，現代においては，抵当権
の効力が目的物不動産に付加したものすべてに及ぶとすることは，必ずしも
適切な結果をもたらすものではない。動産の財貨的価値が格段に高揚したた
め，むしろ，抵当権の効力を切断する一般的な社会的経済的要請もあるので
ある。

問題なのは，抵当権の目的不動産の価額よりも，それに付加された従物が
はるかに高額の場合である。設定者としても，そのような従物が当然に抵当
権の目的物となることを予想していない場合が多い。しかし，判例は効力の
切断を認めない。前掲東京高判昭53・12・26は，劇場兼キャバレーの建物に
対する抵当権は，設定後に付加された舞台照明機具・音響器具その他劇場施
設用動産類（総額数億円）に及ぶという（近江・前掲判夕411号49頁参照）。また，最判平2・4・
19（判時1354号80頁）は，ガソリンスタンドの店舗（価額50万円）に対する抵当権は，
従物である地下タンク（同234万円）に当然に及ぶという。

つとに，林良平教授は，このような場合は，「特別の表示なくとも当事者の
反対の意思ありと判定すべきではあるまいか。……370条の付加物を，抵当権

設定時の当事者意思の合理的推定を含めて，諸事情に照らして，付加物の範囲を決定すべきであると考える。370条但書に，別段の定めを予定していることも，この解釈を支えるであろう」とされる（前掲「抵当権の効力」184-185頁）。

　将来付加され得る従物に当然に抵当権の効力が及ぶとする解釈が前提となる以上，高額動産につき抵当権の効力を遮断する方法として，さしあたり考えられるのは，抵当権設定に際しての別段の「特約」（370条ただし書）くらいであろうか（シール・打刻などの明認方法も考慮する価値があろう）。ただ，抵当権設定にあたっては，将来いかなる物が付加されるかは予想できないし，また，そのような特約が抵当債権者との関係で，実際に締結されるか否かは疑わしいところである。今後，このようなことも視野に入れて，解釈論が展開されるべきであろう（鎌野邦樹「抵当権と従物論」早法64巻3号79頁以下は，少なくとも「住宅ローンと抵当権」との領域では，「設定後の従物に及ぶ」とする原則が否定されるべきことを説く）。

(d) 従物の対抗要件　「従物」（動産）は，主たる不動産の抵当権設定登記をもって，民法370条により対抗力を有し，対抗要件としての引渡しを要しない。したがって，設定者の一般債権者が従物につき強制執行をした場合，抵当権者は，第三者異義の訴えによりその排除を求めることができる（前掲最判昭44・3・28）。

(4)　「従たる権利」

　抵当土地に地役権や地役賃借権が設定されていたり，また，抵当建物に借地権が設定されている場合において，それら抵当権が実行されたときは，地役権や借地権の運命はどうなるであろうか。これらの権利は，<u>抵当土地または抵当建物に付随した，しかもその「常用に供する」権利</u>であることは明らかである。そこで，判例・学説は，これらを「従物」に準じて扱い，土地の抵当権の効力は土地上に存する地役権に及び，建物の抵当権の効力は敷地利用権（地上権，賃借権）に及ぶものとして扱っている（87条2項の類推適用）。そこで，これら地役権や敷地利用権を，土地または建物に付随する「従たる権利」と呼んでいる。これが「従たる権利」理論であり，「従物（Zubehör）」理論（【I】154頁参照）の応用である。いくつか，注意すべき点がある。

　i　〔図①〕例えば，BがAから賃借した土地に建物を建て，これに抵当

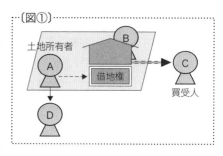

〔図①〕

権を設定した後，抵当権が実行されてＣが買受人となった場合，ＣはＢが有していた借地権を取得する（最判昭40・5・4民集19巻4号811頁）。

　ただし，買受人Ｃが，その借地権を賃貸人（土地所有者）Ａに対抗できるかどうかは，その借地権の譲渡性の有無・・・・による。そして，借地権が賃借権の場合には賃借権の譲渡に当たるから賃貸人の「承諾」が必要であるが（612条），賃貸人が承諾しないときは，① 裁判所に申し立てて「承諾に代わる裁判所の許可」を得るか（借地借家20条），または，② 建物の所有を諦めて「建物買取請求権」を行使するか（借地借家14条），のいずれかを選択することになろう（詳細は，【Ⅴ】216頁参照）。

　　ⅱ 　Ｃの買い受け前に，Ａ・Ｂ間で賃貸借契約が合意解約されても，これをもってＣに対抗できないことはいうまでもない（大判大11・11・24民集1巻738頁〔〔図①〕で，Ｂが借地権を放棄し，その上でＡが土地をＤに売却し，ＤからＣへの建物収去請求〕）。398条の拡張解釈として，合意解約は借地権の「放棄」と見られるからである（第12節(3)(268頁) 参照）。

　　ⅲ 　この事案とは若干はずれるが，Ｂが建築した建物をＢの子Ｅ名義で家屋補充課税台帳に登録させたところ，Ｅが勝手に保存登記をして抵当権を設定し，その実行によりＣが買い受けた。他方，その抵当権が設定後実行される前に，Ｂが本件土地賃借権を含む建物を妻Ｆに贈与していた。この場合，Ｃは賃借権を「従たる権利」として取得できるかどうかであるが，判例は，「<u>抵当権を設定した者Ｅがその敷地の賃借権を有しない場合には，上記抵当権の効力が敷地の賃借権に及ぶと解する理由はなく</u>，上記建物の買受人Ｃは，94条2項，110条の法意により建物の所有権を取得することとなるときでも，敷地の賃借権自体についても上記の法意により保護されるなどの事情がない限り，建物の所有権とともに敷地の賃借権を取得するものではない」とする（最判平12・12・19判時1737号35頁）。

　「従たる権利」といっても，それが存在しない場合には機能しないし，94条2項，110条などの外観保護法理が適用される場面ではないから，この結論は

正当であろう$\left(\substack{詳細は、\\【I】206頁}\right)$。

(5) 付加物が分離された場合

(a) 問題の所在　抵当権の効力圏にある付加物が，抵当不動産から分離されて付加物の状態でなくなった場合，それに抵当権の効力は及ぶであろうか。目的物の使用・収益権能は設定者側にあるわけだから，通常の使用・収益の結果としてこのような状態が生じたのであれば，その分離物に抵当権の効力が及ばないことは当然である。しかし，残存する抵当不動産だけでは抵当債権が満足を得ない場合（ないし設定者が担保価値維持義務に違反する場合）は別である。このような場合には，抵当権は，なおかつ分離物に対して効力を有すると考えなければならない$\left(\substack{我妻\\267頁}\right)$。典型例として，抵当山林の木材が伐採された場合を考えよう。

上記の場合に，抵当権は，2つの方向から効力を及ぼす。

第1は，抵当権の追及力から，分離された木材に追及する方法である。この方法で，抵当権者は，その木材から優先弁済を受けることになる。

第2は，抵当権の物権的請求権として，または設定者に対する義務違反として，分離物の搬出禁止を求める方法である。

第2の方法は，「抵当権の効力（3）」$\left(\substack{第5節\\178頁}\right)$で扱い，ここでは，前者の「抵当権の追及力」の問題を考える。

> **【判例の変遷と考え方】**　問題点を理解するため，判例の変遷を示すと，
>
> **i**　当初，判例は，立木が伐採されると不動産の性質を失って動産となるから，抵当権の効力は及ばない（ただし，物上代位の可能性はある）とした$\left(\substack{大判\\明36・11・13民\\録9輯1221頁}\right)$。この理解は，原則論としては正当である。しかし，伐採されてもその土地上に置かれているのであれば，抵当権の効力が及ぶと解する余地はあろうし，担保価値維持義務に反する場合にもその返還を求めることができるのであるから，この結論は支持されるものではない。
>
> **ii**　そこで，伐採・搬出禁止を求める事案において，抵当権者が抵当権の実行に着手し競売が開始されたときは，差押えの効力を生じるゆえに，それ以後の伐採・搬出は禁止されるものとした$\left(\substack{大判大5・5・31\\民録22輯1083頁}\right)$。確かに，競売の開始

は「差押え」と同一の効力（関係的処分禁止）をもたらすから$\binom{\text{第4節}②1)(c)}{i\quad(164頁)}$，搬出等は禁止されることになるが，しかし，差押えの効果と抵当権の追及（効力）とは無縁のことである。

iii　このような批判から，判例は，ついに，差押えの効力によるのではなく，抵当権自体に基づく搬出禁止（物権的請求権による妨害排除・予防の請求）を認めた$\binom{\text{大判昭7・4・20}}{\text{新聞3407号15頁}}$。これを認めたことは，伐採木材に対して抵当権の効力が依然及んでいることを意味するのである。

(b) 法的構成　　上記の場合に，その分離物に抵当権の効力が及ぶとすること（＝抵当権の追及力）については，学説上異論を見ない。ただ，付加物が分離されると独立の動産となり，独立した所有権の対象となりうるのであるから，反対に，その分離物がどのような程度・状態であれば，依然，抵当権の効力の範囲内にあると考えられるのかについては，大いに争われている。──

〔**A**〕**搬出基準（場所的一体）説**）　分離物が抵当不動産と場所的一体性を保っている限りにおいて抵当権の効力は及ぶが，それを失えば効力は及ばないとする。その法的構成については２つに分かれる。

ⓐ**対抗力喪失説**）　抵当権は，付加物を含めて目的物全部を支配する物権なので分離物にも支配力が及んでいるが，ただ，登記を対抗要件とする権利だから，分離物が抵当不動産の上に存在し，登記により公示に包まれている限りにおいてだけ第三者に対抗できるが，搬出されると対抗できなくなるとする$\binom{\text{我妻268頁，鈴木198頁}}{\text{鈴木・抵当制度131頁}}$。

ⓑ**効力切断説**）　370条により，分離物が取引観念上不動産と一体的関係にあれば付加物に含まれるが，搬出されると付加物ではなくなるとする$\binom{\text{川井53頁}}{\text{（旧説）}}$。抵当権の効力は切断される。

〔**B**〕**即時取得基準説**）　分離しても，第三者が即時取得するまでは抵当権の効力が及ぶと考える$\binom{\text{星野252頁，高木132}}{\text{頁，川井・概論341頁}}$。抵当権の効力をこのように限りなく認めようとする背景には，一方で，悪意の第三者は排除されるべきだとする思想があり$\binom{\text{星　野}}{\text{252頁}}$，他方で，工場抵当法５条（工場抵当権の追及力は即時取得のみによって遮断される）$\binom{\text{第13節①3)}}{\text{(a)（271頁)}}$にその範を求めるべきだとする考え

方がある（高木132頁，川井・概論342頁）。

　〔C〕　**物上代位性説**　抵当権の物上代位性から勿論解釈として，抵当権はこの動産の上に及ぶとする。したがって，それを実現するためには，304 条による差押が必要となる（柚木＝高木277頁）。

　以上の学説については，具体的問題から検討することが有用であろう。──

　i　第三者が分離物の所有権を取得したとき　　この場合でも，① 分離物が依然抵当不動産上に存在する場合と，② 分離物が搬出された場合，とがありえよう。そこで，まず，①の場合，〔A〕説では抵当権の効力は及んでいるのに対し，〔B〕説では，占有改定による即時取得を承認する説に立てば（【Ⅱ】155頁以下参照），第三者が善意である限り，抵当権の効力は切断されることになる。しかし，第三者が分離物の所有権を取得したといっても，それが抵当不動産上に存在する以上は，抵当権者の期待は保護されなければならないであろう。

　次に，②の場合だが，〔A〕説では当然に抵当権の効力は及ばないが，〔B〕説では，第三者が悪意であればなお抵当権は追及力を有する。この点に対する疑問は，次の**ii**で述べよう。

　ii　悪意の第三者への追及力　　〔B〕説は，悪意の第三者を排除しようとするが，その根拠は，工場抵当法 5 条である（高木132頁，川井・概論342頁。なお，最判昭57・3・12民集36巻3号349頁は，抵当権者の同意を得ないで，動産が工場から搬出された場合には，第三者が即時取得をしない限り，抵当権者は，右動産を元の工場に戻すことを請求できるとする）。しかし，工場抵当権は，財団抵当と同様，抵当権の効力の及ぶ付合物・従物をすべて目録に記し，その目録を登記簿の一部とみなして（第13節**Ⅰ**(2)(b)（270頁）参照），それを前提に悪意者に対する追及力を認めているのである（工場抵当5条1項）。したがって，その理論を普通抵当権に持ち込むのは妥当ではない（我妻269頁）。その結果として，悪意の第三者に追及できないことがあっても，搬出されている以上やむをえないことであろう。

　iii　対抗力喪失か効力切断か　　結局，〔A〕説が妥当であるが，理論的な問題として，搬出された場合の理解につき，対抗力が喪失するだけなのか（ⓐ我妻説），抵当権の効力が切断されるのか（ⓑ川井旧説）の相違がある。両説の具体的な違いは，後に詳論するが，第三者が不当に搬出した場合に物権的請求権が発動しうるかの点に現れる。その場合，ⓑ説では，抵当権の効力が切断されるのだから，物権的請求権の生じる余地はないことになる。しかし，

そのような場合にこそ抵当権に基づく物権的請求権の発動が必要とされなければならないから，ⓐ説（我妻説）が妥当である（詳細は，第5節**3** 2）(184頁）参照）。

　なお，〔C〕説は，物上代位の制度論からいっても，承認できない（後述(d)参照）。

(c) 優先弁済の実現方法　分離物につき，抵当権者が優先弁済を得る方法としては，抵当権に基づいて動産競売の方法によるべきだとする説（我妻269頁），抵当不動産と一括してのみ不動産競売をすべきであるとする説（高木132頁）があるが，抵当目的物から切断して分離物だけを競売にすること（前者）はいささか無理ではなかろうか。

(d) 建物が崩壊して木材となった場合　抵当建物が崩壊して木材となった場合，その木材は不動産としての本質を失い，動産となったのだから，抵当権は消滅する（大判大5・6・28民録22輯1281頁。我妻269頁，川井・概論340頁）。物権法の一般原則である。

　これに対し，崩壊木材に抵当権の効力が及ぶとする説がある。1つは，物上代位としての効力を認めるもの（柚木=高木277頁）。もう1つは，抵当権の直接的効力（追及力）を認めるもの（鈴木・抵当制度131頁）。崩壊木材を抵当目的物の代償物と考えることはできないから（物上代位の目的物は請求権であって物自体ではない），前者は妥当ではない。後者は，前記した付加物の分離と同様に考えようとするのであるが，本体たる抵当目的物自体が消滅したのだから，抵当山林の伐採と同一に論ずるわけにはいかない（我妻269頁）。なお，判例は，抵当権実行着手後の崩壊木材には抵当権の効力が及ぶとする（大判大6・1・22民録23輯14頁）。

⑹ 果　実

　抵当権は，「果実」（天然果実・法定果実）についてはその効力は及ばないが（原則），債務不履行後に生じた果実については及ぶ（371条）。この規定の実際的意義は，履行遅滞後に，果実に対する抵当権の実行（抵当不動産と共にする競売，物上代位権の行使，または収益執行）を可能とさせるところにある。従来は，抵当不動産に「差押え」があった場合に及ぶとされていたため（旧371条），抵当権実行の申立て前に物上代位権の行使ができるかどうかについて争いがあったが，これを立法的に解決したものである（2003年民法改正）。

　債務不履行後に生じた果実とは，債務不履行後に生じる果実はもちろん，

その時点ですでに弁済期が到来していた未払賃料債権も，その対象となる（民執93条2項←同188
条。谷口=筒井編57頁）。しかし，債務不履行後に生じた果実であっても，設定者が・・・・・・・・・すでに収受したものについては，及ばない（したがって，不当利得返還請求権は生じない）。抵当権実行または物上代位権行使前は，目的物の使用・収益権能が設定者にあるからである（生熊長幸「担保不動産収益執行と民法371条改正および敷金返還請
求権に関する若干の問題」ジュリ1272号98頁以下，道垣内弘人ほ
か『新しい担保・執
行制度』38頁以下）。

2　物上代位

(1)　抵当権における物上代位

「物上代位」制度については，すでに，① その基本的な構造，② 物上代位に対する考え方，③「差押え」と「払渡しまたは引渡し」の意味，④ 物上代位の方法，⑤ 物上代位の効果，の各点について詳論した（第1編第2章第
3節2（57頁））。そこで，ここでは，その理解を前提として，抵当権における物上代位（372条→
304条）の問題点を検討しよう。

なお，304条には「債務者」（が受けるべき云々）とあるが，先取特権の場合（そこでは，債務者はほとんど目的物所有者である）とは異なり，抵当権では，目的物の所有者が物上保証人や第三取得者の場合もあり得るので，それを「抵当目的物の所有者」と考えるべきである（大判明40・3・12
民録13輯265頁）。

(2)　「売却」による代金債権 —— 物上代位の目的物（1）

抵当目的物が売却され，第三者の所有に帰したとしても，抵当権登記が抹消されない以上，抵当権者は，抵当権を実行して競売に付することができる（抵当権の追及効）。このような追及効がある物権に物上代位を認めるのは過分な保護になるから，物上代位を否定すべきだ，とする議論があった（第1編第
2章第3節
2(2)(a)
(59頁)）。では，売却代金債権に対する物上代位とは，現実には，どのような意味をもっているのであろうか。

〔図②〕例えば，B が A から 700 万円を借金して，その担保として価格

1000 万円の建物に抵当権を設
定したとしよう。この抵当不動
産が第三者 C に売却される場
合，C が 1000 万円で買い受け
ることは，現実的にはありえな
い。700 万円の負担が付いてい
るからである。通常は，代金は
300 万円前後であろう（C は，
700 万円の「債務引受け」をした

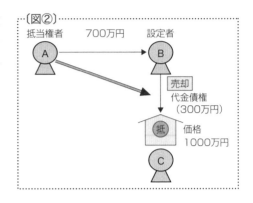

〔図②〕

抵当権者　　700万円　　設定者

A　　　　　　　　　B

売却
代金債権
（300万円）

抵　価格
1000万円

C

ことになる）。そこで，この 300 万円に対して物上代位権を行使した場合に，
注意すべきことは，抵当目的物が「売却代金」に変じたわけだから，抵当権
自体が消滅することである。したがって，A は，残額の 400 万円については
無担保債権となり，抵当権を実行できると解する余地はない（このことは，「滅
失」の場合も同様であって，抵当目的物が存在している「賃貸」の場合とはわけが
違う）$\binom{我妻}{293頁}$。

　したがって，売却代金債権に対して物上代位権を行使することは，現実的
には意味をもたないのである（それゆえ，A は，通常は，みずから抵当権を実行
するか，またはみずからの金額の提示による代価弁済$\binom{377条。第8節}{2 (212頁)}$）を選択するであ
ろう）。だから，この場合に，物上代位権を否定する説にも一理あろう。しか
し，この方法を A が選択するというなら，それを否定する必要もない。それ
以上に物上代位権の行使を否定すべき根拠もないのであるから，この場合の
物上代位を認めてもよいのである$\binom{第1編第2章第3節 \boxed{2} 2)(a)(59)}{頁) 参照。旧版を改説する}$。

【関連する判例】　　この問題プロパーについての判例は存しないが，若干関
係する判例がある。――

　i　買戻代金債権への物上代位　　最判平 11·11·30$\binom{民集53巻8}{号1965頁}$である
が，A は，B から土地を買戻特約付で買い受け，その旨の登記を得た後，Y の
ために根抵当権を設定した。その後，B が土地の買戻権を行使したところ，A
の B に対する買戻代金債権につき，まず，A の債権者 X が差し押え，その後
に，Y が物上代位権を行使した事案である。

　判決は,「買戻特約の登記に後れて目的不動産に設定された抵当権は,買戻しによる目的不動産の所有権の買戻権者への復帰に伴って消滅するが,抵当権設定者である買主やその債権者等との関係においては,買戻権行使時まで抵当権が有効に存在していたことによって生じた法的効果までが買戻しによって覆滅されることはないと解すべきであり,また,買戻代金は実質的には買戻権の行使による目的不動産の所有権の復帰についての対価と見ることができ」として,買戻代金債権に対する Y の物上代位を認めた。

　買戻しの形式は「解除」ではあるが,その実質は再「売買」と同じであるから,物上代位が肯定されうる。しかし,B の買戻しによって,所有権は B に復帰するから,Y の抵当権は消滅する（581条 1項）。この点,判決は,抵当権設定者やその債権者等との関係においては「買戻権行使時まで抵当権が有効に存在していた」として,抵当権の効力を認めている。これに対して,買戻し（＝原契約解除）の「遡及効」から異を唱え,買戻しの遡及効の特殊性（物権取得権的性格）として判例の結論を肯定する説がある（道垣内弘人・民法判例百選Ⅰ第5版新法対応補正版185頁,角紀代恵・リマークス2001＜上＞26頁）。しかし,解除の遡及効は直接効果説が主張するものであって,解除についてそのように考える必要もないのであるから（【Ⅴ】91頁以下参照）,判例の上記理論で十分である。

　　ⅱ　抵当権と物上代位権の選択的併存　　次に,担保権の実行（追及効の実現）と物上代位権の行使とが可能である場合に,その選択的併存を認めた判例がある（最判昭45・7・16民集24巻7号965頁）。これは,抵当権者が被担保債権を被保全債権として抵当不動産の仮差押えをしたところ,仮差押債務者が仮差押解放金を供託してその執行の取消しを得た場合に,抵当権者は,仮差押解放金の取戻請求権に対する物上代位権の行使と,抵当不動産の抵当権実行のいずれか一方を選択できるとしたものである。したがって,この場合には,上記したように,物上代位権を行使して優先弁済を得たときは,たとえその額が被担保債権に満たなくても,担保物権自体が消滅し,超過分は無担保債権となる。

(3)　「滅失または損傷」による債権 —— 物上代位の目的物 (2)

(a) 損害賠償請求権　　第三者が目的物を滅失・損傷させた場合に,所有者が取得する不法行為に基づく損害賠償請求権である（大判大5・6・28民録22輯1281頁,大判大6・1・22民録23輯14頁）。

(b) 保険金請求権　建物が焼失したことにより，所有者が受けるべき火災保険金請求権である$\left(\begin{smallmatrix}\text{大連判大12・4・}\\\text{7民集2巻209頁}\end{smallmatrix}\right)$。なお，これについては，かねてより保険法学者からの批判もあるが，[*]保険金が保険契約によりその対価として生じるものであるとしても，それが焼失建物の代償物であることは否定できないであろう。もとより，保険契約を締結していなければ保険金は生じないが，しかし，保険をつけた以上は抵当権の効力は保険金に及ぶとするのが正当である$\left(\begin{smallmatrix}\text{我 妻}\\\text{283頁}\end{smallmatrix}\right)$。

問題なのは，保険金請求権について質権が設定された場合[**]に，物上代位権との関係はどうなるのかである。〔図③〕例えば，Bが，自己所有建物につきAのために抵当権を設定し，他方，その火災保険金請求権につきDのために質権を設定し

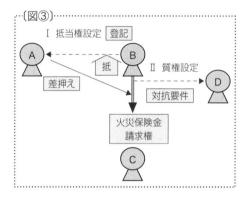

〔図③〕

た場合，Dの質権とAの物上代位権とはいずれが優先するであろうか。2つの考え方がある$\left(\begin{smallmatrix}\text{なお，この問題が，後に，物上代位一般の議論へと展開される}\\\text{ことになる。ここでは，初期的議論を掲げる。→後掲(4)参照}\end{smallmatrix}\right)$。

〔Ａ〕　**抵当権「登記」── 質権「対抗要件」説**　Aの抵当権「登記」と，Cの質権の「対抗要件」（第三債務者Cへの通知またはCの承諾）具備の前後によって決するものとし，物上代位権行使で差押えが要件とされているのは，「対象となる金銭その他の物が債務者の他の財産と混同し権利関係が混乱するのを防ぐために外ならないのであるから〔特定性維持説〕，その公示方法としては，抵当権の登記で十分である」とする$\left(\begin{smallmatrix}\text{鹿児島地判昭31・1・25下民集8巻1号114}\\\text{頁，半田42頁，高木・第3版142頁}\end{smallmatrix}\right)$。差押えは請求権を特定するものであり（特定性維持説），物上代位権の公示は抵当権登記で足りると考えるのである（→現在の最高裁の立場$\left(\begin{smallmatrix}\text{後掲最判平10}\\\text{・1・30など}\end{smallmatrix}\right)$につながる）。

〔Ｂ〕　**抵当権「差押え」── 質権「対抗要件」説**　Aの抵当権登記ではなく，物上代位権による「差押え」と，Dの質権の「対抗要件」との前後によるとする説$\left(\begin{smallmatrix}\text{福岡高宮崎支判昭32・8・30下民集8巻8号1619頁（上記鹿児島地判の控訴審），川井62頁，}\\\text{川井・概論349頁，小川英明「物上代位」『不動産法大系II担保〔改訂版〕』165頁，高木・}\end{smallmatrix}\right)$

新版137頁（旧説），内田371頁）。差押の目的は，優先権の保持（優先権保全説）と物上代位権の公示にもあると考えるのである。

　思うに，物上代位権は，抵当権から直ちに発効するというわけではなく，「差押え」がなければ効力が生じないものであるから，抵当権「登記」があれば物上代位権が優先するというのはおかしい。もし，〔A〕説のように解すると，抵当権を設定した後は，もはや設定者は，火災保険金を担保に供することなどは，実際上封じられることになるのである（前掲鹿児島地判昭31・1・25の掲載誌解説（旬刊商事法務研究58号26頁。ただし，同紙が「2月8日判決」というのは誤りであろう）も，「抵当権の設定登記をした物件について，その後に同一物件に対する火災保険金請求権に質権を設定する利益がないことにな」るとの見解を述べている）。なお，高木教授は，抵当権登記を基準とすべき根拠として仮登記担保法4条を挙げられるが，そこでは物上代位権者相互間の競合関係なので実体権の成立の前後に依らせてもよいが，ここでは，債権の処分（質権設定）と，物上代位権の行使が問題なのであるから，同条は根拠とならないであろう（後掲(4)(b)(148)頁）参照）。

　　　　＊　保険金の法的性質　　民法学者は，保険金請求権には抵当権の効力が及ぶものとし，物上代位を認めようとするが，保険法学者はこれを批判し，保険金請求権は，保険契約に基づき，保険料支払いの対価として生ずるものであり，目的物の代物ないし変形物ではないとして，物上代位性を否定する。

　　　＊＊　抵当権者による質権設定　　銀行との間で住宅ローンを組む場合に，購入家屋に抵当権を設定し，銀行はさらに火災保険や生命保険を掛けさせて，その保険金請求権の上に質権を設定させることが，一般的に行われている。そうすると，抵当権者は，物上代位権によらなくても，質権者として保険金請求権の上に優先権を有することになる（債権質）。

(c) 特別法上の補償金・清算金　　土地収用法（104条），土地改良法（123条）などによる償金や清算金に対しても，物上代位権を行使できる。

(4)　「賃貸」による賃料債権 ── 物上代位の目的物 (3)

(a) 賃料（収益）に対する物上代位　　「賃貸」による「賃料」については，債務不履行後には抵当権の効力が及ぶから（371条。旧371条下ではあるが，最判平元・10・27民集43巻9号1070頁），抵当権者は，物上代位権を行使することができる（304条1項）。物権（地上権・永小

作権）の対価（地代・小作料）についても，同様である（304条）。

【**賃料（収益）の価値と担保の方法**】 「賃料」は，ますます重要な担保物となりつつある。それは，さきに述べたことだが，高層建築技術の発展により土地価格をはるかに凌駕する賃貸ビルが大量に建築され，それが生み出す収益（賃料）が大きな価値をもっているからである。このことは，賃貸ビルが不動産のなかで大きな割合を占めてくる（土地は量的に限定されている）とともに，その収益の担保価値の増大を意味するのである（85頁＊「不動産財としての賃貸ビルの意義」参照）。

そこで，「収益」価値の担保的捕捉であるが，物上代位や収益執行もその一方法である。ただ，これらは，債務者が履行遅滞に陥った場合に，債権を回収する方法である。しかし，「収益」に価値があるとすれば，それを，あらかじめ担保目的物として債権者が捕捉できる手段を講ずるべきであろう。与信枠も増大するし，債務者の危殆に際しても，優先的に弁済を受け得るからである。アメリカで定着しつつある，抵当権設定と同時に賃料債権も抵当権者に譲渡する方法も，今後検討される必要があろう（青木則幸「アメリカ法における賃料譲渡制度の現状」早稲田大大学院法研論集94号1頁以下）。

以下では，「賃料」債権への物上代位と他の権利が競合する種々の問題を考察する。その競合関係をあらかじめ述べると，〔図④〕のようになる。

(b) 物上代位権の競合

〔図④〕〔1〕問題となるのは，後順位抵当権者 E が先に差し押さえ，先順位抵当権者 A の差押えが遅れた場合の優先関係である。この場合には，すでに抵当権の実体関係が登記によって公示されており，E が優先するいわれはないから，「登記」の順序によって A が優先すると解すべきである

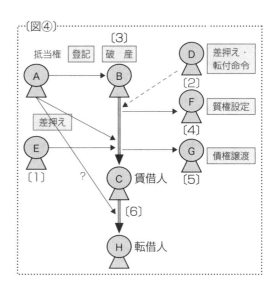

$\left(\begin{smallmatrix}\text{仮担4条1}\\\text{項参照}\end{smallmatrix}\right)$。

　なお，この関係と，他の権利との競合の場合$\left(\begin{smallmatrix}\text{後掲(c)}\cdot\\\text{(e)など}\end{smallmatrix}\right)$とを混同して考えるべきではない。

(c)　一般債権者の差押え・転付命令と物上代位　　〔図④〕〔2〕一般論については，すでに論じた先取特権の物上代位を参照せよ$\left(\begin{smallmatrix}\text{第1編第2章第3}\\\text{節}\textbf{2}\textbf{4}\text{(67頁)}\end{smallmatrix}\right)$。

　i　一般債権者の差押え後に物上代位権を行使　　BのCに対する賃料債権につき，一般債権者Dが差し押えた後，抵当権者Aが差し押さえた場合である。「差押え」は債務者の処分を禁止するだけであり，それ以上の効果をもたらすものではない。したがって，抵当権者は，重ねて差し押えることができる$\left(\begin{smallmatrix}\text{最判昭59・2・2民集38巻3号431頁（動産売買先取特権事例），最}\\\text{判昭60・7・19民集39巻5号1326頁（動産売買先取特権事例）}\end{smallmatrix}\right)$。その際，双方とも債権執行となるが，物上代位権は抵当権（物権）から派生した権利であり，その行使は担保権の実行の一形態であるから$\left(\begin{smallmatrix}\text{民執193条}\\\text{1項後段}\end{smallmatrix}\right)$，配当に当たっては，物上代位権が優先すると解する。

　ii　一般債権者の差押え後に抵当権を設定　　賃料債権が一般債権者に包括的に差し押えられていた不動産につき，抵当権が設定され，抵当権者が物上代位により差し押えた場合である。

　判例は，「一般債権者による債権の差押えの処分禁止効は差押命令の第三債務者への送達によって生ずるものであり，他方，抵当権者が抵当権を第三者に対抗するには抵当権設定登記を経由することが必要であるから，一般債権者の差押えと抵当権者の物上代位権に基づく差押えが競合した場合には，両者の優劣は一般債権者の申立てによる差押命令の第三債務者への送達と抵当権設定登記の先後によって決せられ，上記の差押命令の第三債務者への送達が抵当権者の抵当権設定登記より先であれば，抵当権者は配当を受けることができない」，とする$\left(\begin{smallmatrix}\text{最判平10・3・26}\\\text{民集52巻2号483頁}\end{smallmatrix}\right)$。

　このような包括的な差押えがあると抵当権の物上代位は意味をもたなくなるとして批判する説もあるが，差押えの効力が処分禁止効のみだといっても，抵当権の設定自体が劣後する以上は優先する理由はないから，判例の結論は妥当であろう。

　iii　目的債権の転付命令　　転付命令は，債権の委付（法定譲渡）である

以上，債権の帰属が変更するから，物上代位権の行使はできないと解されよう。なお，転付命令が効力を生ずるのは第三債務者に送達された時である。したがって，この時までに抵当権者の差押えがされなかったときは，転付命令の効力は妨げられない（最判平14・3・12民集56巻3号555頁（生熊・判評526号20頁（判時1797号182頁）参照）。

(d) 債務者の破産と物上代位　〔図④〕〔3〕前述したとおり，破産手続開始は，債務者に対して処分禁止効を与えるだけだから，抵当権者は，物上代位権の行使ができる（前掲最判昭59・2・2。第1編第2章第3節②3)(a)ⅱ（64頁）参照）。

(e) 債権質権と物上代位　〔図④〕〔4〕物上代位権と質権の優劣関係が問題となるが，既述した「保険金請求権」の質権設定の議論がそのまま当てはまる。すなわち，質権の「対抗要件」に対して対抗の基準となるのは抵当権の「登記」なのか「差押え」なのか，である。判例は，抵当権「登記」をもって，物上代位権の対抗要件としている（前掲(3)(b)（146頁））。

(f) 債権譲渡と物上代位　〔図④〕〔5〕設定者Bが，賃料債権（既発生債権および将来発生債権）を，第三者Gに譲渡した場合，抵当権者Aは，物上代位権を行使できるであろうか。

かつて，大連判大12・4・7（民集2巻209頁）は，それまで特定性維持説（65頁参照）に立っていた判例を覆して，改めて特権説・優先権保全説（65頁参照）の立場表明し，同時に，抵当権者がみずから差し押さえる前に，他の債権者が転付命令を得た場合には，譲渡された場合と同様，債権の帰属が変更するから物上代位権の行使はできないとした。これに対して，学説は，担保物権者は，転付命令を取得した後でも，目的債権が譲渡された後でも，物上代位権を行使できるが，ただ，これら新債権者（転付債権者・譲受債権者）に払渡しがあるとその請求権は消滅するから，その前でなければならない，と批判した（我妻290頁など）。

しかし，前掲最判昭59・2・2は，依然，前掲大連判大12・4・7と同様の見解に立つことを明らかにした（同旨，前掲最判昭60・7・19）。そして，この考え方は，学説によって支持され，これまでの通説を形成してきた。それゆえ，債権譲渡は，債権の帰属の変更であるから，「転付命令」の論理に従えば，債権の帰属が変更し，他人に帰属した以上，物上代位権の行使はできないという結論になるのである（第1編第2章第3節②3)(a)ⅰ（62頁），および前掲(c)ⅲ参照）。

　ところが，最判平10・1・30$\binom{民集52巻}{1号1頁}$は，「抵当権者は，物上代位の目的債権が譲渡され第三者に対する対抗要件が備えられた後においても，自ら目的債権を差し押さえて物上代位権を行使することができる」とし，その理由として，① 304条にいう「払渡し又は引渡し」は当然には債権譲渡を含むものとは解されないこと，② 目的債権の譲渡後における物上代位権の行使を認めても，第三債務者の利益は何ら害されないこと，③ 抵当権の効力が物上代位の目的債権についても及ぶことは抵当権設定登記により公示されているとみることができること，④ このように解しないと，債権譲渡によって容易に物上代位権の行使を免れ，抵当権者の利益を不当に害するものになること，を挙げる。そして，これらの理由は，物上代位による差押えの時点において，譲渡された目的債権の弁済期が到来しているかどうかにかかわりなく当てはまるとする。

　この問題に対処して，学説は，次のような見解を示している。──

　〔A〕　「登記」対抗要件説　物上代位権の対抗要件を抵当権「登記」とし，抵当権設定後に譲渡された債権に対しても，第三債務者が弁済するまでは，物上代位権の差押えが可能であるとする$\binom{清原泰司『物上代位の法理』}{75頁，高木150頁など}$。前掲最判平10・1・30の立場と同じである。

　〔B〕　「差押え」対抗要件説　物上代位権の対抗要件を「差押え」とし，物上代位権の「差押え」と債権譲渡の「対抗要件」の具備によって優劣関係を決定しようとする$\binom{道垣内弘人「賃料債権に対する物上代位と賃}{料債権の譲渡」銀法21第522号9頁以下など}$。

　〔C〕　「差押え」時──債権峻別説　物上代位の「差押え」時を基準とし，その時点で既発生の賃料債権については債権譲渡が優先し，未発生の債権については，物上代位権が優先するとする$\binom{松岡久和「物上代位の成否と限}{界(1)」金法1506号17頁以下など}$。

　まず，判例・〔A〕説は，304条の「差押え」の趣旨は「第三債務者の保護」にあるとして自説の結論を導くが$\binom{ただし，高木}{150頁は別}$，しかし，「差押え」は，目的債権を特定・公示してその優先性を確保しようとする趣旨であるというのが共通の理解であろう。それに対する批判は既述した$\binom{第1編第2章第3}{節\textbf{2}3(b)(64頁)}$。次に，物上代位権が抵当権「登記」によって公示されていると考えられるか。すでに保険金請求権の箇所$\binom{前掲(3)(b)}{(146頁)}$で論じたように，物上代位権は「差押え」がな

ければその行使が認められないのであるから，抵当権「登記」でもってその効力が維持されるというのは，結論を先取りした論理であろう（前掲最判平10・1・30は，明らかに執行妨害への対処の論理である）。また，この判例の事案は，抵当権設定者Aと建物賃借人Yとは20年来のつき合いがあり，賃料債権譲受人BがY社の役員を兼ねていた上に，抵当権者XとAとの本件建物の処分をめぐる交渉が決裂した直後にAからBに債権譲渡がされ，Yが承諾したもので，典型的な債権回収妨害事案であるから，信義則違反又は権利濫用など他に排除する方法もあったであろう（一審では，Yの主張を権利濫用と認定している）。

以上のことから，私は，物上代位権の行使は「差押え」を前提とする以上，その「差押え」と債権譲渡の「対抗要件」具備との先後によって優劣を決定すべきだと考える。したがって，〔B〕説が妥当である。

なお，〔C〕説では，譲渡される賃料債権とは，そのほとんどが将来債権であろうから，実際には，〔B〕説と同じとなろう。

ところで，近時，判例は，動産売買先取特権に基づく物上代位権の行使と目的債権譲渡が競合した場合に，同先取特権は「抵当権とは異なり公示方法が存在しない」ゆえに，目的債権が譲渡され，対抗要件を具備した後においては，物上代位権を行使できないとしている（最判平17・2・22民集59巻2号314頁。62頁参照）。

(g) 転貸賃料への物上代位　〔図④〕〔6〕抵当不動産がCからHに転貸された場合に，Hに対する転貸賃料債権について物上代位権を行使できるであろうか。従来，下級審では，肯定・否定の2つの立場に分かれていたが，最高裁は，原則として，否定説の立場に立ち，例外的に，賃借人を所有者と同視できる場合にのみ肯定する態度をとった。

すなわち，「304条1項に規定する『債務者』には，原則として，抵当不動産の賃借人（転貸人）は含まれないものと解すべきである。けだし，所有者は被担保債権の履行について抵当不動産をもって物的責任を負担するものであるのに対し，<u>抵当不動産の賃借人は，このような責任を負担するものではなく，自己に属する債権を被担保債権の弁済に供されるべき立場にない</u>からである。……また，転貸賃料債権を物上代位の目的とすることができるとすると，正常な取引により成立した抵当不動産の転貸借関係における賃借人（転貸

人）の利益を不当に害することにもなる」とし，ただ，執行妨害などに対しては，「もっとも，所有者の取得すべき賃料を減少させ，又は抵当権の行使を妨げるために，法人格を濫用し，又は賃貸借を仮装した上で，転貸借関係を作出したものであるなど，抵当不動産の賃借人を所有者と同視することを相当とする場合には，その賃借人が取得すべき転貸賃料債権に対して抵当権に基づく物上代位権を行使することを許すべきものである」，とする（最決平12・4・14民集54巻4号1552頁）。妥当な判断である。

(h) 物上代位と賃借人の相殺　賃料債権に対して物上代位権による差押えがされたときに，賃借人Ｃは，賃貸人（設定者）Ｂに対して有する債権を自働債権として賃料債権との相殺ができるか。511条は，Ｃは差押え後に取得した債権により相殺をすることはできないとするから，差押え前に取得した債権であれば，相殺ができるとする余地もあろう。

　しかし，判例は，抵当権者が「差押え」をした後は，賃借人は，「抵当権設定登記の後に賃貸人に対して取得した債権を自働債権とする賃料債権との相殺をもって，抵当権者に対抗することはできない」。けだし，差押え後においては，「抵当権の効力が賃料債権に及ぶことは抵当権設定登記により公示されているとみることができる」から，相殺に対する賃借人の期待を抵当権の効力に優先させる理由はない，とする（最判平13・3・13民集55巻2号363頁）。明らかに，前掲最判平10・1・30の理論を前提としている。その実質的意味は，登記によって公示された担保物権の実行としての差押えなのだというところにある。

　なお，この法理は，賃借人が賃貸人に対して有する債権が「敷金」返還請求権である場合には適用されるべきでないとする批判がある（後掲(i)参照）。

【最判平13・3・13の事例】　〔図⑤〕前掲最判平13・3・13の事案は，以下のとおりである。Ｘは，平成10年1月に，昭和60年9月に設定した抵当権に基づく物上代位の行使として，ＡのＹに対する賃料債権の差押命令を得，その取立権に基づき，平成10年2月分から6月分の賃料の取立訴訟を提起した。ところで，Ａ・Ｙ間の建物賃貸借契約は，保証金3000万円として，昭和60年11月に締結されたが，平成9年8月に解消され，同年9月に，改めて保証金330万円とする賃貸借契約が締結された。その際，その保証金は従来の保証金を充

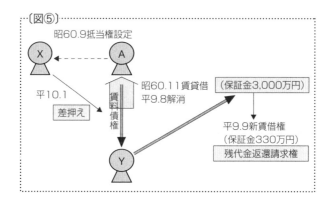

〔図⑤〕

昭60.9抵当権設定

平10.1
差押え

昭60.11賃貸借
平9.8解消

賃料債権

(保証金3,000万円)

平9.9新賃借権
(保証金330万円)

残代金返還請求権

て，その超過残金の返還については，平成9年9月27日に，AのYに対する平成12年9月分までの賃料債権と相殺することが合意された。そして，Xの上記物上代位権行使に対して，この合意相殺を主張した。

(i) 物上代位と賃料債権への敷金充当 では，賃料債権に対して物上代位権による差押えがあった場合に，抵当不動産の賃借人は，賃貸人に対して差し入れていた「敷金」を，その賃料債務に充当することができるか。上記した前掲最判平13・3・13の法理に従う限り，物上代位権が優先するとなると，賃借人は，賃貸人に差し入れていた敷金を失うおそれがある。

しかし，判例は，抵当権者Xが，平成10年6月に，物上代位権の行使により賃料債権を4億6000万円に満つるまで差し押さえ，賃借人Yにその支払いを求めたところ，Yは，平成10年3月に，同年9月30日をもって賃貸借契約を解除する旨の通知をして，9月30日に退去し，解除通知後退去までの未払い賃料債務と敷金返還債権の相殺をした事案において，——

まず，「敷金」とは，「賃貸借終了後の目的物明渡しまでに生ずる」一切の債権につき，その充当により当然消滅させるものであり，この効果は，賃貸借契約に付随する敷金契約から発生する効果であって，「相殺のように当事者の意思表示を必要とするものではないから，民法511条によって上記当然消滅の効果が妨げられないことは明らかである」とし，したがって，「敷金が授受された賃貸借契約に係る賃料債権につき抵当権者が物上代位権を行使してこれを差し押さえた場合においても，当該賃貸借契約が終了し，目的物が明

け渡されたときは，賃料債権は，敷金の充当によりその限度で消滅する」，とした（最判平14・3・28民集56巻3号689頁）。

この結論は正当である（生熊長幸「判批」民商130巻3号142頁以下参照）。ただ，現実的な問題としては，敷金の「当然充当」が機能するためには，契約を終了させた上で不動産を明け渡す必要があることである。〔▶→『契約法』「敷金」（【V】195頁以下）〕

(5) 物上代位権の行使の方法

(a)「担保権の存在を証する文書」　抵当権者の物上代位権の行使は，抵当権の実行であることから，その開始には「担保権の存在を証する文書」（民執181条所掲）を提出しなければならない（民執193条1項後段）。ただ，その目的物が「債権」（請求権）であるため，方法的には，民事執行法の「債権執行」の手続きで行われる（民執193条2項→同143条以下）。

(b)「収益執行」手続との関係　物上代位権の行使による賃料債権差押手続の係属中に，他の担保権者の申立てにより，賃料債権につき「収益執行」手続が開始された場合には，物上代位権に基づく差押手続は，収益執行手続に吸収され，その中で配当を受けることになる（民執188条→同93条の4）。

3　被担保債権の範囲

(1) 序　説

(a) 被担保債権の範囲の制限　抵当権によって担保される債権の範囲について，民法は，質権の場合（346条）と異なり，一定の制限を設けている（375条）。すなわち，元本は別として，利息，定期金，損害賠償に対する「最後の2年分」という制限であり，フランス民法にならったものである。利息や定期金は，時の経過によって著しく増大するものであり，後順位抵当権者や他の一般債権者の利害に関係するところ大である。それゆえ，現に設定されている抵当権の担保枠を公知させ，同時に，抵当目的物の残余価値の利用を高めようとするところに，本条の意味がある。

　しかし，利息という重要なものについて，このような制限を加えることについては批判が強い（ドイツでは無制限に担保される）。375条の立法の趣旨が上記のようなことであるとすれば，後順位抵当権者や一般債権者などの利害と無関係な場合には，制限する必要はない。そこで，375条は，「抵当権を行使すること」ができない者の範囲を限定して解釈すべきことになる（我妻248頁）。このように考えると，抵当権の担保する債権の範囲は，後順位抵当権者等との関係では375条によって制限されるが，当事者（債務者ないし設定者）は，それによって制限されるものではなく，元本のほか，利息・定期金の全額を弁済しなければ，抵当権を消滅させることはできないことになる（通説判例）。375条は，現在では，このように解釈されている。

　(b) 登記による公示　抵当権の被担保債権の範囲は，登記簿上に公示される（不登83条1項，同88条1項）。債権額のほか，利息，損害の賠償額，定期金などは登記事項である。これらは，登記されることによって後順位抵当権者等に対する対抗力を有し，後順位抵当権者等との関係では，その登記の限度によって優先弁済の範囲が確定される（第2節**4**(2)（128頁）参照）。しかし，具体的な場合に問題がなくはないので，個別的に検討しよう。

(2) 元　　本

　通常は元本全額が抵当権の被担保債権となるが，元本の一部を担保するという合意の「一部抵当」も有効である（第2節**3**1)(b)i（124頁））。

　なお，債権額は登記事項であるから，被担保債権が1000万円である場合に，何らかの事情で登記額が900万円とされていたときは，後順位抵当権者等との関係では900万円しか優先弁済を受けないが，債務者との関係では，1000万円の優先弁済を受けることができる。

　一定の金額を目的としない債権（非金銭債権）のために抵当権が設定されるときは，その債権の「価額」（金銭に評価した額）を，登記しなければならない（不登83条1項1号）。

（3）利　　息

（a）利息の約定　利息のとり決めがあるときは，その利率を登記しなければならない（不登88条 1項1号）。ただ，この登記があっても，抵当権を行使することのできる範囲は，「満期となった最後の2年分」である（375条1 項本文）。

（b）制限の範囲　「満期となった最後の2年分」という制限につき，若干の問題がある。

i　制限を受けない者　既述したように，この制限の趣旨は，後順位抵当権者等との利害の調整にある。そうである以上，少なくとも，後順位抵当権者等がいない場合の当事者間では，制限を受けないというべきである。では，「当事者」（つまり設定者）と目されるのはどのような者か。

①　**「債務者」（設定者）**　制限を受けない（大判大9・6・29民録26輯949頁（債務者 に対しては抵当権者は利息の全額につ き競売の申立ができるとする））。

②　**「物上保証人」**　設定者であるゆえに，制限を受けない。

③　**「第三取得者」は？**　「第三取得者」については，学説により，これを，ⓐ 設定者と同視する説（設定者の有する負担をそのまま承継するから）（我妻 249頁），ⓑ 後順位抵当権者と同様に扱う説（目的物の残余価値を期待してこれを取得するのが普通であるから）（鈴木 149頁），ⓒ 各場合によって個別的に処理する説，がある。判例は，ⓐ説に立ち，第三取得者は，設定者の有する負担をそのまま承継し，定期金の全額を弁済しなければ抵当権を消滅させることができない，とする（大判大4・9・15 民録21輯1469頁）。

思うに，第三取得者は，残余価値を期待するといっても，後順位抵当権者と異なり，抵当権という負担を引き受けることを前提としての残余価値の期待にすぎない。この，自己の負担する抵当権については，物上保証人と同じものと考えられる。それゆえ，第三取得者は，その抵当権がいかなる債権を担保するものであるか，つまり，抵当権設定の当事者間では登記に表示される額ではなく全額を担保するものであることを知悉しているというべきである。したがって，ⓐ設定者説が正当である。

ii　「満期となった最後の2年分」の意味　学説が対立する。──

〔**A** **配当時説**〕 配当の時から算出して最後の2年分とするが，その起算日については考えが分かれ，配当日とする説（我妻250頁。名古屋高判昭33・4・15高民集11巻3号239頁），配当表作成日とする説（川井・概論331頁）がある。

〔**B** **利息の弁済期到来時説**〕 「満期」とは，利息の弁済期が到来した時，と解する（柚木＝高木290頁）。

〔A〕説と〔B〕説との差は，例えば，利息の弁済期を毎年12月31日とし，平成16年9月1日に抵当権を実行したとき，利息の額は，前者だと抵当権実行による配当日から遡って2年分であるが，後者だと，平成15・14年の2年分となり，16年の8か月分は含まれないことになる。

(c) 利息に関する特約 重利，元利金均等年賦償還などの，利息に関する特別の約定である。

i 重利の特約 実務においては，重利の特約の登記を認めていない（昭和34・11・26民甲2541号民事局長通達）。したがって，単利計算で2年分のみの利息につき，優先弁済を受けるにすぎない（元本に繰り込まれる額をあらかじめ元本に含めて登記することは可能。高木154頁）。

ii 元利金均等年賦償還 問題となったのは，元本と利息とを合算した総額を15年間の年賦とし，その支払い途中で抵当権が実行された場合である。利息につき，旧374条（現375条）の適用が否定された（大判大9・12・18民録26輯1951頁）。これに対しては，債権総額が確定しており，債権額として登記されるのだから（不登83条1項），利息を2年分に限定する必要はないとして判例に賛成するもの（高木154頁），残存元本についての2年分の利息は計算可能であり，それについてのみ抵当権を行うことができるとするもの（川井・概論331頁），がある。

(d) 満期後の「特別の登記」 以上の，最後の2年分以前の利息についても，満期後に特別の登記をすれば，その登記の時より抵当権を行うことができる（375条1項ただし書）。この特別の登記は，権利変更登記（不登66条）によって行う。

(4) 定期金

利息以外の定期金を請求する権利を有するときも，利息の場合と同じく，満期となった最後の2年分についてのみ，抵当権を行使することができる

$\left(\substack{375条1\\項本文}\right)$。ここでいう定期金とは，終身定期金，有期年金，定期扶助料，地代，家賃などをいう。定期金は，利息と異なり，それ自体が被担保債権なのだから，全期間の総額を「債権額」（将来債権）として抵当権を設定することは可能である$\left(\substack{我 妻\\254頁}\right)$。

(5)　遅延損害金・違約金

(a) 遅延損害金　元本を弁済しないで弁済期を徒過すると，遅延賠償（遅延利息）を払わなければならないが，その利率は，特約（賠償額の予定）がない場合には元本の約定利率と同一であり，特約がある場合にはその特約利率による。しかし，この特約による遅延損害金についても，民法は，最後の2年分に限り抵当権を行使することができるが，利息その他の定期金と通算して2年分を越えることができないとした$\left(\substack{375条\\2項}\right)$。特約のない場合は，利息と同一の扱いとなる。

(b) 違約金　違約金は，賠償額の予定と推定されるので$\left(\substack{420条\\3項}\right)$，通常は，上記の遅延損害金として扱われよう。したがって，登記をすることによって最後の2年分につき，抵当権を行使することができる。ただ，違約金が一定額で定められる場合，登記の方法はない$\left(\substack{昭和34・7・25民甲\\1567号民事局長通達}\right)$。しかし，375条は制限を受ける被担保債権のみを規定したのだから，明定されていない違約金については抵当権を行使できるし，また違約金は「債権額」$\left(\substack{不登83\\条1項}\right)$として登記できるとする反対説がある$\left(\substack{川井・概\\論333頁}\right)$。

(6)　抵当権実行の費用

抵当権実行の費用が，抵当権によって担保される債権に含まれるかどうかについては，質権の場合$\left(\substack{346\\条}\right)$と異なり，明文の定めはない。ただ，民事執行法は，執行の費用を債務者の負担としており$\left(\substack{民執42条1項，\\同85条4項}\right)$，そのことを肯定している。それが現実に問題となるのは，後順位抵当権者のいる場合であろう$\left(\substack{詳細は，川井・\\概論334頁参照}\right)$。

なお，近時，執行費用は，「共益費用」であり，抵当権の効力としてなされるものではないとする考え方が強い$\left(\substack{東孝行「抵当権実行費用について」\\判タ450号60頁以下，高木155頁}\right)$。

第4節　抵当権の効力（2）── 優先弁済的効力

1　序　説

(1)　優先弁済の方法 ── 抵当権の実行

　抵当権の本体的な効力は，債権の弁済を受けない場合に，抵当不動産から優先弁済を受けること，すなわち抵当権の実行である。これは，理論的には，排他的支配権としての「処分」権限の発現であるが，その方法にはいくつかある（序論2(c) (6頁)参照）。

　　i　担保不動産競売　　抵当不動産を競売（換価）に付し，その売得金から優先弁済を受ける方法である（詳細は→後掲 2(163頁)）。

　　ii　担保不動産収益執行　　抵当不動産が生み出す収益（果実）につき，その管理権を得て，収益から優先弁済を受ける方法である（2003年導入。詳細は →後掲3(169頁)）。

　　iii　抵当直流（じきながれ）　　抵当権者が，抵当不動産の所有権を直接に取得する方法である（流担保）（詳細は→後掲 4(1)(175頁)）。

　　iv　任意売却　　債務者に破産手続が開始した場合に，破産管財人が，みずからの管理処分権に基づき，裁判所の許可を得て，抵当不動産を任意に売却する方法である（詳細は→後掲 4(2)(175頁)）。

　抵当権者は，上記の各方法のいずれでも選択できる。各手続は後掲する。

(2)　一般債権者としての強制執行

　抵当権者は，抵当債権についての「債権者」であるから，一般債権者としての立場で，債務者の一般財産に対して「強制執行」をすることもできる。しかし，抵当権者が，別に優先枠を確保しておきながら，債務者の一般財産に執行しようとするのは，他の一般債権者を害すること甚だしいから，無条

件に認められるべきではない。そこで，民法は，この権利行使につき，一定の制限を設けている。

(a) 「優先弁済の不足」に限定　抵当権者は，まず抵当不動産を実行し，その代価で弁済を受けられなかった債権の部分についてのみ，債務者の一般財産に対して強制執行することができることである（394条1項）。

　この関係で，抵当権者が，抵当権を実行しないで，先に一般財産を強制執行した場合が問題である。この制限規定は一般債権者を保護するものであるから，この場合には，一般債権者は異議の申立てをすることができる。しかし，債務者が申立てをすることはできないと解される（大判大15・10・26民集5巻741頁，我妻301頁）。異議申立ての方法は，第三者異議の訴えによるとする説（柚木＝高木374頁），執行そのものを阻止することはできず，配当に当たって一般債権者から供託すべき旨の請求ができるに止まるとする説（我妻301頁）がある。

(b) ＜例外＞—— 他の財産の執行　抵当権実行前に他の財産の代価を配当すべき場合には，前掲(a)の原則（394条1項の規定）は適用されず，抵当権者は，債権全額につき，その財産から配当を受けることができる（394条2項前段）。ただし，他の各債権者は，抵当権者をして394条1項の規定に従って弁済を受けさせるため，抵当権者に配当すべき金額を供託することを請求できる（394条2項後段）。そうすると，抵当権者は，抵当不動産から満足を受けない部分についてのみ，供託金から弁済を受けることになるが，この場合は，他の債権者と平等の割合での弁済となる。

(3) 優先弁済の順位

(a) 他の抵当権との関係　優先順位は，登記の前後による（373条1項）。劣後する抵当権（後順位抵当権）は，先順位抵当権が弁済その他の事由で消滅したときは，順位が昇進する（順位昇進の原則）。

(b) 租税債権との関係　国税（税徴8条）および地方税（地税14条の9）の租税債権は，納税者の総財産の上に効力を及ぼす一般の先取特権として扱われる。そして，国税・地方税の法定納期限等以前に抵当権が設定されてあるときは，抵当権がこれらに優先する（税徴16条，地税14条の10）。

(c) 先取特権との関係　一般の先取特権との関係は，その先取特権に登記があるときは登記の前後によるが$\binom{336条た}{だし書}$，未登記抵当権では，常に先取特権が優先する$\binom{第1編第2章第3節\mathbf{1}}{(2)(b)iv（56頁）参照}$。不動産の先取特権との関係は，売買の先取特権とは登記の前後によるが，保存および工事の先取特権は，登記をすれば常に抵当権に優先する$\binom{339}{条}$。既述した$\binom{第1編第2章第3節}{\mathbf{1}2)(b)iv（56頁）}$。

(d) 不動産質との関係　登記の前後による$\binom{373条\leftarrow}{361条}$。

(4) 第三者の競売開始

　抵当権の目的となっている不動産については，後順位抵当権者や一般債権者も競売を申し立てることができる（前者は後順位抵当権の実行，後者は強制競売）。これらの競売手続のなかでは，先順位抵当権は消滅するから$\binom{消滅主義。}{民執59条1項。117頁【消滅主義】と引受主義】参照}$，抵当権者は，その順位に応じて配当を受けることができる$\binom{民執87条}{1項4号}$。

　もっとも，抵当権者は，重ねて競売申立てをすることもでき，その開始決定を得たときは，先行する一般債権者ないし後順位抵当権者が申し立てた競売手続内で，順位に応じた配当を受けることになる$\binom{民執47条・87条1項}{1号\leftarrow同188条}$。

(5) 倒産手続における抵当権の地位

(a) 破産・民事再生　債務者に「破産」手続が開始した場合，抵当権者は「別除権」を有するので，破産手続に吸収されず，独自に抵当権の実行をすることができる$\binom{破65}{条}$。「民事再生」手続の場合も同様に，別除権者として，再生手続によらないで権利行使ができる$\binom{民再}{53条}$。

(b) 会社更生　以上に対し，債務者につき「会社更生」手続が開始された場合は，抵当権は「更生担保権」とされ$\binom{会更2}{条10項}$，抵当権者は更生手続内でのみ優先弁済権を主張できるに止まる$\binom{会更}{135条}$。ただ，更生手続内では，更生担保権は最優先順位の地位が与えられている$\binom{会更168条}{1項・3項}$。

(c) 特別清算　特別清算開始の命令があった場合には，裁判所は，債権者の一般の利益に適合し，かつ，担保権実行申立人に不当な損害

を及ぼすおそれがないと認められるときは，一定の申立てまたは職権により，相当の期間を定めて，抵当権の実行手続の中止を命じることができる（会516）。

2 担保不動産競売

(1) 競売開始手続

(a) 実体法的要件　　抵当権を実行するためには，実体法上，① 抵当権の存在，② 被担保債権の存在，③ 弁済期の到来，が必要である。なお，これらの要件については実質審理をせず，開始決定をして，それに対する執行異議によって争わせる（民執182条, 同183条）。

(b) 競売の申立て ── 「開始文書」の提出　　抵当権の実行は，不動産の所在地を管轄する地方裁判所（執行裁判所）への申立てであるが（民執44条←, 同188条），これは，「抵当権の存在を証する文書」（開始文書）が提出されたときに限り，開始される。抵当権の存在を証する「開始文書」とは，次に掲げるものである（民執181 条1項）。

　　i　抵当権の存在を証する確定判決もしくは家事審判（家事事 件75条），またはこれらと同一の効力を有するものの謄本

　　ii　抵当権の存在を証する公証人が作成した公正証書の謄本

　　iii　抵当権の登記のされている登記簿の謄本

　申立書の記載事項や，添付書類等については，民事執行規則による（民執規170条, 同23条←, 同172条）。

【競売開始決定前の保全の必要性】　　競売を申し立てようとする場合に，債務者または不動産の所有者もしくは占有者が，「価格減少行為」（不動産の価格を減少させ，または減少させるおそれがある行為）をするときは，競売が功を奏しないことがある。そこで，このような場合には，執行裁判所は，競売の申立てをしようとする者の申立てにより，買受人が代金を納付するまでの間，① 価格減少行為を禁止し，または一定の行為をすべきこと，② 不動産の占有を解いて執行官に引き渡すか，執行官に不動産を保管させること，または，③ 不動産の占

有の移転を禁止し，および当該不動産の使用を許すこと，を内容とする「保全処分」または「公示保全処分」$\left(\substack{\text{保全処分の内容を不動産の所在する場} \\ \text{所に公示させることを内容とするもの}}\right)$を命ずることができる$\left(\substack{\text{民執187条・55条1項（後掲167頁【売} \\ \text{却に際しての保全の必要性】参照）}}\right)$。

(c) 競売の開始決定　執行裁判所は，競売の開始決定をしてその手続を開始するが，開始決定においては，担保不動産を債権者のために差し押さえる旨を宣言しなければならない$\left(\substack{\text{民執45条1項} \\ \text{←同188条}}\right)$。そして，この開始決定は，債務者（または所有者）に送達され$\left(\substack{\text{民執45条2項} \\ \text{←同188条}}\right)$，裁判所書記官は，目的不動産につき直ちに差押えの登記を登記所に嘱託しなければならず$\left(\substack{\text{民執} \\ \text{48条←同} \\ \text{188条}}\right)$，また，目的不動産にすでに収益執行$\left(\substack{\text{後掲} \\ \boxed{3}}\right)$が開始されているときは，収益執行の申立人および管理人に対し，担保不動産競売の開始決定がされたことを通知しなければならない$\left(\substack{\text{民執規24条←} \\ \text{同173条1項}}\right)$。

　i　差押えの効力 ── 処分禁止効　差押えにより，所有者は目的物の処分が禁止される$\left(\substack{\text{民執45条1項} \\ \text{←同188条}}\right)$。この意味は，処分をするも差押債権者のみならず第三者に対して対抗できなくなることであり，処分をした当事者間では有効である（「関係的ないし相対的処分禁止」と呼ばれる）。また，第三者とは，差押後に出現する差押債権者や配当要求債権者を除外するものではなく，当該執行手続に関与するすべての債権者である$\left(\substack{\text{民執87条2・3項。椿編。} \\ \text{43頁以下〔上田徹一郎〕}}\right)$。

　差押えの効力は，競売開始決定が債務者に送達された時，または差押登記がされた時のいずれか早い時に生ずる$\left(\substack{\text{民執46条1項} \\ \text{←同188条}}\right)$。

　ii　開始決定に対する不服申立　担保不動産競売の開始決定に対する執行異議の申立て$\left(\substack{\text{民執} \\ \text{11条}}\right)$においては，債務者または抵当不動産の所有者は，「抵当権の不存在または消滅」を理由とすることができる$\left(\substack{\text{民　執} \\ \text{182条}}\right)$。これは，強制執行の異議申立てでは実体上の権利判断ができない（手続上の瑕疵に限られる）$\left(\substack{\text{後掲170頁【執行「抗告」} \\ \text{と執行「異議」】参照}}\right)$が，担保権の実行では，それを理由とすることができることを意味している。しかし，抵当権の存否を争う場合には，通常の裁判によらなければならない$\left(\substack{\text{田井ほか271} \\ \text{頁〔磯野英徳〕}}\right)$。

(d) 抵当権実行手続の停止　抵当権実行手続は，① 抵当権が存在しないことが確定された場合，② 裁判上の和解により抵当権の実行をしない合意等がある場合，③ 抵当権実行手続の停止命令等があっ

た場合，などにおいて，それを証する公文書（確定判決や和解調書）の謄本が提出されたときは，停止しなければならない（民執183条）。

(2) 競売（換価）手続

(a)「配当要求の終期」の決定　差押えの効力が生じた場合，裁判所書記官は，配当要求の終期を決定し，これを公告しなければならない（民執49条1項・2項←同188条）。これは，この競売手続において，各債権者が配当を要求できる終期であり，したがって，次掲の債権届出の終期でもある。

(b) 債権の届出の催告　裁判所書記官は，その公告とともに，① 差押えの登記前に登記された仮差押債権者（民執87条1項3号），② 売却により消滅するところの，差押えの登記前に登記された先取特権，質権または抵当権を有する債権者（民執87条1項4号），③ 租税その他の公課を所管する官庁または公署，に対して，各「債権の存否ならびにその原因および額」を，配当要求の終期までに届け出るべき旨を催告しなければならない（民執49条2項←同188条）。

> ＊　**債権届出の性質**　債権届出とは，債権計算書の提出であるが，その性質は，裁判所に債権を有することの資料を提供するにすぎないものである。したがって，「請求」（147条1号）ないし「催告」（153条）などの意味は有していない（最判平元・10・13民集43巻9号985頁。塩崎勤「不動産競売手続において抵当権者がする債権の届出と時効中断」金法1259号18頁）。

(c) 現況調査　執行裁判所は，執行官に対して，不動産の形状，占有関係，その他の現況について，調査を命じなければならない（民執57条1項←同188条）。執行官は，調査に際しては，不動産に立ち入り（閉鎖した戸を開くための必要な処分もでき），所有者や不動産の占有者に対して質問ないし文書の提出を求めることができる（同2項・3項）。また，調査で必要な場合には，市町村に対して，不動産の固定資産税に関する資料の写しの交付の請求や（同4項），電気・ガス・水道を供給する法人に対して，必要な事項の報告を求めることができる（同5項）。

(d) 売却基準価額の決定　執行裁判所は，執行官の現況調査や，評価人の評価に基づいて，不動産の売却額の基準となるべき「売却基準価額」を決定しなければならない（民執60条←同188条）。その際，法定地上権

の存否，買受人が引き受けることになる留置権や質権$\left(\begin{smallmatrix}\text{民執59条4項}\\ \leftarrow\text{同188条}\end{smallmatrix}\right)$，などが斟酌されることはもちろんである。

i 評価人の評価　執行裁判所は，評価人を選任し，不動産の評価を命じなければならない$\left(\begin{smallmatrix}\text{民執58条1項}\\ \leftarrow\text{同188条}\end{smallmatrix}\right)$。評価人は，近傍同種の不動産の取引価格，不動産から生じる収益，不動産の原価その他の不動産の価格形成上の事情を適切に勘案して，遅滞なく評価をしなければならない$\left(\begin{smallmatrix}\text{同条2}\\ \text{項前段}\end{smallmatrix}\right)$。

ii 「買受可能価額」　買受人が買受けを申し出るべき額は，「売却基準価額」から10分の2に相当する額を控除した価額以上でなければならない。この価額を「買受可能価額」という$\left(\begin{smallmatrix}\text{民執60条3項} \leftarrow \text{同188}\\ \text{条。旧「最低売却価額」}\end{smallmatrix}\right)$。

iii 剰余主義　競売は，買受可能価額が，競売の手続費用と優先債権$\left(\begin{smallmatrix}\text{先順位抵当権，優先}\\ \text{する租税債権など}\end{smallmatrix}\right)$とを弁済して，なお剰余を生じる場合でなければならない。そこで，――

① 執行裁判所は，買受可能価額が，手続費用と優先債権合計の見込額に満たないと認めるときは，その旨を競売申立人に通知しなければならない$\left(\begin{smallmatrix}\text{民執63条1項}\\ \leftarrow\text{同188条}\end{smallmatrix}\right)$。

② 競売申立人は，その通知を受けた日から1週間内に，その見込額を超える額をみずから定めて，(**α**)自分が買受人になることができる場合にはその申出と保証の提供，(**β**)買受人になることができない場合には他の申出額との差額負担の申出と差額保証の提供，のいずれかをしなければ競売申立ては取り消される$\left(\begin{smallmatrix}\text{民執63条2項本}\\ \text{文} \leftarrow \text{同188条}\end{smallmatrix}\right)$。

③ ただし，競売申立人が，(**α**) 剰余が生じることを証明したとき，または (**β**) 優先債権を有する者$\left(\begin{smallmatrix}\text{優先債権の全部の弁済}\\ \text{を受けられる者を除く}\end{smallmatrix}\right)$の同意を得たことを証明したときは，上記②の手続は必要でない$\left(\begin{smallmatrix}\text{民執63条2項ただ}\\ \text{し書} \leftarrow \text{同188条}\end{smallmatrix}\right)$。

(e) 売却方法　不動産の売却の方法は，「入札」（期日入札・期間入札）$\left(\begin{smallmatrix}\text{民執規}\\ \text{34条以}\\ \text{下} \leftarrow \text{同}\\ \text{173条}\end{smallmatrix}\right)$，「競り売り」$\left(\begin{smallmatrix}\text{同50}\\ \text{条}\end{smallmatrix}\right)$，そのいずれによるか，裁判所書記官が裁量で選択する$\left(\begin{smallmatrix}\text{民執64条} \leftarrow\\ \text{同188条}\end{smallmatrix}\right)$。その際，買受け希望者の申立てがあれば，内覧（不動産の買受け希望者を立ち入らせて見学させること）の実施を命じなければならない$\left(\begin{smallmatrix}\text{同64条}\\ \text{の2}\end{smallmatrix}\right)$。買受けの申出には，裁判所の定める額・方法による保証を提供しなければならない$\left(\begin{smallmatrix}\text{同66}\\ \text{条}\end{smallmatrix}\right)$。

　なお，買受けの申出は誰でもすることができるが，債務者だけは否定されている（同68条）。これは，みずから債務を負担していながら，それを弁済しないで競売に参加することは信義に反するとする思想に基づく。しかし，第三取得者は，債務を負担するわけではないから，この制限を受けない（390条）。

　【売却に際しての保全の必要性】　　担保不動産を売却するに際して，執行妨害等に対処するため，次の2つの保全処分が認められている。——

　(1)　売却のための保全処分等　　債務者または不動産の所有者もしくは占有者が，「価格減少行為」をするときは，執行裁判所は，競売申立人の申立てにより，買受人が代金を納付するまでの間，① 価格減少行為を禁止し，または一定の行為をすべきこと，② 不動産の占有を解いて執行官に引き渡すか，執行官に不動産を保管させること，または，③ 不動産の占有の移転を禁止し，および当該不動産の使用を許すこと，を内容とする保全処分・公示保全処分を命ずることができる（民執55条←／同188条）。なお，相手方を特定することを困難とする特別の事情（執行妨害のために占有者を次々と入れ替えるなど）があるときは，この処分は，相手方を特定しないで発することができる（民執55条の2←同188条）。

　(2)　買受け申出人のための保全処分等　　競売を実施しても買受けの申出がなかった場合において，債務者または不動産の占有者もしくは所有者が不動産の売却を困難にする行為をし，またはその行為のおそれがあるときは，執行裁判所は，競売を申し立てた者の申立てにより，買受人が代金を納付するまでの間，① 不動産の占有を解いて執行官か申立人に引き渡すこと，または，② 不動産を執行官か申立人に保管させること，を内容とする保全処分・公示保全処分を命ずることができる。ただし，この申立てをするには，買受可能価額以上の額（申出額）を定めて，次の競売において買受けの申出がないときはみずから申出額で買い受ける旨の申出をし，かつその保証の提供をしなければならない（民執68条の2←同188条）。

(f) 売却許可の決定　　執行裁判所は，売却決定期日を開き，売却の許可または不許可を言い渡す（民執69条←／同188条）。民事執行法71条・72条の事由があるときは，不許可の決定がされる。

(g) 代金の納付と　　売却許可決定が確定すると，買受人は，一定期限内に代金を納付しなければならない（民執78条←／同188条）。「代金の納付」
　　所有権移転

により，買受人は不動産の所有権を取得し$\binom{同79}{条}$，裁判所書記官は，その所有権移転の登記と，売却によって消滅した権利$\binom{117頁【消滅主義と}{引受主義】参照}$の登記の抹消を，嘱託する$\binom{同82}{条}$。

また，代金の納付があると，買受人の不動産取得は，抵当権の不存在または消滅によって妨げられない$\binom{民　執}{184条}$。抵当権設定者は，それを理由とする異議申立て$\binom{民執181条}{～183条}$ができたはずだからである。それゆえ，この規定が適用されるためには，不動産の所有者が競売手続上当事者として扱われ，上記の異議申立ての機会が与えられていなければならない$\binom{最判平5・12・17民}{集47巻10号5508頁}$。

【買受人の保護】　　競売が功を奏した場合でも，不法占拠などが依然行われていることがある。この場合に，買受人には，次の2つの手段が認められている。

(1)　保全処分等　　執行裁判所は，債務者または不動産の所有者もしくは占有者が，「価格減少行為等」（価格減少行為，または不動産の引渡しを困難にする行為）をし，またはそれをするおそれがあるときは，買受人の申立てにより，引渡命令$\binom{民執}{83条}$の執行までの間，その買受け申出額に相当する金銭を納付させて，① 価格減少行為等を禁止し，または一定の行為をすべきこと，② 不動産の占有を解いて執行官に引き渡すか，執行官に不動産を保管させること，または，③ 不動産の占有の移転を禁止し，および当該不動産の使用を許すこと，を内容とする保全処分・公示保全処分を命ずることができる$\binom{民執77条←}{同188条}$。

(2)　引渡命令　　執行裁判所は，代金を納付した買受人の申立てにより，債務者または不動産の所有者もしくは占有者に対し，不動産を買受人に引き渡すべきことを命ずることができる$\binom{民執83条←}{同188条}$。

【他人の不動産の競売】　　他人の不動産に勝手に抵当権が設定され，それが競売された場合には，買受人は，所有権を取得しない。所有者は，買受人に対して，所有権に基づき登記の抹消を請求できる$\binom{大判昭3・8・1}{民集7巻671頁}$。その場合，不動産を失った買受人は，抵当権の債務者に対して，契約の解除を請求することができるが$\binom{568条}{1項}$，債務者が無資力の場合には，買受人は，代金の配当を受けた債権者に対して，代金の返還を請求できる$\binom{同2}{項}$。〔▶→『契約法』「競売への準用」$\binom{【Ⅴ】}{137頁}$〕

(3)　配当手続

(a) 売却代金の交付　　売却代金で各債権者の債権および執行費用の全部を弁済できる場合には，売却代金の交付計算書を作成して，債権者に弁済金を交付し，剰余金を債務者に交付する（民執84条2項←同188条）。

(b) 配当の実施　　上記(a)の場合を除き，執行裁判所は，配当表に基づいて配当を実施しなければならない（民執84条1項←同188条）。すなわち，配当期日に「配当表」を作成し，民執法87条1項に掲げる債権者および債務者を呼び出して審尋する（同85条3項・4項）。配当表は，一種の裁判であって，異議を述べなかった者を拘束する。

(c) 配当異議の申出・訴え　　配当表に記載された額について不服のある債権者または債務者は，配当期日において，配当異議の申出をすることができる（民執89条1項←同188条）。この場合，執行裁判所は，配当異議の申出のない部分に限り，配当を実施しなければならない（同2項）。

　配当異議の申出をした債権者・債務者は，「配当異議の訴え」を提起しなければならない（同90条）。

3 　担保不動産収益執行

(1)　収益執行開始手続

(a) 収益執行の開始要件　　① 実体的要件として，抵当権の存在，被担保債権の存在，および弁済期の到来，が必要であること，② 手続的要件として，「抵当権の存在を証する文書」（開始文書）が要求されること（民執181条1項）は，担保不動産競売と共通する（前掲**2**1)(a)・(b)（163頁）参照）。

(b) 収益執行の開始決定　　担保不動産収益執行の手続については，強制執行としての「強制管理」の方法が準用される（民執93条以下←同188条）。まず，執行裁判所は，収益執行の開始決定をしてその手続きを開始するが，その開始決定において，債権者のために不動産を差し押さえる旨を宣

言しなければならない$\left(\substack{同1\\項}\right)$。そして，この開始決定は，担保不動産所有者（賃貸人）および給付義務者（賃借人）に送達しなければならない$\left(\substack{同3\\項}\right)$。

i　差押えの効力——処分の禁止と収益給付請求権の交付　差押えにより，担保不動産の所有者は「収益」の処分が禁止され，所有者の賃借人に対する収益（賃料）給付請求権は，管理人に交付される$\left(\substack{民執93条1項\\←同188条}\right)$。この効力は，開始決定が給付義務者（賃借人）に送達された時に生ずる$\left(\substack{同4\\項}\right)$。

ii　「収益」の範囲　「収益」とは，「後に収穫すべき天然果実」，および，「すでに弁済期が到来し，または後に弁済期が到来すべき法定果実」とする$\left(\substack{民執93条2項←同188条。なお，\\第3節\mathbf{1}\mathbf{6})（142頁）参照}\right)$。

iii　二重開始決定　既に強制管理または収益執行の開始決定がされた不動産につき，「強制管理」の申立てがあったときは，さらに強制管理の開始決定がされ$\left(\substack{民執93\\条の2}\right)$，また，「収益執行」の申立てがあったときは，さらに収益執行の開始が決定される$\left(\substack{民執93条の\\2←同188条}\right)$。

iv　開始決定に対する不服申立て　収益執行の開始決定に対する不服申立ては，「執行抗告」による$\left(\substack{民執93条5項\\←同188条}\right)$。担保不動産競売の場合が「執行異議」の申立て$\left(\substack{民執\\11条}\right)$によることと異なる。また，この執行抗告の申立てにおいては，競売の場合と同様，「抵当権の不存在または消滅」を理由とすることができる$\left(\substack{民執182条。前掲\mathbf{2}\mathbf{1})\\(c)\mathbf{ii}（164頁）参照}\right)$。

【執行「抗告」と執行「異議」】　「執行抗告」は，執行裁判所が行った執行処分（裁判）に対する上級審への不服申立て（上訴）であり，法律に規定されている場合に限って認められる。ただし，抗告状の提出は，原裁判所である$\left(\substack{民執\\10条}\right)$。抗告理由は，原則として，執行処分の手続的な瑕疵に限られる。

これに対して，「執行異議」は，執行裁判所が行った執行処分に対する当該執行裁判所への不服申立てであるが，執行抗告をすることができないものについて認められるから$\left(\substack{民執\\11条}\right)$，その執行処分とは，裁判だけでなく，その他一切の処分を含むと解されている。異議理由は，執行抗告と同様，原則として，執行処分の手続的な瑕疵に限られる。

(c)「競売」手続との競合　「競売」手続と「収益執行」手続とが競合する場合があり得る（ちなみに，担保権者は，競売または収益

執行のいずれかまたは双方を選択できる$\left(\substack{民　執\\180条}\right)$）。この場合，「競売」手続において，買受人が代金を納付するとすべての抵当権は消滅するから$\left(\substack{民執59条1項\\←同188条}\right)$，その時点で，「収益執行」の手続も取り消されることになる$\left(\substack{民執53条←同\\111条←同188条}\right)$。

(d)「物上代位」との競合　抵当権者は，抵当権の実行として，「物上代位」も「収益執行」も選択できる。

i　差押命令等の停止　しかし，収益に対する給付請求権について，すでに「差押え・仮差押え」がある場合において，収益執行の開始決定が，民事執行法 165 条に掲げる時（第三債務者の供託時，取立訴訟の訴状の第三債務者への送達時）前に効力を生じたときは$\left(\substack{ただし，仮差押えに対\\してはこの制限はない}\right)$，先行する差押え・仮差押えの効力は停止し，収益執行の手続に吸収される$\left(\substack{民執94条1項・\\2項←同188条}\right)$。したがって，「物上代位」権者（差押債権者）は，その手続内で配当を受けることになる。

　なお，収益執行が取消し等により終了した場合は，停止した差押命令は復活し，差押債権者は取立て等を行うことができる$\left(\substack{谷口＝筒\\井編63頁}\right)$。

ii　給付義務者に対する陳述の催告　裁判所書記官は，給付義務者（賃借人）に収益執行の開始決定を送達するに際し，送達日から 2 週間内に，給付請求権（賃料債権）に関して，すでに差押命令があるかどうかやその他の事項$\left(\substack{賃料債権の存否・内容，弁済の意思の有無，\\優先裁判所の氏名等（民執規64条の2第1項）}\right)$につき，陳述するよう催告しなければならない$\left(\substack{民執93条の\\3←同188条}\right)$。執行裁判所が，当該給付請求権についての権利関係を確知するためである。

(e) 抵当権実行手続の停止　競売の場合と共通するが$\left(\substack{前掲②1)(d)\\(164頁)　参照}\right)$，民事執行法 183 条 1 項 1 号～7 号に掲げる文書の提出があった場合には，抵当権の実行手続は停止されなければならない$\left(\substack{民執\\183条}\right)$。

(2)　管理（収益執行）手続

(a) 管理人の選任　収益執行の開始決定と同時に，管理人が選任される$\left(\substack{民執\\94条1項←\\同188条}\right)$。信託会社，銀行，その他の法人は，管理人となることができる$\left(\substack{同2\\項}\right)$。

(b)「収益」(収益給付請求権)の帰属と管理人の権限　担保不動産の「収益執行」とは，不動産の「管理」並びに収益の「収取」及び「換価」の手続を通じて，優先弁済を実現することである。したがって，管理人によって収益が最終的に配当（優先弁済）される（民執107条←同188条）までは，その「収益」(収益給付請求権)は，債務者（設定者）に帰属しており，管理人に移転するわけではない（最判平21・7・3民集63巻6号1047頁）。管理人の権限である「管理」，「収取」及び「換価」とは，その優先弁済の手続である。

　i　不動産の強制的「管理」　管理人は，賃貸不動産をみずから「管理」することができる（民執95条1項←同188条）。「管理」は，収益を確保する手段であるから，それに必要な一切の法的処理を含むと解してよい。したがって，既存の賃貸借契約の解除や，新たな賃貸借契約の締結も含まれる。ただし，602条の期間を超える賃貸をするには，不動産所有者の同意を得なければならない（同2項）。

　ii　収益の「収取」および「換価」　管理人は，賃貸不動産から上がる収益を，「収取」し，かつ「換価」することができる（民執95条1項←同188条）。「収得」とは，債務者の有する収益（賃料）給付請求権をいわば代位して受け取ることであり，「換価」とは，天然果実を売却して金銭に換えることである。上記したように，この「収得」・「換価」が優先弁済を受けることではない。

　iii　不動産の直接「占有」　管理人は，不動産について，所有者の占有を解いて，みずから占有することができる（民執96条1項←同188条）。この場合，閉鎖した戸を開く必要があるときは，執行官に対して援助を求めることができる（同2項）。

【収益執行に対して賃借人は相殺をもって対抗できるか】　Aは，所有ビルの一部をYに月額700万円，保証金3億1500万円で賃貸していたところ（その際，Aに対する差押え・仮差押え等があった場合の保証金等返還に関する期限利益喪失約款が付された），当ビルを担保に（抵当権設定），Bから5億5000万円の融資を受けた。その後，Aは倒産し，Bの抵当権実行により収益執行が開始され，管理人に選任されたXは，Yに対して賃料の支払いを求めた。これに対し，Yは，保証金等の返還請求権を自働債権とし，払うべき賃料債権を受働債権として，対当額相殺を主張した。原審は，X勝訴，Yの上告。

　前掲最判平21・7・3（原判決破棄自判）は，まず，「管理人が取得するのは，賃料債権

等の担保不動産の収益に係る給付を求める権利（以下「賃料債権等」という。）自
体ではなく，その権利を行使する権限にとどまり，賃料債権等は，担保不動産
収益執行の開始決定が効力を生じた後も，所有者に帰属しているものと解す
るのが相当であり，このことは，担保不動産収益執行の開始決定が効力を生じ
た後に弁済期の到来する賃料債権等についても変わるところはない」として，
A は収益執行開始決定の効力が生じた後も賃料債権の債権者として Y の相殺
の意思表示を受領する資格を有していた（Y の相殺の意思表示は有効）とした上
で，次に，担保不動産収益執行の開始決定の効力が生じた後において，賃借人
が，抵当権設定登記の前に取得した賃貸人に対する債権を自働債権とし，賃料
債権を受働債権とする相殺をもって管理人に対抗することができるかという
点につき，「被担保債権について不履行があったときは抵当権の効力は担保不
動産の収益に及ぶが，そのことは抵当権設定登記によって公示されていると
解される。そうすると，賃借人が抵当権設定登記の前に取得した賃貸人に対
する債権については，賃料債権と相殺することに対する賃借人の期待が抵当
権の効力に優先して保護されるべきであるから（最判平13・3・13民集55巻2号363頁参照），担保不動
産の賃借人は，抵当権に基づく担保不動産収益執行の開始決定の効力が生じ
た後においても，抵当権設定登記の前に取得した賃貸人に対する債権を自働
債権とし，賃料債権を受働債権とする相殺をもって管理人に対抗することが
できるというべきである。」とした（問題点の詳細については，新井剛・獨協ロー・ジャーナル6号30頁以下）。

(c) 所有者の事情の斟酌　　収益執行において，それによって担保不動産の所
有者が経済的に困窮する場合には，一定の措置が
講じられる。——

　　i　建物使用の許可　　所有者が居住する建物につき収益執行が開始さ
れた場合に，所有者が他に居住すべき場所を得ることができないときは，そ
の申立てにより，必要な限度において，期間を定めて，建物の使用を許可す
ることができる（民執97条←同188条）。

　　ii　収益等の分与　　収益執行により所有者の生活が著しく困窮すると
きは，その申立てにより，管理人に対して，収益またはその換価代金から，
困窮の程度に応じて，金銭または収益を所有者に分与すべき旨を命ずること
ができる（民執98条←同188条）。

(d) 管理人の義務　管理人は，善管注意義務を負う。その義務違反に対しては，連帯賠償責任を負う$\left(\begin{smallmatrix}民執100条\\←同188条\end{smallmatrix}\right)$。任務が終了した場合には，執行裁判所に対して，計算の報告義務を負う$\left(\begin{smallmatrix}同\\条103\end{smallmatrix}\right)$。

(e) 管理人の監督　管理人は，執行裁判所が監督する$\left(\begin{smallmatrix}民執99条←\\同188条\end{smallmatrix}\right)$。重要な事由があるときは，執行裁判所は，管理人を審尋した上で，解任することができる$\left(\begin{smallmatrix}同\\条102\end{smallmatrix}\right)$。

(3)　配当手続

(a) 配当に充てるべき金銭　上記の「収益等の分与」$\left(\begin{smallmatrix}(2)(c)\\ii\end{smallmatrix}\right)$をした後の収益またはその換価代金から，不動産の公租公課，および管理人の報酬その他の必要費を控除した額である$\left(\begin{smallmatrix}民執106条\\←同188条\end{smallmatrix}\right)$。その結果，配当に充てるべき金銭を生じる見込みがないときは，収益執行手続は，取り消される$\left(\begin{smallmatrix}同2\\項\end{smallmatrix}\right)$。

(b) 配当等に充てるべき金銭の交付　配当等に充てるべき金銭で各債権者の債権および執行費用の全部を弁済できる場合には，管理人は，債権者に弁済金を交付し，剰余金を所有者に交付する$\left(\begin{smallmatrix}民執107条2項\\←同188条\end{smallmatrix}\right)$。

(c) 配当等の実施（優先弁済）　前掲(b)の場合を除き，管理人は，執行裁判所の定める「期間」ごとに，配当等に充てるべき金銭の額を計算して，配当等を実施しなければならない$\left(\begin{smallmatrix}民執107条1項\\←同188条\end{smallmatrix}\right)$。その際，債権者間で協議が調ったときは，その協議に従い，配当を実施する$\left(\begin{smallmatrix}同3\\項\end{smallmatrix}\right)$。

　i　配当等を受けるべき債権者　収益等につき前掲の「期間」満了までに執行手続をとった，担保権者，一般の先取特権者，一般債権者，仮差押債権者である。

　ii　裁判所による配当等の実施　債権者間で協議が調わなかったときは$\left(\begin{smallmatrix}民執107条5項\\←同188条\end{smallmatrix}\right)$，執行裁判所が配当等を行う$\left(\begin{smallmatrix}同109\\条\end{smallmatrix}\right)$。

(d) 配当異議の申出・訴え　配当等について不服のある者は，配当期日において，異議の申出をすることができる$\left(\begin{smallmatrix}民執89条\\1項←同\end{smallmatrix}\right.$111条←同188条$\left.\right)$。この場合，執行裁判所は，配当異議の申出のない部分に限り，配当を実施しなければならない$\left(\begin{smallmatrix}同2\\項\end{smallmatrix}\right)$。配当異議の申出をした債権者・債務者は，

「配当異議の訴え」を提起しなければならない（同90条）。

4　私的実行

(1)　抵当直流

(a) 抵当直流とは何か　抵当直流（流抵当）とは，弁済期前に，債務を弁済できないときは抵当目的物をもって債務の弁済に充てる，とする契約であり，質権の流質契約と同じである。既述したように（94頁【流質契約の歴史性】），わが民法典起草者は，流担保（流質契約および抵当直流）を有効と解していたが（契約自由の原則），衆議院での審議過程で流質契約禁止規定（349条）が追加された。しかし，抵当権については規定されなかったため，それを理由に，抵当直流の有効性の解釈論が展開された（詳細は，近江・旧版157頁以下参照）。判例では，唯一，大判明 41・3・20（民録14輯313頁）が，抵当直流の有効性を表明する。

(b) 代物弁済予約と同一　抵当直流は，機能的には，「代物弁済予約」と同じである。すなわち，債務を弁済できない場合に，「債務（＝弁済）の代わりに不動産（＝代物）を提供する」ことは，「流担保」効果そのものである。このため，代物弁済予約（仮登記担保）が締結される場合には，同時に，抵当権が設定されるのが普通である。このような事情から，「抵当直流」の特約は，単独ではほとんど用いられていない。

(2)　任意売却

(a)「任意売却」とは何か　抵当不動産の関係者全員の「同意」により，抵当不動産を第三者に売却し，その代価をもって，当該不動産上の抵当権その他の権利を消去することができる。これは，「任意売却」（任意処分）と呼ばれ，近時，盛んに使われている方法である。私的実行の一形態と考えてよい。

この方法は，理論的には破産管財人の管理処分権（破78条1項）に基づき，手続的には裁判所の許可を得て行われるものである（破78条2項1号。なお，司法研修所編『破産事件の処理に関する実務上の諸問題』172頁

以下，伊藤眞『破産法〔全訂第3版補正版〕』419頁以下，上野隆司監修/高山満=田
中博文=大坪忠雄=村山真一=藤原勉『任意売却の法律と実務〔第2版〕』2頁以下参照）。

(b) 任意売却が使われる理由　この方法のメリットは，① 競売よりも高額に売
却できること，② 競売よりも早期に売却できる
こと，③ 競売では利用できない住宅ローンを利用できるので多くの買受人が
期待できること，④ 別除権者は，競売のみで，任意売却はできないこと，⑤
不法占拠者を排除するには別除権者は手続的にも困難であるが，管財人は容
易に整理できること，などにある（東京地裁民事第20部「管
財業務ニュース」2号1頁）。

(c)「和解」的性質と「同意」　「任意売却」は，その性質は，「和解」である
といわれる。そして，「同意」は，種々の事
柄に関する同意・承諾を含むものであるが，その主なものは，① 競売によら
ないこと（換価方法の同意），② 配当内容についての同意，③ 共同抵当の場合
に後順位抵当権者や物上保証人の代位権（392条）不発生の同意，④ 共同抵当の
場合に抵当不動産の担保解除につき担保保存義務（504条）の免責の同意，などで
ある。

　しかし，例えば，共同抵当物件の一部が任意売却されるときに「同意」し
た場合，その者は，追ってなされ得る共同抵当物件の残部の処分ないし配当
につき，本来の「共同抵当」原則に準じた配分がされるであろうことを期待
しているというべきであって，それをまったく考慮しないで，任意売却に「同
意」をすることはありえないはずである。したがって，和解的性質を強調し
て，共同抵当的配分原則を否定し，一部債権者に有利な配当をすることは，
許されないというべきである。

【任意売却の緩和の方向性】　任意売却は，本文(b)で述べたようなメリッ
トがあるため，盛んに使われているが，しかし，抵当権者全員の同意が必要な
ため，例えば上位の抵当権者が賛成しても，後順位者が反対し，同意する条件
として法外な金銭を要求されるなどの弊害もある。そこで，2008年，自民党
司法制度調査会は，地価下落と不動産市場の低迷に対処すべく，任意売却を「緩
和」する方向性を打ち出した。
　その内容は，① 抵当権者の一部の同意を得られない場合，「全員の同意」を
不要とし，不動産所有者又は同意した抵当権が，裁判所に対して，抵当権の抹

消を請求できるとする，② 同意しない抵当権者は，一定期間内に自ら担保権に基づく競売を申し立てるか，又は独自の売却先を申し出ない限り，裁判所が任意売却を認める，とするものである（$\substack{日経新聞2008\\年6月3日}$）。

【「民間競売」制度構想】　　近時，不動産市場の活性化のため，アメリカの民間競売手続を模範に（$\substack{アメリカの民間競売については，吉田修平「民間競\\売の可能性」日本不動産学会誌20巻3号100頁以下}$），「民間競売」制度が構想されている。その概要は，次のようなものである。

(*1*)　民間競売制度構想の経緯

日本政府は，2005 年 3 月 25 日，「規制改革・民間開放推進 3 か年計画（改定）」を閣議決定し，その中で，安価で迅速とされるアメリカの「民間競売」制度の調査・検討を始め，同 12 月に「競売制度研究会」を発足させた。現行競売制度は競売不奏功が多いためである。これが，2007 年 6 月 22 日の閣議決定「規制改革推進のための 3 か年計画」で承認された。

(*2*)　「民間競売」制度構想（法務省）

それを承けて，法務省は，2008 年 3 月に，「民間競売」制度の構想を公表した。その内容は，① 抵当権者に売却権限を与える条項が必要である，② 現在のいわゆる 3 点セット（現況調査報告書，評価書，物件明細書）による物件情報の提供を行わず，売却価格の下限規制を設けない，③ いつでも裁判所の手続に移行できる，とする。日本不動産鑑定協会はこれに賛成している。

(*3*)　多くの反対意見（特に各弁護士会）

民間競売制度については，反対も多い。その理由は，① 上記の 3 点セットを不要とする点につき，適切な物件情報が提供されなければ，一般人は競売への参加を躊躇し，抵当権者が自ら安価に物件を競落するか，悪質な金融・不動産ブローカーが不当な低価格で物件を競落するおそれがあること，② 債務者や保証人は，予想外の多額の残債務を抱えることとなり，不利益を被ることになる，などである。

第5節　抵当権の効力（3）—— 義務違反・抵当権侵害

1　序　　説

《価値減少行為 —— 基本的な考え方》

　抵当権は，被担保債権を保全する物権であるから，抵当不動産が侵害され
て価値が減少し，被担保債権額を保全することができなくなったときは，物
権的請求権により，その排除を求めることができる。そして，これまで，そ
の価値の減少行為は，設定者によると第三者によるとを問わないとされてき
た（例，高木159頁）。しかし，設定者は抵当権を設定した当事者であるから，第三者
による場合と分けて考えなければならない。

(a) 設定当事者間　抵当権設定の当事者間においては，序論で述べたように
（(3)(a)(7)頁参照），「担保関係」という規範関係が存在している。
そして，担保関係は，信義則の支配するところであり，各当事者は，この担
保関係を円満に存続すべき義務があるというべきである。「債務者が担保を
滅失させ，損傷させ，又は減少させたとき」は期限の利益を失う（137条2号）とさ
れることは，この原理の現れであると考えることができる。

　このことから，抵当権は，設定者の使用・収益権能を奪うものではないと
しても，最終的に目的物から優先弁済を受けるものである以上，設定者には，
目的物の価値を減少させない義務＝「担保価値維持」義務があるものといわ
なければならない。この「担保価値維持」義務は，信義則の支配する担保関
係から生ずるもので，設定者に当然に課される義務である（詳細は，近江・旧版〔初版1988〕157頁参
照）。この概念は，判例（最大判平11・11・24民集53巻8号1899頁）によっても追認されたといいうる。

　このように考えるならば，少なくとも債務者ないし設定者がする目的物の
価値の減少行為は，抵当権侵害というよりも，むしろ，義務違反行為として

理解すべきである。一般的な感覚でも，抵当権設定者の毀滅行為は，信義則違反という観念が適合しよう。

(b) 対第三者間　それに対して，第三者のする担保価値減少行為は，従来から論じられてきた典型的な抵当権侵害である。したがって，物権的請求権が機能するところである。

2　担保関係に基づく義務違反

(1)　「担保価値維持」義務違反

抵当権設定の当事者間では，上記したように，特別の関係にあるわけだから，抵当目的物の価値減少行為（抵当目的物の滅失・損傷・減少，抵当山林の立木の伐採・搬出等）は，担保関係に基づく義務違反として構成すべきである。そこで，義務違反の基準が問題となる。

従来の抵当権「侵害」構成では，現実に「侵害」があったことを前提とするから（抵当権は目的物の用益権能に干渉しない），目的物価格が被担保債権額を下回ることが基準とされてきた。学説も，抵当権は価値権であるから，最終的に被担保債権の満足が得られなくなることが予想される場合でも，侵害行為自体は妨害排除の請求権を発生させるものでないという（我妻382頁，川井120頁参照）。

しかし，債権の満足が得られないおそれが客観的に存在する場合には，少なくとも，担保価値維持義務に違反していることになろう。このように，義務違反構成では，行為態様と行為結果とを総合的・客観的に判断することになり，価値減少の「おそれ」がある場合にも機能することになる。民事執行法が，保全処分の対象となる「価格減少行為」を，「不動産の価格を減少させ，または減少させるおそれがある行為」（民執55条，同187条。また，同55条の2，同68条の2，同77条の「価格減少行為」も同旨）としていることは，実体法的にも，担保関係の義務違反構成から適切に説明できるのである。

(2) 義務違反の効果

(a) 搬出禁止　　抵当不動産の付加物を搬出することは，価値の減少である以上，価値維持義務に反するから，禁止されなければならない。

(b) 返還請求権　　設定者が伐採木材を他所に搬出してしまった場合，その返還を請求できるであろうか。この問題は，抵当権の効力が及ぶかどうかという問題とパラレルに考える必要はない。設定者には担保価値維持義務があるから，抵当権者は当然に義務の履行としての返還請求権（原状回復請求）を有すると解すべきである。

　もとより，搬出された物につき，第三者が所有権を取得した場合には，返還請求はできなくなる。

(c) 増担保請求と期限の利益の喪失　　設定者が担保を滅失させ，損傷させ，または減少させた場合は，期限の利益を失う（$\binom{137条}{2号}$）。しかし，このような場合に，抵当権者が「増担保」の請求ができるか否かについては，わが民法には規定がない。そのため，学説・実務は，「特約」による増担保[*]を認めている。だが，担保法の一般原理からいえば（担保関係からの当然の法効果として），設定者が故意または過失によって担保価値を減少させた場合，増担保の請求ができるのは当然といわねばならない（フランス民法，ドイツ民法も，この効果を明文をもって定める。なお，我妻387頁参照）。このことから，137条2号との関係を次のように解釈すべきである。

　i　第1に，債務者は，担保価値維持義務違反によって，期限の利益を失う（$\binom{137条}{2号}$）。

　ii　第2に，抵当権者は，債務者に期限の利益を失わせないで，特約がなくても当然に増担保の請求ができ，増担保が行われなかった場合に，期限の利益を失わせる。

　抵当権者は，上記いずれの方法をとってもよいが，抵当権を設定した当事者間では，取引関係など何らかの関係があろうから，**ii**の方法が現実にも合致しよう。

　　*　**増担保の特約**　　金融関係では，増担保の特約が一般化している。抵当権者としては，抵当権を実行して貸借関係を清算するよりも，増担保を確保して貸借関係を

継続する方が有利な場合が多いからである（我妻387頁）。しかし，このような特約がない場合でも，設定者の担保価値維持義務から当然に導かれるはずである。

3　第三者による抵当権侵害

(1)　不法占拠者の排除請求

(a) 抵当権に基づく排除請求（物権的請求権）　第三者が抵当不動産を不法に占拠する場合，抵当権者は，抵当権侵害として明渡請求（物権的請求権としての妨害排除請求）ができるであろうか。

　i　抵当権に対する「侵害」とは何か　かつて，判例は，抵当権者は抵当不動産の占有関係について干渉しうる余地はないので，第三者が不法に占有しているというだけでは抵当権侵害とはいえず，しかも，民事執行法旧83条があるのだから，抵当不動産の担保価値を下落させるものではないとして，これを否定した（大判昭9・6・15民集13巻1164頁，最判平3・3・22民集45巻3号268頁。学説も，否定説・肯定説に分かれていた）。

　しかし，この理論はどう考えてもおかしい。実際，不法占拠者の存在自体は，競売価格を確実に引き下げる要因であるし，ましてや暴力団員などが不法占拠する不動産などは，買受人すらつかないのが通常であろう。このようなことも，抵当権の「侵害」というのであって，不法占有の継続が明白な場合には，「侵害」の客観的蓋然性があるものとして，抵当権に基づく明渡請求が当然に認められるべきなのである（近江・旧版［初版］162頁参照。名古屋高判昭59・6・27判時1135号59頁（近江「判批」法律時報57巻9号92頁）は，抵当権実行の申立すら不可能と予想される暴力団構成員の不法占拠に対しても，抵当権が価値権支配だとする「抵当権ドグマ」を根拠に，明渡請求を認めない）。判例のあげる「民執法旧83条」は，買受人が生じた「後」の処理規定にすぎないのである。

　このような学説からの批判を浴びて，平成8年および10年に民事執行法が改正され，競売開始前や売却のための保全処分等が新設された（民執55条，同68条の2，同77条，同83条，同187条。163頁【競売開始決定前の保全の必要性】，167頁【売却に際しての保全の必要性】参照）。

　これに呼応して，判例も，やっと，「第三者が抵当不動産を不法占有することにより，競売手続の進行が害され適正な価額よりも売却価額が下落するおそれがあるなど，抵当不動産の交換価値の実現が妨げられ抵当権者の優先弁

済請求権の行使が困難となるような状態があるとき」は，これを抵当権に対する「侵害」に当たるとした（最大判平11・11・24民集53巻8号1899頁。同旨，後掲最判平17・3・10）。

ii　抵当権に基づく妨害排除の承認　そして，判例は，上記のような抵当権の侵害がある場合には，抵当権者は，占有者に対し，抵当権に基づく妨害排除請求として，その侵害の排除を求めることができるとしたのである（前掲最大判平11・11・24（ただし，傍論），最判平17・3・10民集59巻2号356頁）。

また，前掲最判平17・3・10は，不法占拠者だけでなく，抵当不動産の所有者から占有権原の設定を受けた正当な占有者であっても，「その占有権原の設定に抵当権の実行としての競売手続を妨害する目的が認められ，その占有により抵当不動産の交換価値の実現が妨げられて抵当権者の優先弁済請求権の行使が困難となるような状態があるとき」は，抵当権設定者は「抵当不動産を適切に維持管理することが予定されており，抵当権の実行としての競売手続を妨害するような占有権原を設定することは許されない」として，上記の妨害排除請求を認めた。

iii　明渡しの相手方　問題は，誰に明け渡すのか。

(α)　設定者への明渡し　物権的請求権による場合は，不動産の占有権限は設定者にあるのだから，設定者への明渡請求が本則である（次掲の代位権行使の場合と異なるところである（次掲(b)ii「第1」））。

(β)　抵当権者の明渡し　設定者が不明など，設定者への明渡しが不可能な場合がある。この場合，2003年の担保法の改正で「収益執行」のための「管理」が認められたことから，その制度の類推ないし応用により，抵当権者への明渡請求（すなわち，抵当権者による「管理占有」）が認められよう。

この法理を，まず，前掲最大判平11・11・24において，奥田昌道裁判官が補足意見として述べた。これを承けて，前掲最判平17・3・10は，「抵当権に基づく妨害排除請求権の行使に当たり，抵当不動産の所有者において抵当権に対する侵害が生じないように抵当不動産を適切に維持管理することが期待できない場合には，抵当権者は，占有者に対し，直接自己への抵当不動産の明渡しを求めることができるものというべきである」として，抵当権者への明渡しを肯定した。

(b) 債権者代位権による排除　抵当不動産の所有者は，不法占有者に対して，妨害排除請求権（物権的請求権）を有している。そこで，抵当権者は，これを代位行使$\binom{423}{条}$できないか。物権的請求権の行使と債権の効力としての債権者代位権の行使とは，その機能と効果が異なるから，また「転用」の理論からいっても，否定されるべき理由はない。

i　判例による承認　前掲最大判平 11・11・24 は，抵当権者が所有者の妨害排除請求権を代位行使することを認めた。すなわち，「抵当不動産の所有者は，抵当権に対する侵害が生じないよう抵当不動産を適切に維持管理することが予定されているもの」とした上で，「上記状態〔抵当権に対する侵害〕があるときは，抵当権の効力として，抵当権者は，抵当不動産の所有者に対し，その有する権利を適切に行使するなどして上記状態を是正し抵当不動産を適切に維持又は保存するよう求める請求権を有するというべきである。そうすると，抵当権者は，上記請求権を保全する必要があるときは，民法 423 条の法意に従い，所有者の不法占有者に対する妨害排除請求権を代位行使することができると解するのが相当である」，とした。

ii　判例の代位行使理論の意義と問題点　この判例は，第1に，債権者代位権（転用）を使うことにより，抵当権者自身への明渡しを導いていることである。当時は，抵当権に基づく妨害排除請求を理論的に認めるものの，抵当権者への引渡しを認めるかどうかは，学説上争いがあった（それゆえに，本判決は，傍論として述べたにすぎないのである。前掲**(b)ii**参照）。しかし，債権者代位権においては，つとに，代位権行使の結果として，債務者への引渡しが原則であるが，債務者が受領しないときや，委任によって代理受領権を得ているとき，または債務者が所在不明等で受領できないときには，債権者の直接受領が認められていたのである（詳細は，【IV】142 頁以下参照）。

第2に，代位権の被保全債権を，被担保債権ではなく，「上記状態を是正し抵当不動産を適切に維持又は保存するよう求める請求権」（担保物維持保存請求権）としたことである。これを，奥田補足意見は，「担保価値維持請求権」であるとする。これは，前記したように（前掲**2**(1)（179頁）），逆から見れば，抵当権設定者の「担保価値維持義務」であって，担保関係から生じる義務以外の何も

のでもないであろう。その性格は，信義則に基礎を置く物権上の義務である（第三取得者といえども，抵当権が登記によって表象されている以上，それを負担しなければならない）。

(2)　付加物の返還請求

　第三者が不法に抵当不動産の一部を搬出した場合（例，山林の木材を伐採して搬出），抵当権者は，その返還を請求できるであろうか。もちろん，抵当権には目的物を占有する権能はないので，自己への返還請求をすることはできない。設定者の下への（元の所在場所への）返還請求である。通説は，これを肯定する（我妻385頁，星野252頁，槇186頁，高木・旧版140頁）。

　第三者が，即時取得をした場合はもちろんのこと，悪意でもその伐採木材につき所有権を取得して搬出したならば，抵当権の効力（追及力）は切断する。その場合には，抵当権に基づく物権的請求権の生じる余地はない。

　しかし，第三者が所有権を取得せずに，不当に搬出した場合には，抵当権に基づく物権的請求権が発動すると解すべきである。このような場合にこそ抵当権の物権的保護が必要だからである。そこで，この結論を承認する理論だが，物権的請求権が発動するためには実体権(抵当権)の存在が必要だから，抵当権は消滅せずに対抗力だけが喪失するとする「対抗力喪失説」（我妻説）が妥当である。既述した（詳細は→第3節**1**(5)(b)(140頁)参照）。

4　損害賠償の問題

　　　　　　　　設定者（債務者）の義務違反または第三者の侵害によって，
《問題の所在》　担保価値が減少し，その価値が被担保債権額を下回るにいたったときは，抵当権者は損害賠償を請求できるであろうか。この問題も，債務者の義務違反の場合と，第三者の侵害の場合とで異なる見方を要するので，分けて考える必要がある。

(1)　設定者の義務違反の場合

　設定者の義務違反によって，抵当目的物の価格が減少したときは，それ自体期限の利益を喪失するが$\binom{137条}{2号}$，既述したように，義務違反の効果として，担保価値維持義務から当然に増担保義務が生じる。それゆえ，増担保に応じない場合にのみ，損害賠償請求ができると考えるべきであろう。

　　＊　**債務者（設定者）の義務違反の場合**　　債務者の価値減少行為の場合は，債務者が期限の利益を喪失し，抵当権者は被担保債権の全額を請求できることになるので，損害賠償を請求するのと同じ結果になる。この賠償請求が実益なしといわれるゆえんである。

(2)　第三者の侵害の場合

　第三者が侵害した場合には，やっかいな問題がある。この場合，抵当権者は抵当権侵害として独自の損害賠償請求権を有することが一般論として考えられるが，抵当目的物の所有者もまた賠償請求権を有するわけであり，両者の関係が問題となる。両者の請求権が競合すると解するのか，それとも，所有者のみが賠償請求できるのか。

　〔A〕　**競合説（抵当権者・所有者双方請求説）**　抵当権者，所有者共に損害賠償請求権を有し，両者の請求権は競合すると解する$\binom{川井・概}{論390頁}$。その割合は，抵当権者は債権の完済を得られない額であり，所有者は目的物価額からその額を差し引いた額であるとする判例がある$\binom{東京高判昭47・2・}{18判時661号42頁}$。

　〔B〕　**物上代位説（所有者請求説）**　第三者が抵当不動産を損傷させた場合，所有者のみが損害賠償請求権を有し，抵当権者はそれに物上代位権を取得するにとどまると解する$\binom{鈴木159頁以下，加藤一郎『不法行為法』111}{頁，幾代通『不法行為法』74頁，高木166頁}$。物上代位権行使のためには，差押えの手続が必要となる。

　抵当権者は，「損傷」部分につき，抽象論としては不法行為に基づく損害賠償請求ができるといえよう。だが，抵当権は非占有担保権であって，最終的に債権の満足を受ければよいことも事実である。その性格に着目して，民法は，所有者が当然に取得する「損傷」部分の代償物に抵当権の効力が及ぶと

するには，物上代位の手続によるべきこととしたのである。したがって，〔B〕説が妥当である。そうしないと，本来，物上代位の手続によって抵当権の効力の及ぶべき代償物が，抵当権侵害に対する損害賠償という形で請求できることになってしまい，抵当権の性格に悖り不当であろう（【Ⅵ】141頁）。

(3) 抵当権実行前の賠償請求

損害賠償の請求は，抵当権実行前でもできるであろうか。

〔A〕 否定説　抵当権実行前は，目的物の価額が確定せず，現実の損害額と取得した賠償額が異なることになり不都合なので，抵当権実行前の損害賠償の請求はできないとすべきとする（柚木=高木289頁，川島・判民昭和11年度37事件，鈴木159頁）。

〔B〕 肯定説　まず，判例（大判昭7・5・27民集11巻1289頁）は，抵当山林の立木を所有者が伐採して他に売却した事案で，損害の算定は，抵当権の実行時を基準とするのが通例であるが，実行前であっても，被担保債権の弁済期到来後であれば損害賠償請求権行使の時，損害賠償請求訴訟が提起されるときは口頭弁論終結時，を基準として算定できるものとし，実行（競売）前の賠償請求を認めた。多数説はこの判例を支持する（我妻386頁，加藤・前掲書149頁以下，三島宗彦『注民(19)』71頁。高木166頁は，〔A〕説に対し，抵当権実行後の現実の損害額とのずれは，配当の段階またはその後に調整が可能であるとする）。

債務者または第三者の価値減少行為によって，もはや担保関係の存続が期待できない場合，あるいは債権の十分な弁済を受けることができない場合において，抵当権の実行を待っては，抵当権者が回復できない状況も出てくるので，〔B〕説が妥当である。

第6節　法定地上権

1　法定地上権制度の意義

《土地と建物の強制的分離》

〔図①〕土地およびその上に存する建物が同一の所有者 A に属する場合において，土地または建物に抵当権が設定され，その実行により所有者を異にするに至ったときは，その建物について，地上権が設定されたものとみなされる（388条前段）。このように，土地と建

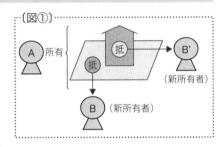

〔図①〕

物とが強制的に分離される場合には，「建物が他人の土地上に根拠なく存在する」という関係が発生し，建物の撤去を余儀なくされるから，建物存立保護のために，法律は，建物に「地上権」を与えた。これを「法定地上権」という。

　これは，わが国で，土地と建物とが別個の不動産とされたことに起因している。建物は，土地の上に存立するものである以上，土地の利用権原なくして存立できない。土地・建物双方を同一人が所有するときは別に問題はないが，所有者が分離する場合には，この問題が顕在化する。日本独特の制度である。

　土地・建物の強制的分離は，抵当権の実行以外でも生じる。強制執行（民執81条），租税滞納による公売処分（税 徴127条），仮登記担保権の実行（仮登記担保10条。ただし，法定借地権とされる）では，それぞれ388条と同一の規定が用意されている。

【法定地上権と「自己地上権」】　　建物の土地利用の法的権原のために，抵当権の設定時に所有者は潜在的に自己地上権（借地権）を設定したものとし，そ

れが競売による土地・建物の分離の場合に顕在化するのだと説明する説がある（我妻350頁以下，高木189頁）。

しかし，土地・建物の分離は，抵当権実行の場合のみならず，抵当権が存在しない場合（強制競売，公売処分など）にも生じる。後者の場合には，「抵当権の設定」がありえないから，「自己地上権の設定」を仮定すること自体論理的に不可能である。そうすると，統一的な説明としては，自己地上権理論では不都合であろう。したがって，土地・建物とが所有者の意思によらずに強制的に分離される場合に法律が成立を認めるものだ，とすること以外に説明はいらない。

もとより，自己借地権の設定を立法によって認めることは可能である。ただし，借地借家法上の「自己借地権」（同15条）は，借地権付分譲マンションの販売・購入を簡便にする目的から認められたものにすぎない。

【特約による法定地上権の排除は？】　　抵当権設定に当たって，設定の当事者間で法定地上権を排除する特約がされた場合，この特約は有効であろうか。判例（大判明41・5・11民録14輯677頁）・通説（我妻366頁，鈴木禄弥『借地法上』249頁）は，388条を強行法規と解し，特約を無効とする。

しかし，抵当権者が競売の買受人となった場合や，土地に抵当権を設定した場合などにおいては，第三者の利益を害するものでなく，当事者間の特約として有効とする説がある（柚木=高木350頁，槇216頁，高木191頁，川井・概論363頁）。

特約が第三者に対して対抗できないことは当然である。そこで，法定地上権は，第三者たる買受人との関係で問題となるのだから，法定地上権の取得者が特約の当事者の場合（上記の，抵当権者が買受人となった場合と，土地に抵当権が設定され第三者が競落した場合）に限って有効と解してよい（高木191頁）。

２　法定地上権の成立要件

(1)　抵当権設定当時，土地の上に建物が存すること〔要件Ⅰ〕

(a) 土地・建物の同時的存在と一括競売権　　法定地上権の発生が認められる建物は，抵当権設定当時すでに存在していなければならない（土地・建物の同時的存在）。では，土地・建物が同時的に存在していない場合（土地に

抵当権が設定された後に建物が建築された場合）はどうかというと，抵当権者は，建物が存在していないものとして土地抵当権を実行するのが民法原則である。しかし，そうすると，建物の収去を余儀なくされることから，民法は，建物の存立のために，土地抵当権者に，建物を土地と共に一括して競売に付する途を設けている（389条）。したがって，この〔要件Ⅰ〕は，389条の「一括競売権」と表裏の関係にある規定だから，389条を対置させて考える必要がある。

【一括競売権 ── 土地・建物が同時に存在しない場合】 更地に抵当権を設定した後，抵当地に建物が築造されたときは，抵当権者は，建物所有者が抵当地につき抵当権者に対抗できる占有権原を有する場合を除き，土地と共に建物も競売することができる（389条1項本文，同2項）。ただし，優先弁済権は土地の代価についてのみ行使することができる（389条1項ただし書）。

「建物」は，抵当権設定者が築造したものでも，また第三者が築造したものでもかまわない。建物所有者が抵当権者に対抗できる占有権原を有する場合が除外されることは，対抗理論から当然だが，その例としては，建物所有者が，① 抵当権設定登記前に借地権の登記を受けた場合，② 土地賃借権につき抵当権者の同意により対抗力を与えられた場合（387条），がありうる（谷口=筒井編31頁）。

なお，一括競売権は，抵当権者の権利か否かにつき議論がある。──

〔A〕 **抵当権者権利説** 判例・通説の立場であり，抵当権者は一括競売する義務を負わず，土地のみを競売するか一括競売するかは抵当権者の自由であり，土地のみの競売の場合にも法定地上権は成立しないとする（大判大15・2・5民集5巻82頁）。

〔B〕 **一括競売説（抵当権者義務説）** 抵当権者は一括競売すべきであり，土地のみを競売したときは，法定地上権が成立するものとする（柚木=高木372頁，松本恒雄「抵当権と利用権との調整についての1考察」民商80巻3号31頁以下）。

〔C〕 **執行制限説** 更地に抵当権が設定された場合は，法定地上権が成立しないとの解釈が固まっている以上〔B〕説は不可能だとして，その解決を執行手続の制限に求め，土地は建物と共にするのでなければ執行の目的としえず，執行裁判所は，土地のみの競売申立てを違法として却下すべきであるとする（高木214頁）。

389条が建物の存立保護を目的とする規定であることは確かであるが，しかし，〔B〕説の，いかなる場合でも一括競売をしなければならないという考え方はおかしいし，もはや389条の構造を超えた立法論であろう。他方，〔C〕説は，工場抵当法7条2項を根拠とするが，同規定は，機械・器具などの供用物件を土地・建物と一体化させていることから（財産目録がそれを公示）供用物件に対する個別執行を禁止しているのであって，本条の根拠にはならない。したがって，現行の389条を前提とする限り，〔A〕説の考え方が妥当である。

(b) 更地に抵当権が設定された場合　抵当権の設定が「更地」であっても，種々のケースが考えられる。

i　まったくの「更地」の場合　更地に抵当権が設定され，その後，土地所有者が建物を建築した場合において，土地抵当権が実行されたときは，法定地上権は成立しない。確定判例（大判大4・7・1民録21輯1313頁，大判大15・2・5民集5巻82頁）であり，通説である。抵当権者は，法定地上権成立の予測すらもたないのであり，法定地上権の成立を認めるべきではない。

ii　更地にⅠ抵当権が設定された後に建物が建築され，その後土地に設定されたⅡ抵当権により競売された場合　要するに，Ⅰ（第1）抵当権は法定地上権の成立要件を満たしていないが，それを満たしたⅡ（第2）抵当権により実行された場合である。競売は，申立抵当権にかかわりなく，目的不動産上のすべての抵当権につき一括して清算するものであり（我妻353頁参照），その際，最優先のⅠ抵当権について法定地上権が成立しないのであれば，後順位抵当権による法定地上権の成立はありえない（理論的には，後順位抵当権による法定地上権は第1抵当権に対抗できないというべきか）。したがって，この場合は，法定地上権は成立しない（大判昭11・12・15民集15巻2212頁，最判昭44・2・27判時552号45頁，最判昭47・11・2判時690号42頁）。

(c) 建物が建築中の場合　建物が建築されようとしている土地に抵当権が設定された場合である。

i　当事者の合意　更地に抵当権が設定され，その際，設定当事者間で，将来建物を建築したときは地上権を設定したものとみなすとの合意があった場合，このような合意自体は，買受人に対抗できるものではない（大判大7・12・6民録24輯2302頁，前掲最判昭47・11・2）。私人間の合意で競売の効力を左右することはできない

からである。

ii　建築が開始され抵当権者が法定地上権を抵当権の評価の基礎とした
場合　この場合には，法定地上権の成立を容認してもよいであろう。建築
着手により建物の建設されることが外形上明白となっており，しかも抵当権
者が建物の存在を前提として担保評価しているからである（最判昭36・2・10民集15巻2号219頁（ただし，傍論），松山地判昭40・2・1下民集16巻2号205頁，高松高判昭44・7・15下民集20巻7=8号490頁）。

> ＊　「抵当権評価の基礎」　「抵当権の評価の基礎とする」とは，土地に抵当権を設
> 定する際に，抵当権者が，建物が建設された場合に土地価格が借地権価格分だけ下
> 落することを考慮して土地価格を評価し，与信（融資）することをいう。例えば，土
> 地の更地価格1000万円，借地権価格700万円として，そのことを考慮して200万
> 円の融資であれば，抵当権者は損失を受けないことになる。

(d) 建物の再築の場合　抵当権が設定されている土地上の建物が取り壊され
て，新建物が建築された場合に，新建物に法定地上
権は成立するであろうか。

i　建物の同一性理論　判例は，①再築された建物が旧建物と同一
性を維持している場合には，旧建物を基準として法定地上権が成立すること
を原則とし（大判昭10・8・10民集14巻1549頁），そこから，②新建物が堅固のものであっても，
抵当権者の利益を害しないと認められる特段の事情がある場合には，新建物
を基準として法定地上権が発生するとした（最判昭52・10・11民集31巻6号785頁（抵当権者は堅固建物が再築されることを予定して担保価値を算定した））。本来，目的物が消滅したときは物権も消滅するというのが物権法
原則であるから，法定地上権が成立するはずの旧建物が消滅した以上，その
法定地上権の成立可能性も消滅するというのが論の帰結であるが，再築の場
合には，もともと土地所有者は旧建物につき法定地上権が成立することを認
容していたのであるから，新建物についてもそれを成立させてもよいであろ
うとする容認解釈が展開されたのである。

ii　建物滅失後に抵当土地を第三者に賃貸し，第三者が建物を再築した
場合　さらに，大判昭13・5・25（民集17巻1100頁）は，土地所有者（抵当権設定者）
が妻（第三者）に家屋を再築させ，みずからも妻とともにその家屋に居住して
いたという特殊事情の下に，法定地上権の成立を容認した。これにつき，学

説は，それまでの学説・判例の流れから，この判例を評価するとともに，このような特殊事情がなくても法定地上権の成立を認めるべきだとした（我妻354頁。おそらく，建物を保護しようとする時代的状況があったのである）。この態度が，再築建物につき法定地上権の成立を承認してきたこれまでの解釈理論を決定づけたのである。しかし，この解釈は，物権法原則に悖り，行き過ぎといわざるをえない。

　　　iii　**建物が滅失したままで再築されない場合（建物不存在）**　　建物の再築前に抵当権が実行された場合である。抵当権者が建物の再築されることを考慮して担保評価したことを前提に法定地上権の発生を認める説（我妻354頁）もあるが，物権原則からいっても，目的物が消滅した以上法定地上権は成立しないと解すべきである。

　(e)　**土地・建物共同抵当での建物再築の場合**　　土地・建物に共同抵当権が設定された場合でも，388条の要件から外れるが，法定地上権は成立すると解してよい（通説。後掲〔要件〕（Ⅲ）（202頁）参照）。問題は，その建物が取り壊されて新建物が再築された場合である。上記の判例理論からいえば肯定される余地があるが，しかし，この制度が執行妨害に利用されてきたことから無条件に肯定できないという問題性を含んでいる。

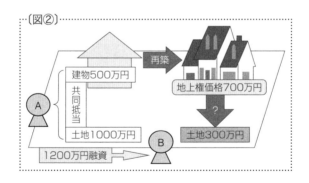

〔図②〕

建物500万円
共同抵当
土地1000万円
A
再築
地上権価格700万円
？
土地300万円
B
1200万円融資

【**土地・建物共同抵当による執行妨害**】　　上記のように，再築建物については，それが第三者の再築によるものであっても，法定地上権が成立するというのが，旧来からの通説であった。ところが，バブル崩壊後，この理論を逆手に取り，設定者が建物を再築した際に，抵当権者に対して追加担保を約定したに

もかかわらず，それを履行しないという事態が生じた。例えば，① 新建物に
つき別の金融機関から融資を受け，その金融機関に第1順位の抵当権を設定
してしまう，② 土地を第三者に賃貸して第三者が建物を再築する，③ 執行を
受けそうなときに建物を取り壊してバラックを建てて第三者に賃貸し，第三
者が法定地上権を主張する，などである。そして，債権者が，土地（1000万円）・
建物（500万円）を共同抵当として（総計1500万円），1200万円を融資をした場
合において，もし，新建物に法定地上権が成立するとなると，法定地上権価格
（更地価格の約7割・700万円）は新建物に付き，土地価格は300万円となろう。
上記①～③の各例において，債権者は，新建物を支配できないから，わずかに，
300万円の価値の土地抵当権しか有しないことになる。

i　2つの考え方と最高裁判例　　大別して，2つの考え方が対立してき

た（詳細は，近江「判例研究」民商118巻1号91頁以下，近江「土地・建物共同抵当におけ
る建物再築と法定地上権」森泉章古稀『現代判例民法学の理論と展望』270頁以下参照）。——

〔A〕**個別価値考慮説**　土地・建物に共同抵当権が設定されている場
合，土地抵当権者は，建物に法定地上権が成立することを前提に土地を担保
にとったのであるから，土地抵当権が把握する担保価値は法定地上権の価値
を控除した価格であり，したがって，新築建物に法定地上権を成立させても
土地抵当権者を害することにはならない，とする（富川照雄「民事執行における保全処分
の運用」判タ809号4頁以下，高木多喜
男「判批」リマークス
1998〈上〉18頁以下など）。

〔B〕**全体価値考慮説**　土地・建物を共同担保に取った抵当権者は，土
地と建物の価値の全体を支配しているが，建物が消滅したときは法定地上権
価値は土地に帰属し，再築建物に法定地上権は発生しない。ただ，例外的に，
再築建物に土地抵当権と同順位の共同抵当権が設定されたとき（従前と同一の
共同抵当状態）は，法定地上権の成立を認めるとする（堀龍兒「判批」判タ671号64頁以
下，井上稔「担保価値の実現と
法定地上権の成否」金法1209号27頁以下，淺生重機=今井隆一「建物の建替えと
法定地上権」金法1326号6頁以下，吉田光碩「判批」判タ842号41頁以下など）。

このような対立の中で，最高裁は，後者の立場に建つことを明らかにした。
すなわち，「土地及び地上建物に共同抵当権が設定された場合，<u>抵当権者は土
地及び建物全体の担保価値を把握している</u>から，抵当権の設定された建物が
存続する限りは当該建物のために法定地上権が成立することを許容するが，
建物が取り壊されたときは土地について法定地上権の制約のない更地として

の担保価値を把握しようとするのが，抵当権設定当事者の合理的意思」であるとする。ただし，「新建物の所有者が土地の所有者と同一であり，かつ，新建物が建築された時点での土地の抵当権者が新建物について土地の抵当権と同順位の共同抵当権の設定を受けたなどの特段の事情」がある場合を例外とする（最判平9・2・14民集51巻2号375頁・
近江『平9年度重要判例解説』64頁）。

　まず，注意すべきは，個別価値考慮説ないし全体価値考慮説は，法定地上権の成否を決定づける理論ではなく，法定地上権を成立させようとする場合の，またはそれを否定しようとする場合の説明理論であったことである。土地利用権の「価値」が建物に付着するのか土地に吸収されるのかは，法定地上権の成否いかんでどのようにでも考えられるからである。それゆえ，重要なことは，法定地上権の成立をその要件から再検討する必要があるとともに，判例が培ってきた適用場面の拡大理論の意義がどこにあるかを考察しなければならない。

　そこで，第1は，旧建物と新建物との断絶である。旧建物に成立するはずの法定地上権は，建物が消滅して建物抵当権が消滅した以上，その成立可能性も消滅すると解さなければならない。これは，物権法原則であり，解釈理論の根幹をなすものである。したがって，旧共同抵当権は，更地抵当権となり，新建物に旧法定地上権が存続するということはない（全体価値考慮説の意義はここにある）。あるとすれば，次の容認的解釈である。

　第2は，従来の判例理論の意義である。従来，判例は，建物の存立保護という時代的要請もあったのであるが，抵当権者に特に不利益を与えないならば法定地上権の成立を認めてもよいとする容認的解釈をとってきた。これは，まさに適用場面の拡大理論なのである。抵当権者の「担保評価」もそのための解釈技術の一つであった。今回，判例が，新建物の所有者と土地の所有者が同一であり，かつ，土地抵当権者が新建物につき土地抵当権と同順位の共同抵当権の設定を受けた場合（従前と同一の共同抵当状態）に，例外として法定地上権の成立を認めたことは，この容認的解釈理論の延長にあるものと解してよい。このことから考えれば，前掲最判平9・2・14は，極めて妥当な判断であるといわなければならない。

　　ii　優先債権の存在　　もう1つの問題は，新建物につき，土地抵当権者のために第1抵当権が設定され，かつ土地との共同抵当とされたが（従前と同一の共同抵当状態），新建物が再築された後，その新抵当権設定までの間に，国税債権（優先債権）が存在する場合である。国税債権は，新建物自体には優先するが，土地抵当権には劣後する（税徴16条）。そこで，国税債権700万円，土地更地価格1000万円，新建物500万円として，① 法定地上権が成立すれば，土地価格の7割（借地権）は建物に付着するから建物価格は1200万円となり，国税債権は十分な弁済を受けられるが，② 成立しなければ建物500万円に対してのみ優先するにすぎないことになる。

　　判例（最判平9・6・5民集51巻5号2116頁）は，前掲最判平9・2・14の理論を前提として，「新建物に設定された抵当権の被担保債権に法律上優先する債権が存在するときは，上記の特段の事情がある場合には当たらず，新建物のために法定地上権が成立しない」（国税債権が優先するのは，法定地上権が付かない新建物についてのみ）とした。

　　しかし，優先債権は，配当上の優先権を有しているにすぎず，物権の成立を否定することはないというべきである。例えば，第三者が新建物に先に抵当権を設定した場合には，法定地上権は絶対的に不成立となるが，優先債権は，債権である以上はこのような物権を排除する効力を有しない。ただ，建物自体(材木)には優先するわけだから，共同抵当権の実行による配当に際しては，建物の材木価格から優先弁済をうけることができる。法定地上権の成立を認めても，この優先枠の範囲を左右するものではないであろう。上記判例と結論は同じだが，その理論にはにわかに賛成できない（近江・前掲「判例研究」133頁以下参照。同旨，滝澤孝臣「判批」金法1548号24頁。反対は，春日通良「判解」法曹時報52巻4号130頁）。

(2)　抵当権設定当時，土地と建物とが同一所有者に属すること〔要件II〕

　　土地と建物は，抵当権設定時に，同一の所有者に属していなければならない（土地・建物の同一人帰属）。では，逆に，抵当権設定時に土地と建物の所有者が異なる場合はどうかというと，両所有者間では，すでに建物のために約定の土地利用権（地上権または賃借権）が設定されているはずである（そうでなければ，建物の存立は法律的にありえない）。そこで，この場合，土地に抵当権を設定した抵当権者は，借

地権付建物の存在を覚悟しており，反対に，建物に抵当権を設定した抵当権者は，建物に借地権が伴うこと（いわゆる「従たる権利」$\binom{第3節\blacksquare4)}{(137頁)}$として）を予期しているのである。したがって，このような場合に，原則として法定地上権を認める必要はない$\binom{大判明38\cdot6\cdot26民録11輯1022頁，}{大判昭6\cdot5\cdot14新聞3276号7頁}$。しかし，ここでも，いくつかのパターンがある。

(a) 所有者の同一性の問題　　所有者が同一であるか否かが問われたケースである。

　　i　親族間で土地・建物を別々に所有する場合　　土地・建物の所有が親子間または夫婦間で別々の場合，同じ家屋に同居していても，民法上は別人である。そうであれば，そこには何らかの約定利用権があると考えなければならず，それを無視して法定地上権の成立を認めることはできない$\binom{東京高}{決昭31}$ $\binom{\cdot7\cdot13下民集7}{巻7号1837頁}$。ただし，この場合には，その利用権がそのまま承継されるとはいえないであろう。親族間では賃料すら存在しないことが多いが，だからといって，使用貸借と考えるのは妥当ではない$\binom{通常の賃貸借に還元し}{て扱われるべきである}$。

　　ii　共有関係　　問題は，土地共有者の1人が建物を単独所有する場合，または，逆に，建物共有者の1人が土地を単独所有する場合，である。以下の4通りのケースがありうる。

　　①　土地がA・Bの共有で，Aが建物を所有する場合　　2つがある。

　　　(α)　土地持分権に抵当権が設定された場合　　〔図③〕抵当権が実行されて買受人Cがその持分権を取得したときは，建物所有者Aは，B・Cに対して法定地上権を主張することができるか。それとも，A・B間に存した約定利用権が存続すると見るのか。判例は，法定地上権が成立するのは，土地の完全な処分権を有する場合であるから，共有者の1人であるAは単独では処分権を有しないとして，法定地上権の成立を否定する$\binom{最判昭29\cdot12\cdot23民集8巻12号2235頁（Cが後}{に土地につき単独所有者となり，Aに対し}$ $\binom{て，建物収去・土地}{明渡を求めたもの}$。

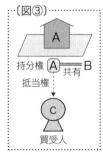

〔図③〕

持分権　共有

抵当権

買受人

〔**A**〕**約定利用権説**　　判例と同じ結論であるが，あるいは，自己を含めた共有者間で土地利用権が設定されたものとみなし，その利用権の抵当権に

対する対抗問題として捉えようとし（高島53頁以下，鈴木『借地法上』254頁以下），あるいは，Ｃに対する関係では法定地上権の成立要件を満たし，Ｂに対する関係では約定利用権を有するが，法律関係複雑化の回避のために，Ｃに対する法定地上権はＡ・Ｂ間の約定利用権に同化・変質し収斂され（法定地上権の成立はＢに不利であるから），Ａの建物は約定利用権によるとする（高木198頁。同旨，川井・概論372頁（改説））。

〔Ｂ〕　**法定地上権説**）　判例に反対し，共有関係では別個独立の利用権を設定することが不可能なので，法定地上権の成立を認めるべきだとする（我妻360頁以下，川井92頁（旧説））。

この場合は，他の共有者Ｂの利益が害されることになるから，〔Ａ〕約定利用権説が妥当というべきであろう。

なお，土地がＡ・Ｂの共有で，Ａの債務の担保のためにＡ・Ｂ双方の土地持分上に抵当権が設定され，他方，建物はＡ・Ｃが共有している場合には，法定地上権は成立するかどうか。判例は，土地共有者Ｂが法定地上権の成立を容認していたとしても（Ｂの持分にも抵当権が設定してある），ＢがＣの建物所有のために許容していた土地利用関係がにわかに地上権という強力な権利に転化することになり，土地の競売価格を著しく低下させ，利害関係を有する者の期待や予測に反し法的安定を損なう結果になるから，法定地上権の成立は認められないとする（最判平6・12・20民集48巻8号1470頁。川井・概論372頁（改説））。しかし，土地所有者全員が容認していたような場合には，Ｃの利益を害することにはならないから，後掲②(α)最判昭46・12・21の趣旨に従って，法定地上権の成立を認めてもよいのではないか（川井92頁（旧説））。

　(β)　**建物に抵当権が設定された場合**　〔図④〕上記とは逆に，建物に抵当権が設定され，競売の結果，建物を買受人Ｃが取得した場合である。学説は，約定利用権の存続によるべきだとする（我妻361頁，高木198頁。なお，高木教授は，最判昭44・11・4民集23巻11号1968頁を，この場合の法定地上権の成立を認めたものとされるが，Ｂがその成立を容認しているもので，事案を異にするというべきである（吉井直昭「判解」法曹時報22巻9号138頁参照））。

　②　**Ａの単独所有土地上に，Ａ・Ｂ共有の建物が存する場合**　2つに分かれる。──

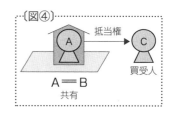

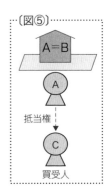

　　(α)　**土地に抵当権が設定された場合**　〔図⑤〕この場合，判例は，法定地上権の成立を認める（最判昭和46・12・21民集25巻9号1610頁）。前掲①の場合とは逆に，この場合には，共有者Bを害することにはならないから，法定地上権の成立を認めてよい。

　　(β)　**建物の共有持分権上に抵当権が設定された場合**　この場合，学説は肯定し，買受人Cは他の共有者Bと共に法定地上権を準共有すると解する（我妻362頁，高木204頁）。

　　③　**建物区分所有権の場合**　マンションなどの区分所有権に抵当権を設定する場合である。専有部分（建物区分所有権）と敷地利用権（共有持分権）とを分離して処分することはできない（区分所有22条1項）。したがって，専有部分に対する抵当権の設定は，常に敷地利用権を伴う。

　　iii　先順位仮登記との関係　所有者が建物（または土地）に抵当権を設定した時，すでに土地（または建物）に仮登記が存する場合である。

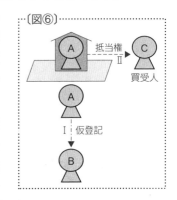

　　①　**土地に仮登記があり，その後建物に抵当権が設定された場合**　〔図⑥〕土地・建物所有者Aが，土地につきBのためにI仮登記をした後で建物にII抵当権を設定した場合，次の2つのケースが考えられる。――

　　(α)　**通常の仮登記の場合**　まず，抵当権実行により，建物を買受人Cが競落した後に，Bが仮登記を本登記にしたとき，Cの建物につき法定地上権は成立するも，Bには対抗できない（最判昭41・1・21民集20巻1号42頁〔ただし，売買予約の所有権移転請求権保全の仮登記で担保仮登記の事案〕）。抵当権の設定は，仮登記がされた後の処分だからである。ただ，競売による売却前にBが本登記をした場合には，建物所有者AはBとの間で土地利用権を約定するであろうから，Cはその利用権付建物を取得する（ただし，その利用権は譲渡性いかんにかかり，賃借権ならば，Bの承諾〔612条〕またはそれに代わる許可〔借地借家20条1項〕が必要なことはいうまでもない）。

　　(β)　**担保仮登記の場合**　担保仮登記（第3編第2章）が問題となるというの

は，Bの仮登記は抵当権設定と同じ意味をもつものである以上，法定地上権を成立させなければおかしい（Bの仮登記が抵当権であったならば法定地上権は発生するはずだ），ということである。そこで，仮登記担保法は，土地の担保仮登記が本登記にされると（仮登記担保の実行），建物のために法定賃借権が発生するとした（仮担10条）。したがって，建物抵当権実行前に仮登記担保が実行されるならば，Aは法定借地権を取得し，建物買受人Cはこの借地権を取得する。逆に，先に建物抵当権が実行される場合には，Cは法定地上権を取得するが，その後に仮登記を本登記にしたBには対抗できないことになる（上記(α)の場合と同様）。ただ，仮登記担保法10条により法定賃借権が成立する。

② **建物に仮登記がされ，その後土地に抵当権が設定された場合**　〔図⑦〕次の2場合がある。──

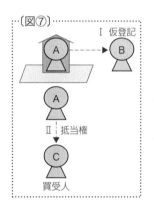

〔図⑦〕
Ⅰ　仮登記
Ⅱ　抵当権
買受人

(α)　**担保仮登記の場合**　仮登記担保法では，建物に担保仮登記がされ，それが本登記にされても法定借地権は発生しない（仮担10条参照）。この場合には，通常，仮登記担保の設定と同時に約定利用権が停止条件付で予約されるはずだからである。そこで，建物が先に本登記されると，この約定利用権をBが取得し，土地抵当権が実行されてもBはこの利用権を買受人Cに対抗できる。反対に，土地抵当権が先に実行されると，Aは法定地上権を取得するが，その後，Bが仮登記を本登記にすると，Bは，この法定地上権を取得するのか，それとも，仮登記担保設定時に予約した約定利用権が優先するのか。学説は，後者と解している（高木196頁）。

(β)　**通常の仮登記の場合**　この場合も，上記と同様に考えられよう。

(b)　**土地・建物の所有者が設定時は別人だが，競売時に同一人となった場合**　Aの土地上に借地権者Bが建物を所有するとき，Aの土地またはBの建物に抵当権が設定され，その後，Aが建物を取得するか，Bが土地を取得した，という場合である。A・B間には，借地権（約定利用権）が存在している。これが混同の例外として存続するのか（179条1項ただし書），それとも，混同によっ

て消滅し$\binom{179条1}{項本文}$，法定地上権が発生するのか。利益状況が異なるので，2つに分けて検討しよう。——

　　i　土地に抵当権が設定された場合　　〔図⑧〕まず，「土地」が抵当権の対象の場合である。建物にはすでに約定利用権（借地権）が付着しているから，抵当権者は，借地権の存続は甘受するも，法定地上権の発生は予期していない。そこで，その後に借地権が法定地上権に変更されることは，抵当権者にとっては著しい不利益となる。したがって，この場合には法定地上権は発生せず，混同の例外として，従来の借地権が消滅せずに承継されるものと解すべきである$\binom{我妻 357}{頁，高木}$（194頁，川井・概論367頁）。

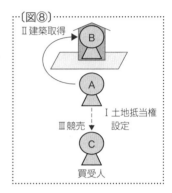

〔図⑧〕
II建築取得　B
A
III競売　　I 土地抵当権
　　　　　　　設定
C
買受人

　　なお，Aが土地にI抵当権を設定した後に建物を取得し，その後II抵当権を設定したが，I抵当権により競売が申し立てられた場合にも，法定地上権は成立しない$\binom{最判平2・1・22民集44巻1号314頁・}{近江『平2年度重要判例解説』73頁}$。後掲大判昭14・7・26$\binom{次ii}{所掲}$と結論が異なることについて，本判例は，建物抵当の場合にはそのように解することができたとしても，土地抵当の場合はそれと同視することはできないのだとする。II抵当権は法定地上権の成立要件を満たしていても，I抵当権者の法定地上権の発生を予期しているものではないから，妥当である。

　　また，Y所有の土地上にA（Yの夫）が建物を所有し，Aを債務者とする土地・建物共同抵当権（I抵当権）が設定されたが，Aの死亡によりYが相続して建物の所有者となった後に，本件土地につきII抵当権が設定され，その後，I抵当権が設定契約の解除により消滅したところ，II抵当権が実行されて，Xが本件土地を競落した場合において，判例は，388条は，「競売前に消滅していた甲抵当権〔I抵当権〕ではなく，競売により消滅する最先順位の抵当権である乙抵当権〔II抵当権〕の設定時において同一所有者要件が充足していることを法定地上権の成立要件としているものと理解することができる」として，法定地上権の成立を認める$\binom{最判平19・7・6民}{集61巻5号1940頁}$。前掲最判平2・1・22に

矛盾するものではなく，妥当な判断である。

ⅱ 建物に抵当権が設定された場合
の対象の場合である。判例は，約定利用権
が消滅しないで存続するとし（混同の例外），
法定地上権の成立を否定する（最判昭44・2・14
民集23巻2号357
頁。同旨，高木193頁，
川井・概論368頁）。これに対して，建物所有者
Ｂが建物を抵当に入れたのだから，Ｂがそ
の後に土地を取得した場合には，法定地上
権が発生するとしてもＢの意思に反する

〔図⑨〕次に，「建物」が抵当権

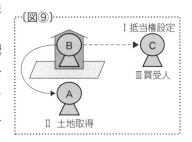

ものではないとして，法定地上権の成立を認める説がある（我妻357頁，近
江・旧版192頁）。し
かし，抵当権者は借地権の存在・承継を前提に抵当権を設定したのであり，
それが，設定者が土地を取得したという偶然の事情で法定地上権に変更され
ることは，抵当権者にとっては予期しない利益享受というべきであるから，
判例の態度が妥当であろう。

なお，Ｂが建物にⅠ抵当権を設定した後に土地を取得し，その後Ⅱ抵当権
を設定したが，Ⅰ抵当権により競売が申し立てられた場合には，判例は，法
定地上権が成立するとしている（大判大14・7・26民集18巻772頁，最
判昭53・9・29民集32巻6号1210頁）。建物抵当権者
の利益を害することにはならないからである。

**(c) 設定時は同一人の所有だが，競
売時は別個の所有となった場合**
抵当権を設定した後に，土地または建物
の一方が譲渡された場合である。① 土
地に抵当権が設定された後に建物または土地が譲渡された場合，② 建物に
抵当権が設定された後に土地または建物が譲渡された場合，の2つが考えら
れる。「譲渡」の際に約定利用権が成立し，それが存続するとも考えられるが
（建物譲渡の場合は
「従たる権利」として），抵当権設定時には抵当権者・設定者共に法定地上権の成
立を予期しているはずだから，法定地上権の成立を認めるべきである（通
説）。
判例も，大連判大12・12・14（民集2巻
676頁）で態度を改め，その成立を肯定してい
る（大判昭7・10・21集11巻2177頁，大判昭8・3・27新聞3543号11頁，大判昭8・10・27
民集12巻2656頁，大判昭9・10・11新聞3773号17頁，最判昭44・4・18判時556号43頁）。

(d) 登記上の別人
例えば，土地に抵当権を設定したが，建物は前主の名義
のままになっていた場合である（実体的には，土地・建物

は同一人に帰属)。抵当権者は，設定時に他人の建物として評価したとも考えられるが，抵当権を設定する場合，抵当権者は現況を調査するのが通例であるから，同一所有者であることがわかるであろう。判例は，このことを明言して，法定地上権の成立を肯定する $\binom{大判昭14・12・19民集18巻1583頁，}{最判昭48・9・18民集27巻8号1066頁}$。土地が前主の名義のままで，建物に抵当権が設定された場合も同様である $\binom{最判昭53・9・29民}{集32巻6号1210頁}$。

(3) 土地または建物に「抵当権が存在」すること〔要件Ⅲ〕

388条は，「土地又は建物につき抵当権が設定され」たとするが，その双方に抵当権が設定された場合でもよいことは既述した $\binom{前掲(1)(e)}{(192頁)}$。

また，法文は，「抵当権の存在」を要求しているが，これも前述したように，抵当権の実行によらない土地・建物の強制分離でも，法定地上権の成立が必要とされよう。国税の滞納者についての公売処分の場合 $\binom{税\ 徴}{127条}$，強制執行による場合 $\binom{民執}{81条}$ でも，法定地上権の成立が認められている。

(4) 抵当権実行により所有者を異にするに至ること〔要件Ⅳ〕

「抵当権実行」とは，抵当権に基づく担保不動産競売（任意競売）のみならず，強制競売，および公売処分でもよいことは，(3)の要件と同じである。

③ 法定地上権の内容

法定地上権は，法律の規定によって発生する地上権ということであって，その性質は，通常の地上権 $\binom{265}{条}$ と変わるところはない。ただ，当事者が合意して成立させるわけではないから，その内容の決定については，裁判所の関与を必要とすることがある。──

(a) **成立時期** 抵当目的物の所有権が買受人に移転した時，すなわち買受人の代金納付時である $\binom{民執79条←}{同188条}$。

(b) **存続期間** 当事者の協議によるが，協議が調わないときは，借地借家法3条で30年となろう $\binom{東京高判昭51・12・6判タ350号270頁(旧)}{借地2条により定められるとした}$。

(c) 地　代　　地代は，当事者の請求により，裁判所が定める$\binom{388条}{後段}$。もとより，当事者の協議があれば，それが優先する$\binom{大判明43·3·23·}{民録16輯233頁}$。

(d) 法定地上権と登記　　法定地上権も一般の物権と同様「登記」が対抗要件となる。ただ，借地借家法 10 条 1 項の適用があるので，地上権自体の登記でなくても，建物の登記でもよい。問題は，競売による土地の買受人と，法定地上権発生後に建物を譲り受けて所有権保存登記をした者との「対抗」関係いかんである。判例は，建物譲受人は保存登記をもって買受人に対抗できるとしているが$\binom{最判昭44·4·18判時556号43頁。同}{旨，我妻368頁，川井・概論378頁}$，買受人は177 条の「第三者」に該当するわけではなく，法定地上権の成立を否認できないから，譲受人は対抗要件を必要としないと解すべきである$\binom{鈴木『借地法上』}{275頁，槇227頁，高木213頁}$。

第7節　抵当権と賃貸借

1　短期賃貸借の廃止と新たな賃貸借保護制度

≪用益権保護思想とその限界≫

　旧 395 条は，抵当権に対抗できない賃貸借であっても，その期間が 602 条に定める期間を超えないものであれば，抵当権者すなわち買受人に対抗できるとして，用益権保護の思想から，賃貸借を優遇していた（短期賃貸借の保護）。しかし，不動産を競売によって買い受けても，最長，土地の場合は 5 年間，建物の場合は 3 年間使用できないことは，買受人にとっては苦痛であるし，それ以上に，競売価格を大きく低下させる原因でもあった。このような制度であったからこそ，逆にこの制度が悪用され，抵当権実行直前の駆込み的な賃貸借の約定，賃料の前払い，高額な敷金契約などを伴って，執行妨害の手段とされ，「詐害的賃貸借」と化したのである。

　そこで，2003 年の民法改正で，この優遇制度が廃止された。ただ，賃貸借（用益権）への一定の配慮として，抵当権に対抗できない（抵当権設定後に生じた）賃貸借であっても，① 建物の明渡しについては一定期間「猶予」する制度（395条）が創設され，また，② 抵当権者の同意により「対抗力」を与える制度（387条）が創設された。

【短期賃貸借の保護思想と詐害性 ── 論争の経緯】　既に廃止された制度ではあるが，大きな論争を展開し，講学上重要な点も含まれているので，概略しておこう（詳細は，近江・旧版171頁以下参照）。

　（1）　**短期賃貸借制度の意義**

　旧 395 条は，「第 602 条に定めたる期間を超えざる賃貸借は抵当権の登記後に登記したるものと雖も，之を以て抵当権者に対抗することを得。但，其賃貸

借が抵当権者に損害を及ぼすときは，裁判所は，抵当権者の請求に因り其解除を命ずることを得」としていた。短期の賃貸借であれば管理行為として抵当権を害するものではないから（横張次「抵当権と賃借権との／関係」関法13巻4=6号25頁参照），価値権（抵当権）と利用権（用益権）の調和として理解されてきた（我妻340／頁など）。この制度は，とりわけ戦後（昭和 40 年代頃まで）の住宅難に際して大きな意義を有してきた。

(2)　短期賃貸借の詐害的利用

しかし，上記したように，抵当権が実行される直前に，設定者が駆け込み的に第三者と結託して短期賃貸借を締結し，賃料を異常に低く設定したり，または賃料の前払いの特約をするなどして，買受人の通常の賃料取得を妨害するようになった。これらが「抵当権者に損害を及ぼす」事由に該当することはいうまでもない（最判昭34・12・25民集13巻13号1659／頁，最判平3・3・22民集45巻3号268頁）。

このような事態に対しては，抵当権者は旧 395 条但書による「解除」請求ができる（この規定は，民法制定の原案にはなく，／衆議院の審議で追加されたものである）。しかし，解除請求は裁判によって行わなければならず，裁判は早くても 1・2 年はかかるが，競売手続は通常 2・3 か月で終了するから，抵当権実行手続が開始された場合には有効ではなかった。

(3)　抵当権者の予防的賃貸借（抵当権併用賃貸借）

そこで，抵当権者は，短期賃貸借の出現を排除するための自衛手段として，みずからを賃借人とする賃貸借契約，または抵当債務の不履行を停止条件とする停止条件付賃貸借契約を締結し，その登記または仮登記を抵当権設定と同時にするという方法で対処してきた。この抵当権者が抵当権と併用する賃貸借（併用賃貸借）を，一般に「予防的賃貸借」と呼んでいる。

しかし，このような賃貸借は，賃借人（抵当権者）が抵当目的物を実際に用益しようとするものではなく，抵当不動産の担保価値の低下をもたらす短期賃貸借の出現を排除するためになされるものにすぎない。

問題は，このような賃貸借は，競売の買受人に対して，なお 395 条による保護を受け得るのかということである。すなわち，抵当権者は，買受人に対して，短期賃貸借を主張できるであろうか。判例は，この併用賃借権につき，詐害的賃貸借を排除すること以上の意義を認めず，「対抗要件を具備した第三者の短期賃借権が現れないまま競落人が競落によって抵当不動産の所有権を取得したときには，抵当権者の賃借権は目的を失って消滅し，その登記又は仮登記は

実体関係を欠くことになるから，……競落人は，競落した抵当不動産の所有権に基づき，その抹消登記手続を求めることができる」とする（最判昭52・2・17民集31巻1号67頁，最判昭56・7・17判時1014号61頁）。

　判例はさらに，抵当権者Aの併用賃借権（賃借権設定予約契約に基づく賃借権設定請求権仮登記）に遅れる後順位賃借権者B（賃借権設定仮登記をして建物に入居）が生じた後に，Aが予約完結権を行使して本登記を経由し，AがBに対して，395条但書に基づく解除判決を訴求すると共に，その勝訴判決を条件として賃借権登記の抹消と不動産の明渡を請求した事案においても，"上記の理から"，Aが「賃借権の本登記を経由しても，賃借権としての実体を有するものでない以上，対抗要件を具備した後順位の短期賃借権を排除する効力を認める余地はない」とした（最判平元・6・5民集43巻6号355頁・石田喜久夫・私法判例リマークス1号7頁）。しかし，これは処理としておかしいであろう。そこにおいて問題とされるべきことは，AからBに対する395条但書による賃借権解除請求と抵当権に基づく明渡請求であって，その判断のためには，Aの本登記経由は問題とならないはずである。解除が認められるというのであれば，その明渡しも当然に認められなければならない（詳細は，中野貞一郎「抵当権者の併用賃借権に基づく明渡請求」金法1252号6頁以下，生熊長幸「抵当権併用賃借権の後順位短期賃借権排除効と抵当権に基づく短期賃借人に対する明渡請求権」岡法40巻3・4号159頁以下参照）。

　以上が，旧395条をめぐる議論であったが，短期賃貸借は，立法理由とは裏腹に，きわめていびつな制度と化し，存在する意義をもたなくなったために廃止された。ただ，上記(3)の点については，現在でも問題となっている。

② 　建物明渡猶予制度

(1) 　建物明渡猶予の意義

(a) 建物「明渡猶予」　　抵当権に対抗できない賃貸借（抵当不動産の賃貸借）は，競売により消滅するから，賃借人は，不動産を引き渡さなければならない。しかし，賃借人（テナントやアパートの賃借人）にとっては，突如なされた競売に際して，短期間のうちに同一の条件で他に賃貸物件を探すことは容易ではない。そのために設けられたのが，「建物」明渡し猶予期間である

($\substack{395\\条}$)。したがって，「土地」の賃貸借については，この制度の適用はない。

(b) 対象者（抵当建物使用者）　　抵当権に対抗できない賃貸借に基づき，競売の時まで現に抵当建物を使用または収益をしている者である($\substack{395条1\\項柱書}$)。ただし，——

　i　競売手続の開始前から使用または収益をする者でなければならない($\substack{同1項\\1号}$)。競売手続開始後に使用・収益を始めた者は，執行妨害目的でされることが多く，保護する必要がないからである。

> **【抵当権者自身の賃貸借は？】**　　上記に述べた抵当権者自身の賃貸借ないし停止条件付賃貸借（抵当権実行または抵当債務の不履行を停止条件とする）は，この制度で保護されるであろうか。このような賃貸借は，旧法下での短期賃貸借の出現を排除するために行われたものであるが（予防的賃貸借），短期賃貸借制度が廃止されても，その態様いかんでは，新 395 条 1 項 1 号に該当することもあろう。
>
> 　しかし，このような賃貸借は，本来の建物の使用収益を目的として設定された賃貸借とはいいがたく，新たに発生する賃貸借の排除（＝建物の交換価値の確保）が目的であることは明らかであろう。そうであれば，競売の買受人に対する対抗力や，独自の賃借権としての価値などは認められないというべきである。したがって，抵当権実行により目的を失って消滅するとする旧来の理論が妥当するというべきである($\substack{前掲最判昭52・2・17，前掲最判昭56・7・\\17，最判平17・3・10民集59巻2号356頁}$)。

---

　ii　しかし，競売開始手続後であっても，強制管理または担保不動産収益執行の管理人がした賃貸借契約により，使用または収益をする者は猶予される($\substack{同\\2号}$)。この場合には，抵当権者を害するという要素がないからである。

(c) 猶予期間　　明渡しの猶予期間は，買受人の買受けの時，すなわち代金納付時から 6 か月である($\substack{395条1\\項柱書}$)。

(2)　猶予期間中の法律関係

(a) 使用「対価」の支払い　　買受人は，建物使用者に対して，建物の使用の「対価」を請求することができる($\substack{395条\\2項}$)。理論的なことだが，この使用の「対価」とは，賃借物使用の「賃料」ではないこ

とに注意すべきである。賃貸借契約はすでに終了している。それゆえ，この「対価」の法的性質は，建物を事実上使用したことによる「不当利得」である。ただ，その額は，賃料相当額になるであろう。

　反面，賃貸借契約関係は存在しないのであるから，買受人（新所有者）は，建物の修繕義務や債務不履行責任を負担するものではない。

(b) 明渡猶予の消滅　上記の「対価」につき，買受人が，相当の期間を定めてその1か月分以上の支払いを催告し，その相当の期間内に支払われない場合は，建物明渡猶予制度は適用されない（395条2項）。

(c) 引渡命令との関係　代金を納付した買受人は，「事件の記録上買受人に対抗することができる権原により占有していると認められる者」を除く不動産の占有者に対して，不動産の引渡命令を得ることができるが（民執83条1項←同188条），明渡猶予に基づく占有者も，法律の規定によって認められている以上，その除外者に該当する。したがって，引渡命令の対象者には入らない（谷口=筒井編38頁）。

　なお，買受人は，一般に代金納付時から6か月を経過したときは，引渡命令の申立てをすることができないが，明渡猶予に係る買受人は，その期間が9か月となる（民執83条2項←同188条）。この期間は一律であり，例えば，買受けの時より後に，明渡猶予対象者AからBに占有者が入れ替わったときも，代金納付時から9か月である（谷口=筒井編40頁）。

③ 抵当権者の同意による賃貸借対抗力の付与

(1) 対抗力付与制度の意義

　抵当権設定後に抵当不動産が賃貸された場合（賃借権登記が必要），すべての抵当権者がその賃貸借に対抗力を与えることを「同意」したときは（同意の登記が必要），その賃貸借は，抵当権者に対抗することができる（387条1項）。抵当権に劣後する賃借権につき，先順位者の「同意」によって優先させようとする制度であるから，対抗原則からは例外であるとともに，機能的には，抵当権

の順位の変更 $\left(\begin{smallmatrix}374条。後掲第9節\\\boxed{4}(226頁)\ 参照\end{smallmatrix}\right)$ に類するものである。

　この制度は，賃貸不動産のように，競売後もその賃貸借を存続させることが自己の債権回収に資すること，優良な賃借人の地位を安定させ，反面，不良賃借人を排除できること，などから創設されたものである。これは，賃貸借一般の規定であるから，建物・土地の双方に適用される。

(2)　対抗力付与の要件

(a) 賃借権の「登記」　保護される賃借権は，「登記」がされていなければならない $\left(\begin{smallmatrix}387条\\1項\end{smallmatrix}\right)$。この制度は，抵当権者の「同意」により劣後賃借権に特別に対抗力を与えようとする制度であり，その際，賃貸借の内容を公示させて明確にするために「登記」が要求されるのである。したがって，借地借家法上の対抗要件（建物賃貸借の「引渡し」 $\left(\begin{smallmatrix}借地借\\家31条\end{smallmatrix}\right)$，土地賃貸借の「建物登記」 $\left(\begin{smallmatrix}同10\\条\end{smallmatrix}\right)$ ）は，この要件を満たさない。

> 【敷金の登記】　この制度の創設に伴って，賃借権登記に際しては，「敷金」があるときは，その旨を登記しなければならないとされた $\left(\begin{smallmatrix}不登81\\条4号\end{smallmatrix}\right)$。敷金は，賃貸人の変更の場合には新賃貸人に承継されるから $\left(\begin{smallmatrix}【V】199\\頁参照\end{smallmatrix}\right)$，その内容を明確にする必要があるためである。

(b) 総抵当権者の「同意」　賃借権設定前に存在するすべての抵当権者の「同意」がなければならない（同意した抵当権者に対抗できるとする趣旨ではない）。そして，この「同意」は，「登記」（同意の登記）されることを要する $\left(\begin{smallmatrix}387条\\1項\end{smallmatrix}\right)$。抵当権順位の変更の登記 $\left(\begin{smallmatrix}374条\\2項\end{smallmatrix}\right)$ と同趣旨である。

(c) 不利益者の承諾　抵当権を目的とする権利を有する者（転抵当権者など），その他この制度により不利益を受ける者（被担保債権の差押債権者，質権者など）がある場合には，それらの「承諾」を得なければならない $\left(\begin{smallmatrix}387条\\2項\end{smallmatrix}\right)$。抵当権順位の変更の場合 $\left(\begin{smallmatrix}374条1項\\ただし書\end{smallmatrix}\right)$ と同趣旨である。

(3) 対抗力付与の効果

　上記の「賃貸借」は，その設定前に登記された抵当権に「対抗」すること
ができる$\binom{387条}{1項}$。すなわち，競売によって売却された場合には，買受人が新
賃貸人となり，従前の賃貸借関係が継続する。

　対抗できるのは，登記によって公示された内容の賃借権である。したがっ
て，設定後に賃借権の内容$\binom{賃料}{など}$が変更された場合には，賃貸人に有利にな
る場合を除き，その変更が登記に反映されなければ対抗力を有しない$\left(\begin{smallmatrix}登記変\\更には\end{smallmatrix}\right.$
抵当権者の承諾（不登66条類推）が
必要とされる。谷口=筒井編44頁$\Big)$。

1　第三取得者の地位

(1)　抵当権負担からの解放

　「第三取得者」とは，一般には広義で，抵当不動産につき，所有権または一定の用益権を取得した第三者(その範囲は条文（制度）によって異なる$\binom{378条(代}{価弁済)}$，379条（抵当権消滅請求），390条（競買権），391条$\binom{費用償還請求権)，398条の22（根抵当権消滅請求)}{}$)をいうが$\binom{我妻329頁・370}{頁以下参照}$，狭義では，所有権を取得した第三者をいう$\binom{379条}{参照}$。抵当権には追及力があるから，債務者が抵当債務を弁済しないときは，第三取得者は，抵当権の実行によって当該不動産を失うおそれがあり，その地位は甚だ不安定である。そこで，「第三取得者」に対して，抵当権の負担を解放させる方途を開き，併せて，抵当不動産の流通を図るという方法がとられた。

　その方法とは，① 代価弁済$\binom{378}{条}$，② 抵当権消滅請求$\binom{379}{条}$，である$\binom{根抵}{当権}$については第11節 7（261頁）で扱う)。

【第三取得者の法理】　「第三取得者」の位置づけについては，考え方が分かれる。

〔A〕　設定者説　設定者の有する負担をそのまま承継するから，これを設定者と同一と考える$\binom{我妻}{249頁}$。

〔B〕　後順位抵当権者説　第三取得者は，その負担する抵当権を除外した価値，すなわち，目的物の残余価値を期待してこれを取得するのであるから，後順位抵当権者と同一に考えるべきだとする$\binom{鈴木}{159頁}$。

〔C〕　個別的処理説　各具体的な場合においては，設定者と考えるべき場合と，第三者として扱うのが適当な場合があるので，個別的に考えるべきだとする$\binom{高木・旧}{版136頁}$。

第三取得者は残余価値を期待するといっても，抵当権を引き受ける（通常は，債務引受けをする）ことを前提としての期待にすぎない。ただ，各個別的な場合においては，後順位抵当権者と同様に扱うべき必要もあるので，〔C〕説が妥当であるが，しかし，基本は〔A〕説にあることはいうまでもない。

(2) 抵当権実行手続上の地位

(a) 競買権 第三取得者は，競売の競買人（買受人）となることができる$\left(\substack{390\\条}\right)$。元来，抵当権実行による競売については，誰でも競買人となれるのだが，被担保債権の債務者はこれが否定されているため$\left(\substack{民執68条\\←同188}\right)$$\left(\substack{条。その理由は，前掲第\\4節\textbf{2}(2)(e)（166頁）参照}\right)$，債務者の地位を引き継いでいると考えられる第三取得者であっても，買受人となれることを注意的に規定したものである。

ここでいう「第三取得者」とは，したがって，所有権者だけでなく，地上権，賃借権の取得者など，広く解してよい。

(b) 費用償還請求権 競売により第三取得者が権利を失った場合において，それまで抵当不動産に支出してきた必要費・有益費は，196条の区別に従い，最優先に償還を受けることができる$\left(\substack{391\\条}\right)$。これは，競売目的物についての一種の「共益の費用」と考えられるからである。それゆえ，これが無視されて配当された場合には，第三取得者は，抵当権者に対し，不当利得返還請求権を有する$\left(\substack{最判昭48・7・12民\\集27巻7号763頁}\right)$。

ここで「第三取得者」とは，所有権者，地上権者，永小作権者などの物権者が該当することは当然だが，問題は，賃借権者である。肯定する説$\left(\substack{柚木馨\\=上田}\right)$$\left(\substack{徹一郎『注民\\(9)』197頁}\right)$と，否定する説$\left(\substack{生熊長幸『新版\\注民(9)』613頁}\right)$がある。否定説は，これが執行妨害のために使われるおそれがあることを理由としている。

2 代価弁済

(1) 代価弁済の意義

〔図①〕代価弁済とは，抵当不動産につき，所有権または地上権を買い受け

た第三者（第三取得者）Ｃが，抵当権者Ａの
・・・・・・
請求に応じてこれに代価を弁済したとき
・・・
は，抵当権はその第三取得者のために消滅
する，とする制度である（378条）。

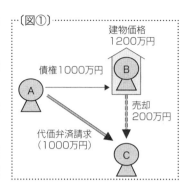

〔図①〕

建物価格
1200万円

債権1000万円

売却
200万円

代価弁済請求
（1000万円）

　このような方法を抵当権者は通常は選ば
ないであろう。抵当不動産が債権額を大き
く上回る場合には，競売によった方が得だ
し，下回る場合には代価弁済では債権の回
収を見込めないからである。したがって，
抵当権者が，競売であまり満足を期待できないような場合に，そこそこの価
格で満足するというようなときに使われるのが一般である（不動産価格1200
万円，抵当債務1000万円のとき，第三取得者Ｃは，その価格差200万円くらいで
抵当不動産を買い受け，その代わり抵当債務1000万円を引き受けるというのが一
般のようである。代価弁済額は1000万円前後であろう）。

> 【代価弁済と第三者弁済】　　代価弁済は，第三取得者が，抵当権者の請求に
> 応じて（抵当権者の提示した価額で）抵当権を消滅させるものであるが，本来，
> 第三取得者は，抵当権の実行を免れるために債務者の債務額を弁済して抵当権
> を消滅させることもできる。第三者弁済の制度である（474条。この場合は，第三取得者は債権者に代位することになる(500条)）。後者では，債務額全額を弁済しなければならないが，前者だと，債
> 務額全額でなくとも，抵当権者の提示額の弁済で抵当権が消滅する。

(2) 代価弁済の要件

(a) 所有権または地上権の取得者　抵当権が設定されている不動産につき，第三者（第三取得者）が，「所有権」または「地上権」を買い受けたこと。地上権を買い受けるとは，地上権の全存続期間の地代を一括して対価として支払った意味だと解されている（我妻373頁）。

(b) 抵当権者の請求　抵当権者の請求に応じてするものである。後掲の「抵当権消滅請求」（**3**頁(214)）とは異なる。

(c) 代価の弁済 抵当権者の提示した額（代価）を支払うことである。

(3) 代価弁済の効果

(a) 抵当権の消滅 代価弁済により，抵当権は第三取得者のために消滅する（378条）。これは，「抵当権は第三取得者のために消滅」なのであるから，第三取得者が所有権の取得者である場合は，抵当権自体が消滅する。しかし，地上権の取得者である場合には，抵当権は地上権者のためにのみ消滅する，すなわち，抵当権自体は消滅せず，抵当権を地上権者に対抗できないことである。したがって，抵当権が実行されても，地上権者は，買受人が取得した土地の上に，従前どおりの地上権を有することになる。

(b) 弁済額債務の消滅 債務者（売主）は，第三取得者が代価弁済した範囲で債務を免れる。しかし，残余債務については無担保債務として，依然，負担する。

3 抵当権消滅請求

(1) 抵当権消滅請求の意義

抵当不動産につき所有権を取得した第三者（第三取得者）は，抵当権者に対し，みずから抵当物件を評価した額を提供して，抵当権の消滅を請求することができる（379条）。旧来の「滌除」制度を改変したものであり，滌除制度の桎梏が取り除かれている。

【滌除制度と抵当権消滅請求の必要性】 旧来の「滌除」（旧378条）とは，第三取得者からの滌除（＝抵当権消滅）の申出があった場合，抵当権者は，それに応ずる義務はないが，拒否する場合には増価競売（滌除申出額の1割以上の増価額の競売）をしなければならず，増価競売が功を奏しなかったときは，みずから増価額で買い受けなければならない（そのための保証も提供しなければならない），とする制度である。これが，抵当権者に苦痛であることは説明はいらな

いであろう。

　民法学界では，これを廃止すべしとの意見が強かったが，抵当権者に苦痛を与えない単純な抵当権消滅請求を存置する意義があるとの理由から存続させられた。その意義とは，「抵当権の被担保債権額が当該不動産の時価を上回る場合」に，被担保債権全額の弁済をしなくともその抵当権を消滅させる機会が与えられることであり，特に，第三取得者が抵当不動産を取得する必要性が高い場合や，強制的に抵当不動産を取得させられることとなる場合（例えば，① 取得した再開発用地に抵当権が設定されている場合，② マンション建替えに際して，抵当権が設定された不参加者の区分所有権を売渡請求（建物区分63条4項）する場合，③ 借地権設定者が買取請求（借地借家13条1項）を受けた建物に抵当権が設定されている場合），などで有用性が高い（「担保・執行法制の見直しに関する要綱中間試案補足説明」13〜14頁）。

(2)　消滅請求権者

(a)「所有権」取得者　抵当権の消滅を請求できる者は，抵当不動産につき，「所有権」を取得した者（＝第三取得者）である（379条）。代価弁済と異なり，無償で取得した者でもよい。

(b)　消滅請求ができない者　ただし，① 主たる債務者，保証人，およびその承継人は，抵当権消滅請求をすることができない（380条）。みずから全債務を負担するからである（保証人や承継人が第三取得者の地位を取得しても同様である）。② 停止条件付第三取得者は，条件の成否未定の間は，抵当権の消滅請求ができない（381条）。

(3)　消滅請求ができる時期

　第三取得者は，抵当権実行としての競売による差押えの効力発生前までに，抵当権消滅請求をしなければならない（382条）。これは，抵当権者と第三取得者との利害を調整する趣旨だからであり（谷口＝筒井編26頁），したがって，一般債権者が強制執行として行う強制競売の場合には，その差押えの効力発生後でも，消滅請求ができる。

(4)　消滅請求の手続 —— 債権者への書面の送付

　第三取得者が抵当権を消滅させようとするときは，まず，「登記〔仮登記を含む〕をした各債権者」（抵当権者のほか，不動産先取特権者 $\left(\begin{smallmatrix}341\\条\end{smallmatrix}\right)$，不動産質権者 $\left(\begin{smallmatrix}361\\条\end{smallmatrix}\right)$）へ，下記の「書面」を送付しなければならない $\left(\begin{smallmatrix}383\\条\end{smallmatrix}\right)$。

　　i　取得の原因 $\left(\begin{smallmatrix}例.売買\\.贈与\end{smallmatrix}\right)$・年月日・譲渡人および取得者の氏名・住所，並びに抵当不動産の性質 $\left(\begin{smallmatrix}例.土地\\.建物\end{smallmatrix}\right)$・所在・代価（取得した価額）その他取得者の負担を記載した書面 $\left(\begin{smallmatrix}383条\\1号\end{smallmatrix}\right)$。

　　ii　抵当不動産に関する登記事項証明書（現に効力を有する登記事項のすべてを証明したものに限る）$\left(\begin{smallmatrix}383条\\2号\end{smallmatrix}\right)$。

　　iii　債権者が2か月以内に抵当権を実行して競売の申立てをしないときは，第三取得者は，上記 i 所掲の「代価」（取得した価額）または「特に指定した金額」(消滅請求金額)を，債権の順位に従って弁済または供託すべき旨を記載した書面 $\left(\begin{smallmatrix}383条\\3号\end{smallmatrix}\right)$。

　以上の書面の送付は，各債権者に対してしなければならず，1人でも送付が欠ければ，抵当権消滅請求手続の送付としては全債権者に対しても無効である。

(5)　消滅請求の効果

(a) 承諾による
**　　抵当権の消滅**　　　送付を受けた「登記をしたすべての債権者」が，第三取得者の提供した「代価」または消滅請求「金額」を承諾し，かつ，第三取得者がその「代価」または「金額」を債権の順位に従って払い渡しまたは供託したときは，抵当権は消滅する $\left(\begin{smallmatrix}386\\条\end{smallmatrix}\right)$。

　なお，第三取得者は，抵当権者に対して反対債権を有するとき，他に抵当債権者がいなければ，相殺できると解される $\left(\begin{smallmatrix}大判昭14・12・21民集18巻\\1596頁，川井・概論384頁\end{smallmatrix}\right)$。

(b) 承諾の擬制　　　以下の場合には，送付を受けた債権者は，第三取得者が提供した代価または金額を承諾したものとみなされる $\left(\begin{smallmatrix}384\\条\end{smallmatrix}\right)$。

　　i　その債権者が，送付を受けた後2か月以内に，抵当権を実行して競売の申立て $\left(\begin{smallmatrix}後掲(6)\\参照\end{smallmatrix}\right)$ をしないとき。

ii　その債権者が，上記 i の競売申立てを取り下げたとき。

iii　上記 i の申立てを却下する決定が確定したとき。

iv　上記 i の申立てに基づく競売手続を取り消す決定が確定したとき。

ただし，買受申出人がないことを理由とする取消しの場合$\left(\begin{smallmatrix}民執63条3項，同68\\条の3第3項←同188\end{smallmatrix}\right.$条$\Big)$，または，執行処分の取消しを命ずる旨を記載した裁判の謄本が提出されたことによる競売手続の取消しの場合$\left(\begin{smallmatrix}民執183条2項\\・同1項5号\end{smallmatrix}\right)$は，抵当権は消滅しない$\left(\begin{smallmatrix}384条4号\\かっこ書\end{smallmatrix}\right)$。抵当権者に帰責性がない手続的取消しの場合にまで擬制を認めることは妥当ではなく，反対に，第三取得者には対抗措置として抵当不動産を買い受ける機会が与えられているから，第三取得者の利益を害しないとされる$\left(\begin{smallmatrix}谷口=筒\\井編27頁\end{smallmatrix}\right)$。

(6)　債権者の競売申立て（対抗措置）

(a) 競売申立権者　抵当権消滅請求の送付を受けたすべての債権者（抵当権者・不動産先取特権者・質権者）は，第三取得者からの抵当権消滅請求に対する対抗措置として，競売の申立てをすることができる$\left(\begin{smallmatrix}384\\条\\1号，\\385条\end{smallmatrix}\right)$。この競売は，通常の競売と異なるものではない。

(b) 競売申立期間　抵当権消滅請求の送付を受けた時から 2 か月以内に申立てをしなければならない$\left(\begin{smallmatrix}384条\\1号\end{smallmatrix}\right)$。

(c) 債務者・第三取得者への通知　競売の申立てに際しては，その 2 か月の期間内に，債務者および抵当不動産の譲渡人に対して，その旨の通知をしなければならない$\left(\begin{smallmatrix}385\\条\end{smallmatrix}\right)$。

第9節　抵当権の処分

1 転抵当

(1) 転抵当制度の意義

　抵当権者は，抵当権をもって，他の債権の担保とすることができる$\binom{376条}{1項}$。転質と同じく，自己の取得した担保権を再び金銭借入の担保とするものである。〔図①〕すなわち，AがBに1000万円の抵当権付債権を有する場合において，Aは，新たにCから800万円を借入れようとするときに，Bに対する抵当権を担保としてCに提供することである。このことから理解されるように，Aの把握した担保価値を，転抵当権者Cに優先的に把握させる制度である$\binom{我妻}{390頁}$。なお，複雑な法律関係を生じるためか，実際には，ほとんど使われない制度である。

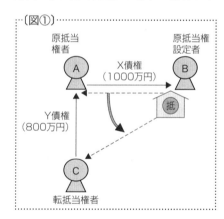

〔図①〕

原抵当権者　A　　　　　X債権（1000万円）　　　　原抵当権設定者　B

Y債権（800万円）　　　抵

C　　転抵当権者

【転抵当の法的構成】　転質の場合と同様の議論がある$\left(\substack{第2章第1節\mathbf{4}3) \\ (98頁) 参照}\right)$。

　〔A〕「抵当権」単独処分説　抵当権を被担保債権から切り離して担保とすると考えるが，さらに説が分かれる。

　　ⓐ「抵当目的物」再度抵当設定説　抵当目的物を再度抵当に入れると解する$\binom{我妻390頁，川}{井・概論393頁}$。

　　ⓑ「抵当権」質入れ説　Aの有する抵当権につき，Cのために質権（一種の権利質）を設定するものだと説く$\binom{鈴木172頁，鈴木}{・抵当制度195頁}$。

〔B〕「債権・抵当権」共同質入説　抵当権をもって他の担保とするとは，債権と抵当権とを併せて質入れするものだと考える説である$\binom{柚木=高木}{304頁以下}$。377条は，この思想の現れであり，また，原抵当権の被担保債権に対する拘束を自然に説明できると説く。

転抵当は目的物の占有を転抵当権者に移転するわけではないので，転質の説明をもってこれに代えることはできないかもしれない$\binom{鈴木・抵当}{制度193頁}$。ただ，当事者間の期待ないし実務界の要請からいっても，転抵当権者Cの原抵当権設定者Bに対する直接取立て$\binom{366条}{2項}$を認めるべきであろう。〔A〕説ではこれが不可能である$\binom{柚木=高}{木309頁}$。

(2) 転抵当の設定

(a) 転抵当設定契約　原抵当権者Aと転抵当権者Cとの転抵当権設定契約によって設定される。原抵当権設定者Bの承諾を必要としない(298条2項に該当する規定は存しないし，承諾があるならば，あえて376条は必要でない)。したがって，性質としては，責任転抵当である。

(b) 成立要件をめぐる問題点　成立要件については，転質の場合と同様に考えてよい。それを前提とすると，若干の問題がある。──

i　「転抵当権の被担保債権（Y債権）が原抵当権の被担保債権（X債権）を超過しないこと」の意味　Aが目的物について把握した担保価値以上のものをCに与えることはできない，ということからこの要件が必要とされたが，Y債権がX債権を超過する場合でも，CはX債権を限度としてしか優先弁済を受けることができないだけだとして，現在では，この要件は不要とされている$\binom{鈴木}{173頁}$。

ii　両債権の弁済期の問題　Y債権の弁済期がX債権の弁済期より先に到来する必要もない。Bは，Y債権の弁済期が到来しなければ，供託して債務を免れることができるからである。

以上のことから，CのY債権の債権額・弁済期については，Bを害することがないので，何ら制限を受けないと解される$\binom{鈴木}{174頁}$。

(3) 転抵当の対抗要件

(a) 登記（付記登記） 転抵当権の設定は不動産物権の設定であるから，登記を必要とする。この登記は，抵当権設定登記の付記登記である。抵当権の処分によって利益を受ける者の権利の順位は，付記登記の前後による$\left(\substack{376条\\2項}\right)$。

(b) 原抵当権設定者に対する通知・承諾 転抵当の設定につき，原抵当権設定者Bに対する転抵当をした旨の通知またはBの承諾がなければ，これをもって，主たる債務者，保証人，抵当権設定者（物上保証人）およびこれらの者の承継人に対抗できない$\left(\substack{377条\\1項}\right)$。この規定については，〔B〕共同質入説からはもっともよく説明され，債権質についての364条と同じ意義を持つものということになる。これに対し，〔A〕ⓐ説は，転抵当権は，原抵当権の被担保債権そのものを担保とするものではないが，この債権は原抵当権の存立の基礎をなすものであるから，転抵当権は間接にこの上に拘束力を及ぼす，という$\left(\substack{我妻\\393頁}\right)$。

(4) 転抵当設定の効果 ── 拘束力

(a) 原抵当権者に対する拘束 転抵当権は，原抵当権の上に成立するものである以上，原抵当権者Aは原抵当権を消滅させてはならない拘束（義務）を受ける。したがって，抵当権の絶対的放棄はもちろん，取立て，相殺，免除などはできない。なお，この拘束を，共同質入説は債権の質入れされた効果であると説明し，抵当権単独処分説は原抵当権を消滅させてはならないことの間接的効果だとするが，しかし，転抵当権の設定は担保関係の成立でもあるから，このような拘束は担保関係から生じる義務であると考えるべきである$\left(\substack{序論⒊(a)（7頁）・本章第\\5節②1)（179頁）参照}\right)$。

(b) 原抵当債権の債務者，保証人，物上保証人に対する拘束 これらの者は，転抵当の通知または承諾$\left(\substack{377条\\1項}\right)$があった場合には，転抵当権者Cの承諾なくして原抵当債権（X債権）を「弁済」しても，Cに対抗できない$\left(\substack{377条\\2項}\right)$。

(5) 転抵当権の実行

(a) 原抵当債権の弁済期到来　転抵当権を実行するためには，原抵当権の被担保債権も弁済期の到来することを要する。原抵当権設定者Bが転抵当によって何ら不利益を受けるべきでないことから，当然のことである。なお，〔B〕共同質入説では，転抵当権者Cは，抵当権質の実行（方法は抵当権実行に準ずる）と債権質の実行（X債権の直接取立て$\binom{366条}{2項}$）を選択できるが，〔A〕抵当権単独処分説だと，抵当権実行のみである。

【原抵当権者Aの競売権は？】　判例は，原抵当権の債権額が転抵当権の債権額を上回っている場合はできるという$\binom{大決昭7\cdot8\cdot29民集11巻1729頁，名}{古屋高判昭52\cdot7\cdot8判タ360号172頁}$。学説は，以下のように分かれる。

　〔**A**　**肯定説**〕　転抵当権債権（Y債権）額があらかじめ確定できないから，Aは，上回るかどうかに関係なく競売できるが，ただ，常に競売代金全額を供託しなければならないとする$\binom{鈴木\cdot抵当}{制度204頁}$。

　〔**B**　**否定説**〕　Aの競売権を認めることは，Aに対する弁済を封ずる377条2項の趣旨と矛盾するのみならず，転抵当権者Cの担保を害すべき危険が多く，Aがこのような競売権を享有すべき理由はないとする$\binom{柚木=高木307頁，}{川井\cdot概論395頁}$。この説が妥当であろう。

　〔**C**　**限定的肯定説**〕　基本的には否定説に立つが，原抵当権・転抵当権共に競売の要件を備えたときには認めるとするものである$\binom{我妻394頁。福永有利\cdot判タ364号117頁以下は，肯定する場合を拡大する}{}$。

(b) 優先弁済の範囲　上記したように（$\binom{前掲(2)(b)}{(219頁)参照}$），転抵当権者Cは，原抵当権の被担保債権（X債権）を限度として，優先弁済を受ける。これによって，残余が生じるときは，原抵当権者Aもまた弁済を受けることができる。

2 抵当権の譲渡・放棄

(1) 抵当権の譲渡

(a)「抵当権の譲渡」の意義　抵当権者は，他の抵当権者の利益のために，自己の抵当権を譲渡することができる$\left(\substack{376条\\1項}\right)$。この「抵当権の譲渡」とは，抵当権を有しない債権者に抵当権を与え，その限度で自分は無担保債権者になることである。

(b) 抵当権譲渡契約　抵当権の譲渡は，処分契約であり，譲渡人と譲受人間の契約でされ，債務者・抵当権設定者（物上保証人）・中間の抵当権者の同意を要しない。

(c) 抵当権譲渡の対抗要件　いくつかの場合がある。――

　i　複数の譲受人間　抵当権譲渡の譲受人が数人いる場合には，その優劣は，「登記」（付記登記）の前後による$\left(\substack{376条\\2項}\right)$。

　ii　債務者，保証人，抵当権設定者およびその承継人　これらの者に対して抵当権譲渡を対抗するには，主たる債務者への「通知またはその承諾」（対抗要件）が必要である$\left(\substack{377条\\1項}\right)$。

　iii　抵当権処分の受益者（抵当権の譲受人）　上記の「対抗要件」（主たる債務者への通知・承諾）を具備した場合は，上記 **ii** 所掲の者が処分者（譲渡人）に対してした弁済は，抵当権譲渡の受益者（譲受人）に対抗できない。しかし，受益者が承諾すれば，これに対抗できる$\left(\substack{377条\\2項}\right)$。

(d) 抵当権譲渡の効果　譲渡人は，譲受人の有する債権額の限度で無担保債権者となり，譲受人は，譲渡人の有した抵当権をその被担保債権の範囲で取得する。〔図②〕Ｐの建物につき，Ａが被担保債権3000万円のⅠ抵当権，Ｂが1000万円のⅡ抵当権を有し，Ｐはさらにから3000万円を借入れようとするとき，Ａ・Ｃ間の合意でＡからＣへⅠ抵当権が譲渡されたときは，Ａは無担保債権者となり，ＣはⅠ抵当権を取得する。

ただ，注意すべきは，——

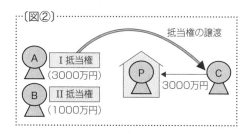

〔図②〕

　i　Ａの債権が 2000 万円のときは，Ｃは 2000 万円の限度でⅠ抵当権を取得するにとどまり，残り 1000 万円については無担保債権となる。

　ii　反対に，Ｃの債権が 2000 万円のときは，Ｃは 2000 万円につきⅠ抵当権を取得するが，Ａもまた，残余枠 1000 万円につきⅠ抵当権を有する。この場合は，Ⅰ抵当権についてはＡ・Ｃの準共有となる。

　いずれの場合においても，次順位抵当権者Ｂに影響を及ぼさない。

(2) 抵当権の放棄

(a)「抵当権の放棄」の意義　抵当権者は，他の債権者の利益のために，優先弁済の利益を放棄することができる$\binom{376条}{1項}$。注意すべきは，この「抵当権の放棄」は，無担保債権者Ｃの利益のためにするものであって，一般的な抵当権の放棄ではないことである。すなわち，Ⅰ抵当権者ＡがＣのために抵当権を放棄したとすると，その被担保債権額 3000万円部分の抵当権については，ＡとＣが優先弁済を分け合うことになる（両者は同順位となる）。次順位抵当権者Ｂには影響を及ぼさない。一般的な抵当権放棄（絶対的放棄）に対して，相対的放棄といわれる。

(b) 抵当権放棄契約・対抗要件・効果　いずれも，「抵当権の譲渡」の場合と同じであるが，抵当権の放棄は，実務界ではほとんど使われていないため，省略する$\binom{前記(1)を}{参照せよ}$。

3 順位の譲渡・放棄

(1) 順位の譲渡

(a)「順位の譲渡」の意義　抵当権者間において，その順位の入れ替えを行うことを，抵当権の「順位の譲渡」という $\left(\substack{376条\\1項}\right)$。

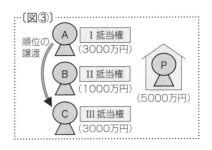

〔図③〕　I 抵当権者 A が II 抵当権者 B に順位を譲渡する場合のみならず，P が新たに C から借り入れようとする場合，C がまず III 抵当権を設定し，その上で，A が C に順位を譲渡するという方法でもされる。この制度は，とりわけ，第1順位の抵当権を設定しなければならないような場合 $\left(\substack{例えば，住宅金融公庫からの借入れや，担保付社\\債の発行などでは，第1順位の抵当権を要求する}\right)$ や，借替え $\left(\substack{高利で借\\りたAに対する債務を，新たにC\\からの低利の融資に切り換える}\right)$ のために，利用される。なお，この制度が，順位昇進の原則 $\left(\substack{115\\頁}\right)$ を回避する機能をもつものであることは，いうまでもない。

(b) 順位譲渡契約　抵当権の譲渡に同じである $\left(\substack{前掲■1)\\(222頁)参照}\right)$。

(c) 順位譲渡の対抗要件　抵当権の譲渡の場合と同じである $\left(\substack{前掲■1)(c)\\(222頁)参照}\right)$。すなわち，──

　　i　複数の譲受人間　順位譲渡の譲受人が数人いる場合には，その優劣は，「登記」（付記登記）の前後による $\left(\substack{376条\\2項}\right)$。

　　ii　主たる債務者，保証人，抵当権設定者およびその承継人　これらの者に対して順位譲渡を対抗するには，主たる債務者への「通知またはその承諾」（対抗要件）が必要である $\left(\substack{377条\\1項}\right)$。

　　iii　抵当権処分の受益者（順位譲渡譲受人）　上記の「対抗要件」（主たる債務者への通知・承諾）を具備した場合は，上記 ii 所掲の者がした処分者（譲渡人）への弁済は，順位譲渡の受益者（譲受人）に対抗できない。しかし，受

益者の承諾があれば，これに対抗できる $\left(\begin{smallmatrix}377条\\2項\end{smallmatrix}\right)$。

(d)「順位の譲渡」の効果　　順位の譲渡人と譲受人との間で，優先順位の交換が生じる。すなわち，両者の受けられる配当額の合計額から，まず，譲受人が優先弁済を受け，残余金を譲渡人が受ける。〔図③〕で，抵当建物の価格を 5000 万円として，A が I 抵当権の順位を III 抵当権者 C に譲渡したとすると，A の優先枠 3000 万円と C の優先枠 1000 万円（残 2000 万円については，もともと優先弁済を受けられない）の合計額 4000 万円から，まず，C が自己の債権額 3000 万円の優先弁済を受け，残余 1000 万円は A が優先弁済を受ける。II 抵当権者 B には影響を及ぼさない。

【抵当権処分の効力は絶対的か相対的か】　　377 条 2 項との関係で問題がある。順位の譲渡を例に説明しよう。

〔A〕　**絶対的効力説**　〔図③〕で，A が C に順位を譲渡することは，抵当権を被担保債権から切り離して譲渡することであるから，当事者間だけでなく，第三者との関係でも順位が入れ替わるとする $\left(\begin{smallmatrix}鈴木・抵当\\制度208頁\end{smallmatrix}\right)$。したがって，順位の譲渡後，債務者 P が，C に弁済した場合に A の I 抵当権は復活せず，また，A に弁済した場合にも C の I 抵当権には影響を与えない，とする $\left(\begin{smallmatrix}最判昭\\38・3・\end{smallmatrix}\right.$ 1民集17巻2号269頁〔ただし，川井・概論399頁は，後順位抵当権者のい ない事例であるから，絶対的効力説と断定することは困難だとする〕$\Big)$。順位の譲渡（処分）を絶対的なものと解するのである。

〔B〕　**相対的効力説**　　しかし，377 条 2 項によれば，P は受益者 C の承諾なしに A に弁済したときは，その弁済は C に対抗できず，C は I 抵当権を主張できる。この規定の反対解釈として，C の承諾があれば，A への弁済は C に対抗でき，C は I 抵当権を主張できないことになる。そうすると，〔A〕説のように絶対的効力と解することは，この規定に矛盾しよう。そこで，順位の譲渡は，当事者間のみで売却代金の配当における計算関係で順位変動の効果が生じるにすぎない（相対的効力），とする考えが出てくる。この説によると，次のような結論が導かれる。

　i　債務者 P が，C に弁済したときは，A の I 抵当権が復活する $\left(\begin{smallmatrix}ただし，\\〔B〕我妻\end{smallmatrix}\right.$ 説は消滅すると解 する（我妻399頁）$\Big)$。

　ii　P が，C の承諾を得て A に弁済したときは，C の取得した I 抵当権は消滅する（III 抵当権は残る）。

　〔B〕説は，受益者（譲受人）Cは，「譲渡人AのI抵当権を実行してその受ける配当金を自分のⅢ抵当権の被担保債権の弁済に充てる権利を取得する」，と考えるのである（我妻399頁，川井・概論／398頁以下など通説）。

(2)　順位の放棄

(a)「順位の放棄」の意義　　抵当権の順位の放棄とは，先順位抵当権者が後順位抵当権者に対し，自己の優先弁済の利益を放棄することである（376条／1項）。その結果，両者は同順位となり，債権額に応じて按分比例の弁済を受けることになる。そして，中間の抵当権者には何ら影響を与えない。

(b)　順位放棄契約・　対抗要件・効果　　これらについても，抵当権の譲渡の場合と同様である（前記(1)／参照）。

4　順位の変更

(1)　「順位の変更」制度の意義

(a)「順位の譲渡」との関係　　抵当権の順位は，各抵当権者（影響を受ける抵当権者全員）の合意によって，これを変更することができる（374条／1項）。これは，抵当権を被担保債権から完全に切り離して，その順位を変更することであって，上記「順位の譲渡」と異なり，絶対的効力を生ずるものである（順位の譲渡が複雑で解釈も一定していなかったた／めに，昭和46年に旧373条2・3項が設けられた）。

　さきの〔**図③**〕（224／頁）において，順位の譲渡と順位の変更との相違を考えよう。AがCに順位を譲渡したならば，その順位はC・B・Aとなる。同じことは，順位変更によっても可能である。だが，優先弁済（配当）の範囲についてはまったく異なる。すなわち，順位譲渡はBに影響を及ぼさないが，順位変更はBに影響を及ぼすのである。

　なお，転抵当権者，被担保債権の差押債権者など，これによって利益を害される者がいれば，その承諾を必要とする（374条1項／ただし書）。

(b) **効力発生要件**　順位の変更は，登記（順位変更登記）をもって効力発生要件とする（374条2項）。

(2)　「順位の変更」の効果

「順位の変更」は，抵当権者全員の合意によるものであるから，絶対的効力を生じる。したがって，——

　ⅰ　まず，配当（優先弁済）関係に影響が出てくる。例えば，Ｃの債権額がＡの債権額を上回る場合には，それだけＢの配当は影響を受ける。Ｃは，被担保債権から切り離された順位だけを取得するからである。

　ⅱ　抵当権の変更順位は絶対的・確定的なので，債務者Ｐの弁済による複雑な問題は生じない（225頁【抵当権処分の効力は絶対的か相対的か】参照）。

第10節　共同抵当

1　序　説

(1) 共同抵当制度の意義

(a) 共同抵当の機能　「共同抵当」とは，債権者が，同一の債権の担保として，数個の不動産の上に設定する形態の抵当権である$\binom{392条}{1項}$。〔図①〕例えば，債権者が債権（3000万円）の担保として，債務者の甲不動産（3000万円）と乙不動産（2000万円）の両方に抵当権を設定する場合がこれである。

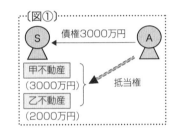

〔図①〕
債権3000万円
S　A
甲不動産（3000万円）
乙不動産（2000万円）
抵当権

　共同抵当は，2つの作用を営んでいる。1つは，個々の不動産では債権の担保として不十分な場合に，いくつかの不動産を集めて担保価値を増大することである。もう1つは，抵当不動産の滅失・損傷などによる担保価値の低下を防ぐため，危険を分散させることである。このため，共同抵当は，超過担保となることが多い（そこで，競売に際しては，超過競売となる場合に一定の制約を設けている$\binom{民執73条←}{同188条}$）。

(b) 共同抵当に対する制約＝「配当原則」　共同抵当においては，本来，各不動産は，被担保債権の全額を担保している。そこで，共同抵当権者は，どの不動産からどのような配当を受けようとも，自由である。しかし，それを無条件に認めると，残余価値を期待して抵当権の設定を受けた後順位抵当権者が配当を受けられないことがあり得る。この弊害を除去するため，共同抵当の本来の機能（ないし権能）を制限し，後順位抵当権者に特別な権利を認めることにより，公平な担保の分配を図っている$\binom{佐久間}{16頁}$。それが，共同抵当

の「配当原則」である。わが民法は，同時配当の場合は「割付主義」（各不動産の価額に応じて債権負担を割り付ける），異時配当の場合は，「全部配当主義」（任意の不動産から債権の全部の弁済を受けさせる）を採用した上で，割付主義を基礎とした「代位権」を後順位抵当権者与えた（→後掲**2**）。

(2) 共同抵当権の設定と公示

(a) 共同抵当の目的物 共同抵当の設定できる目的物は，不動産に限らず，地上権・永小作権（369条2項）のほか，立木法による立木，不動産とみなされる工場・鉱業・漁業財団などでもよい。土地・建物と財団との間でも共同抵当が可能である。各目的物の所有者が異なっていてもよい。

(b) 設定の方法 共同抵当は，各不動産につき，「共同抵当」の目的となっていることを示さなければならない。それは，抵当権設定と同時に行うか，既存の抵当不動産につき後に他の抵当不動産を追加して共同抵当とする（追加担保）かは，問わない。

(c) 共同抵当の登記 共同抵当は，「登記」によって公示される。すなわち，共同抵当であることを示し（不登83条1項4号），「共同担保目録」が添付される（同条2項，不登規則166条）。

しかし，この共同抵当関係を表示する登記は，後順位者などに対する対抗要件としての意味を持つものではない。なぜなら，共同抵当の記載がない場合を考えると，共同抵当権者は，各不動産には被担保債権額が記載されているから，各不動産から十分に弁済を受けることができるのは当然である。他方，次順位抵当権者も，共同抵当権者が1つの不動産から優先配当を受けた場合には，実体関係から共同抵当であることを主張して，代位による利益を受けることができると解されるからである（我妻433頁，高木238頁）。そうすると，この登記は，各不動産の負担割合などを第三者に認識させる意義をもつにすぎない。

2 配当原則

(1) 同時配当＝割付主義

(a) 割付主義 抵当権者が，共同抵当の目的物全部を実行し，同時に代価を配当すべきときは，その各不動産の価額に応じて，その債権の負担を按分する$\binom{392条}{1項}$。すなわち，各不動産が負担すべき債権を，その不動産価額に応じて分割（按分）することである（負担分割）。これを割付主義というが，同時配当の原則であるのみならず，異時配当における配分（代位）割合の基本でもある。「各不動産の価額」とは，鑑定による評価額ではなく，実際に売却された代価である$\binom{我妻436頁，川}{井・概論405頁}$。

〔基準例〕例えば，債務者S所有の甲不動産（価格3000万円）と乙不動産（価格2000万円）に，Aが3000万円を被担保債権としてI共同抵当権を設定し，さらに，甲不動産にはBが1200万円のII抵当権を，乙不動産にはCが800万円のII抵当権を，それぞれ設定したとする。I抵当権者Aが，甲・乙両不動産を同時に競売した場合には，上記規定により割り付け，Aは，甲不動産から1800万円，乙不動産から1200万円の弁済を受ける。各後順位抵当権者B・Cは，

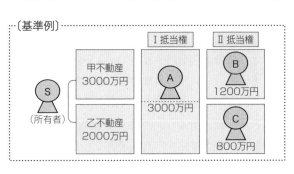

〔基準例〕

それぞれ残余につき優先弁済を受ける。

(b) 適用範囲 この割付けは，後順位抵当権者が存在しない場合でも必要であると解される。不動産の所有者が異なる場合には求償関係が生じて複雑になるからであり$\binom{大判昭10・4・23}{民集14巻601頁}$，適用を制限する規定がない以上は，これを適用して簡明にすべきである$\binom{川井・概論405}{頁，高木239頁}$。

　なお、「一括売却」(不動産を他の不動産と一括して同一買受人に買い受けさせる(民執61条))の場合、かつては、割付けはできないと解されていたが、民事執行法は、各不動産ごとに売却代金を定める必要があるときに、これを認めている(民執86条2項)。

(2)　異時配当＝全部配当主義と代位権

(a) 全部配当主義と代位による調整　　共同抵当において、ある不動産の代価のみを配当すべきときは、抵当権者は、その代価から債権の全部の弁済を受けることができる(392条2項前段)。全部配当主義である。しかし、この場合は、次順位の抵当権者は、共同抵当権者が392条1項の規定に従い他の不動産の代価から弁済を受けるべき金額を限度として、その共同抵当権者に代位して抵当権を行使することができる(代位権の発生)(392条2項後段)。

　例えば、〔基準例〕で、Aが甲不動産の抵当権のみを実行するときは、Aはそれから債権額3000万円全額の弁済を受けることができるが、そうすると、次順位の抵当権者Bは、甲不動産から弁済を受けることができなくなる。そこで、Bは、392条1項により乙不動産につきAに割り付けられるべき1200万円を限度として、Aに代位することができる。つまり、Bは、割付け額の範囲内で、乙不動産上に第1順位の抵当権を有するのである。

(b) 代位権　　ここでの「代位」とは、先順位抵当権者Aの乙不動産上に有する抵当権が、後順位抵当権者Bへ法律上当然に移転すること(抵当権の法定移転)である(通説)。

　i　代位の登記　　代位によって抵当権を行使するBは、抵当権登記にその「代位」を付記(付記登記)することができる(393条)。この付記登記の意味だが、抵当権の法定移転であることを力説するならば、登記なくして代位を対抗できることになろう。しかし、法定移転であっても、不動産の物権変動であることを考慮すれば、対抗要件であると考えなければならない。したがって、当該不動産につき新たに利害を有した者に対しては、登記がなければ代位権を対抗できないと解すべきである(我妻450頁)。

　ii　代位権者　　条文には「次順位の抵当権者」とあるが、これは、広

く後順位の抵当権を有する者の意味であり，次順位者に限らない（大判大11・2・13新聞1969号20頁（第3順位の抵当権者の代位を認めたもの））。後順位抵当権者が多数いる場合には，それぞれ割付けがされる。

(c)「一部弁済」と代位権 共同抵当権者が抵当権の実行により債権の一部の弁済を受けたにすぎない場合も，後順位抵当権者は代位できるであろうか。〔**基準例**〕で，Aが乙不動産のみを競売した場合，Aは自己の債権全額の満足を得ていないので，抵当権は消滅していないが，それでも乙不動産のⅡ抵当権者Cは，甲不動産につきⅠ抵当権を代位取得できるか。

〔**A**〕 **停止条件付取得説**） 判例は，後順位抵当権者Cは，先順位抵当権が消滅すべき場合にはじめて代位できる地位にあるから，先順位抵当権が消滅しない間は，代位付記の仮登記（不登105条2号）により，権利を保全できるのみだとした（大連判大15・4・8民集5巻575頁）。学説も，大方，これを支持する（柚木=高木380頁，星野297頁以下，高木241頁，佐久間346頁）。

〔**B**〕 **現実的取得説**） これに対して，Cは甲不動産のⅠ抵当権を，Aに次ぐ順位のものとして現実に取得し（代位につき仮登記ではなく本登記ができる），したがって，その抵当権を単独で実行することができるとする。その実行の結果，Cは，Aに残額の優先弁済権を与え，みずからも弁済を受ける途を講ずることができるとする（我妻452-453頁，川井・概論408頁）。

共同抵当の後順位抵当権者の代位権は，弁済によって取得する代位権（502条1項→抵当権の準共有が生じる）と異なり，先順位抵当権の消滅によって生じるものであるから，先順位抵当権が消滅していない間は，後順位抵当権者は将来取得できる地位を有するにすぎないというべきである（同旨，佐久間346頁）。〔A〕説が正当である。

(d) 共同抵当の「放棄」と代位権 〔**図②**〕共同抵当権者Aが，乙不動産上の抵当権を「放棄」（担保解除）し，後に甲不動産を競売した場合，甲不動産の後順位抵当権者Bの代位権はどうなるであろうか。古く，判例は，権利の放棄は自由であるから，放棄によって後順位抵当権者は何ら損害を蒙るものではないとしたが，しかし，後順位抵当権者には代位の期待権があるので，その利益が侵害されることも事実である。ただ，共同抵当不動産の所有者が誰であるかによって法理を異にするので，パターンを分けて考

えなければならない。

　　i　「甲不動産・乙不動産が共に債務者所有」　　〔図②〕まず，共同抵
当不動産がすべて債務者所有の場
合である。

　　〔A〕　放棄自由説）　初期の判
例は，「権利の放棄は権利者の自由
に属し，唯権利者に対し放棄を妨
ぐる権利を有するものあるとき

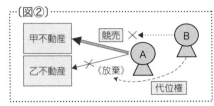

〔図②〕甲不動産　乙不動産　競売　《放棄》　代位権　A　B

は，其者の承諾を得て之を為すべきに過ぎざる」ものとの前提で，後順位抵
当権者は「代位することの希望」を有するにすぎないから，その承諾を要し
ないとし（大決大6・10・22民録23輯1410頁，／大判昭7・11・29民集11巻2297頁），したがって，放棄しても，次順位抵当
権者の権利を侵害したことにはならず，不法行為による損害賠償義務を負う
ものではないとした（前掲大判昭／7・11・29）。

　　〔B〕　放棄制限説）　しかし，後に判例は，「放棄無かりしならばBが392
条2項に依り乙不動産に付き代位を為すを得べかりし限度に於て，AはBに
対し優先弁済を受くるを得ざるものとす」として制限する立場に立ち，この
ことは，「392条及504条の法意を類推するに依りて知るを得べし」（ただし／傍論）と
した（大判昭11・7・14民集15巻1409頁(この判例の事案については不明なところが多いが，乙不動産は物上／保証人所有でありかつ債務者を相続している。また，不法行為に基づく損害賠償請求事件であり，判／決はこの請求／を認めない)）。この考え方が，最高裁に受け継がれ，現在の判例理論を形成して
いる。すなわち，共同抵当権者が，後順位抵当権者の代位の対象となってい
る乙不動産上の抵当権を放棄したときは，「放棄がなかつたならば後順位抵当
権者が乙不動産上の上記抵当権に代位できた限度で」，甲不動産につき，後順
位抵当権者に優先することができないとする（最判昭44・7・3民集23巻8号1297頁(ただし，／乙不動産が物上保証人所有。詳細は，後掲
③2)(238頁)），最判平4・11・6民集46巻8号2625頁（双方不動産が物上保証人所有だが，）。
この場合を双方債務者所有の場合と同一に考えられることは，後掲③2)(c)(239頁)参照）。
　　このように，共同抵当不動産がすべて債務者所有の場合において，その一
部が放棄されたときは，392条2項による後順位抵当権者の代位する期待権
が侵害されることは明らかであるから，その優先弁済権が制限されるべきこ
とは当然である（佐久間372頁。同旨，／川井・概論408頁）。この場合において，侵害される代位権は
392条2項が直接に規定しているものであるから，担保保存義務の制限であ

る 504 条を使う必要もない。我妻博士は，前掲大判昭 11・7・14 の趣旨を支持し，その理由を，「後順位抵当権者の地位は，債務者の所有不動産とともに共同抵当権を設定した物上保証人に類似するので，第 504 条を類推するのが適当だからである」$\binom{我\ 妻}{456頁}$ としたことにより，504 条を根拠とする説が出てきた。しかし，前掲大判昭 11・7・14 は，傍論的に 392 条以外に「504 条の法意」といったにすぎない。また，その後の判例は $\binom{前掲最判昭44・7・3,}{前掲最判平4・11・6}$，上記のように，必ずしも 504 条を根拠とするものではない。

【「放棄」に対する制限理論】 　前掲大判昭 11・7・14 以降，学説は，「放棄」の制限について，以下のような理由づけを試みる。──

　ⓐ **承諾必要説**　共同抵当権者が放棄する場合は，後順位抵当権者の「承諾」を必要とし，承諾のない放棄を無効とする $\binom{香川保一『改訂}{担保』585頁以下}$。あるいは，放棄があっても，後順位抵当権者は放棄がない場合と同様に代位できるとする $\binom{柚木=高}{木388頁}$。しかし，これらの説は，392 条の趣旨に合致しないか，現実的ではない $\binom{佐久間}{371頁}$。

　ⓑ **割付け説（392 条類推）**　あらかじめ各不動産の割付けを行い，各不動産については割付額を被担保債権とする単独抵当と見て，その 1 つが放棄されたものとし，その結果，共同抵当権者が抵当権（他方の抵当権）を実行しても，後順位抵当権者に割り付けられるべき部分（代位部分）については，後順位抵当権者に優先できないとする $\binom{加藤一郎「抵当権の処分と共同抵当」『民法演習Ⅱ』}{199頁，鈴木・抵当制度240頁，高木・旧版227頁}$。私は，共同抵当不動産がすべて債務者所有の場合にはこの考え方でいいと思うが，ただ，共同抵当不動産が異なる所有者の場合には，判例理論とは相容れない $\binom{佐久}{間370頁}$。

　ⓒ **担保保存義務違反説（504 条類推）**　本文で述べたように，我妻博士が前掲大判昭 11・7・14 の趣旨を支持して明言されたものである。ただ，「後順位抵当権者の地位は，債務者の所有不動産とともに共同抵当権を設定した物上保証人に類似する」$\binom{我\ 妻}{456頁}$ とは，法定代位という局面に限定してのことである。

　ⓓ **不法行為説**　放棄をもって，代位権者に対する不法行為として損害賠償をさせるとする $\binom{角紀代恵「判批」判タ823号60頁以下，高木243頁，後藤巻則「共同抵当}{における利害関係人の利益の調整と民法392条の適用」みんけん554号3頁以下}$。この説は，共同抵当権者は抵当物件のいずれからでも自由に選択して競

売することができ，その一部の放棄も自由であるとの前提から，先順位の抵当権者の優先権を犠牲にしてまで，後順位抵当権者の代位権を保証する意味までもたすべきではなく，設定者に対して善意でした放棄などは許されるべきであるから，後順位者の代位の期待を不当に奪う放棄だけを不法行為として，損害賠償義務を負わせるにとどめるべきだとする（高木243頁，後藤・前掲論文10頁）。しかし，そもそも，その前提理論が問題であろう。確かに，抵当権が設定された各不動産はそれぞれ被担保債権の全額を担保するのが原則ではあるが，それを，「共同抵当」については制限しようとするのが共同抵当法理（配当原則）なのである（前掲**1**(1)(b)(228)頁)参照）。したがって，この立論には，疑問を感じざるをえない。

ii　「甲不動産＝債務者所有／乙不動産（放棄）＝物上保証人所有」

〔**図③**〕次に，甲不動産が債務者 S 所有，乙不動産が物上保証人 L 所有の場合において，共同抵当権者 A が乙不動産上

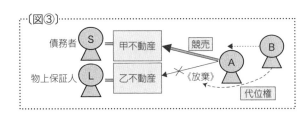

〔図③〕

の抵当権を放棄したときは，甲不動産の後順位抵当権者 B との関係はどうなるか。B は，本来の代位権を侵害されたわけだから，A の甲不動産の配当については，392 条 2 項による代位権の割合で A に対抗できるとも考えられよう。しかし，例えば，物上保証人 L が，S の A に対する債務を代位弁済することによって A の共同抵当権を取得した場合（499条）において，乙不動産（自己所有）上の抵当権を抹消（＝放棄）し，甲不動産上の抵当権を実行したときは，B は L に代位権を対抗できない。L は，このような法定代位を期待して物上保証をしたのであり，反対に，B は，このようなこと（物上保証人による法定代位）がありうることを窺知した上で後順位抵当権の設定を受けたのであるからである。そして，この状況は，共同抵当権者 A が乙不動産を放棄し，甲不動産を競売した場合でもまったく同じである。したがって，B は，392 条 2 項を根拠に A に対抗することはできないというべきである（後掲最判昭44・7・3民集23巻8号1297頁。詳細は，後掲**3**(2)(a)i（238頁）)。

【「放棄」をめぐるその他の問題】　　上記では，共同抵当不動産の「放棄」に
ついて，後順位抵当権者の代位権との関係を考察したが，それ以外に，「放棄」
をめぐってはいくつか問題がある。

　　(i)　**後順位抵当権者のある甲不動産を放棄**　　〔図④〕共同抵当権者 A
が，後順位抵当権者 B のいる債務者所有の甲不動産抵当権を放棄し，物上保証
人 L 所有の乙不動
産を競売に付した
場合である。B は，
先順位抵当権が消
滅した以上，順位昇
進の期待があるが，
他方，物上保証人 L

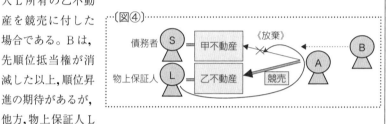

〔図④〕

は，競売によって不動産を失った場合には，本来，弁済者代位（499条）により，
A の甲不動産上の I 抵当権を代位取得するはずである（501条）。そして，物上保
証人はその「代位」を期待して甲不動産との共同抵当権を設定するのであるか
ら，A の抵当権放棄は 504 条の担保保存義務違反に当たることは明らかであ
り，物上保証人 L は代位できた割合で当然に免責されることになる。

　　(ii)　**債務者所有甲不動産を放棄／乙不動産を取得した第三取得者との関
係**　　次に，A が債務者所有の甲不動産抵当権を放棄した場合において，乙不
動産の所有者 L（物上保証人）は免責されること上記(i)のとおりであるが，では，
その乙不動産がさらに第三者 M（第三取得者）に譲渡された場合に，M はその
免責を主張できるか。

　　判例は，「債権者が甲不動産に設定された抵当権を放棄するなど故意又は懈
怠によりその担保を喪失又は減少したときは，上記第三取得者〔上記例では物
上保証人 L〕はもとより乙不動産のその後の譲受人〔上記例では第三取得者
M〕も債権者に対して民法 504 条に規定する免責の効果を主張することができ
るものと解するのが相当である」とする（最判平3・9・3民集45巻7号1121頁（近江「判
批」判評401（判時1418）号178頁参照））。

　　しかし，「免責」は，それが生じた時の代位権者 L が A に対して主張できる
ものであって，これが無条件に M に承継されるとすることは妥当ではない。そ
こで，第三取得者 M が，乙不動産を取得した当時，その「担保の喪失若しくは
減少の事実を知り又は知り得べかりしとき（乙不動産の共同担保目録中，甲不動

産に関する部分の抹消登記が経由されているときは,当然担保の喪失又は減少の事実を知り得べかりしときに当たる。) は,上記譲受人は,上記担保の喪失又は減少があったことを前提にして取引に及んだものとして,民法 504 条に規定する免責の効果を主張することができない」$\binom{\text{前掲最判平3·9·3の裁}}{\text{判官坂上壽夫意見}}$ とするのが妥当であろう$\binom{\text{近江「共同抵当の放棄と担保保存義務の免責および免除特約」}}{\text{高嶋平藏古稀『民法学の新たな展開』404頁以下,【Ⅳ】331頁}}$。

(e) 混同原則との関係　　共同抵当権者 A が, 共同抵当物件の 1 つ乙不動産の所有権を取得した場合において, A の乙不動産上の抵当権が混同原則$\binom{179}{条}$によって消滅するとなると, 後順位抵当権者 B の代位権は認められないことになろう。そうすると, B が不利益を受けること甚だしい。そこで, 学説は, さきの共同抵当の「放棄」の場合と同様に解そうとする。ただ, 考え方として,〔A〕A は, 混同がなければ次順位抵当権者 B が代位できたであろう限度で, 甲不動産の配当につき B に優先できないとする説$\binom{\text{川井·概}}{\text{論410頁}}$,〔B〕割付けにより単独抵当とみなしてその 1 つが混同によって消滅するとする説$\binom{\text{鈴木·抵当}}{\text{制度241頁}}$がある。

3 配当をめぐる問題
—— 物上保証人・第三取得者との関係

(1) 序　説 —— 法定代位権との関係

共同抵当の一部（乙不動産）が物上保証人 L または第三取得者 M 所有の場合において,これらが代位弁済$\binom{499}{条}$したときは,共同抵当権者 A の共同抵当権を代位によって取得する（法定代位権）$\binom{501}{条}$。そこで,「異時配当」の場合に,これら法定代位権と後順位抵当権者の代位権とが衝突・競合してくる。

物上保証人は,債務者の債務を担保するために共同抵当権を設定したのであるが,その際,自己の乙不動産上の抵当権が実行された場合には,債務者所有の甲不動産に代位できる$\binom{501}{条}$期待権を有していることである（法定代位権）。したがって,この状況を前提に抵当権の設定を受けた後順位抵当権者に

優先することは当然である（この理論は，第三取得者の場合も同様である）。

(2) 物上保証人と後順位抵当権者

(a) 一方不動産が債務者所有・他方不動産が物上保証人所有　甲不動産が債務者所有／乙不動産が物上保証人所有の場合である。

　i　物上保証人所有不動産を競売　〔図⑤〕この場合，物上保証人Lは，Aの甲不動産に対して有する抵当権を代位取得する$\left(\frac{499条・}{501条}\right)$。そして，上記したように$\left(\frac{前掲\textbf{②}2)(d)}{ii (235頁)}\right)$，そもそも，物上保証人は，他の共同物件である甲不動産から自己の求償権の満足を受けられることを期待して共同抵当権を設定したのであるから，その後に出現した甲不動産の後順位抵当権者Bに優先

するのは当然である。したがって，甲不動産からは，物上保証人が全額の配当を受ける$\left(\frac{最判昭44・7・}{3民集23巻8号}\right)$ 1297 （物上保証人が債務者に代位弁済して，甲不動産上の抵当権を取得するとともに，乙不動産上の抵当権を抹消（放棄）した事案）。

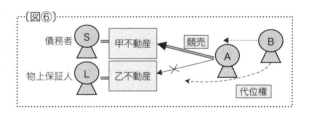

〔図⑤〕
債務者 S 甲不動産 × B
物上保証人 L 乙不動産 競売 A

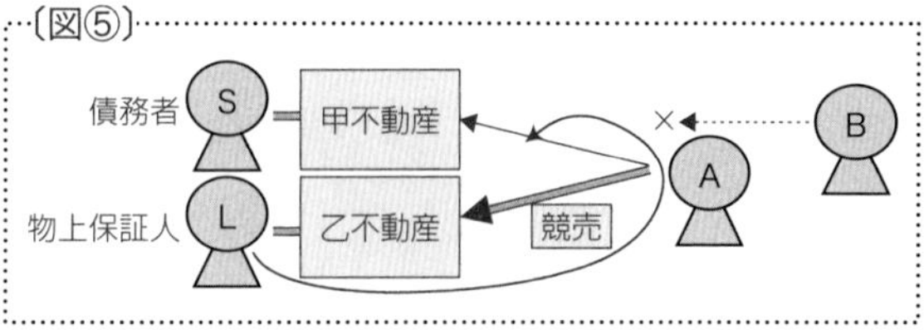

　ii　債務者所有不動産を競売　〔図⑥〕Bは，乙不動産に対して有する代位権を，物上保証人Lに対して対抗できるかどうか。この場合にも，物上保証人が債務者に代位弁済してAの有する共同抵当

〔図⑥〕
債務者 S 甲不動産 競売 B
物上保証人 L 乙不動産 A
代位権

権を取得し，乙不動産の抵当権を放棄することがありえ，それを前提にBが後順位抵当権の設定を受けたのだから，Bの代位権はLに対抗できないことになる。

(b) 物上保証人所有不動産上の後順位抵当権者　〔図⑦〕次に，上とは逆に，後順位抵当権者Cが物上保証人所有の乙不動産にいて，乙不動産が

競売された場合である。この場合のCとは，そもそも，物上保証人自身から抵当権の設定を受けた者であるから，物上

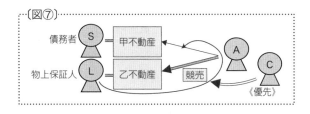

〔図⑦〕

保証人を優先させる要素がない。

　そこで，判例は，物上保証人Ｌが甲不動産につき１番抵当権を代位取得するが，この抵当権は後順位抵当権者Ｃの被担保債権を担保するものとなり，後順位抵当権者Ｃは，物上保証人Ｌの取得した１番抵当権にあたかも物上代位をするように代位権を行使して優先して弁済を受けることができるものとする（大判昭11・12・9集15巻2172頁（異別の物上保証人の不動産（後掲(**d**)所掲）），最判昭53・7・4民集32巻5号785頁（物上保証人が代位により取得した抵当権を，後順位抵当権者の1人に譲渡し，他の後順位抵当権者との順位が争われた事案），最判昭60・5・23民集39巻4号940頁（本件の事案））。

(c) 双方不動産が同一物上保証人の所有　甲不動産・乙不動産が共に物上保証人Ｌの所有で，Ａが共同抵当権を設定を受け，Ｂが甲不動産上に後順位抵当権を有しているときに，甲不動産が競売された場合である。この場合，物上保証人は，自己所有の甲・乙に共同抵当権を設定し，しかも，みずから後順位抵当権を負担したのだから，乙不動産について法定代位を生じる余地はない。したがって，後順位抵当権者は，392条２項後段の規定により代位できる（最判平4・11・6民集46巻8号2625頁）。甲・乙両不動産が債務者所有の場合と異なるところはない。

(d) 双方不動産が異別物上保証人の所有　物上保証人Ｌ₁所有の甲不動産と物上保証人Ｌ₂所有の乙不動産に，Ａのために共同抵当権が設定され，甲不動産に後順位抵当権者Ｂがいるとき，甲不動産が競売に付された場合はどうか。この場合，後順位抵当権者Ｂは，乙不動産についてはＬ₁が優先するから代位できないが，甲不動産を失った物上保証人Ｌ₁が代位により乙不動産に対して取得した抵当権の上に，優先して弁済を受ける担保権を取得する（前掲大判昭11・12・9）。前掲した(**a**)**ii**と同じケースと考えてよく，また法的処理については(**b**)と同一である。

(3) 第三取得者と後順位抵当権者

　共同抵当権の設定されている債務者所有の甲・乙不動産の1つ乙不動産を第三者（第三取得者）Mが取得した場合において，乙不動産が競売されたときは，後順位抵当権者Cの代位権はどうなるか。〔図⑧〕第三取得者も，弁済者代位$\left(\substack{499\\条}\right)$により，債務者所有甲不動産に対するAのⅠ抵当権に代位しうる権利をもつ$\left(\substack{501\\条}\right)$。したがって，物上保証人と同様に扱ってよ

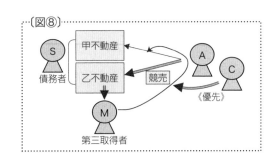

い。そこで，場合を分けて考えると，——

　　i　不動産取得が後順位抵当権者出現の「前」　　第三取得者Mは，Ⅱ抵当権者Cの出現前に乙不動産を取得したときは，後順位抵当権がないものとして（代位権の期待を有して）取得したのである。したがって，対抗の論理上，甲不動産に対するAのⅠ抵当権への代位が認められる。

　　ii　不動産取得が後順位抵当権者出現の「後」　　次に，第三取得者Mの不動産取得が，後順位抵当権者Cの出現後である場合には，後順位抵当権者Cの保護が図られるべきであるから，Mの代位は認められない。

(4) 配当額の計算方法

　共同抵当の目的となった数個の不動産の代価が同時配当される場合において，1個の不動産上に，共同抵当権と同順位の単独抵当権が存在する場合の配当額の計算につき，1つの判例がある。例えば，Aが債務者S所有の甲不動産（価額2000万円）と乙不動産（価額1000万円）に被担保債権を2000万円とする共同抵当権の設定を受け，そのうち乙不動産については，Bが被担保債権2000万円とするAと同順位の抵当権を有していたとして，A・Bの配当額はどのように計算されるか。

　判例は,「一個の不動産上にその共同抵当に係る抵当権と同順位の他の抵当権が存するときは, まず, 当該一個の不動産の不動産価額の割合に従って案分し, 各抵当権により優先弁済請求権を主張することのできる不動産の価額（各抵当権者が把握した担保価値）を算定し, 次に, 民法 392 条 1 項に従い, 共同抵当権者への案分額及びその余の不動産の価額に準じて共同抵当の被担保債権の負担を分けるべきものである」, とした（最判平14・10・22　判時1804号34頁）。

　これによれば, 上記例では, まず, 乙不動産価額 1000 万円を, A の被担保債権額と B の被担保債権額の割合（1:1）に従って案分すると, 500 万円づつとなる（A および B が乙不動産につき優先弁済を主張できる額）。次いで, 割付主義（392条1項）により, 共同抵当権者 A への案分額に準じて各不動産の負担分割を行うと, 甲不動産：乙不動産＝4：1 であるから, A は甲不動産から 1600 万円, 乙不動産から 400 万円の配当を受け, B は, 乙不動産から 600 万円の配当を受ける。これが,「不動産価額案分説」といわれる方法である（詳細は, 佐久間437頁以下）。

第11節　根抵当

1　序　説

(1)　根抵当制度の意義

〔図①〕根抵当とは，「一定の範囲に属する不特定の債権」を「極度額」の限度において担保するために設定する抵当権である$\left(\substack{398条の2\\第1項}\right)$。継続的に取引をしている当事者間$\left(\substack{銀行と商人，\,メーカー\\と卸商・小売商など}\right)$では，債権・債務が発生・消滅を繰り

返し，その額も常に一定ではない。し
かし，債権が特定されない以上，通常
の抵当権を設定することは不可能であ
る$\left(\substack{第2節\mathbf{3}(2)\\(124頁)}\right)$。もし，このような債権
を担保するとすれば，抵当権の設定・
抹消を連続的に行わなければならない
ことになる。この桎梏を回避する方法
として，「根」抵当権が生まれた。

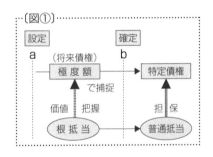

〔図①〕

このように，根抵当は，将来において発生・消滅を繰り返す不特定債権を担保するものであるため，当然のことながら，被担保債権の捕捉については，「極度額」という枠支配とならざるをえない。したがって，個々的な債権と根抵当権とは直接的な関連性をもたないから，付従性は否定される。そして，債権との関連性を有しない根抵当権は，普通抵当権の法理には服さないため，特別の法理が必要である。398条の２以下は，このような根抵当法理の規定である。

しかし，根抵当権が実際に優先弁済を受けるためには，その被担保債権が具体的に確定しなければならない。これを，元本の確定または根抵当権の確

定といい，特約または一定の事由によって生じる。「確定」により，根抵当権は，債権に対する枠支配という基本的性格を一変し，普通抵当権と同様，被担保債権との直接的関係（付従性）を有することになる。

【根抵当立法の経緯】　　根抵当権は，わが国古来の非典型担保であった「根」担保のうちの「根抵当」につき，それまで集積されてきた判例法理（すでに，大判明34・10・25民録7輯9巻137頁は根抵当を有効とする）を基礎として，1971年（昭和46年）に民法典に組み込まれたものである。

　日本経済が高度成長期に入って銀行の与信枠が拡大すると，銀行は，取引先企業に対して，"緊密な"関係を背景に，根抵当権の被担保債権の中に「継続的取引契約」（基本契約）から発生するもの以外の多様・広範な債権類，すなわち「一切の債権」を含めるようになった。つまり，「一切の債権を担保」するとする「包括根抵当権」の設定である。

　ところが，法務省は，1955年（昭和30年）に，「被担保債権を特定するに足りる当座貸越契約等の基本契約が存しないで，単に現在および将来の一切の債務を担保する旨の根抵当権(包括根抵当権)は無効であるから，その登記申請は受理すべきでない」，とする旨の通達を出した（昭和30年6月4日付民事甲第1127号法務省民事局長回答並びに各法務局長及び地方法務局長宛通達）。

　しかし，この通達は，実務界での実際の運用や学説理論と大きく乖離しているため，実務界（金融界）はもとより，学説・下級審判例から批判が続出して大きな議論を呼んだ。そして，包括根抵当権をめぐって，基本契約（一定の取引契約）から生じる債権にとらわれずに「一切の債権」を担保する包括根抵当権も有効だとする「拡大論」（その利益代表は全国銀行協会）と，包括根抵当権は，担保物（価値）を独占し，設定者（債務者）の経済活動を制約しかねないから無効であり，1955年に示された法務省通達を基本とすべきであるとする「限定論」（その利益代表は日本弁護士連合会）が激しく対立した。その結果，両者の折衷案として成立したのが，現行「根抵当権」（民法398条の2〜398条の22）である。

---

(2)　根抵当権の特質

　根抵当は，被担保債権が特定されていないことから，担保物権の一般的性質につき，普通抵当権と比べて以下のような特異性をもっている。

(a) 成立に関する付従性 債権が存在しなければ抵当権を設定できない原則であるが，根抵当では，普通抵当権よりいっそう緩和されている。

(b) 消滅に関する付従性 債権が消滅すれば抵当権も消滅するという原則であり，普通抵当権では一応貫かれている。しかし，根抵当の場合，債権が存在しなくても，「確定」前は抵当権は消滅しない。

(c) 随伴性 債権が移転されれば抵当権も随伴するという原則であるが（付従性の一種），確定前においては，根抵当権は必ずしも被担保債権に随伴するものではない。

(d) 独立性 付従性の否定は，抵当権が独立性を有することを意味する。つまり，抵当権が被担保債権から切断され，独立の価値権として扱われることである。根抵当権の処分$\binom{前掲第9節}{(218頁)}$の方式は，この独立性を一定程度認めている。

2 根抵当権の設定

(1) 根抵当権設定契約

(a) 根抵当権設定の当事者 通常の根抵当権では，当事者については普通抵当権と異なるところはない。ただ，形態的には，それ以外に，1個の債権に対して複数の不動産に設定される「共同根抵当」$\binom{→後掲\boxed{5}(1)}{(255頁)}$，1個の根抵当権で複数の債務者を担保する「共用根抵当」$\binom{→後掲\boxed{5}}{(3)(257)頁}$，1個の根抵当権を複数者が共有（準共有）する「共有根抵当」$\binom{→後掲}{\boxed{5}(4)}{(257)頁}$がある。いずれも，最初の設定契約でも，事後的な追加でも行うことができる。

(b) 定めるべき事項 設定契約では，根抵当権の内容，すなわち，① 担保すべき債権の範囲，② 極度額，③ 債務者，を定めなければならない$\binom{398条}{の2}$。

(2) 優先弁済の範囲の合意

　根抵当権は，変動する不特定債権を担保するものであるから，優先弁済を受けるためには，あらかじめ，その優先弁済の範囲とその基準を定めておかなければならない。

　(a) 被担保債権の範囲　　包括根抵当は認められず，被担保債権は，「一定の範囲に属する不特定の債権」（398条の2第1項）でなければならない。しかも，以下の4つの限定が加わる。なお，設定時にすでに生じている特定債権を「不特定債権」と併せて被担保債権とすることはできる。

　　i　債務者との取引関係から生じる不特定債権　　この範疇には，次の2種がある（398条の2第2項）。

　　　①　特定の継続的取引によって生じるもの　　例えば，物品の供給契約，当座貸越契約など，個別的な継続的取引関係から生じる債権である。

　　　②　一定の種類の取引によって生じるもの　　例えば，物の売買取引，銀行取引，手形貸付取引，保証委託取引など，取引の種類を限定したものである。ただ，抽象的ないし客観性をもたない種類の表現は，登記申請の際には受理されない。なお，この中には，この一定種類の取引から生じる損害賠償請求権，当事者間で決済手段として振り出される手形・小切手債権も含まれる（後掲ii②と区別せよ）。

> 【**被担保債権の具体的範囲を画すべき基準**】　　この基準は，「被担保債権の具体的範囲を画すべき基準として第三者に対する関係においても明確なもの」でなければならず，例えば，保証委託取引という表示は，法定された信用保証協会の業務に関するすべての取引を意味するものでなく，当該債務者との特定の取引に限定されなければならない。したがって，信用保証協会Aと根抵当債務者Bとの間で，「保証委託取引による一切の債権」を担保する根抵当権設定契約が締結された場合には，根抵当債務者でない者Bが信用保証協会Aに対して負担する債務について連帯保証人となったBの保証債務は，当該根抵当取引とは関係ないものであり，A・B間の保証委託取引には含まれない（最判平19・7・5判時1985号58頁）。

ii　取引関係外から生じる債務者に対する債権　　この範疇には，次の2種がある$\left(\substack{398条の2\\第3項}\right)$。

①　特定の原因に基づき債務者との間に継続して生じる債権　　例えば，ある工場が廃液処理の際に生じさせるかもしれない損害賠償請求権などである。

②　手形上若しくは小切手上の請求権又は電子記録債権　　当事者間に直接振り出された手形・小切手債権$\left(\substack{前掲\\i②}\right)$とは別に，債務者が第三者のために振出し・裏書・保証した手形・小切手（回り手形・小切手）が転々流通して債権者が取得したところの請求権である。しかし，これを無条件に認めるとその範囲が広がりすぎ，債権者が悪用する恐れがあるので，次のような限定が付される。すなわち，(α) 債務者が支払を停止したとき，(β) 債務者について破産手続開始，再生手続開始，更生手続開始，整理開始または特別清算開始の申立てがあったとき，または，(γ) 抵当不動産に対する競売の申立てまたは滞納処分による差押えがあったとき，はそれ以前に取得したものについてのみ根抵当権を行使することができる。ただし，債権者がその事実を知らないで取得したものについては，行使できる$\left(\substack{398条の3\\第2項}\right)$。

(b) 極度額　　根抵当権は，抵当目的物につき，極度額（被担保債権の極度額）を限度として優先弁済的効力を有する（債権極度額説）。この極度額には，確定した元本，利息その他の定期金および遅延賠償の全部が含まれる$\left(\substack{398条の3\\第1項}\right)$。しかし，以下の点に注意すべきである。——

i　極度額をもって根抵当権の被担保債権とする以上，普通抵当権の場合に存した，利息・定期金等の「最後の2年分」$\left(\substack{375\\条}\right)$という制限を受けない。

ii　極度額は根抵当権の優先弁済枠を定めるものである。そこで，後順位抵当権や一般債権者がいないときには，根抵当権者は極度額を越えた債権につき弁済を受けられるかどうか。

〔A　否定説〕　判例は，極度額の定めは，後順位抵当権者など第三者に対する優先弁済権の制約たるにとどまらず，さらに進んで，根抵当権者が目的物について有する換価権能の限度としての意味を有するから，第三者がなく，競売代金に余剰が生じても，極度額を超える部分につき優先弁済を受け

ることはできないとする（最判昭48・10・4判時723号42頁。同旨，川井・概論423頁）。

〔**B**〕**肯定説** これに対して，第三取得者や物上保証人は極度額でもって根抵当権を消滅させることができるが（398条の22），債務者は債務の全額を支払わなければならない。そこで，根抵当の目的物の所有者が債務者ならば極度額を越えて弁済を受けられるが，物上保証人や第三取得者の場合は，極度額に限定されるものとする解釈が提案される（高木262頁）。

〔A〕説の論拠はいまひとつはっきりしないが，確定によって普通抵当権に転化したと解すると，375条の解釈と異別に扱うべき理由はないと思われる。〔B〕説が妥当ではなかろうか。

iii 根抵当権者が優先弁済を受ける額は，「確定」（235）によって現実化した実際の債権額であって，極度額はその限度を定めるものである。

(3) 設定登記（公示）

(a) 対抗要件と効力発生要件 根抵当権の設定登記が対抗要件（177条）であることは，普通抵当権と変わらない。ただし，被担保債権の範囲の変更（398条の4第3項），元本確定期日の変更（398条の6），共同根抵当関係（398条の16・17）など，一定の場合には，その登記が効力発生要件とされている（このことから，鈴木禄弥『根抵当法の問題点』78頁以下は，設定登記を成立要件と解する）。

(b) 登記事項 根抵当権の登記事項は，権利に関する事項（不登59条）および債務者の表示等（同条1項83）のほか，① 担保すべき債権の範囲および極度額，② 370条ただし書の別段の定めがあるときはその定め，③ 元本確定期日の定めがあるときはその定め，④ 398条の14第1項ただし書の定めがあるときはその定め，を記載しなければならない（不登88条2項）。

③ 変 更——「確定」前の根抵当関係の変動

(1) 被担保債権の範囲の変更

元本確定前においては，設定当事者間の合意で，根抵当権の担保すべき「債

権の範囲」を変更することができる（398条の4第1項前段）。例えば，<u>取引の種類の変更や追加</u>などである。この変更は，極度額は変わらないから，後順位抵当権者その他の第三者の承諾を得ることを要しない（398条の4第2項）。ただ，変更につき，元本確定前にその登記をしなければ，変更をしなかったものとみなされる（398条の4第3項）。したがって，変更登記は効力発生要件と考えられる（我妻496頁，鈴木・根抵当274頁，高木264頁）。

(2) 債務者の変更

　元本確定前においては，「債務者」を変更することができる（398条の4第1項後段）。この変更が，後順位抵当権者その他の第三者の承諾を得ることを要しないこと，元本確定前に登記をしなければ，変更をしなかったものとみなされること，については，上記の被担保債権の範囲の変更と同じである（398条の4第2・3項）。

(3) 極度額の変更

　「極度額」を変更するには，利害関係を有する者の「承諾」を得なければならない（398条の5）。利害関係を有する者とは，変更によって不利益を受ける者であるから，極度額の増額の場合は，後順位抵当権者，差押債権者などであり，減額の場合は，転抵当権者などである。この極度額変更は，付記登記によって行う。変更登記は効力発生要件と解される。

> **【利害関係人の承諾を得られない場合】**　旧根抵当権では，承諾を得られない場合に，主登記をすることが認められていたが，現行法ではこれができない。そこで，例えば，価格2000万円の建物につき，極度額1000万円の1番根抵当権を有するAが300万円増額したいが，2番抵当権者Bが承諾しない場合には，Aは，この建物に極度額300万円の3番根抵当権を設定し，1番根抵当権と3番根抵当権とを累積根抵当(いわゆる縦の累積的共同抵当)（398条の18）とすることが便宜的に行われている。（鈴木・根抵当235頁参照）。これにより，事実上極度額を増額できるわけであるが，300万円の部分については，Bに劣後することはもちろんである。

(4)　確定期日の変更

元本について確定期日の定めがある場合に，それを変更するときは，後順位抵当権者など第三者の承諾を必要としない$\binom{398条の6第}{1項・2項}$。ただし，変更について，その期日より前に登記をしないときは，担保すべき元本は，その変更前の期日に確定する$\binom{同4}{項}$。

(5)　債権譲渡・債務引受け

(a) 債権譲渡　元本確定前に，根抵当権者から債権（すなわち，既発債権）を取得した者は，その債権について根抵当権を行使することができない$\binom{398条の7}{第1項前段}$。債務者のためにまたは債務者に代って弁済した者も同様である$\binom{同後}{段}$。根抵当権の被担保債権は，元本確定前は極度額によって捕捉されているにすぎず，具体的に発生した債権であっても根抵当権とは直接的な関連性をもたないからである$\binom{■1)(242}{頁)参照}$。

しかし，それでは，根抵当権付債権を処理（譲渡）する場合に，根抵当権が切断され，譲受人が取得した債権は無担保となる危険がある。そこで，根抵当権者からの元本確定請求を認め，これによって，根抵当権付債権の円滑な譲渡が可能とされた。すなわち，根抵当権者は，元本確定期日が定められている場合を除き，いつでも元本の確定を請求することができ，その場合には，元本は請求時に確定する$\binom{398条の19}{第2項・3項}$。元本確定の登記は，根抵当権者が単独で申請できる$\binom{不登93条。なお，確定請求につ}{いては，後掲■3)(b)(260頁)参照}$。

> **【不良債権の処理に対処】**　バブルの崩壊に伴い，各金融機関は，その抱えた不良債権(根抵当権付)の処理が急務とされた。しかし，根抵当権付で債権を譲渡することはできないため$\binom{398条}{の7}$，金融機関の救済事業（＝不良債権の処理）に支障を来した。そこで，この事態に対処すべく，1998年に，「根抵当権臨時措置法（円滑化法）」が3年間の時限立法として制定された$\binom{その後，}{2度更新}$。
>
> この法律は，398条の7（随伴性否定）の規定の適用を制限するものであり，その具体的手法は次のとおりである。すなわち，金融機関等が，根抵当権付債権の全部を半公的な「特定債権回収機構」（後の整理回収機構）に売却する場合

において，債務者に対して，その根抵当権の元本を新たに発生させない旨 ―― 要するに，新規融資をしないこと ―― を書面で通知したときは，旧398条ノ20第1項1号の「取引の終了」（元本認定事由）に該当するものとし，その結果，「確定」した根抵当権が譲渡債権に随伴するとしたものである。

　上記新398条の19は，根抵当権の元本確定請求を金融機関に限定せず，この特別法の趣旨を一般化したものである$\binom{それゆえ，}{同法は廃止。}$。

(b) 債務引受け　元本確定前において，個々の債務の引受けの場合も同様であり，根抵当権者は，引受人の債務について，根抵当権を行使することができない$\binom{398条の7}{第2項}$。

(c) 免責的債務引受け　元本の確定前において，免責的債務引受けがあった場合，その債権者は，472条の4第1項〔免責的債務引受けにおける担保権の移転〕の規定にかかわらず，根抵当権を，引受人が負担する債務に移転することができない$\binom{398条の7}{第3項}$。

> **【確定前の債権の質入れ・差押え】**　確定前に根抵当権の被担保債権を質入れしたり，それが差し押えられた場合，質権者および差押債権者は，根抵当権を行使することができるであろうか。398条の7第1項・2項で規定するのは，債権の譲受人や債務の引受人の場合である。そこから，肯定する見解も生じ得るが，上記のとおり，根抵当権は極度額支配であって，確定前の債権に対する随伴性の否定からするならば，このような場合にも，質権・差押えの効力は根抵当権に及ばないとするのが妥当である$\binom{川井・概論425}{頁，高木271頁}$。

(6)　代位弁済・更改

(a) 代位弁済　元本の確定前に，債務者のために，または債務者に代わって債務を弁済した者（代位弁済者）も，根抵当権を行うことができない$\binom{398条の7}{第1項後段}$。通常の抵当権ならばこれが認められることは，すでに説明した$\binom{499\sim501条，第9}{節\boxed{3}1)224頁参照}$。

(b) 更改　元本の確定前に，債権者の交替による更改があった場合における更改前の債権者は，518条1項〔質権又は抵当権の更改後の

債務への移転〕の規定にかかわらず，根抵当権を更改後の債務に移転することができない$\binom{398条の7}{第4項前段}$。債務者の交替による場合の債権者についても，同様である$\binom{同項}{後段}$。

(7)　相　続

(a) 根抵当関係の存続　元本の確定前に，根抵当権者または債務者が死亡して，相続が開始された場合である。根抵当関係を存続させるか終了させるかは，各相続人と根抵当権設定者との合意いかんであるが，存続させようとする場合には，その根抵当権は，次のように扱われる。

　　ｉ　「**根抵当権者**」に相続が開始　この場合，根抵当権は，「相続開始の時に存在する債権」のほか，「相続人と根抵当権設定者との合意によって定めた相続人が相続開始後に取得する債権」を担保する$\binom{398条の8}{第1項}$。

　　ｉｉ　「**債務者**」につき相続が開始　この場合は，「相続開始の時に存在する債務」のほか，「根抵当権者と根抵当権設定者との合意によって定めた相続人が相続の開始後に負担する債務」である$\binom{398条の8}{第2項}$。

(b)「合意」の取扱い　上記の「合意」とは被担保債権の範囲の変更であるから，その規定が準用され，後順位抵当権者その他の第三者の承諾を得る必要はない$\binom{398条の4第2項←}{398条の8第3項}$。ただし，この「合意」は，相続開始後6か月以内に登記をしなければ，根抵当権は相続開始時に確定したものとみなされる$\binom{398条の8}{第4項}$。

(8)　合併・会社分割

(a) 合　併　元本の確定前に，法人である根抵当権者または債務者に合併があった場合，各会社が保有している根抵当権はどうなるであろうか。この場合，根抵当関係は基本的には承継されるが，その承継を望まない者の確定請求も認められる。

　　ｉ　**根抵当関係の存続**　どちらの会社が合併するかによって異なる。
　　①　「**根抵当権者**」に合併があったとき　根抵当権は，「合併の時に存する債権」のほか，「合併後存続する法人または合併によって設立された法人

が合併後に取得する債権」を担保する$\left(\begin{smallmatrix}398条の\\9第1項\end{smallmatrix}\right)$。

②　「**債務者**」につき合併があったとき　　根抵当権は,「合併の時に存する債務」のほか,「合併後存続する法人または合併によって設立された法人が合併後に負担する債務」を担保する$\left(\begin{smallmatrix}398条の\\9第2項\end{smallmatrix}\right)$。

ⅱ　**確定請求**　　上記2つの場合において, 根抵当権設定者は, 根抵当の承継を望まず, 確定を欲するときは, その確定請求ができる$\left(\begin{smallmatrix}398条の9\\第3項本文\end{smallmatrix}\right)$。ただし, 債務者の合併の場合には, その債務者が根抵当権設定者であるときは, みずからの意思で合併した以上, 確定請求はできない$\left(\begin{smallmatrix}398条の9第3\\項ただし書\end{smallmatrix}\right)$。

①　**確定時期**　　合併の時に確定したものとみなされる$\left(\begin{smallmatrix}398条の\\9第4項\end{smallmatrix}\right)$。

②　**請求期間の制限**　　根抵当権設定者の確定請求は, 合併を知ったときから2週間以内, 合併の日より1か月以内に制限される$\left(\begin{smallmatrix}398条の\\9第5項\end{smallmatrix}\right)$。

(b) 会社分割　　同様に, 根抵当権者または債務者に会社分割があった場合, 各会社が保有する根抵当権の処遇が問題となる。この場合には, 基本的には, 上記の「合併」の場合と同様である。すなわち, ──

ⅰ　「**根抵当権者**」を分割する場合　　根抵当権は,「分割の時に存する債権」のほか,「分割をした会社および分割によって設立された会社または営業を継承した会社が分割後に取得する債権」を担保する$\left(\begin{smallmatrix}398条の\\10第1項\end{smallmatrix}\right)$。

ⅱ　「**債務者**」を分割する場合　　根抵当権は,「分割の時に存する債務」のほか,「分割をした会社および分割によって設立された会社または営業を継承した会社が分割後に負担する債務」を担保する$\left(\begin{smallmatrix}398条の\\10第2項\end{smallmatrix}\right)$。

ⅲ　**確定請求**　　根抵当権設定者が根抵当権の存続を望まない場合には, 確定請求が認められる。その場合の制限, 確定時期, 請求期間制限については, 合併の場合と同様である$\left(\begin{smallmatrix}398条の10第3項。\\上記(a)ⅱ参照\end{smallmatrix}\right)$。

$\boxed{4}$　根抵当権の処分

《**根抵当権の処分の制限**》　　従来の抵当権処分方法である376条を根抵当権に適用すると, 複雑な法律関係を生じさせる。そのため, 転抵当と順位の変更$\left(\begin{smallmatrix}374条。398条の11\\第1項では除外\end{smallmatrix}\right)$だけを残して, 他の処分方法

（根抵当権の譲渡・放棄，およびその順位の譲渡・放棄）を禁止し（398条の11第1項），他方，独自に，根抵当権の譲渡（全部譲渡，分割譲渡，一部譲渡）の方法を認めて，根抵当権の処分を簡明なものとした。

(1)　転抵当

(a) 転根抵当の意義　元本の確定前に，根抵当権をもって他の債権の担保（転抵当）とすることができる（398条の11第1項ただし書）。転抵当の仕組みについては，普通抵当権の転抵当と同じなので，種々の拘束関係等についてはそこを参照せよ（第9節1(218頁)）。根抵当の場合には，「極度額」を限度とする転抵当が設定される。

(b) 377条2項の適用排除　注意すべきは，根抵当権は被担保債権から独立した存在なので，転抵当が設定されても，377条2項が適用されないことである（398条の11第2項）。その結果，債務者，保証人，物上保証人は，転抵当権者の承諾を必要とせずに，原債権を弁済することができる（ただし，それによって根抵当権自体が消滅するわけではない）。したがって，場合によっては，原債権が完済され，転抵当権者が何ら優先弁済を受けられないことがあり得るから，転抵当権者は，いちじるしく不安定な立場に置かれることになる（ただ，実際上は，系列金融機関の上下関係で使われるから不合理は生じないであろうとされる。我妻513頁）。

(2)　根抵当権の譲渡

(a) 全部譲渡　元本の確定前においては，根抵当権者は，根抵当権設定者の承諾を得て，その根抵当権を譲渡（全部譲渡）することができる（398条の12第1項）。譲受人は，その根抵当権によって，極度額を限度とする担保を有することになる。根抵当権の譲渡は，通常は，その被担保債権と共にされるから問題は起こらない。しかし，理論的には，根抵当権は被担保債権との直接的関係がないわけだから，担保枠だけの譲渡と理解することも可能である（鈴木・根抵当279頁）。

> **【営業譲渡に伴う根抵当権・債権の譲渡の特則】**　問題は，営業譲渡による根抵当権の譲渡である（根抵当権は被担保債権から独立しているから，被担保債権

が随伴するとは限らない)。

　そこで，金融再生法$\binom{1999}{年}$は，一定の金融機関（被管理金融機関）が他の金融機関(承継金融機関)に対して，営業譲渡により根抵当権をその担保すべき債権の全部と共に譲渡しようとする場合は，① 当該根抵当権が譲渡される旨，② 譲渡後も当該根抵当権が当該債権を担保すべきものとする旨を「公告」し，一定期間内に異議がないときは，①については「根抵当権の全部譲渡」に関する根抵当権設定者の「承諾」$\binom{398条の12第1項}{の「承諾」擬制}$が，②については「債権の範囲の変更」に関する根抵当権設定者と承継金融機関との「合意」$\binom{398条の4の}{「合意」擬制}$が，それぞれあったものとみなした$\binom{法73}{条}$。

(b) 分割譲渡　根抵当権の分割譲渡とは，その根抵当権を2個の根抵当権に分割して，その1つを，根抵当権者の承諾を得て譲渡することである$\binom{398条の12}{第2項前段}$。その作用・性質については，全部譲渡と同じである。ただ，2つの根抵当権が生じ，その1つが譲渡されて他が残るわけで，その処理に注意すべき点がある。——

　i　根抵当権を目的とする権利（転抵当権）は，譲渡した根抵当権については消滅する$\binom{398条の12}{第2項後段}$。

　ii　したがって，分割譲渡をするには，根抵当権を目的とする権利を有する者（転抵当権者）の承諾が必要である$\binom{398条の}{12第3項}$。

(c) 一部譲渡　元本の確定前においては，根抵当権者は，根抵当権設定者の承諾を得て，その根抵当権の一部譲渡をし，これを譲受人と共有(準共有)することができる$\binom{398条}{の13}$。根抵当権の準共有だから，分割譲渡とは異なって，極度額を共同利用する関係になる$\binom{後掲\boxed{5}(4)}{(257頁)参照}$。

(3)　順位の譲渡・処分を受けた根抵当権者の譲渡

　根抵当権者は，みずから根抵当権の順位の譲渡・放棄$\binom{376条}{1項}$をすることは認められないが$\binom{398条の}{11第1項}$，先順位の普通抵当権者から，その順位の譲渡・放棄を受けることはできる。例えば，債務者Sの不動産にAがI普通抵当権を有し，BがⅢ根抵当権を有しており，AがBにI普通抵当権の順位を譲渡・放棄したとしよう。Bは，配当にあたっては，AのI抵当権の立場で譲渡・放

棄の優先弁済を受けることができる$\left(\substack{第9節\textbf{3}\\(224頁)}\right)$。

　では，この順位の譲渡・放棄を受けたＢが，自己の根抵当権をＣに譲渡$\left(\substack{398条\\の12}\right)$したらどうか。376 条の順位の譲渡・放棄は「同一の債務者に対する他の債権者の利益ために」するものであるから，Ｃへの承継が認められないと解釈される余地が出てこよう。そこで，民法は，この関係を規定し，譲受人Ｃは，Ｂからの順位の譲渡・放棄の利益を受けるものとした$\left(\substack{398条\\の15}\right)$。

5　共同根抵当・共用根抵当・根抵当権の共有

(1)　共同根抵当

(a) 共同根抵当と累積根抵当　「共同抵当」$\left(\substack{同一債権の担保のために数個\\の不動産上に抵当権を設定}\right)$が根抵当権の場合にも適用されるとなると，被担保債権が極度額で表されるため，種々の複雑な法律関係が生じてくる。それを回避するため，民法は，数個の不動産を共同担保とする根抵当権は，原則として，共同抵当（各不動産が被担保債権額につき共通の負担をする）ではなく，「累積根抵当」（各不動産ごとに極度額を定めて，各不動産の個別的・累積的負担とする）とした$\left(\substack{398条\\の18}\right)$。

　しかし，建物と敷地とか，隣接する数筆の土地など，社会的に同一財産として扱われるような場合に，なお共同担保として根抵当権を設定するという現実的必要性はあろう。このような場合に，各不動産ごとに極度額を定め，累積的負担とすることは経済取引にそぐわない。そこで，上記原則の例外として，同一債権の担保として共同根抵当権が設定された旨を設定と同時に登記した場合にのみ「共同根抵当」として扱う$\left(\substack{398条\\の16}\right)$，という方法がとられた。ただ，現実では，累積根抵当はあまり使われず，共同根抵当が多く使われている。

(b) 共同根抵当の成立要件　「共同根抵当」は，以下の２つの要件を満たす場合にのみ，その成立が認められる$\left(\substack{398条\\の16}\right)$。

　ｉ　「同一の債権の担保」として数個の不動産に根抵当権が設定されること　「同一の債権」とは，被担保債権の範囲，債務者，および極度額が同一

であることをいう。

　ii 「設定と同時に」共同根抵当権である旨を「登記」すること　「設定と同時に」とは，根抵当権の設定登記と同時にという意味である。また，「登記」は，共同担保の登記 $\left(\begin{smallmatrix}不登83条1項\\4号,\ 同2項\end{smallmatrix}\right)$ であり，その仮登記は許されない。そして，この登記は，効力発生要件である。

(c) 変　更　被担保債権の範囲，債務者もしくは極度額の変更，または，根抵当権の全部譲渡もしくは一部譲渡は，すべての不動産について登記をしなければ，効力を生じない $\left(\begin{smallmatrix}398条の\\17第1項\end{smallmatrix}\right)$。

(c) 確定の特則　共同根抵当の目的である1つの不動産に確定事由 $\left(\begin{smallmatrix}398条\\の20\end{smallmatrix}\right)$ が生じた場合は，根抵当権は確定する $\left(\begin{smallmatrix}398条の\\17第2項\end{smallmatrix}\right)$。累積根抵当と異なるところである。

(2)　累積根抵当

(a) 累積根抵当の意義　前述したように，各不動産につきそれぞれ負担すべき極度額を定めて，根抵当権者の被担保債権を累積的に負担させる方法であり，根抵当権の共同担保の原則である。取引額の拡大に応じて追加担保をする場合などでは，共同根抵当では不可能であり，この方法しかない。なお，前記の共同根抵当の要件を満たさない場合は，この累積根抵当として扱われる。

(b) 累積根抵当の性格　累積根抵当においては，数個の根抵当権は，それぞれ独立した根抵当権である。したがって，後順位抵当権者の代位は生じない。累積根抵当が共同根抵当ではないといわれるゆえんである。

(c) 優先弁済の方法　根抵当権者は，配当に際しては，各不動産の代価について，各極度額に至るまで優先権を行使することができる $\left(\begin{smallmatrix}398条\\の18\end{smallmatrix}\right)$。全部配当主義である。

(3)　共用根抵当

(a)　共用根抵当の意義　「共用根抵当」とは，1つの根抵当権につき，債務者が複数いる場合の根抵当権である（根抵当権を共同で利用しているという意味であり，取引慣行上認められているもの）。物上保証人が設定する場合も，債務者が設定する場合もある。債務者が設定する場合は，自分と第三者とが債務者となるから，第三者に対しては物上保証人の地位に立つ（我妻478頁）。

(b)　弁済充当方法　競売の配当金が被担保債権のすべてを消滅させるに足りない場合に，判例は，まず，① 配当金を，各債務者に対する被担保債権額に応じて按分し，次に，② それらの債権は同順位であるから，その按分額を，民法489条ないし491条（法定弁済充当）の規定に従って，各債務者に対する被担保債権に充当すべきであるとし，その際，各債務間に連帯債務関係などがある場合（1つの債務の弁済により他の債務も消滅する関係）でも，各債権にはその全額を算入すべきであるとする（最判平9・1・20民集51巻1号1頁）。

(4)　根抵当権の共有

(a)　根抵当権の共有の意義　複数の根抵当権者が根抵当権を共有（準共有）している場合である。前述した一部譲渡（前掲❹(2)(c)(253頁)）や相続によって生じるし，また，最初から根抵当権を共有する場合もある。このような根抵当権の準共有は，一般の共有法理から規律されるのは当然だが，以下の点について特別の規定がある。

(b)　優先弁済の割合　根抵当権の準共有者は，各その債権額の割合に応じて弁済を受ける（398条の14第1項本文）。ただし，元本の確定前に，① それと異なった割合を定めたとき，または，② ある者が他の者に先立って弁済を受けるべきことを定めてたとき，は別である（同項ただし書）。そして，この特約は，登記が必要である（効力発生要件と解される）。

(c)　処　分　根抵当権の準共有者は，他の準共有者の同意を得て，根抵当権の全部譲渡（398条の12第1項）をすることができる（398条の14第2項）。

(d) 確　定　共有根抵当権の確定は，全員に合一に確定する。これは，共有者の1人について確定事由が生じると全員について確定するのではなく，共有者の全員について確定事由が生じると，根抵当権は合一に確定するという意味である（高木282頁）。

6　確　定 ── 根抵当関係の終了

(1)　「確定」の意義

(a) 根抵当権の「確定」　根抵当権によって実際に担保される「債権」が定まることを，根抵当権の「確定」という（条文では「元本の確定」と表現されている）。「確定」の効果として，次の2つのことが生じる。

　ⅰ　被担保債権の確定　それまで「極度額」によって把握されていた被担保債権が，確定「債権」となる。すなわち，優先弁済額の決定である。ただ，利息・損害金などはその後も生じ，極度額の範囲で根抵当権によって担保される。

　ⅱ　根抵当関係の終了　根抵当権は，不特定債権の担保（極度額による枠支配）という基本的性格を失い，確定債権を担保する抵当権となる。付従性・随伴性などを取得して，普通抵当権の規定が適用される。

　　＊　**確定の利益**　「確定」は，第1に，根抵当権設定者の保護にあり（負担の確定），第2に，後順位抵当権者・第三取得者などの利害関係人のためにもある（鈴木・根抵当115頁）。しかし，2003年の改正で，根抵当権者からの確定請求が認められたことにより，第3に，根抵当権者の利益にもあるといわなければならない。

┌───
【**確定による普通抵当権への転化**】　「確定」後の根抵当権の基本的性格が論じられることがある。確定によって，根抵当権はその性質を一変し，普通抵当権と同じく，確定債権を担保する抵当権となる。この点に重きを置くならば，確定後は普通抵当権の一種と解されよう（鈴木・根抵当407頁以下は，普通抵当権の一種である一部抵当の一亜種とする）。

　これに対し，利息・損害金などについては，375条の適用はなく，極度額まで担保されるところから（前掲ⅰ），普通抵当権ではなく，根抵当権としての性格

を失わないとも考えられる$\left(\substack{\text{我妻542頁,}\ \text{川井·概論431頁。高木284}\\ \text{頁は, これを確定根抵当権と呼ぶ}}\right)$。

　ただ，根抵当の基本的性格が不特定債権の担保，すなわち枠支配にあるとするならば，「確定」後の根抵当権については，それまでの根抵当法理が一切適用されないわけであるから，普通抵当権に属するものと考えるべきであろう。

(b) 確定の登記　「確定」は，根抵当権の内容の変更であって，物権変動であるゆえに，登記事項である。しかし，第三者との関係で，確定の有無を争うということはありえず，実体法的には意味をもたない$\left(\substack{\text{鈴木}\\ \text{·根抵当172頁,}\\ \text{柚木=高木502頁}}\right)$。

(2) 確定期日

(a) 確定期日の定め　根抵当権者と設定者との合意で，根抵当権が確定すべき期日を定めることができる$\left(\substack{\text{398条の6}\\ \text{第1項}}\right)$。確定前であればいつでもでき，後順位抵当権者その他の第三者の承諾を要しない$\left(\substack{\text{398条の4}\\ \text{第2項←}\\ \text{398条の6}\\ \text{第2項}}\right)$。ただし，確定期日は，これを定めた日より5年以内でなければならない$\left(\substack{\text{398条の6}\\ \text{第3項}}\right)$。

(b) 確定期日の変更　上記に定めた確定期日を，後に当事者の合意で変更することもできる$\left(\substack{\text{398条の6}\\ \text{第1項}}\right)$。この場合，後順位抵当権者等の承諾を必要としないこと，変更した日から5年以内でなければならないことは，上記と同様であるが$\left(\substack{\text{398条の6}\\ \text{第2·3項}}\right)$，ただ，変更前の期日（旧期日）の前に変更登記をしなければ，旧確定期日で確定する$\left(\substack{\text{398条の6}\\ \text{第4項}}\right)$。

(3) 確定請求

(a) 設定者の確定請求　上記の確定期日の取り決めがない場合には，根抵当権設定者は，根抵当権設定の日より3年を経過したときは，根抵当権の確定を請求することができる$\left(\substack{\text{398条の19第1項}\\ \text{前段, 同第3項}}\right)$。この請求（形成権）があったときは，根抵当権は，請求の時より2週間を経過した時に確定する$\left(\substack{\text{同第1}\\ \text{項後段}}\right)$。この猶予期間は，元本の確定によって不利益を受ける根抵当権者のために，不意打ちを避けるためである。

　この確定請求は，確定期日の取り決めがない場合にのみ認められるものだ

が，例えば，物上保証人などは，債務者の経営の悪化など，いちじるしい事情の変化があるときは解約告知が認められるであろう（最判昭42・1・31民集21巻1号43頁，我妻536頁，川井・概論432頁）。

(b) 根抵当権者の確定請求 反対に，根抵当権者はいつでも確定を請求することができ，根抵当権は，その請求時に確定する（398条の19第2項）。これは，根抵当権者に不利益を受ける要素がないからである（谷口=筒井編47頁）。また，この確定登記は，確定したという事実を公示するにすぎないから，根抵当権者が単独で申請できる（不登93条）。これによって，根抵当権者は，不良債権の譲渡や営業譲渡に際しての困難性をもたなくなったといえる（前掲**3**5)(a)(249頁)，および同項【不良債権の処理に対処】参照）。

(4) 確定事由

(a)「確定事由」の意義 「確定事由」とは，上述した確定期日および確定請求とは若干意義を異にする。398条の20に掲げる事由の発生により，根抵当権は客観的に確定するのである。

(b) 確定事由 以下の事由が生じたときは，根抵当権は確定する（398条の20第1項）。すなわち，——

　　　i　抵当不動産に対する競売・収益執行・物上代位の申立て　　根抵当権者が，抵当不動産につき，競売，担保不動産収益執行，または物上代位による差押えを申し立てたときは，元本は確定する。ただし，それらの手続の開始または差押えがあったときに限る（同項1号）。

　　　ii　滞納処分による差押え　　根抵当権者である国または公共団体が，抵当不動産に対して，滞納処分による差押えをしたときは，元本は確定する（同項2号）。

　　　iii　競売開始または滞納処分の差押えを知った時から2週間の経過　抵当不動産に対して，他の抵当権者や一般債権者による競売手続の開始または滞納処分による差押えがあった場合，根抵当権者がそれを知った時より2週間を経過したときは，元本は確定する（同項3号）。したがって，その2週間以後に貸し付けた債権は担保されないことになる。ただし，その競売開始手続

または差押えの効力が消滅したときは，元本は確定しない。もっとも，元本が確定したものとしてその根抵当権またはこれを目的とする権利を取得した者があるときは，この限りではない（398条の20第2項）。

　　iv　債務者または根抵当権設定者の破産　　債務者または根抵当権設定者が破産手続開始の決定を受けたときは，元本は確定する（398条の20第1項4号）。債務者または設定者について，民事再生手続・会社更生手続が開始された場合が問題であるが，これらの手続は，破産とは異なり，再建を目的とするものなので，元本は確定しない（確定させる必要はない）というべきである（東京地判昭57・7・13金法1017号35頁，鈴木・根抵162頁，高木・旧版257頁。反対は，川井・概論433頁）。なお，破産手続開始決定の効力が消滅した場合は，元本は確定しないものとされるが，元本確定を前提とした第三者が生じた場合は一定の制限を受けること，前掲**iii**の場合と同様である（398条の20第2項）。

7　確定後の極度額減額請求と根抵当権消滅請求

(1)　確定後の極度額減額請求

　元本の確定後は，根抵当権設定者は，その極度額について，確定した債権額に以後2年間に生ずべき利息・定期金・遅延賠償を加えた額に減額することを請求することができる（398条の21第1項）。普通抵当権の375条に通じる規定である。この請求権は，形成権である。

　共同抵当（398条の16）の場合は，1つの不動産につき減額請求すると，他の不動産についても減額の効力が生じる（398条の21第2項）。

(2)　確定後の根抵当権消滅請求

(a) 消滅請求制度の意義　　元本の確定後，確定した債務額が極度額を超過する場合は，物上保証人，第三取得者，地上権者，永小作権者，および賃借人は，その極度額に相当する金額を払い渡し，またはこれを供託して，根抵当権の消滅を請求することができる（398条の22第1項前段）。第三者が抵当権を消滅させる場合（第三者弁済）には，本来は債務全額を支払うこ

とが原則であるが$\binom{474}{条}$，根抵当権では不動産の負担額が「極度額」によって表示されていることから，それを前提に取引に入った物上保証人や第三取得者との関係では，債務全額を支払わせるのは適当ではない。そこで，「弁済」とは別に，請求権者を限定して，極度額相当額の払渡しによる根抵当権自体の消滅制度を設けた$\binom{貞家=清}{水294頁}$。この消滅請求権は形成権である。

(b) 消滅請求権者 物上保証人，第三取得者，地上権者，永小作権者，第三者に対抗できる賃借権者，である。物上保証人・第三取得者は，上記したように，「極度額」を前提に取引に入ってくる者である。これに対して，地上権者・永小作権者・賃借人に消滅請求を認めた理由は，後順位抵当権が実行された場合に，本来対抗できるはずのこれら用益権が消滅してしまうことを防ぐためである。例えば，登記上，第1順位抵当権，第2順位賃借権，第3順位抵当権がある場合に，第3順位抵当権が実行されると，第1順位抵当権も消滅し，結果的に第1順位抵当権を基準として担保関係が解消されることになり，用益権の消滅が余儀なくされよう$\binom{貞家=清}{水295頁}$。

抵当権消滅請求ができない者$\binom{380条\cdot}{381条}$は，この消滅請求をすることはできない$\binom{398条の}{22第3項}$。すなわち，主たる債務者，保証人およびその承継人は，全債務を負担する者であり，また，消滅請求権者の権利が停止条件付権利であれば条件の成否未定の間は権利行使できないことは当然だからである。

(c) 弁済的効果 この制度は，弁済制度ではないから，物上保証人が極度額相当額を払い渡して根抵当権を消滅させても，弁済者代位$\binom{500条}{以下}$などは認められない。しかし，実質的には弁済と同じなので，「払渡し又は供託」は，弁済の効力を有するものとされた$\binom{398条の22}{第1項後段}$。

(d) 共同根抵当 共同根抵当$\binom{398条}{の16}$である場合に，1つの不動産について上記の消滅請求があったときは，根抵当権は消滅する$\binom{398条}{の22第}{2項}$。

第 12 節　抵当権の消滅

　抵当権は，物権の一般的消滅原因（目的物の滅失，所有権との混同，抵当権の放棄など）や担保物権の一般的消滅原因（被担保債権の弁済，免責的債務引受など）によって消滅することはもちろんだが，代価弁済，抵当権消滅請求，競売などによっても消滅する。しかし，それ以外にも，以下に掲げる消滅に関する特別規定（396条以下）が存する。

(1)　抵当権の時効による消滅

(a)　債務者・物上保証人との関係　抵当権は，債務者および抵当権設定者（物上保証人）に対しては，その被担保債権と同時でなければ，時効によって消滅しない（396条）。このことについては，2つの理解が可能である。すなわち，——

　〔A〕　**消滅時効肯定説**　抵当権は，「債権又は所有権以外の財産権」として20年の消滅時効にかかるから（166条2項），396条は，それを信義則から制限する規定であると解する（柚木=高木420頁）。

　〔B〕　**消滅時効否定説**　抵当権は，債権担保を目的として存在するものだから，独自に消滅時効にはかからないとし（本条は当然の事理を注意的に宣言した），ただ，債務者や設定者以外の者（後順位抵当権者や第三取得者）に対しては，例外的に，166条2項によって時効消滅を認めるのが簡明だとする（我妻422頁，川井・概論415頁，高木286頁）。

　債権を担保する権利が独自に消滅時効にかかることは批判が強く，立法論的には後者の立場が妥当である。ただ，本条の意図は，債務を弁済しない債務者や自己の意思で抵当権を設定した物上保証人は，被担保債権の消滅しない限り，抵当権の時効消滅を主張できないというところにある。したがって，被担保債権が時効で消滅すると，抵当権は付従性によって消滅することは明らかである。それゆえ，いずれの説からも，本条は当然のことをいっているにすぎないことになる。

(b) 第三取得者との関係 問題は，抵当不動産が第三取得者に譲渡された場合である。抵当権の時効消滅があるのかどうか。

〔A〕 **166条2項適用説** 判例・通説は，第三取得者に対しては396条の適用はなく（また，397条の適用もな $\binom{}{}$ い —— 次掲**(2)**参照），原則に戻って，抵当権は独立して20年の消滅時効にかかる（166条 2項）とする（大判昭15・11・26民集19巻2100頁。我妻422頁，清水誠「抵当権 の消滅と時効制度との関連について」加藤一郎編『民法学の 歴史と課 題』181頁）。

〔B〕 **396条・397条峻別適用説** 前述した，抵当権が独立して時効消滅することはないということを前提として，抵当不動産が債務者または設定者の占有にある場合は396条，それ以外の者の占有に移った場合は397条が適用されるとする（来栖三郎・判民昭15年度76 事件・117事件，星野293頁）。これによると，第三取得者が占有する場合は，抵当不動産に対する取得時効以外では抵当権は消滅しないことになる（次掲**(2)** 参照）。ただ，第三取得者は，被担保債権の時効消滅を援用できるので（最判昭48・12・14民集27巻11号 1586頁。→【I】362頁参照），結論的には差異がない。

(c) 被担保債権が破産免責を受ける 場合の抵当権自体の消滅時効 抵当権設定者が破産し，その被担保債権が免責許可の決定の効力を受ける場合においては，当該債権については，時効による消滅はあり得ないといえる。では，この場合，抵当権自体の消滅はあり得るのか。396条に関連する問題である。

判例は，「免責許可の決定の効力を受ける債権は，債権者において訴えをもって履行を請求しその強制的実現を図ることができなくなり，上記債権については，もはや民法166条1項に定める『権利を行使することができる時』を起算点とする消滅時効の進行を観念することができないというべきである（最判平11・11・9民集 53巻8号1403頁参照）。……したがって，抵当権の被担保債権が免責許可の決定の効力を受ける場合には，民法396条は適用されず，債務者及び抵当権設定者に対する関係においても，当該抵当権自体が，同法〔旧〕167条2項所定の20年の消滅時効にかかると解するのが相当である」とする（最判平30・2・23民集 72巻1号1頁・近江幸治 「判批」判例秘書 ジャーナルL07310003）。

まず，破産法253条1項にいう「免責」が，「責任消滅」なのか「債務消滅」なのかにつき争いがあるが，破産者は任意に弁済することは可能であるから，

債務が消滅するとの考え方はおかしい。他方，判例は「消滅時効の進行を観念することができない」というが，「破産」とは，債務者の財務状況が「支払不能又は債務超過」（破1条）状態になることであるから，その前提には，債務不履行（履行期の徒過）が生じていよう。「債務不履行」は，破産を申し立てる前提要件であるから，同時免責を申し立てたとしても，観念的には存在することになる。時系列的には，債務不履行＝履行請求権の発動→免責適状・申立て→免責決定ということになろう。そして，債務不履行は，「請求力」の発動（＝履行請求権の顕在化）時点でもあるから，この時点を抽象的に「権利を行使することができる時」と観念することができるのである。

　このように考えれば，免責債権については，現実的な執行（掴取力）が否定されるだけで，債権それ自体の消滅時効の進行があり得ることになる。もちろん，破産時において期限未到来の債権については，一般には期限喪失約款が機能して期限の利益を失うことになるし，また，破産法 103 条 3 項は，期限が破産手続開始後に到来すべき債権については，破産手続開始の時に弁済期が到来したものとみなす（債権の顕在化。伊藤真『破産法・民事再生法』283頁）としているから，問題はない。

　そこで，まず，「免責」は責任が消滅するにすぎず，債権自体は消滅していないと解すべきであるから，債務不履行時から当該債権の存続期間が進行し，その期間の満了によって免責債権は時効消滅すると考えるべきであろう。次に，民法 396 条により，抵当権はそれを担保している被担保債権の消滅期間の徒過と同時に消滅すると考えるべきであるから，抵当権が被担保債権から切り離されて民法 166 条 2 項が適用されるのだとする余地はないといわなければならない（詳細は，近江・前掲評釈参照）。

(2)　**目的物の時効取得の制限と「対抗」**

(a)　**人的制限**　　債務者または抵当権設定者でない者が，抵当不動産につき取得時効に必要な占有をしたときは，抵当権はこれによって消滅する（397条）。

　i　第三者　　「第三者」が抵当不動産を時効取得した場合には，抵当

権は消滅する。時効取得は原始取得であるから，前主の権利は当然に消滅し，その権利に付着していた負担（制限物権）や瑕疵なども消滅する（【II】39頁参照）。

　　ii　債務者・物上保証人　　抵当不動産が物上保証人所有である場合には，「債務者」がそれを時効取得することがあり得る。しかし，その場合でも，債務者は債務を負担する以上は，抵当権は消滅しないとされる。「物上保証人」については取得時効はあり得ないが，後掲**iii**のような問題があろう。債務や責任を負担する以上，時効の要件で担保が解除されることは妥当ではないという判断である。

　　iii　第三取得者　　抵当不動産の「第三取得者」も，当該不動産を時効取得することは理論上ありえない。ただ，397条は，「取得時効に必要な要件を具備する占有をしたとき」とするので，第三取得者が<ruby>その条件を満たす場合<rt>・・・・・・・・・</rt></ruby>には抵当権が消滅する，とも考えられる。

　　〔A〕　**否定説（設定者該当説）**　　判例は，第三取得者に対しては，抵当不動産であることを知っていたか否かを問わず，397条の適用はないとする（大判昭15・8・12民集19巻1338頁）。学説もこれに賛成し，第三取得者は，抵当権の負担を覚悟すべき立場にあり，物上保証人に準じて扱ってよいとする（我妻423頁，川井・概論415頁）。

　　〔B〕　**肯定説（設定者非該当説）**　　これに対して，清水教授は，397条は，第三取得者が自己の所有権を前提としながら，さらに占有継続を根拠として抵当権の消滅を主張することを認めたものと解すべきだとする（清水・前掲論文181頁）。

　　第三取得者は抵当権の負担（責任）を覚悟しており，したがって，抵当権設定者に準じて扱ってよいから，〔A〕説が妥当であろう。なお，抵当不動産が未登記で対抗力を有しないものならば，取得時効を抗弁として提出できるのであって，第三取得者は時効取得できることになる（最判昭43・12・24民集22巻13号3366頁）。

(b)　取得時効と抵当権の「対抗」　　当該不動産について抵当権登記と時効取得との「対抗」関係が生じることがある。次のようなケースがある（一面において「取得時効と登記」に関する物権変動の問題と共通するが，抵当権の消滅が問題なので，ここで統一的に論じる）。

　　i　抵当権登記後に再度取得時効が完成　　A所有不動産を占有してきたBに取得時効が完成した後，<u>その所有権移転登記がされることのないま</u>

ま，第三者ＣがＡから抵当権の設定を受け登記を了した場合において，時効取得者であるＢが，その後引き続き時効取得に必要な期間占有を継続し，その期間の経過後に取得時効を援用したときは，Ｂが抵当権の存在を容認していたなど抵当権の消滅を妨げる特段の事情がない限り，占有者Ｂが当該不動産を時効取得し，抵当権は消滅する（最判平24・3・16民集66巻5号2321頁（抵当権設定と所有権譲渡とは異なるとする古田裁判官の補足意見がある））。この立場は，第三者の登記後に取得時効が完成したことを認めた最判昭 36・7・20（民集15巻7号1903頁）を承けるものである。

　　ii　時効完成後に設定された抵当権と再度の取得時効　　Ａの所有地をＢが時効取得したが，その移転登記完了前に，第三者Ｃが抵当権を設定して登記を了した場合において，Ｂが当該抵当権の設定登記日から更に 10 年間占有を継続したとして再度取得時効を援用し，抵当権者Ｃに対し，抵当権登記の抹消を請求した事案である。判例は，Ｂは「占有開始時……にさかのぼって本件土地を原始取得し，その旨の登記を有している。Ｂは，上記時効の援用により確定的に本件土地の所有権を取得したのであるから，このような場合に，起算点を後の時点にずらせて，再度，取得時効の完成を主張し，これを援用することはできない」とし，抵当権登記の抹消請求を否定した（最判平15・10・31判時1846号7頁）。

　「対抗」の論理からいっても，抵当権が優先することに異論はない。しかし，問題は，Ｂは既に土地を原始取得してその登記をしているのであるから，抵当権登記時からの再度の時効援用ができないとする点である。「自己の物」につき，それを証明する手立てがないときに，取得時効を援用できることは，時効の一般法理として確立しているといってよい（最判昭42・7・21民集21巻6号1643頁，最判昭44・12・18民集23巻12号2467頁。なお，川島武宜『民法総則』560頁，我妻栄『新訂民法総則』478頁，【Ⅰ】371頁以下参照）。本判決の結論には，違和感を覚える。

　　iii　対抗要件を具備しない賃借権と抵当権　　不動産につき賃借権を有する者がその対抗要件を具備しない間に，当該不動産に抵当権が設定され登記がされた場合において，賃借権者は，抵当権登記後，賃借権の時効取得に必要とされる期間，当該不動産を継続的に用益したとしても，競売又は公売により当該不動産を買い受けた者に対し，賃借権の時効取得を対抗できない（最判平23・1・21判時2105号9頁）。本判決は，末尾で，「対抗」は「不動産の取得の登記をした

者と上記登記後に当該不動産を時効取得に要する期間占有を継続した者との間における<u>相容れない権利の得喪</u>にかかわるものであり，そのような関係にない抵当権者と賃借権者の間の関係に係る本件とは事案を異にする」，とする。要するに，賃借権は，物的支配の面で物権とは性質を異にするということであろう（なお，本判決の論点と事案の特殊性については，石田剛・判例リマークス44号18頁以下参照）。

(3)　抵当権の目的である用益物権の放棄

　抵当権の目的が，地上権または永小作権である場合に，その設定者がこれらの権利を放棄しても，これをもって抵当権者に対抗することができない（398条）。したがって，抵当権者は，それら地上権または永小作権を，存在するものとして競売に付することができ，買受人は，地上権または永小作権を取得する。

　この規定の拡張解釈であるが，借地上の自己の建物に抵当権を設定した後で，借地権を放棄し，または合意解約しても，抵当権者（および競売の買受人）には対抗できない（大判大11・11・24民集1巻738頁（放棄），大判大14・7・18新聞2463号14頁（合意解約）。第3節1(4)ⅱ（138頁）参照）。

第 13 節　特別法上の抵当制度

≪視点 ── 特別法による抵当制度の発展≫

　民法典が制定された当時の日本は，まだ資本主義的経済基盤が整っておらず，したがって，抵当制度の意義も十分に理解されてはいなかった（前掲第1章**6**①（82頁）参照）。しかし，民法典が公布されてわずか7年足らずして，抵当制度は，最初の大きな問題に直面した。それは，日清戦争・日露戦争（の勝利）という軍需契機に伴って，わが国の産業生産過程が飛躍的に拡大し，そのための大型の与信（資本投下）が要請されたことである。詳しくは後述するが（後掲**2**），この状況に対してとられた措置が，財団抵当制度の導入だったのである。

　その後も，経済取引社会において生起した幾多の要因（例えば，動産抵当，証券抵当，私的実行方法など）から，担保制度の改革が要請されていくが（87頁〔図〕「約定担保制度の発展」参照），いずれも，民法典抵当権本体の改正ではなく，「特別法」による手当（改革）であった。このように，抵当制度の改革は，民法典の改正という方法をとらず，特別法によって行われてきたことが，日本の抵当制度の発展の大きな特徴でもある（近江「日本民法の展開(2)特別法の生成 ── 担保法」広中＝星野編『民法典の百年・第1巻』181頁以下参照）。

1　工場抵当権（狭義の工場抵当）

(1)　工場抵当制度の意義

　「工場抵当法」は，後述の「工場財団抵当」制度のみならず，財団を組成しない場合でも，抵当権の効力が広範な目的物に及ぶとする「工場抵当」制度を創設した（工抵2〜7条）。抵当権の効力の及ぶ目的物の範囲（370条をめぐる問題）に関して，付加物や従物（とりわけ，設定後の従物）に抵当権の効力が及ぶか否かは，学説上大いに争われたところであった（第3節**1**(131)頁）参照）。工場抵当法は，この点を解決

し，これらについて工場抵当権の効力が及ぶものとした。このように，工場抵当権は，370条の制度的欠陥を補うものである。この方法($\substack{工抵2 \\ 〜7条}$)を，「工場財団抵当」と区別して，「工場抵当権」（狭義の工場抵当）と呼んでいる。

　工場財団抵当との比較で，若干注意すべき点がある。工場抵当権は，確かに，特許権や借地権などの権利をその目的とすることができない反面，煩雑な財団目録を作成する必要がない。また，工場財団抵当と比べ，実際にかなり利用されているものである。しかし，工場財団抵当は，通常は社債の担保手段であって，しかも，社債を発行できる企業は限られているのである。したがって，両者の利用される場面は異なるというべきである。

(2)　工場抵当権の設定

(a) 工場抵当権の目的物　　工場の所有者が，工場に属する「土地」に工場抵当権を設定した場合，その効力は，建物を除くほか，土地に「付加して之と一体を成したる物」（付加物件）および土地に「備付けたる機械，器具其の他工場の用に供する物」（供用物件）に及ぶ($\substack{工抵2 \\ 条1項}$)。工場に属する「建物」に工場抵当権を設定した場合も同様に，その付加物件および供用物件に及ぶ($\substack{同2 \\ 項}$)。抵当権設定後の供用物件にも効力が及ぶ($\substack{大判大 \\ 9・12・3民録 \\ 26輯1928頁}$)。しかし，その土地または建物が賃借物の場合には，本法は適用がない。

(b) 公示方法　　土地または建物の抵当権設定登記を申請する場合に，抵当権の目的となる供用物件を記載した「目録」（3条目録）を提出しなければならない($\substack{工抵3 \\ 条1項}$)。この目録は，登記簿の一部とみなされ，その記載は登記とみなされる($\substack{工抵3 \\ 条2項}$)。したがって，目録の記載は第三者に対する対抗要件であるから，目録に記載されない物については，第三者に対して抵当権を主張することはできない($\substack{最判平6・7・14民 \\ 集48巻5号1126頁}$)。目録の記載は具体的でなければならないが，軽微な付属物は概括的な記載でよい($\substack{最判昭32・12・27民 \\ 集11巻14号2524頁}$)。

(3)　工場抵当権の効力

(a) 工場抵当権の追及力　工場抵当権は，目的物の一体性を維持する目的から，若干特殊的な扱いを受ける。その第1は，抵当権の目的たる付加物件・供用物件が，売却などによって第三取得者に引き渡された後であっても，その物件に追及することができる（工抵5条1項）。ただし，その物を，第三取得者が即時取得した場合は，追及できない（同2項）。

(b) 付加物件・供用物件の分離　その第2は，抵当権者の同意を得て，付加物件・供用物件を土地または建物から分離したときは，これらにつき，抵当権は消滅することである（工抵6条）。したがって，その抵当権の目的とされた動産が，抵当権者の同意を得ないで，備え付けられた工場から搬出された場合には，第三者が即時取得をしない限り，抵当権者は，搬出された目的動産を元の備付場所である工場に戻すことを求めることができる（最判昭57・3・12民集36巻3号349頁。前掲第3節**1**5**(b)ii**（141頁））。

(c) 執行に際しての特則　執行に際して，2つの特則がある。すなわち，──

i　土地または建物に対する差押え・仮差押え・仮処分は，それらの付加物件・供用物件に及ぶ（工抵7条1項）。

ii　付加物件・供用物件は，土地または建物と共にするのでなければ，差押え・仮差押え・仮処分をすることができない（工抵7条2項）。

2　財団抵当制度

(1)　「財団抵当」制度の意義

(a)「財団抵当」の要請　明治期における産業の著しい資本不足のなかで，日清・日露戦争の勝利によって膨張した生産を支えるべき資本の急需は，外資導入以外にその手立てがなかった。そこで，従来，大隈重信，伊藤博文らが唱えていた外資輸入論が優勢となってくる。しかし，

日本の民間企業は国際的信用に乏しく，海外での起債は事実上不可能だった。ただ，この時期にわが国は金本位制に移行し，条約改正が成功して，明治政府も大量の外債を発行するなどの状況下で，わが国の企業も積極的に資本を外国に求めていった。他方，外国資本もまた，投資先として新興国日本の企業をマークしていた。その際，外国側から要請されたのが，抵当制度の改革と社債法制の整備（債権者の保護）であった。それに応えて，担保附社債信託法と財団抵当3法（工場抵当法，鉄道抵当法，鉱業抵当法）が制定されたのである（1905年（明治38年）。その経緯は，近江・前掲論文181頁以下。財団抵当改革の方向については，近江「財団抵当制度拡張・改善のための立法課題」ジュリスト1238号54頁以下参照）。

(b) 財団抵当の構成類型 財団抵当制度は，大型の資金の導入手段であって，種々の財産を1つの団塊と捉えることによって担保価値を高め，その大型与信の担保としようとするものである。具体的には，個々の財産を財産目録に記載して1つの「財団」（Inventar）とするものであるが，この財団構成には，次の2つの方法がある。

i 「不動産財団」構成 第1は，不動産を中心に構成する方法であり，機械・器具などはその不動産に一体化するというものである。このような財団を「不動産財団」という。そして，その「不動産」（＝財団）の組成については，任意選択主義がとられ，当事者が財産目録に記載した物だけが財団を構成する。この構成を採用する財団抵当は，工場抵当法による「工場財団抵当」が中心となり，系列として，鉱業抵当法，漁業財団抵当法（大正14年），港湾運送事業法（昭和26年），道路交通事業抵当法（昭和27年），観光施設財団抵当法（昭和43年）が加わる。

ii 「物財団」構成 第2は，企業施設全体を1個の「物」（＝財団）と見て，その「物」自体が抵当権の目的となるものである。「物財団」といわれる。企業全体が1個の「物」とされるのだから，物財団の組成は当事者の任意選択ではなく，企業全体が当然に一括的に財団を構成するとする当然帰属主義がとられる。しかし，不動産財団の場合には不動産に関する規定が準用されるから問題はないが，「物」一般についての抵当権は民法上認められていないから，その抵当権設定に関する規定が必要となってくる（我妻559頁）。この財団抵当は，鉄道抵当法による「鉄道財団抵当」が中心となり，その詳細な規

定が，この系列に属する，軌道ノ抵当ニ関スル法律$\binom{明治}{42年}$，運河法$\binom{大正}{2年}$に準用される。なお，この種の財団抵当は，公共性のきわめて高い企業で使われるのみで，あまり一般的ではないので，説明は省略する。

(2)　工場財団抵当

(a) 工場財団抵当権の設定　工場財団抵当権は，次の順序で設定される。――

　i　**工場財団の設定**　まず，工場の所有者は，抵当権の目的とするために，1個または数個の工場につき，工場財団を設けることができる。数個の工場は，所有者を異にしてもよい。ただ，工場財団に属するものは，同時に他の財団に属することができない$\binom{工抵8条}{1 \cdot 2項}$。

　この工場財団の設定は，工場財団登記簿に所有権保存の登記をすることによって行う$\binom{工抵}{9条}$。この際，工場財団を組成するものを表示した「工場財団目録」を提出しなければならない$\binom{工抵}{22条}$。これにより，工場財団目録は登記簿とみなされ，その記載は登記とみなされる。ただ，この財団目録の作成には，煩雑な手続と費用とを要するので，かなり厄介である。

　ii　**抵当権の設定**　工場財団の所有権保存の登記後，6か月以内に抵当権設定の登記がされなければならない。この期間に抵当権が設定されなければ，上記の所有権保存登記は効力を失う$\binom{工抵}{10条}$。

(b) 工場財団の組成物件　工場財団を組成できるものは，工場抵当法11条に掲げるものである。すなわち，① 工場に属する土地および工作物，② 機械，器具，電柱，電線，配置諸管，軌条その他の附属物，③ 地上権，④ 賃貸人の承諾のある物の賃借権，⑤ 工業所有権，⑥ ダム使用権である。ただし，他人の権利に属するものや，差押え・仮差押え・仮処分の目的であるものは，財団に組み込むことができない$\binom{工抵13}{条1項}$。

(c) 工場財団抵当の効力　財団の一体性を維持する目的から，次のような扱いがされる。

　i　**「1個の不動産」**　工場財団は，1個の不動産とみなされる$\binom{工抵14}{条1項}$。この不動産の上に，1個の所有権が成立し，抵当権が設定されることになる。

ii 処分の制限 財団組成物件については，次のような制限が加えられる。――

① 工場財団の組成物件を，譲渡したり，所有権以外の権利の目的とすることはできない$\left(\substack{\text{工抵}13\\\text{条}2項}\right)$。工場財団全部の譲渡は許される（抵当権者の同意を必要としない）。ただし，抵当権者の同意を得て組成物件を賃貸することは許される$\left(\substack{\text{工抵}13条\\2項但書}\right)$。なお，組成物件の即時取得はできるものと解されている$\left(\substack{\text{最判昭}36・9・15民集15巻8号2172\\頁，我妻536頁，川井・概論438頁}\right)$。

② 工場財団の組成物件は，差押え・仮差押え・仮処分の目的とならない$\left(\substack{\text{工抵}13\\\text{条}2項}\right)$。したがって，他の債権者が差し押えたときは，抵当権者・設定者は執行異議$\left(\substack{\text{民執}\\11条}\right)$を申し立てることができる。

iii 組成物件の分離 抵当権者の同意を得て，財団組成物件を分離したときは，その物については抵当権は消滅する$\left(\substack{\text{工抵}\\15条}\right)$。

3 企業担保法

(1) 企業担保法の意義

「企業担保」とは，企業の「総財産」の上に設定される担保物権である。これは，流動的な原料・材料・在庫品や債権などを含めた一切の財産を担保物とすることにより，煩雑な財団目録を作成しなければならない財団抵当制度の欠点を克服したものである。「総財産」が目的物であるから，担保権の実行までは浮動性を有し，個々的な財産の処分は許されることになる。

【企業担保法制定の経緯】 戦後，いくつかの大企業（特殊会社）は，従来どおり，昭和16年3月に戦時時局立法として認められたゼネラル・モーゲージ（general mortgage，一般担保ないし一般先取特権）により，融資を受けてきた。ところが，昭和25年に，日本製鉄株式会社法が廃止されるに及んで，その第二会社である八幡・富士両製鉄会社はゼネラル・モーゲージが使えなくなり，いきおい財団抵当制度に頼らざるをえなくなった。しかし，財団目録の作成となると，このような大企業の手続と費用とは決して容易ではない$\left(\substack{\text{八幡製鉄にあっ}\\\text{ては，目録作成}}\right)$

のためには，延べ人数5万人，費用1億7000
万円，その期間は1年半と試算された
）。

　そこで，この両製鉄会社に，従来のゼネラル・モーゲージに匹敵する簡易な担保方法を認めるべきことを契機として，イギリスのフローティング・チャージ（floating charge, 浮動担保）を範に，昭和33年に制定されたのが，企業担保法である（執行秀幸「企業担保権の行方」高島平蔵還暦『現代金融担保法の展開』195頁以下参照）。

　しかし，これを設定できる企業は，信用力のきわめて高い企業に限定されるため，ほとんど利用されていない（過去10年間でも1〜2件程度である）。

(2)　企業担保法の内容

(a) 企業担保権の設定　　株式会社の総財産は，その会社の発行する社債を担保するため，一体として，企業担保権の目的とすることができる（企担1条1項）。企業担保権の設定は，公正証書によってされ（同3条），また，株式会社登記簿にその旨を登記しないと効力を生じない（同4条）。

(b) 企業担保権の効力　　企業担保権の設定は，信用度のかなり高い企業に限定される。そして，このような企業は，倒産はまずありえない。そこで，企業担保権の効力は，以下のように，きわめて弱いものとなっている。債務不履行による担保権の実行ということを考えなくてよいからである。

　i　企業担保権は，現に会社に属する総財産につき，優先弁済を受ける権利である（企担2条1項）。「現に会社に属する」とは，財産が個々的には特定されていないことである（浮動（floating）的性格）。「総財産」上の担保権だから，一般担保ないし先取特権的性格である。

　ii　数個の企業担保権相互の順位は，その登記の前後による（企担5条）。

　iii　会社の財産の上に存する権利は，企業担保権の登記後に対抗要件を備えたものでも，企業担保権に優先する（企担6条）。

　iv　一般先取特権は，企業担保権に優先するし，特別の先取特権・質権・抵当権は，その目的となっている財産につき，企業担保権に優先する（企担7条）。

　v　会社の財産に対して，強制執行や担保権の実行による競売がなされた場合には，企業担保権は優先弁済権を主張できない（企担2条2項）。

4 動産抵当制度

(1) 農業動産信用法

　農業者（および漁業者・薪炭業者）の所有する一定の「農業用動産」を担保として，特定の金融機関から融資を受けさせようとしたのが「農業動産信用法」であり，わが国最初の動産抵当制度である$\left(\substack{昭和\\8年}\right)$。

　融資者を特定の金融機関$\left(\substack{信用組\\合等}\right)$に限定$\left(\substack{法3\\条}\right)$したのは，従来弊害が多かった高利貸しを排除するためである。目的物となり得る農業用動産は，発動機，電動機，原動機，貨物自動車，脱穀機，孵卵機，カルチヴェーター，揚水機，籾摺機，牛馬など特定されている$\left(\substack{法2\\条}\right)$。農業用動産抵当権の登記は，農業用動産抵当登記簿に登記される。この登記がなければ第三者に対抗できない。しかし，第三者は，個々の動産につき即時取得ができる$\left(\substack{法13\\条}\right)$。設定者が，目的物を処分するときは，債権者に告知しなければならない$\left(\substack{法15\\条}\right)$。

> **【農業用動産抵当制度の導入の経緯】**　昭和2年の金融恐慌に続く昭和5年の農業恐慌は，農村を疲弊と窮乏の極みに追い込んだ。そこで，多数の救農立法が制定されたが，農村救済の基本方針は，部落を単位とし，産業組合を中軸としたところの「農山漁村の自力更正計画」にあった。本法もその1つであり，農民がみずから信用を獲得して，自立的な生産活動を興させようとするものであった。しかし，当時の疲弊した農村・農業者には「自立更生」に期待すべくもなく，利用度はそれほど高くなかった$\left(\substack{詳細は，近江・前掲「日本民法の展開(2)」\\特別法の生成 ―― 担保法」203頁以下}\right)$。

(2) 自動車抵当・航空機抵当・建設機械抵当

(a) 自動車抵当　動産抵当の本格的な展開は，これら3法に始まる。まず，先駆けをなした「自動車抵当法」$\left(\substack{昭和\\26年}\right)$は，自動車の買換えの資金調達という要請から制定された。すなわち，戦後の復旧のため全国規模で自動車が動員・酷使された結果，昭和25年頃には老朽化が生じ，運行上安全を欠くものとなってきた。このため，老朽車をすみやかに新車に更新

して保安度を向上させる必要から，その購入資金調達のための担保方法の整備が要請された（ただし，短期少額の事業用運転資金の調達手段という要請もあった）。そこで，自動車の登録制度を完備し$\left(\substack{道路運送車輛\\法(昭和26年)}\right)$，その登録制度を利用して「抵当」制度を創設したのが本法である$\left(\substack{詳細は，近江・前掲「日本民法の展開(2)」\\特別法の生成 —— 担保法」208頁以下}\right)$。

　自動車の所有権の移転$\left(\substack{自抵\\5条}\right)$，抵当権の設定$\left(\substack{同4・\\5条}\right)$の対抗要件は，登録原簿への登録である$\left(\substack{同\\条5}\right)$。ただし，質権の設定はできない$\left(\substack{同\\条20}\right)$。

　当時の自動車は，家１軒に匹敵するほど高額で，それを担保目的とする意義は十分にあったが，量産化により次第に低額化するにつれ，抵当権を設定する意義が少なくなった。現在では，自動車抵当はほとんど使われてない。自動車購入の担保方法としては，所有権留保が使われるのが一般である$\left(\substack{後掲\\第3編第4章\\(337頁)}\right)$。

(b) 航空機抵当　航空機はきわめて高額であり，航空会社はそれに見合う担保物（不動産）を有していないから，その購入のためには，買い入れる航空機自体を担保とする発想が必然化していた。そこで，航空法$\left(\substack{昭和\\27年}\right)$により航空機登録原簿への登録を整備し，それを前提に，「航空機抵当法」$\left(\substack{昭和\\28年}\right)$が制定された。そこで，航空機は，その登録をもって，所有権の移転$\left(\substack{航空3\\条の3}\right)$，抵当権の設定$\left(\substack{航\ 抵\\3・5条}\right)$の対抗要件としている。質権の設定はできない$\left(\substack{同23\\条}\right)$。

(c) 建設機械抵当　「建設機械抵当法」$\left(\substack{昭和\\29年}\right)$も，上記の法律と同様の立法経緯である。建設業者は，一定の建設機械$\left(\substack{掘削機械，トラクタ\\ーなど大型の法定さ\\れた\\もの}\right)$につき，建設機械登記簿に所有権保存の登記をして抵当権を設定することができる$\left(\substack{建抵2\\・3条}\right)$。登記に際しては，記号の打刻がなされる$\left(\substack{同4\\条}\right)$。この登記がされると，建設機械は，一般の動産としての扱いではなくなり，所有権の移転，抵当権の設定は，登記をもって対抗要件とされる$\left(\substack{同7\\条}\right)$。質権の設定も禁止される$\left(\substack{同25\\条}\right)$。

5 抵当証券

(1) 抵当証券法の意義

「抵当証券」とは，抵当権と被担保債権とを合体して証券に化体させ，有価証券の原理によって転々流通させようとする抵当制度である。これは，予想に反してほとんど使われなかったが，現在では（特に，昭和58～59年頃から），小口に分割した金融商品として，金融市場で流通するようになってきた。また，抵当証券の空売りなど，悪質な抵当証券業者を排除するために，昭和62年には，抵当証券業規制法が制定された。

> 【抵当証券法の成立の経緯】　昭和2年に始まった金融恐慌に際し，それまで危険を顧みず融資を行っていた地方銀行は，それらの不動産融資が焦げついて不良債権と化し，経営の継続が危ぶまれた。このため，日本銀行は，これら地方銀行に対して特別融通を行った。そして，この資金の回収のために，日本勧業銀行が地方銀行の整理機関となり，地方銀行の有する抵当権付不良債権を吸い上げることになった。その手段として選択されたのが，抵当証券理論による抵当権の流動化，すなわち「抵当証券法」の制定である（昭和6年）。
>
> 　抵当証券法は，ドイツの抵当証券制度，すなわち，ドイツ・プロイセン貴族階級の救済のために，彼らの背負った債務の借替えを可能とする手段として導入された債権・抵当権の流動化の方法（詳しくは，石田文次郎『投資抵当権の研究』175頁以下，鈴木・抵当制度16頁以下参照）の応用である。
>
> 　なお，抵当証券法ほとんど役に立たなかった（使われなかった）が，「不動産融資及損失補償法」（昭和7年）は，金融機関の救済として，重要な役割を果たした。

(2) 抵当証券の発行

(a) 当事者の合意　抵当証券を発行するとする当事者の特約により，抵当権者が登記所に抵当証券の交付を申請する（抵証2条5号参照）。根抵当権の場合は発行できない（同2条1号）。

(b) 目的物　設定できる目的物は，土地，建物または地上権上の抵当権である$\left(\substack{抵証\\1条}\right)$。かつては「市」制地域に限定されていたが，撤廃されて「本邦全域」である。

(c) 登記簿との関係　登記簿の記載を証券に転記する。登記簿は閉鎖しないで，抵当権の変動は登記簿と証券の双方に記載される$\left(\substack{抵証16\\\sim19条}\right)$。

(3)　抵当証券の効果

(a) 証券による処分　抵当証券は，債権とそれを担保する抵当権とを合体させ，これを「証券」（抵当証券）に化現するものである。したがって，抵当権および債権の処分は，抵当証券をもってしなければならない$\left(\substack{抵証\\14条}\right)$。

(b) 裏書による譲渡　抵当証券は裏書によって譲渡される$\left(\substack{抵証15\\条1項}\right)$。有価証券の理論による転々流通である。手形法15条・16条などが準用される$\left(\substack{同40\\条}\right)$結果，流通の途中で無権利者が入っても公信力が認められ，また，人的抗弁は切断される。

(c) 異議申立ての催告とその効果　抵当証券発行の申請を受理したときは，登記官は，遅滞なく，抵当証券の交付につき異議ある場合$\left(\substack{抵証\\7条}\right.$ $\left.\substack{所掲の異議\\申立事由}\right)$には一定期間内にそれを申し立てるべき旨を，抵当権設定者，第三取得者，債務者，抵当権またはその順位の譲渡人および先順位を放棄した者，に催告しなければならない$\left(\substack{抵証\\6条}\right)$。この異議申立てをしないと，異議があっても，善意で抵当証券を取得した者に対抗できない$\left(\substack{抵証10\\条1項}\right)$。登記簿には公信力はなく，それを転記した証券にも公信力がないので，その不備を補うものである。

(d) 抵当権消滅請求の排除　抵当証券の発行された抵当権には，抵当権消滅請求制度$\left(\substack{379条，382条\\\sim386条}\right)$は適用されない$\left(\substack{抵証\\24条}\right)$。

6 立木抵当

(1) 立木抵当の意義

　土地に生育する立木(樹木)は土地の一部(定着物)であるから，山林に抵当権が設定されれば，その効力は樹木にも及ぶ。しかし，わが国では，古くから樹木を土地と分離して取引きをする慣行があったため，明治42年に「立木法」(「立木ニ関スル法律」)が制定され，立木(樹木)を「登記」した場合には，土地に定着するままで，その土地から独立した不動産とみなされ，独立して抵当権の設定が可能になった。この場合，立木法に基いて所有権保存の登記された立木を，特に「立木」と呼ぶ。

> **【立木法制定の経緯】**　木材の需要が高いわが国では，樹木は，その山林以上の価値を有するのが普通である。このため，明治10年代後半から，借地林業者，とりわけ奈良吉野地方の林業者や，借地製炭業者から，樹木の集団を担保に金融を開くべく立法運動が起こっていたといわれる(福島正夫=清水誠「日本資本主義と抵当制度の発展」法時28巻11号7頁。なお，近江・前掲「日本民法の展開(2)特別法の生成──担保法」199頁以下参照)。しかし，立木法の適用範囲は狭く，また煩雑であるため，ほとんど使われていない(法務省統計によれば，所有権保存登記は毎年数件あるものの，抵当権設定登記はほとんど皆無である)。
>
> 　そこで，判例は，立木(樹木)は，原則として土地の一部となるも，当事者間の合意によって，樹木の所有権を土地の所有権と分離することができ(大判大5・2・22民録22輯165頁)，また明認方法によって第三者に対抗できる，としてきた(大判大4・12・8民録21輯2028頁。【I】153頁参照)。しかし，いずれにせよ，明認方法では，抵当権設定は不都合である。

(2) 立木抵当権の内容

(a) 立木抵当権の目的物　立木(樹木の集団)は，「登記」をすることによって，独立した不動産とみなされる(立木1・2条1項)。したがって，登記した立木が抵当権の目的物となる(同2条2項)。

(b) 所有者の樹木の採取　抵当権の設定後においても，立木の所有者は，協定した施業の方法により，その樹木を採取することができる $\left(\substack{立木\\3条}\right)$。

(c) 抵当権の追及力　上記(b)の場合を除き，立木抵当権は，その樹木が土地より分離された場合でも，それに追及できる $\left(\substack{立木4\\条1項}\right)$。ただし，第三者が即時取得した場合には追及できない $\left(\substack{同4条\\5項}\right)$。

(d) 法定地上権・法定借地権　立木は，建物と同様の関係になるから，土地または建物上の抵当権が実行されて所有者を異にするにいたった場合は，法定地上権が成立する $\left(\substack{立木\\5条}\right)$。法定借地権は，立木が地上権者に属する場合である $\left(\substack{同6・\\7条}\right)$。

第3編　変則担保

第1章　変則担保論

(1)　変則担保（非典型担保）の意義

(a) 変則担保とは何か　「変則担保」（非典型担保）とは，本来的に担保として予定された制度ではなく，別の独立の制度であるが，実質的には担保的機能を内在するため，もっぱらその目的（担保手段）のために利用される制度，および，新たに慣行として生じ，判例法上確立するにいたった担保制度，である（序論 4(c)(12頁)）。不動産については，買戻し・再売買予約，譲渡担保，仮登記担保法（代物弁済予約）など，動産については，譲渡担保，所有権留保など，である。

これら変則担保の特徴は，第1に，本来は別の法制度として予定されたものが担保手段として使われるということであって，したがって，制度としては跛行的性格を持つことである。

第2は，それら変則担保のすべてが，権利移転（所有権の移転）を手段とする担保（所有権担保）であるということである。このことから，債権者は「所有権者」として現われ，所有権の様々な権能から，債権者の立場の優位性が導かれる。次掲のように，それが，一つの利用要因でもあった。

(b) 変則担保の利用要因（出現契機）　不動産の変則担保と，動産の変則担保は，それぞれ利用要因を異にしている。あらかじめ指摘しておこう。

i　不動産の変則担保　変則担保の基本構造は，「権利移転」（所有権移転）である。これから何が導かれるであろうか。例えば，BがAから不動産を担保に借金をする場合，買戻特約付売買または再売買予約付売買によっても，抵当権設定と同様の効果を得ることができる（譲渡担保でも同様）。そして，

一定期日までに買い戻す資金を用意できないときは，買戻権または再売買予約完結権は消失し，担保不動産の所有権を確定的に失うことになる。仮登記担保（代物弁済予約）の場合でもこの理論は同じで，BがAから借金し，もし一定期日までに弁済できないときは不動産を弁済の代物として提供することになる。この効果は，抵当権や質権で見られた，「流担保」(抵当直流・流質)と同一の効果であることは明らかである。

　この流担保効果は，A（貸金者）にとって暴利的なうまみをもたらす。これは，権利移転的構成から導かれる当然の効果なのである。そして，この流担保的効果こそが，不動産の変則担保の主な利用要因であった。それだからこそ，不動産の変則担保における最も重要な課題は，暴利性を排除すること，すなわち，「清算法理」の確立であったのである。

　ii　動産の変則担保　　動産の変則担保にあっては，若干別の要素が存在している。まず，動産の譲渡担保は，「動産抵当」制度それ自体として使われてきたことである。民法上動産抵当の方法は認められていないが，動産の財貨としての高まりは，経済的取引において必然的に動産の担保化（抵当化）を要求してきたのである。次に，所有権留保であるが，経済取引社会は，売主に，動産売買先取特権があるにもかかわらず，「所有権」という強力な権利を残存する方法を考案させたのである。

(2)　買戻し・再売買予約

(a) 買戻し　広く俗称で「買戻し」というときは，売主が一旦買主に売却した物を取り戻す制度を指す。そして，この売主の取戻し権能（買戻権）は，あらかじめの「特約」によって売主に留保される。このように，金銭が入用なために財産を一旦売却し，返済可能な金銭がたまったときに買い戻す，という場合に使われるものであって，その経済的作用が担保的機能であることは，学説上も異論を見ない。このことは，とりわけ，わが国の買戻し制度（579条以下），が，徳川時代の「質入」の系譜を受けていることからも理解されよう（106頁【不動産質と買戻し制度の歴史性】参照）。〔▶→『契約法』「買戻し」（【V】156頁以下）〕

> **【買戻制度の非担保的機能】**　　買戻しには，もう一つの機能がある。例えば，住宅公団や地方公共団体が住宅・宅地の分譲に際し，特定の条件（使用方法・一定期間の転売禁止など）を定め，被分譲者がそれに違反したときには買い戻す，という機能である（J. Kohler, Lehrbuch des Bürgerlichen Recht, Bd. II. Teil, 1919, S. 346f. わが国の判例では，新潟地判昭42・12・26判時524号64頁）。この買戻付売買は，金融のための売買行為ではなく，当該不動産の売却が一定の政策目的を有しているため，その政策目的を遂行するために行われるものである（そこから，川井213頁は，履行の確保という意味で一種の担保的役割をもつとする）。
>
> 　このような買戻しは，古くはプロイセンにおける対ポーランド政策（内地植民政策）で見られた（田山輝明「内地植民問題を通じてみたドイツ民法施行法の一側面」早稲田法学会誌19巻49頁以下）。わが国では，公的機関によって政策的に用いられることが多い。

(b) 再売買の予約　　上記で，広く俗称で一旦売却した物を取り戻すことを買戻しというといったが，実は，その法律構成には，2通りの方法がある。1つは，売主・買主間でされた最初の売買契約を，後に売主が解除するという方法であり，わが民法はこれを採用する（狭義の買戻しともいわれる）。もう1つは，最初の売買の後に，再び買主から売主への売買（再売買）が行われるという方法で，ドイツ民法の採用するものである。

　日本民法の規定する「買戻し」制度（579条以下）は，「質入」の系を引くことから，きわめて厳格な制限規定が置かれている。しかし，この厳格な制限を桎梏となし，それを回避しようとする動きが，民法典制定後に生じてきた。広義でいう買戻し行為（担保行為）は，契約自由の原則を楯に，「売買の一方の予約」の規定（556条）を基礎として，上記の第2の構成，すなわち，再売買予約の構成をとって判例上現れたのである。

　買戻しと再売買予約との法律構成は明確であるが，しかし，現実的には不明確な場合が少なくない。一般には，買戻しを広い意味で使うようであり，また，厳格な制限規定から外れる買戻契約も多いのである。そこで，このような場合は，再売買予約的構成，すなわち，原則として再売買予約と解し，買戻しであることについて当事者の意思が明白なときにのみ買戻しとする（再売買予約概念は買戻しを包含する），という考え方が主流である（川井健「買戻と再売買の予約」『契約法大系 II』72頁。近江＝小賀野晶一『民法コンメンタール第12巻』2101頁以下参照）。〔▶→『契約法』「再売買予約」（【V】161頁以下）〕

(3)　不動産の譲渡担保

(a) 変則担保の中核としての「譲渡担保」　変則担保（非典型担保）で最も重要な制度は，譲渡担保ないし買戻しであり，これが，古くからその中心に位置して議論を引き起こしてきた。そこで，本節では，譲渡担保の生成過程をたどって，変則担保の本質を考察するとともに，譲渡担保と密接な関係にある代物弁済予約（仮登記担保）制度についても，変則担保としての特質を抽出しよう。

(b)「担保」のための「譲渡」　買戻しと同じく，譲渡担保は，担保のために物の所有権を債権者に移転し，債務を弁済することによってその所有権を受け戻す，とする制度である。このように，「担保のための所有権移転」概念が，譲渡担保の基本的骨格である。だが，実をいうと，「担保のための所有権移転」とは，爾後的に，しかも学問的分析の結果として抽出されたものであり，「譲渡担保」の名称もそれに付された学問的な用語にすぎない。では，どのような形態のものが，このような「担保のためにする所有権移転」として理論化されたかというと，買戻しないし再売買予約を利用した「抵当」形態である。つまり，BがAから借金をする際に，抵当権を設定しないで，ひとまず不動産を売却し（しかし，自分で使う必要から，それをAから賃借し），後に金ができたときにそれを受け戻す，という約定形態であった。この担保方法は，世間一般では，「売切抵当」，「売渡抵当」などと呼ばれていたのである。

　売却を意味する「売切」ないし「売渡」という用語からわかるように，BはAから借金をしたわけではないので，A・B間には被担保債権（すなわち債権関係）は存在しない。しかし，Bが一定期日までに受け戻すことができないときは，上記の流担保効果が生ずることになる。この種の大量の紛争事案に対し，判例（大判昭8・4・26民集12巻767頁。この判例の意義については，近江『研究』126頁以下参照）・学説は，<u>流担保的効果（暴利的うまみ）を排除するために，売買であっても，担保を目的とする以上，被担保債権は残存するものとし（＝売買の否定），債権額を越える代金の超過部分は返還しなければならないとする法理（＝清算法理）を確立</u>するにいたった。このような

ものを，学問的に分析して，「担保のための所有権移転」（決して通常の売買で・・・
はない）とし，「譲渡担保」と名付けたのである（この分析と理論的抽出を行ったのは，我妻栄『「売渡担保」と「譲渡担保」という名称について』法協52巻7号〔昭和9年〕『民法研究Ⅳ』所収134頁以下参照。なお，それ以前におけるドイツでの理論的純化については，近江『研究』178頁以下参照）。これから理解
されるように，「譲渡担保」は，解釈によって構成された解釈的構成物（買戻特約付売買・再売買予約付売買を基礎とする解釈上の産物）なのである。

(c) 買戻しとの関係　買戻し・再売買予約は，わが民法典上，「売買」を使う担保制度（権利移転型担保）として位置づけられる。これは，「売買」なのだから，買主に目的物を占有する権限があることは明白である（したがって，「質」形態の占有担保である）。そこで，売主が，「担保のために売却」しても目的物の占有・利用を続けたい（「抵当」形態をとりたい）というなら，「賃貸借」法理（売却した物を売主が買主から賃借する）に依拠せざるをえないのである。このようにして，買戻し・再売買予約を使った「抵当」（非占有）形態の権利移転型担保が生じてきた。これが「譲渡担保」（売渡抵当・売切抵当）なのである。

そうすると，<u>「譲渡担保」と「買戻し・再売買予約」とは，もともと同一の制度</u>なのであるから，区別され得るわけがないであろう。すなわち，<u>譲渡担保は，買戻し・再売買予約の「抵当」形態にすぎないのである</u>（「譲渡担保」の名称は，後に学問的に付されたものにすぎない）。そこで，あえて両者を区別するとすれば，賃貸借法理を使った「抵当」形態（非占有担保）が「譲渡担保」として発展したことに着目して，本来的な買戻し・再売買予約は依然「質」形態の担保方法（占有担保）だとする以外にはないはずである。ここから，「占有」を基準とした「占有峻別論」が生まれる（来栖三郎『契約法』221頁以下，三藤邦彦「不動産の譲渡担保・所有権留保」私法34号33頁以下，槇311頁以下，近江『研究』265頁以下，河上329頁，石口235頁）。目的物の占有を買主に移転する本来の形態が買戻し・再売買予約であり，それに賃貸借を付けて売主が占有を続けるものが譲渡担保であって，それを，制限物権型担保（質権・抵当権）に対置し，権利移転型担保として構成するのである。

【買戻しと譲渡担保との関係の若干の問題点】　両者の関係について，いくつかの問題がある。

　i　目的物の占有権限　占有峻別論に対しては，買戻付売買（売渡担保）にも占有を移転する質形態と移転しない抵当形態があるとする批判がある（椿寿

夫「担保目的の所有権移転登記と一展望」民事研修362号14〕）。しかし，売却しても売主に目的
頁以下（譲渡担保にも質形態と抵当形態とがあるとする）
物の占有権限があるとする見解は，民法理論として承認することはできない。
買戻付売買で，なぜ「賃貸借」法理が付加されてきたのかを考えれば，明らか
である。

　　ii　峻別の意義　　次に，買戻しと譲渡担保とを峻別しても，買戻しにつ
き担保的構成をとれば両者を峻別する必要はなくなるのではないかとする生
熊教授の批判である（生熊長幸「買戻・再売買予約の機／能と効用」『担保法大系Ⅳ』480頁）。論理の演繹からいえばそ
の通りであるが，しかし，これは，概念法学的思考と歴史実証法学的思考の相
違としか言いようがない。

　概念や論理からは，その演繹としていくつもの「仮象物」を引き出すことが
できるが，およそ「制度」というのは，経済活動を通じて歴史が創り上げてき
たものであって，観念的に考えられたものではない。世の中に存在しない（な
いし社会に承認され得ない）"もの"を「制度」として構築したところで，社会に
定着するわけはない（抵当証券法，仮登記担保法，中間法人法など／の立法の失敗がその事実を物語っていよう）。買戻特約付でマン
ションを買ったところ，契約違反により買い戻されたという場合に，被担保債
権が残存するとか，清算すべきだとかの議論は，ありえない話である。した
がって，「占有」を買主に移転する買戻付売買などは，担保権的構成に馴染む
ものではない。

(4)　仮登記担保

　「仮登記担保」とは，債務を弁済できないときには一定の「権利を移転」す
ることを約し（予約），その予約上の地位を「仮登記」（所有権移転請求権保全の
仮登記）（不登105／条2号）によって保全する担保行為である。例えば，債務者が期限ま
でに借金を弁済できないときは，その弁済の代わり（＝代物）として，債務者
所有の不動産の所有権を債権者に移転する，という契約がそれである。実際
になされる法形式は，「代物弁済の予約」，「停止条件付代物弁済契約」，「売買
の予約」などであるが，それらの異別を論じる必要はない（いずれも，その実
質は「代物弁済」だからである）。

　仮登記担保については，以下の視点が重要である。第1は，仮登記担保の
実質的機能は，代物弁済であることから理解されるように，「抵当直流」であ

ること。それゆえ，抵当権の設定と同時になされる（併用される）ことが多い。

　第2は，その形式は，所有権移転のプロセスを利用する権利移転型担保（変則担保）であること。この形式（代物弁済予約）が判例上集中的に現れたのは，特に第二次大戦後である（昭和30〜40年代）。それは，譲渡担保においては，すでに昭和初頭頃には理論化（清算法理の確立）が進んで暴利的な"うまみ"がなくなったため，代物弁済予約の方へ逃げてきたからだ，という指摘がある（変則担保間の「逃げ水」現象。清／水誠「仮登記担保」私法34号24頁）。そこで，代物弁済予約については，「清算」法理の確立が急務であったところ，最判昭42・11・16（民集21巻9／号2430頁）は，学説の影響を受けて，債権者に清算義務を課した。その後，昭和53年に立法化された（立法の経緯については，近江「日本民法の展開⑵特別法の生成／──担保法」広中=星野編『民法典の百年・第1巻』219頁以下参照）。

　第3は，仮登記担保権は，「仮登記」を公示方法とするにもかかわらず，原則的に「抵当権」と同一に扱われることである（仮担13条,／同19条）。

<h1>第2章　仮登記担保</h1>

<h2>**1**　仮登記担保制度の意義</h2>

≪仮登記担保制度のしくみ≫

　仮登記担保とは，ありうべき債務不履行のために，<u>担保目的物自体をもっ</u>
<u>て弁済の代わりとすること（＝代物弁済）を予約し，その債権者の地位（権利）</u>
<u>を，「仮登記」</u>（所有権移転請求権保全の仮登記（不登105
条2号））によって保全する制度
である。従来の代物弁済予約の判例法が中心であるが，新しい技術的工夫も
施されている。そこで，仮登記担保法の大まかな仕組みを〔**図**〕で説明する
ことにする。

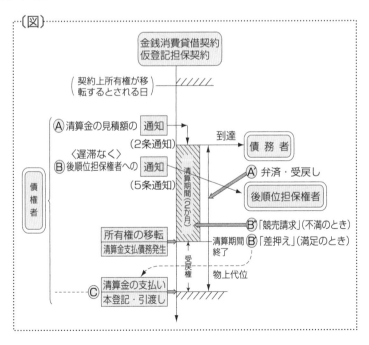

　[Ⅰ]　**所有権の移転**　　債権者は，債務者の債務不履行によって直ちに目的不動産の所有権を取得するものではなく，契約上所有権が移転するとされる日以降に，まず，目的不動産をみずから評価して，被担保債権額との清算金見積額を債務者に「通知」Ⓐしなければならない（仮担2条1項）。この通知が債務者に到達した日から2か月間を「清算期間」とし，この期間を経過しなければ，債権者は目的不動産の所有権を取得できない。債務者がその評価で満足する場合や後順位担保権者がいない場合は，清算期間経過後に清算金を支払って，目的不動産の本登記・引渡しを受けることになるⒸ。

　[Ⅱ]　**債務者の弁済・受戻し**　　債務者は，債権者の評価（清算金）に満足しない場合，「清算期間」内であれば債務を弁済することができる。また，清算期間経過後であっても，債権者が清算金を支払うまでは，債務相当額を支払って，不動産を受け戻すことができるⒶ′。

　[Ⅲ]　**後順位担保権者の地位**　　他方，後順位担保権者が存する場合には，債権者は，Ⓐの「通知」後，遅滞なく，後順位担保権者等に，債務者に「通知」（仮担2条1項）した旨の「通知」Ⓑをしなければならない（仮担5条）。そして，後順位担保権者は，それに満足し，その手続内で優先弁済を受けようとするときは，「清算金」の差押えをしなければならないⒷ′。他方，それに満足しないときには，みずから競売請求をすることができるがⒷ″，ただ，清算期間内に請求しなければならない。

②　仮登記担保権の設定

(1)　仮登記担保契約

(a)「代物弁済」の合意　　ここで，仮登記担保とは，既述したように，金銭債務を担保するため，その不履行があるときは債権者に債務者または第三者に属する所有権その他の権利の移転等をすることを目的としてされた，代物弁済の予約，停止条件付代物弁済契約その他の契約である（第1章(4)(288頁)参照）。要するに，広い意味での "代物弁済の合意" である。

(b) 当事者　金銭債務の債権者と，仮登記担保権の設定者（債務者または物上保証人）である。

(c) 被担保債権　金銭債権に限る$\binom{仮担}{1条}$。しかし，金銭債権以外の債権でも，債務不履行によって損害賠償債権に変ずるのであるから，抵当権との均衡上$\binom{第2編第3章第2節}{\mathbf{3} \mathbf{1}(a)(123頁)}$，認められるべきであろう$\binom{道垣内}{268頁}$。

(d) 契約類型　代物弁済予約，停止条件付代物弁済契約のほか，売買予約$\binom{最判昭45\cdot3\cdot26民}{集24巻3号209頁}$，贈与予約など，仮登記または仮登録のできるものである。なお，抵当権と同様，共同仮登記担保$\binom{293頁【共同仮登記}{担保の場合】参照}$および根仮登記担保$\binom{後掲\mathbf{7}2)(303}{頁)参照}$も有効であるが，それぞれ一定の制限がある。

(e) 目的物　土地または建物$\binom{以下「土地}{等」という}$が一般であるが，それ以外の権利$\binom{地上権，永小作権，}{地役権，賃借権など}$および仮登記または仮登録によって権利が保全されるもの$\binom{建設機械，航空機，特許権など，登}{録免許税法別表第一に所掲のもの}$。

(2) 公示 —— 仮登記（「対抗力」の付与）

仮登記担保権の公示は，仮登記$\binom{不登105}{条2号}$または仮登録である。仮登記は，本来，順位保全効力のみで対抗力を有しないが$\binom{【Ⅱ】139}{頁参照}$，本法は，この仮登記（担保仮登記）に対抗力を与えている。ただ，形式的には通常の仮登記なので，被担保債権額や利息等を記載することはできない。

(3) 抵当権設定の擬制

仮登記担保権は抵当権とみなされる。すなわち，担保仮登記がされた時に抵当権の設定登記がされたものとみなされる$\binom{仮担13条1}{項，同20条}$。したがって，担保仮登記がされている土地等につき，抵当権が設定された場合にも，仮登記担保権は抵当権に優先し，本登記手続$\binom{不登109}{条参照}$をすることができる。

③　仮登記担保権の実行

(1)　所有権の取得

(a) 清算金見積額の「通知」(2条通知)　　債権者が，私的実行として，担保目的物の所有権を取得するためには，債務者が債務不履行に陥ることは当然だが，仮登記担保契約において所有権が移転するとされる日以後に，債権者は，設定者に対し，清算金の見積額（清算金がないと認めるときは，その旨）を「通知」しなければならない（仮担2条1項）。この「通知」は，以下の点を明らかにしてされなければならない（同2項）。

i　土地等の見積価額　　後に述べる「清算期間」経過時における土地等の見積価額である。

ii　債権等の額　　清算期間経過時の債権額，および債務者等が負担すべき費用で債権者が代わって負担したものの額（以下「債権等の額」という）である。

> 【共同仮登記担保の場合】　　1つの金銭債務につき，複数の土地等上に仮登記担保権が設定された場合（共同仮登記担保の場合）には，債務者等への「通知」に際して，各土地等の所有権の移転によって消滅させようとする債権およびその費用の額を明示しなければならない（仮担2条2項かっこ書）。すなわち，割付けの明示である。したがって，「2条通知」によって，共同担保関係は解消し，分割された個別担保となる。
>
> なお，2条通知前に後順位抵当権者の申立てによる競売手続が開始された場合には，仮登記担保権者は，各土地等に被担保債権を任意に割り付けて配当要求ができると解されている（道垣内273頁）。

(b) 所有権の移転と「清算期間」　　上記の「通知」が債務者に到達した日から，2か月を「清算期間」とし，この期間が経過しなければ，債権者は目的不動産の所有権を取得することができない（仮担2条1項）。したがって，この期間経過時が，所有権移転時である。

> 【清算期間の意義】　　2か月という「清算期間」の設定は，主として後順位

担保権者との利益の調整を行うためと考えられているが，しかし，これはもともと債務者を保護する弁済（受戻し）猶予期間である。つとに，公事方御定書のなかに，約定年季内に受け戻さないときは流地とするという文言の場合は，年季明けより2か月内は受け戻すべしとする裁判準則があり $\left(\begin{smallmatrix}108頁【公事方御\\定書31条「質地\\小作取捌之\\事」】参照\end{smallmatrix}\right)$，これが明治期の司法省，太政官に受け継がれ，担保関係の準則となっていった $\left(\begin{smallmatrix}近江『研究』\\54頁以下\end{smallmatrix}\right)$。法務省が仮登記担保法案の最終案にいたって2か月の清算期間を設けたのは，このような慣行に着目してのことであろう $\left(\begin{smallmatrix}近江・前\\掲「日本民法の展開(2)特別法の\\生成── 担保法」226頁参照\end{smallmatrix}\right)$。

　ところで，この清算期間であるが，一般に，弁済期の到来と同時に所有権が移転するものとされ，清算金があった場合には，債権者はそれを即座に支払って所有権を取得してしまうのが世上の常であろう。したがって，2か月という弁済猶予期間の存在は，債務者の保護のためにはきわめて重大な作用を営むのである $\left(\begin{smallmatrix}近江・判評346号（判\\時1250号）188頁\end{smallmatrix}\right)$。もちろん，仮登記担保法では，この清算期間内で，後順位担保権者との利益の調整が図られていることはいうまでもない。

(c) 清算金の支払い・本登記・引渡し　清算期間の満了によって，債権者は，本登記請求権および目的物の引渡請求権を有するが，これらは清算金支払債務と同時履行の関係に立つ $\left(\begin{smallmatrix}仮担\\3条\end{smallmatrix}\right)$。

(2) 清　算

(a)「清算金」支払義務　清算期間の経過時において，土地等の価額が，債権等の額を超えるときは，債権者は，その超過額（＝清算金）を債務者等に支払わなければならない $\left(\begin{smallmatrix}仮担3\\条1項\end{smallmatrix}\right)$。問題となるのは，──

　i 「清算金」の額　清算金は，債務者に「通知」（2条通知）した清算金の見積額 $\left(\begin{smallmatrix}仮担2\\条1項\end{smallmatrix}\right)$ ではなく，清算期間経過時の客観的な価額であるが，債務者がその見積額を争わないときは，清算金はその見積額によって定まる。

　ii 通知の拘束力　債権者は，実際の清算金が，さきに「通知」した見積額に満たないことを主張できない $\left(\begin{smallmatrix}仮担8\\条1項\end{smallmatrix}\right)$。他方，後順位担保権者は，清算金の額が，「通知」された見積額を超えることを主張できない $\left(\begin{smallmatrix}同2\\項\end{smallmatrix}\right)$。不満のときは，競売請求ができるからである $\left(\begin{smallmatrix}仮担\\12条\end{smallmatrix}\right)$。

　iii 債権の一部消滅　土地等の価額が債権等の額に満たないときは，

反対の特約のない限り，債権は土地等の価額の限度において消滅する$\left(\begin{smallmatrix}仮担\\9条\end{smallmatrix}\right)$。債権の一部消滅である。

(b) 同時履行の関係　清算金の支払いの債務と土地等の所有権移転の登記および引渡しの債務とは，同時履行の関係に立つ$\left(\begin{smallmatrix}仮担3\\条2項\end{smallmatrix}\right)$。

(c) 債務者に不利な特約の禁止　以上の **(a)**「清算義務」および **(b)**「同時履行」規定に反する特約で，債務者に不利なもの$\left(\begin{smallmatrix}例えば，非清算特約や\\同時履行を否定する特\end{smallmatrix}\right.$約$\left.\right)$は無効である$\left(\begin{smallmatrix}仮担3条\\3項本文\end{smallmatrix}\right)$。ただし，清算期間の経過後にされたものは，この限りでない$\left(\begin{smallmatrix}仮担3条3項ただし書。\\349条と同じ趣旨\end{smallmatrix}\right)$。

(d) 清算の方法　かつては，目的物評価の客観性を担保するという観点から，処分清算方式が主張されたが$\left(\begin{smallmatrix}取引市場での処分なので目的\\物の価格は客観的に定まる\end{smallmatrix}\right)$，同時履行の規定$\left(\begin{smallmatrix}仮担3\\条2項\end{smallmatrix}\right)$によって清算金の支払いが担保されるため，帰属清算とされた$\left(\begin{smallmatrix}両者の意義と相違は，310頁【処分\\清算と帰属清算の意義】参照\end{smallmatrix}\right)$。

【抵当権と仮登記担保との併用の場合】　仮登記担保が抵当権と併用して設定されている場合には，抵当権者は，抵当権の実行（競売・収益執行）をすることはもとより，抵当権を実行せずに，仮登記担保権を実行して担保不動産の所有権を取得することもできる$\left(\begin{smallmatrix}最判昭28·11·12民集\\7巻11号1200頁など\end{smallmatrix}\right)$。

　なお，抵当権実行を選択して競売が開始された場合には，仮登記担保権による予約完結権を行使することは許されないとされている$\left(\begin{smallmatrix}最判昭43·2·29民\\集22巻2号454頁\end{smallmatrix}\right)$。しかし，仮登記担保が実質的に抵当直流の機能である以上は，実体法的には認められるべきであろう。

(e) 債権者の処分　債権者が，清算期間が経過しないうちに，あるいは清算金を支払わないうちに，目的不動産を処分することがある。仮登記を本登記にするための書類等$\left(\begin{smallmatrix}登記済証，印鑑証明\\書，白紙委任状など\end{smallmatrix}\right)$は，債務者が所持しているのが普通であるが，しかし，現実には，最初の契約時に，債権者がそれらの書類を預かっていることも多い。そこで，以下のような問題が生じ得る。

　ⅰ　**本登記の経由**　債権者が，清算金を支払わないで本登記をした場合である。これは，そもそも，仮登記担保法3条3項の趣旨に反するものであるから，無効であろう。したがって，債務者は，登記抹消請求権を有する

ものと解される$\left(\substack{高木 \\ 316頁}\right)$。その際は，清算金支払いとの引換給付になろう。

　清算期間が経過した後は，所有権は債権者に移転するから，清算金支払請求のみである。ただし，受戻権の行使により所有権（登記）を回復することはできる。

　ii　第三者への譲渡　　債権者が，清算金を支払わないで不動産を第三者に譲渡した場合である。清算期間内であれば，第三者は，不動産の所有権を取得する根拠がなく，譲渡行為は無効である。ただ，第三者は，94条2項の類推により所有権の取得が認められることはあり得る$\left(\substack{道垣内272頁。なお，その \\ 場合に，留置権で対抗できる \\ ことは次掲}\right)$。

　清算期間経過後の場合には，不動産の所有権は債権者に移転しているから，第三者は有効に所有権を取得できる。ただし，その場合でも，債務者は，債権者に対する清算金支払請求権を被担保債権として，留置権を行使できる$\left(\substack{最判昭58・3・31民集37巻2号152頁。前掲 \\ 第1編第1章第2節\boxed{1}3(a)(24頁)参照}\right)$。

$\boxed{4}$　後順位担保権者等との利害の調整

（1）　後順位担保権者の処遇

(a) 2つの方法　　後順位担保権者は，2つの立場を選択しなければならない。第1に，債権者の提示した清算金の見積額で満足するときは，その清算金（残余）から優先弁済を受けることである。具体的には，物上代位の手続による。第2に，その見積額に満足しないときは，みずから競売の申立てを行うことである。

(a) 後順位担保権者への「通知」（5条通知）　　このように，後順位担保権者は2つのいずれかの立場を選択しなければならないから，債権者から後順位抵当権者への通知$\left(\substack{仮担5 \\ 条1項}\right)$は重要である。すなわち，——

　i　通知の相手方　　「2条通知」が債務者に到達した時における，担保仮登記後に登記をした先取特権者，質権者，抵当権者，または後順位の担保仮登記権利者，である$\left(\substack{これらを，後順位担保権者 \\ または物上代位権者という}\right)$。

ii　通知事項　債権者は，これらの者に対し，遅滞なく，①「2条通知」をした旨，②「2条通知」が債務者等に到達した日，③「2条通知」によって債務者等に通知した事項，を通知しなければならない。

> **【5条通知を受けない後順位担保権者の地位】**　「5条通知」を受けなかった後順位担保権者はどうなるか。後順位抵当権者は，その「通知」によって見積額を甘受するか競売を請求するかの選択を迫られるのであるから，債権者は，通知をしない以上，その本登記手続の承諾を求めることはできないし，また，通知を受けない後順位担保権者は，清算期間経過後も競売を請求することができる（最判昭61・4・11民集40巻3号58頁（本登記請求事案））。

> **【登記上の利害関係人への「通知」】**　担保仮登記に基づく本登記につき，登記上利害関係を有する第三者があるときは，債権者は，遅滞なく，これら第三者に対し，「2条通知」をした旨，および債務者に通知した債権等の額を「通知」しなければならない（仮担5条2項）。この利害関係人は，登記手続との関係で問題となる。

(2)　後順位担保権者が満足するとき⇒「物上代位」

(a) 物上代位手続　後順位担保権者が，債権者の提示した清算金の見積額で満足し，その清算金から優先弁済を受けようとする場合は，物上代位の手続により，清算金の払渡し前に差押えをしなければならない（仮担4条1・2項）。

i　物上代位の目的物　物上代位の目的物は，債務者が支払を受けるべき清算金であるが，「2条通知」に係る清算金の見積額を限度とする（仮担4条1項）。この清算金の額が，見積額を超えることを主張できないことは，既述した（仮担8条2項。前掲**3**2(a)ii（294頁）。不満のときは，競売請求ができるのみである）。

ii　差押え　清算金を払渡し前に差し押えることを要する（仮担4条1項）。

iii　優先順位　数人の差押債権者の優先関係は，差押えの順序ではなく，その登記または仮登記の順序による（仮担4条1項）。

(b) 「清算金」に対する制限　「清算金」は物上代位権の目的であるから，後順位担保権者の物上代位権を保障するため，以

下の制限が加えられる。

i　債務者に対する処分の禁止　債務者は，清算期間内は，清算金支払債権について，譲渡その他の処分（質入れ，免除等）をすることはできない（仮担6条1項）。

ii　債権者に対する弁済の制限　清算期間内における債権者の清算金支払債務の弁済は，当該担保仮登記後に生じた後順位担保権者（先取特権者，質権者，抵当権者）に対抗できない（同2項前段）。「5条通知」のない清算金支払債務の弁済も同様である（同後段）。いずれも，後順位担保権者の清算金に対する物上代位権行使の機会を確保するためである。したがって，債権者は，後順位担保権者があるときは，債務者に対する被担保債権以外の債権をもって清算金支払債務と相殺することは許されない（最判昭50・9・9民集29巻8号1249頁）。

iii　清算金の供託　清算金支払請求権につき，差押えまたは仮差押えのあったときは，債権者は，清算期間の経過後に，清算金を供託して，その限度で債務を免れることができる（仮担7条1項）。この場合には，供託金還付請求権につき，差押えまたは仮差押えがされたものとみなされる（同2項）。ただし，この場合，債権者は，① 債務者・物上保証人のほか，差押債権者または仮差押債権者に，供託の通知をしなければならず（同4項），また，② 本法15条1項の場合を除くほか，供託金を取り戻すことができない（同3項）。

(c) 本登記手続　後順位担保権者が差押えをした場合において，仮登記担保権者が，清算金を供託した日から1か月を経過した後に，仮登記を本登記に申請するときは，不動産登記法の規定（法109条1項。登記上の利害関係を有する第三者（例，後順位担保権者）がいるときは，その「承諾」が必要）の規定にかかわらず，後順位担保権者が差押えをしたこと，および清算金を供託したことを証する書面をもって，これらの者の「承諾書」に代えることができる（仮担18条）。1か月経過前に本登記を申請するときは，不動産登記法の原則に戻る。

(3) 後順位担保権者が不満のとき⇒「競売請求」

(a) 競売請求手続　後順位担保権者が，債権者の提示した清算金の見積額に満足しないときは，みずから競売を請求できる（仮担12条）。

ただし，以下の制限がある。

ⅰ　競売請求権者　本法４条１項の先取特権者，質権者，または抵当権者である。後順位の担保仮登記権利者は，これに含まれない。

ⅱ　請求期間　清算期間内である。

ⅲ　弁済との関係　各権利者の有する債権が弁済期前であっても，競売を請求することができる。

(b) 担保仮登記権利者の優先弁済権　後順位担保権者が競売を請求した場合は，目的不動産につき「強制競売等」$\binom{仮担}{13条}$が行われることになるわけだから，仮登記担保権は，後掲の「強制競売等における担保仮登記の取扱い」の手続において優先弁済を受ける$\binom{→後掲\mathbf{7}}{(301頁)}$。

5　受戻権

(1)　受戻権の意義

(a)「受戻権」とは何か　債務者は，清算金の支払いを受けるまでは，債権等の額$\binom{債権が消滅しなかったとすれば，}{債務者が支払うべき債権等の額}$を債権者に提供して，土地等の所有権の受戻しを請求することができる$\binom{仮担11}{条本文}$。既述したことだが，「受戻し」（請戻し）とは，買戻しなどの所有権担保において，所有権が債権者に移転した後に，なおそれを取り戻すことを債権者に請うことであり，それが債務者の権利として高められたものである$\binom{108頁＊＊「「受戻し」（請}{戻し）の意義」参照}$。なお，受戻権の性質は，形成権（単独行為）である。

> **【弁済と受戻し】**　「弁済」とは，債権・債務が存在する場合に，それを支払って債務を消滅させることである。ただ，仮登記担保法の場合，清算期間内は債務は消滅しないという前提で構成されているので，約定の弁済期が過ぎても，債務者は清算期間内は弁済できるのである。
> 　これに反し，「受戻し」とは，買戻付売買や譲渡担保などの権利移転型担保において，所有権が債権者に移転した後に（したがって，債権・債務は存在しない），なお金銭を支払って担保目的物を取り戻すことをいう。前掲の〔図〕$\binom{290}{頁}$か

> らわかるように，債権者の清算金の支払以前でも，清算期間内は「弁済」，清
> 算期間経過後は「受戻し」とされているのである。

(b) 受戻期間　このように，「受戻し」は所有権が債権者に移転することを前提とするから，受戻権は，清算期間経過後から清算金の支払い時までの間に認められることになる（仮担11条本文）。

(2) 受戻権の消滅

(a) 清算期間経過後 5年の経過　受戻権は，清算期間経過後，5年を経過した場合には消滅する（仮担11条ただし書）。

(b) 第三者の所有権取得　第三者が不動産の所有権を取得した場合も，受戻権が消滅する（仮担11条ただし書）。債権者Aが，債務者Bからあらかじめ登記済証，印鑑証明書，白紙委任状を受け取っており，それを利用して不動産を第三者Cに売却したときなどで生じる（前掲**3**2(e)(295頁)参照）。第三者の「所有権の取得」とは，第三者が登記を経由することを要する。

悪意の第三者はどうであろうか。法11条ただし書の規定を制限的に解して，受戻権は消滅しないとする主張がある（高木327頁）。しかし，法文には「第三者が所有権を取得した」とあるから，清算期間が経過したことが前提となっていよう。したがって，債権者は所有権を取得しているから，清算期間経過後の基本的な原理は，A→Bへの所有権の復帰（Bの受戻権行使による）と，A→Cへの譲渡という二重譲渡の関係になる。それゆえ，第三者の「悪意」によって法11条ただし書が制限される余地はない(あり得るのは，背信的悪意者と認定される場合だけである)。

6　法定借地権

(1) 法定借地権制度の意義

「法定借地権」（仮担10条）は，法定地上権（388条）と趣旨は同じだが，その意義は若

干異なり，片面的政策規定となっている。すなわち，第１は，土地のみに担保仮登記がされた場合に限り，建物のために法定借地権が成立することである。建物に担保仮登記をする場合は，当事者間で土地利用権を（条件付で）設定するのが普通であり，法律があえて地上権を発生させる必要がないからである。

　第２は，地上権ではなく，賃借権とされたことである。建物所有を目的としてなされる利用権は，賃借権が圧倒的だからである（立法理由）。

(2)　法定借地権の成立要件・効果

(a) 成立要件　法定地上権と同じく，① 土地および建物が同一の所有者に属すること，② 土地につき担保仮登記がされること，③ その仮登記に基づく本登記がされること（抵当権に基づく競売と同じ意味），である（仮担10条）。

(b) 効果　土地につき本登記がされた場合に，建物の所有を目的とする土地の賃貸借がされたものとみなされる（仮担10条前段）。存続期間・借賃は，当事者の請求により，裁判所がこれを定める（同条後段）。

7　各手続における担保仮登記の取扱い

(1)　強制競売等における担保仮登記

(a) 基本原則　競売手続において，仮登記担保権は，原則として抵当権と同一に扱われる。——

　i　抵当権の擬制　仮登記担保の目的物につき，「強制競売等」（強制競売，担保権の実行としての競売，または企業担保権の実行手続をいう）がされた場合においては，仮登記担保権は抵当権と同一に扱われる。すなわち，仮登記担保権は抵当権とみなされ，その担保仮登記のされた時に抵当権の設定登記がされたものとみなされる（仮担13条1項。前掲**2**(2)・(3)(292頁)参照）。

　【強制管理等との関係】　仮登記担保の目的物につき「強制管理等」（強制管

理・担保不動産収益執行）がされた場合については，① それが仮登記担保権者
に優先しない者の申立てによるときは，仮登記担保権者が仮登記担保権の実
行手続（本登記）をとれば収益執行手続は終了する。反対に，② 仮登記担保権
者に優先する者（先順位担保権者）の申立てによるときは，その収益執行手続が
行われるだけであり，仮登記担保権者はそれを切断することはできない（本登
記手続をとっても第三取得者的立場となるにすぎない）$\binom{道垣内}{285頁}$。

ii 担保仮登記の届出　　上記の場合，裁判所書記官は，仮登記の権利
者に対し，その仮登記が担保仮登記であるか否か，担保仮登記であるときは
その旨，ならびに債権の存否，原因および額を，配当要求の終期までに届け
出るべき旨を催告しなければならない$\binom{仮担17}{条1項}$。また，仮登記担保権で，売却
により消滅するものは，この届出をしなければ，売却代金の配当または弁済
金の交付を受けることができない$\binom{同2}{項}$。

**(b) 清算金支払前
の強制競売等**　　強制競売等の開始決定が，清算金の支払前（清算金がない
ときは清算期間経過前）にされた申立てに基づくときであ
る。

i 競売手続への参加　　仮登記担保権者は，所有権を取得できず，競
売手続に参加して優先弁済を受けることができるのみである$\binom{仮担15}{条1項}$。

ii 優先弁済の範囲　　利息その他の定期金，および損害金は，通算し
て最後の2年分が優先弁済の対象となる$\binom{仮担13条2・3項。}{375条と同趣旨}$。

iii 売却による消滅　　強制競売等に基づく目的物の売却によって，仮
登記担保権は消滅する$\binom{仮担16}{条1項}$。なお，民事執行法59条2・3・5項が準用さ
れる$\binom{仮担16}{条2項}$。

**(c) 清算金支払後
の強制競売等**　　強制競売等の開始決定が，清算金の支払後（清算金がない
ときは清算期間経過後）にされた申立てに基づくときであ
る。

仮登記担保権者は，清算期間の経過により不動産の所有権を取得する。し
たがって，これをもって差押債権者に対抗できる$\binom{仮担15}{条2項}$。

⑵　倒産手続における担保仮登記

　債務者に倒産手続が開始した場合においては，債務者の財産上に存する仮登記担保権は，抵当権と同じ扱いを受ける。すなわち，① 破産手続においては，仮登記担保権は，別除権 $\left(\substack{破65条 \\ 2項}\right)$ として扱われる $\left(\substack{仮担19 \\ 条1項}\right)$。② 民事再生手続においても，別除権 $\left(\substack{民再53 \\ 条1項}\right)$ として扱われる $\left(\substack{仮担19 \\ 条3項}\right)$。③ 会社更生手続においても，抵当権とみなされ $\left(\substack{仮担19 \\ 条4項}\right)$，更生担保権として扱われる $\left(\substack{会更2 \\ 条10号}\right)$。

　なお，「根仮登記担保権」$\left(\substack{被担保債権が特定 \\ されていないもの}\right)$ は，それ自体は有効ではあるが，強制競売等，破産手続，再生手続，および更生手続においては，その効力を有しない $\left(\substack{仮担14条, \\ 同19条5項}\right)$。担保仮登記においては，被担保債権額を登記する方法が存せず，包括根抵当と同様の弊害が生じるからである。

第3章 譲渡担保

第1節 不動産の譲渡担保

1 序 説

(1) 譲渡担保の法的構成

一般的説明は既述したので$\binom{\text{第1章(3)}}{\text{(286頁)}}$，省略しよう。譲渡担保は，「担保のた・・・・めに」目的物の所有権を債権者（買主）に譲渡するものであるから，外形的には，債権者が所有権者となる。しかし，所有権を移転するといっても，その目的は担保の設定にすぎない。この関係，すなわち，〈形式〉（＝所有権移転）と，実質的〈目的〉（＝担保権設定）との齟齬をどのように理解すべきであろうか。

〔**A**〕 **所有権的構成（信託的譲渡説）** 所有権は譲渡担保権者に完全に移転し，ただ，譲渡担保権者は，その所有権を担保の目的以外には行使しないという義務（債権的拘束）を設定者に対して負うにすぎない，とする考え方である。ドイツで発展した「信託的譲渡」（fiduziarische Übereignung）理論を基礎とする（担保物は信託的に譲渡される）$\binom{\text{306頁【「隠れた行為」理論か}}{\text{ら「信託行為」理論へ】参照}}$。したがって，譲渡担保権者が目的物を処分した場合，第三者は有効にその所有権を取得でき，設定者は追及できない，との結論が導かれる。このように，設定者（債務者）の保護に薄いため，学説でこの説を採るのは少ない。判例は，基本的にはこの立場を崩してはいないが，ただ，柔軟性が見られ，問題となるケースによって個別的に対応しているといえよう。

〔**B**〕 **担保権的構成** 担保的実質を重視し，譲渡担保（所有権の移転）を担保権の設定と考える立場である。これによれば，譲渡担保は担保権の設定

にすぎないのだから，所有権は依然設定者(債務者)に帰属しており，したがって，上記の例では，第三者はその所有権を直ちには取得できないことになる(通説)。なお，細部的には，以下のような考え方に分かれる。――

　　ⓐ　授権説　　当事者に所有権移転の意思はなく，単に所有権移転の外観が存するにすぎないことを前提として，譲渡担保の設定は，担保権者に，担保目的の範囲内で目的物の管理・処分権限を付与するのだと説く。いわゆる「授権」(Ermächtigung) 理論を基礎とするが，わが国での主張者はあまり見られない。

　　ⓑ　設定者留保権説／二段階物権変動説　　目的物の所有権はいちおう譲渡担保権者に移るが，ただそれは債権担保の目的に応じた部分に限られ，残りは設定者に留保されている。この設定者に留保された権利は，「設定者留保権」という目的物に関する物権であるとする(鈴木258頁，道垣内305頁以下)。なお，この説の走りをなした鈴木説は，理論的には，所有権がいったん譲渡担保権者に移転した直後に，設定者留保権が戻されるのだとして，「二段物権変動説」を唱える。

　　ⓒ　物権的期待権説　　担保権者は所有権を取得できる地位を有し，設定者も，債務の弁済により所有権を留保ないし復帰させることができるという意味での物権的な期待権を有するとする(川井・概論461頁)。しかし，わが民法上，期待権という性格が曖昧であることは否めない。

　　ⓓ　担保権説／抵当権説　　譲渡担保の設定を，単純に担保権(一種の制限物権)の設定，あるいは端的に抵当権の設定とし，ただ，登記によっては公示されない，私的実行ができる担保権・抵当権と考える(担保権説は，高木333頁。抵当権説は，米倉・譲渡担保44頁，吉田真澄『譲渡担保』72頁など)。私は，譲渡担保の法的構成としてはこの理解でよいと思うが，ただ，これをあえて「抵当権」と解する必要はないであろう。

　　譲渡担保をめぐる問題は多岐に渡り，上記の法的構成が，必ずしも結論を左右するわけではない。不動産譲渡担保の場合には形式(登記法理)を無視できないし，動産譲渡担保の場合は192条など独自の取引準則が存在するからである。したがって，重要なことは，各固有の問題については，担保的構成を念頭に置きつつも，個別的に処理すべきことである。

⑵ 「虚偽表示」疑惑の克服

　譲渡担保は，担保目的のために売買を使うわけだから，考え方によっては，通謀虚偽表示（$\frac{94}{条}$）とも考えられる。事実，最初はこのように考えられていた（$\frac{大判明30・12・8民録}{3輯11巻36頁など}$）。しかし，虚偽行為（表示）というのは，ある行為を隠蔽するものだが，ある目的を他の法律行為によって行おうとする場合には，その法律行為を隠蔽しようとする意図はなく，当事者は，その法律行為をそ・の・効・果・と共に意欲しているのだ，という理論が唱えられた。信託行為（fiduziarisches Geschäft）理論の基礎となった，コーラーの「隠れた行為（隠匿行為）」（verdecktes Geschäft）理論である。この理論は，ドイツ民法の規定の中に活かされた（$\frac{§117⑵}{BGB}$）。これによって虚偽表示疑惑が回避されたといってよい（$\frac{近江}{『研究』187}{頁以下}$）。

　この理解は，わが国でも唱えられた。すなわち，売渡抵当（信託的譲渡）においては，当事者の意思は，真・実・所・有・権・の・移・転・に向けられているから虚偽表示にはあたらないとされた（$\frac{東京控訴院明34・10・18新聞59号6頁，}{大判明45・7・8民録18輯691頁など}$）。この理解（有効性の承認）は，学説の一般的な支持を受け，「売渡抵当」として，判例上確固たる位置を確立するのである（$\frac{売渡抵当がいかなる効果をもつべきかは，次の}{時代での整備であった。近江『研究』86頁以下}$）。現在では，虚偽表示の観点から譲渡担保の無効を論じる説はない。

> 　**【「隠れた行為」理論から「信託行為」理論へ】**　譲渡担保が質権の脱法行為として無効とされていた時代に，コーラーは，担・保・目・的・でなされる買戻付売買は，経済目的のためにある法形式が使われるのであって，これを「虚偽行為」（simuliertes Geschäft）と区別し，「隠れた行為（隠匿行為）」（verdecktes Geschäft）と呼んでその有効性を主張した。その後，レーゲルスベルガーは，この「隠れた行為」につき，一定の経済的・社会的効果を得るために過大な法形式が選択されたのであるが，当事者はその法形式を約定目的のためにのみ使うという義務を負っている関係にあるものだとし，この関係を，ローマ法の fiducia に因んで fiduziarisches Geschäft（信託行為）と名付けた。ドイツの信託行為理論はここに始まる（$\frac{\text{Hromadka, Die Entwicklung des Faustpfandprinzips im 18. und}}{\text{19. Jahrhundert, 1971, S.155ff. なお，英米法の「信託」（trust）と}}$ $\frac{\text{の関係については，Coing, Die Treuhand kraft privaten}}{\text{Rechtsgeschäfts, 1973, S.3ff. 近江『研究』187頁以下参照}}$）。

2　不動産譲渡担保の設定

(1)　所有権の移転

(a)「登記」の移転　「担保のために所有権を移転する」ことは，実際には「売買」形式によって行われる。したがって，売買を原因とする所有権移転登記がされる。その際，買戻しの付記登記または再売買予約の仮登記がされることもあるが $\binom{担保権的構成からは，}{この方法が好ましい}$，単に所有権移転登記だけのケースも多い。なお，登記実務では，「譲渡担保」を原因とする所有権移転の登記が可能だといわれる $\binom{現代財産法研究会『譲渡担保』}{の法理』104頁〔岩城謙二〕}$。

(b) 目的不動産の占有関係　この点については，すでに説明したように $\binom{第1}{章(3)(b)}{(286頁)}$，「譲渡担保」自体が，「買戻し」制度の抵当形態 —— すなわち「買戻し＋賃貸借」という法形式 —— の解釈的構成物なので，目的物の占有権限は債務者（設定者）にある。

したがって，この「占有を債務者が留保する形式の買戻し」については，譲渡担保と推認してよい。近時の判例もこの法理を認め，「真正な買戻特約付売買契約であれば，売主から買主への目的不動産の占有の移転を伴うのが通常であり，民法も，これを前提に，売主が売買契約を解除した場合，当事者が別段の意思を表示しなかったときは，不動産の果実と代金の利息とは相殺したものとみなしている $\binom{579条}{後段}$。そうすると，買戻特約付売買契約の形式が採られていても，目的不動産の占有の移転を伴わない契約は，特段の事情のない限り，債権担保の目的で締結されたものと推認され，その性質は譲渡担保契約と解するのが相当である」とする $\binom{最判平18・2・7民}{集60巻2号480頁}$。

反対に，「占有」を債権者に移転する「質」形態は，「買戻し」そのものなのであるから，「買戻し」として処理すればよい $\binom{「譲渡担保」にも「買戻し」にも抵当}{形態と質形態とがあるなどとは悖理な}{のである}$。

(2) 被担保債権

(a) 被担保債権の種類　譲渡担保の被担保債権については，特に制限はない。金銭債権以外の債権でも，損害賠償債権に転化するから，可能というべきである（仮登記担保が金銭債権に限定されることにつき，第2章**2**1(c)（292頁）参照）。

　また，特定債権のみならず，不特定の将来債権でもよい。将来債権の場合には，いわゆる「根譲渡担保」となるが，ただ，包括根譲渡担保については，公示方法がないけれども，約定の上では債権の範囲につき根抵当と同様の一定の限定が必要であろう（近江「根譲渡担保」金商737号33頁以下）。

(b) 被担保債権の範囲　譲渡担保によって担保される債権の範囲につき，375条（利息等の2年分の制限）が類推適用されるのか否か。

〔A〕　375条適用否定説　不動産の譲渡担保の場合，後順位担保権者の生じる余地はなく，また，利息等の公示方法がないので，375条の類推適用はないとする（最判昭61・7・15判時1209号23頁（譲渡担保権者は，先順位抵当権を代位弁済して得た求償債権を，自己の被担保債権のなかに組み込むことはできないとしたものだが，一般論として375条の適用を否定する），鈴木『譲渡担保』196頁，川井・概論465頁，高木343頁）。

〔B〕　375条類推適用説　第三者の介入する場合は，375条または仮登記担保法13条2項を類推すべきだとする（槇341頁。前掲最判昭61・7・15の原審も，非占有担保性から抵当権と同様に扱うべきだとする）。

〔C〕　346条類推適用説　後順位権者への配慮は必要でないから，質権に関する346条を類推すべきだとする（伊藤進・法時56巻5号146頁）。

　〔C〕説は，その結論を所有権的構成から導くものであるが，執行関係で第三者が生じてくる場合があり，妥当ではない（石田喜久夫・判評337号（判時1218号）30頁）。〔B〕説は，一聴に値するが，現在の登記制度では如何ともしがたいであろう。抵当権でも，後順位者がいない場合は，375条の制限を受けないとされ（第2編第3章第3節**3**3(b)（157頁）），また，仮登記担保でも適用が否定されているのであるから，〔A〕説が妥当である（近江『昭61年度重判解』71頁以下参照）。

(3) 目的物の範囲

(a) 付合物・従物　目的不動産に付加された付加物（付合物・従物）についても，370条の類推適用により，譲渡担保の効力が及ぶと

解してよい。問題は，譲渡担保権設定後の従物についてであるが，これも，抵当権の場合と同様，肯定してよい。譲渡担保権者の所有権登記と設定者の占有とが譲渡担保であることを表象しており，第三者は，現地検分をすればわかることだからである $\left(\substack{道垣内304 \\ 頁は反対}\right)$。

　なお，判例は，借地上の建物が譲渡担保の目的とされた場合において，その土地賃借権にも譲渡担保の効力が及ぶことを認める（「従たる権利」として）$\left(\substack{最判昭51\cdot9\cdot21 \\ 判時833号69頁}\right)$。

(b) 果　実　　譲渡担保は，形態的には，目的物の占有・利用を設定者に留めておくから，当然に，果実の収取権限は設定者にある。したがって，譲渡担保権の効力は果実には及ばない（所有権が譲渡担保権者に移転するとする構成では，この結論を導けない）。ただし，債務不履行時以後の果実については及ぶと解すべきである $\left(\substack{371条の \\ 類推}\right)$。

3　対内的効力

(1)　譲渡担保権の実行 —— 所有権の取得

(a) 所有権の移転と実行通知・清算期間　　譲渡担保権者が債務の弁済を受けないときは，目的不動産は，譲渡担保権者の所有に確定する。ただし，

　i　「実行の通知」　　弁済期の徒過によって直ちに所有権を取得するのではなく，譲渡担保権者は，まず，譲渡担保権の「実行の通知」をしなければならない $\left(\substack{通 \\ 説}\right)$。帰属清算型では清算金の見積額の通知 $\left(\substack{仮担2条 \\ の類推}\right)$ であるが，処分清算型でも実行（処分）する旨の通知は必要であると解する。なお，譲渡担保権者がいつまでたっても実行の通知をしないときは，債務者からの「清算請求」をもって実行の通知に代えるべきである。そうしないと，弁済することができない債務者は，被担保債権につき遅延損害金等が異常に膨らみ，清算金すら返金されないことがあり得るからである。

　ii　「清算期間」の必要性　　仮登記担保法は私的実行の準則と考えるべきであるから，同法2条の類推により，実行通知の到達した日から2か月を

「清算期間」とし，その期間の経過によって，譲渡担保権者は所有権を取得すると解すべきである（鈴木「仮登記担保法雑考(4)」金法874号5頁以下，吉田真澄「譲渡担保と仮登記担保(二)」法時51巻11号128頁以下，横349頁）。この清算期間の意義は，① 2か月の弁済猶予（所有権移転時期の延長）と，② 清算金の額を確定する必要性（この問題は，後掲(2)(c)(311頁)参照），にある。

(b) 目的物引渡請求権　上記のように，譲渡担保権者は，目的不動産の所有権を取得するから，処分清算・帰属清算を問わず，その所有権に基づいて目的物の引渡しを請求できる。ただし，その引渡請求は，特段の事情がある場合を除き，次掲の「清算金」の支払いと引換えにのみ認められるべきものである（最判昭46・3・25民集25巻2号208頁）。

(2) 清　算

(a) 清算義務　目的物の価額が債務額を超過するときは，譲渡担保権者は，その超過額を返還しなければならない。これが「清算」義務である。譲渡担保にあっては，早くから，この「清算」法理が確立してきた（最判昭43・3・7民集22巻3号509頁，最判昭46・3・25民集25巻2号208頁。その清算法理が仮登記担保にも影響を与えてきた）。したがって，非清算の特約は無効である。

(b) 清算の方法　清算の方法につき，仮登記担保法では帰属清算に収斂した。しかし，譲渡担保では処分清算もありうる（前掲最判昭46・3・25は，両者の存在を認める）。当事者は，下記のいずれを選択してもよい（最判昭62・2・12民集41巻1号67頁）。

　i　処分清算　債権者が目的不動産を第三者に処分し，その売却代金から優先弁済を受ける方法である。このメリットは，処分（＝取引）自体が取引市場への放出であり，売却価格はおのずと市場価格によって客観的に形成されるところにある。譲渡担保権者は，弁済期（私見では清算期間）の徒過により所有権を取得するから，目的物の処分が可能となる。

　ii　帰属清算　債権者が目的不動産の所有権を取得し，不動産価格をみずから評価してその超過額を債務者に返還する方法である。

> **【処分清算と帰属清算の意義】**　上記のように，清算の方法だけを比較するならば，処分清算の方が優っているといえよう。では，なぜ仮登記担保法では帰属清算に収斂されたのか。仮登記担保では，債務者が債務不履行に陥ったと

しても，本登記をする書類はみずからが持っている。したがって，債権者が合理的な評価・清算をしない以上，債務者は本登記に協力する必要はない（清算金の支払義務と本登記協力義務とは同時履行の関係に立つ $\binom{仮担3条2項。前掲第}{2章 \textbf{3}(2)(b)（295頁）}$）。そこから，清算の合理性が担保されるのである。

　これに対し，譲渡担保では，すでに所有権およびその登記は債権者に移転しているのだから，帰属清算の構成は直截には出てこない。債権者の側で同時履行を対抗できるのは，せいぜい引渡しぐらいだからである。譲渡担保において，処分清算が叫ばれた理由である $\binom{この問題につき，近江「譲渡担保の清算金・額の確}{定時期」判評346号（判時1250号）186頁以下参照}$。しかし，最近では，仮登記担保法の影響から，帰属清算を原則とすべきだと主張されている $\binom{鈴木239頁，川}{井・概論469頁}$。

(c) 清算金の額の確定時期　　譲渡担保において，清算金の額の確定は，深刻な問題である。抵当権と違って，利息・遅延損害金等に対する制限 $\binom{375}{条}$ を受けないから $\binom{前掲\textbf{2}(2)(b)}{（308頁）参照}$，いつまでたっても譲渡担保権が実行されないときは，被担保債権額が異常に膨張するからである（また，土地の高騰など，その逆もある）。

〔A〕　**弁済期日説**　　債務不履行の時だとする $\binom{前掲『譲渡担保の法理』85}{頁〔伊藤進・菅野孝久〕}$。

〔B〕　**実行通知時説**　　譲渡担保権の実行通知（意思表示）の時を基準とする $\binom{前掲最判昭62・}{2・12の原審}$。

〔C〕　**清算金支払時説**　　清算金の支払または提供時（清算金のないときは，その旨の通知をした時）$\binom{最判昭57・1・22民集36巻1号92頁，前掲最判昭62・2・12，高木・判評191}{号（判時759号）120頁，米倉明・法協93巻6号951頁，清水誠・判評285号194頁な}$ど，清算しないで第三者に処分したときはその処分時 $\binom{前掲最判昭}{62・2・12}$。受戻権の消滅時期と同じになる。

〔D〕　**清算期間経過時説**　　仮登記担保法を類推し，前述した2か月の清算期間の経過時とする $\binom{近江・前掲「譲渡担保の清算}{金・額の確定時期」187頁}$。

　まず，〔A〕説・〔B〕説は妥当ではないであろう。次に，〔C〕説は，債務者の保護に厚いように見えるが，しかし，2つの点で問題を含んでいる。第1に，土地を欲する金融業者は，通常，弁済期が来るや，即座に清算金を支払って所有権を取得するのが普通であろう $\binom{前掲第2章\textbf{3}1(b)（293頁）}{【清算期間の意義】参照}$。この意味では，清算期間の意義は大きい。第2に，弁済期徒過後いつまでたっても債権者が清

算しない場合である。この場合，一方では，利息・遅延損害金等が膨らみ，債務者は清算金すら受け取れないことがあり得る（前掲(1)(a)(309頁)参照。後掲(d) i のとおり，債務者には清算金支払請求権が否定されている）。他方で，昔の譲渡担保契約で不動産を失った者が，10年や20年も経ってから，清算をしてもらっていないのだから受戻権があると主張することがあり（前掲最判昭57・1・22では20年，前掲最判昭62・2・12では10年），この間，不動産価格は 2, 30 倍にもはね上がっていることがあり得る。以上のような現実を直視すれば，「清算期間」を設定することにより，清算金の額を確定する必要がある。

(d) 清算金支払請求権　清算金支払請求権は，「譲渡担保権者が譲渡担保権の実行として目的物を自己に帰属させ又は換価処分する場合において，その価額から被担保債権額を控除した残額の支払いを請求する権利」であるが，これについて，いくつかの問題がある。——

　i　設定者の「清算」請求権は？　譲渡担保権者が清算をしない場合，設定者は，受戻権を放棄して清算金の支払請求ができるかどうか。判例は，清算金支払請求権と受戻権とは，その発生原因を異にする別個の権利であるから，受戻権を放棄しても清算金支払請求権を取得することはなく，このように解さないと，設定者が，受戻権を放棄することにより，本来譲渡担保権者が有している譲渡担保の実行の時期を自ら決定する自由を制約し得ることとなり，相当でないとした（最判平8・11・22民集50巻10号2702頁）。

　しかし，この概念的な論理が，抵当権の場合と比較して，設定者の利益を著しく損ねることは否定できない。そこで，譲渡担保権者が「相当な期間を経過しても合理的な理由なく清算しない場合」を前提として考えると，第1に，「譲渡担保権の実行の時期を自ら決定する自由」とは，もはや，権利の濫用ないし担保関係上の信義則に違反していることは明らかである。第2に，清算金支払請求権の行使は，前述した「清算期間」の起算時であり，その後2か月の経過によって清算金の額が確定すると解すべきである（前掲(1)(a)，(2)(c)参照）。第3に，清算金支払請求があった場合には，債務者はすでに「履行の提供」をしていると考えることができるから，413条（受領遅滞）の法意を類推し，それ以後の利息・遅延損害金等は発生しないと考えることもできよう。

> **【清算金支払請求権の性質】**　清算金支払請求権は，権利といっても，確かに，担保権者の実行により発生するものであり，その実行は担保権者の意思にかかっているものである。しかし，例えば，受戻権は，そもそも，所有権を失った債務者がそれを取り戻すことを債権者に請うことが権利にまで昂められたものにすぎない（108頁＊「『受戻し(請戻し)』の意義」参照）。このように，「権利」というのは，絶対的なものでなく，社会が承認するものなのであるから，清算金支払請求権が債務者の権利として承認できないということはない。前掲最判平8・11・22の原審の判断にも一理あるのである。

ⅱ　第三者からの消滅時効の援用　清算金支払請求権は，10年の消滅時効にかかる（166条1項）。そこで，譲渡担保権者 A から目的物を譲り受けた第三者 C が，設定者 B の清算金支払請求権の時効消滅を援用することができるかどうかが問題となる。判例はこれを肯定する（最判平11・2・26判時1671号67頁）。時効の援用ができる者とは，「時効を主張できる利益を有する者」と広く解してよい（【I】338頁参照）。この点から，判例の見解は肯定されよう。

ところで，本来，時効によって不利益を受ける者は，援用権者に対して，不断にその時効完成を阻止する手段が与えられなければならない。この場合，B は，A に対して中断させることはできるが，その効果は第三者 C に及ばないし（時効中断の相対効（148条）），C の時効進行を中断させる手段をもたない。しかし，B は，C からの引渡請求に対しては留置権をもって対抗でき，場合によっては目的物を留置権に基づいて競売に付することができるのであるから，譲渡担保目的物の譲受人 C に援用権を認めても不利益を被らない（近江「譲渡担保権者からの目的物の譲受人による清算金支払請求権の消滅時効の援用」金法1556号34頁以下，【I】338頁参照）。

(f) 同時履行　帰属清算の場合，清算金の支払いと目的不動産の引渡しとは，同時履行の関係に立つ。処分清算では，この関係は成り立たない。

(3)　受戻権

(a) 受戻権の発生時期　「受戻権」とは，債権者に帰属した所有権を，債務相当額を支払って受け戻すことができる債務者の権利

である。そこで，受戻権はいつから発生するかであるが，所有権が債権者に帰属した時であるから，① 所有権的構成では譲渡担保契約締結時から，② 担保権的構成では弁済期徒過時（私見では清算期間経過時）から，ということになる。要するに，受戻権の発生とは，その時から所有権を回復できるということである。したがって，帰属清算，処分清算に拘わらない。

(b) 受戻権の存続期間　受戻期間，すなわち債務者が目的不動産を受け戻すことができるのは，① 帰属清算では清算金の支払時まで，② 処分清算では第三者への処分時まで，である（最判昭43・3・7民集22巻3号509頁，前掲最判昭57・1・22，前掲最判昭62・2・12）。さきの清算金確定時期とは，一致する必要はない。

(c) 受戻権の時効消滅は？　仮登記担保の受戻権は，5年で消滅する（仮登11条ただし書）。この規定の趣旨から類推して，譲渡担保の受戻権も5年に限定すべきだとする説がある（米倉明・ジュリ731号92頁，吉田真澄・判タ439号51頁，林錫璋・法時54巻11号161頁，近江・旧版289頁以下）。しかし，譲渡担保権者がいつまでも清算（譲渡担保権の実行）しない場合に，受戻権だけが5年で時効消滅すると，設定者は清算金を受け取ることができないおそれが出てくる。設定者は，清算請求もできないのである（前掲(2)(d) i（312頁)）。仮登記担保では，設定者は，本登記手続に協力しない（その書類は自分が持っている）ことで対抗できるからよいが，譲渡担保の場合には，それが不可能である。したがって，受戻権は，清算が終了するまで存続するとしなければならない（旧版を改説する）。

(4) 物上代位

譲渡担保の目的不動産が売却，賃貸，滅失または損傷した場合に，設定者が受けるべき代償物につき，譲渡担保権の効力が及ぶかどうか（物上代位の問題）。所有権的構成説および設定者留保権説からはこれが否定されるが（道垣内307頁（当事者が選択した法形式（所有権）以上の権利を認めるべきでないとする）），しかし，譲渡担保の実体が担保権である以上は，これを肯定すべきであろう（なお，水津太郎「所有権移転型担保に関する物上代位論の基礎──ドイツ法におけるdingliche Surrogationの制度目的の解明──」慶応大法学政治学論究60号393頁以下は，権利移転型担保一般に物上代位が認められるべきか否かを，ドイツ物上代位制度から考察する）。すなわち，──

i　「売却」の場合には，一般的に肯定してよい（ただし，抵当権の場合と同様の問題があろう。第2編第3章第3節**2**(2)(143頁)参照）。判例は，動産譲渡担保の事例ではあるが，これを肯定している（最決

平11・5・17民集53巻5号863頁。詳細$\binom{}{}$
は、後掲第2節**3**3）（326頁）参照$\Big)$。

　　ii　「賃貸」の場合には、原則として譲渡担保の効力は及ばないが、設定者が債務不履行に陥った場合には及ぶと解される$\binom{371条の}{類推適用}$。

　　iii　「滅失または損傷」の場合も認められる。ただし、この場合に、滅失または損傷の原因者に対する譲渡担保権侵害として、損害賠償の問題も生じよう。抵当権の場合と同様に、物上代位権のみが認められると解すべきである$\binom{第2編第3章第5節}{\textbf{4}2）（185頁）参照}$。

　なお、この関係でもう一つ問題なのは、誰が被保険者として保険契約を締結できるのかである。実体法的に考えれば、所有権的構成説では譲渡担保権者となり$\binom{旧判}{例}$、担保権的構成説では設定者となろう。しかし、判例は、譲渡担保権者および設定者は共に被保険利益を有するとして、その双方が保険契約を締結することを認めた$\binom{最判平5・2・26民集}{47巻2号1653頁}$。この問題は、保険法上の「被・保・険・利・益」の観点から考えるべきものであるから、譲渡担保の実態に照らした場合、判例の態度が妥当である。

(5)　目的物の処分・担保価値減少行為に対する責任

(a) 損害賠償責任　　譲渡担保権者と設定者とは、信義則を基礎とする担保関係に包まれている。したがって、担保目的物につき、弁済期前に処分されたり、担保価値の減少行為があった場合には、相手方に対して損害賠償責任が発生しよう。場合を分けて考える必要がある。

(b) 譲渡担保権者　　譲渡担保権者は、「担保」目的で所有権の譲渡を受けるわけであるから、「担保」目的以外に権利を行使しない義務を負っている。したがって、それに違反して、弁済期前に目的物を処分・毀滅した場合には、設定者に対して損害賠償責任を負わなければならない。この責任は、担保関係という信義則羈絆である以上、債務不履行責任と解すべきである。

(c) 設定者　　設定者についても、担保関係から同様の責任が発生するが、ただ、設定者は、担保価値維持義務を負っているから、その義務に違反した場合には、期限の利益の喪失$\binom{137条}{2号}$が生じよう。しかし、既述し

たように，直ちに喪失させるのではなく，まず，「増担保」を提供させ，それが実現されない場合にはじめて期限の利益を喪失させるべきである（詳細は，序論3（a）(7頁)，第2編第3章第5節2 2（c）(180頁) 参照）。

4 対外的効力

(1) 譲渡担保権者側の第三者と設定者

(a) 譲渡担保権者の処分　〔図〕で，譲渡担保権者 A が，目的不動産を自己の物として第三者 C に売却した場合の問題点である。弁済期の前と後での処分があり得る。

i　弁済期「前」の処分　譲渡担保権者 A が，弁済期前に，第三者 C に処分した場合である。第三者は，登記を取得した以上，原則として有効に所有権を取得できると解されるが，理論構成が異なる。

〔A〕　**所有権的構成**　譲渡担保権者 A は所有権を有しているから，第三者 C は，有効に権利を取得できる（A→C への譲渡）。反面，設定者 B は，弁済または受戻しによって A から所有権を取り戻すことができる（A→B への所有権復帰）。したがって B と C との関係は「対抗」(177条) 関係になる。そこで第三者 C が背信的悪意者である場合には，177条規範である「背信的悪意者排除理論」により，所有権の取得が否定されることになる（東京高判昭46・7・29下民集22巻7=8号825頁。鈴木264

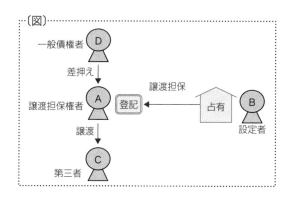

〔図〕

一般債権者 D

差押え

譲渡担保権者 A　登記 ← 占有 ← B 設定者

譲渡担保

譲渡

第三者 C

頁，高木・
旧版335頁）。

〔Ｂ〕　**担保権的構成**　譲渡担保権者Ａは，担保権を有するにすぎず，所有権は有しないから，第三者Ｃは，無権利者からの譲受けとなり，権利を取得することはできない。ただし，その際，Ｃは，善意・無過失であれば，94条2項の類推により，権利取得が認められる。そこで，第三者Ｃが背信的悪意者であれば，善意・無過失が認定されないから，所有権の取得は認められないことになる（川井・概論467頁）。譲渡担保の実質から考えて，この説が妥当である（設定者が占有する場合などでは無過失の認定は困難となろう）。

　　ii　弁済期「後」の処分　　弁済期（私見では清算期間）の徒過によって譲渡担保権者は所有権を取得するから（前掲**3**（1）(309頁)），弁済期（清算期間）後の譲渡担保権者Ａの処分は，有効である。問題は，目的物の譲受人Ｃが背信的悪意者に当たる場合である。

　判例は，弁済期経過後，清算金支払前に，譲渡担保権者Ａが目的不動産を第三者Ｃに譲渡したときは，「譲受人Ｃは目的物の所有権を確定的に取得し，債務者Ｂは，清算金がある場合に債権者Ａに対してその支払を求めることができるにとどまり，残債務を弁済して目的物を受け戻すことはできなくなる……。この理は，譲渡を受けた第三者Ｃがいわゆる背信的悪意者に当たる場合であっても異なるところはない」として，受戻権は消滅するとした（最判平6・2・22民集48巻2号414頁）。

　しかし，弁済期（清算期間）の経過によって，譲渡担保権者が所有権を確定的に取得することは確かだが，同時に，<u>弁済期の経過が，債務者に受戻権を発生させる時期（事由）</u>であることを忘れてはならない。この関係を理論的に考えれば，弁済期の経過により，① 譲渡担保権者Ａ→第三者Ｃへの譲渡が可能，② 債務者Ｂの受戻権行使によりＡ→Ｂへの物権の復帰が可能，という，177条で見られる二重譲渡の関係に類似しよう。

　一般には，第三者Ｃが確定的に所有権を取得したときは，Ｂの受戻権が消滅するのは当然である（これは，二重譲渡において，第三者Ｃが先に対抗要件を備えた場合に確定的に所有権を取得することと同じ）。しかし，二重譲渡の第三者Ｃが先に登記を備えても，背信的悪意者と認定されれば，所有権を取得す

ることはできない。

　本判決の事案も，これと同じ状況である。第三者Ｃが権利者Ａから不動産を取得したとしても，背信的悪意者であれば，その権利取得は否定されることになる。このように考えれば，本件の第三者Ｃは，背信的悪意者排除理論の類推により，所有権の取得は認められないというべきであって，その反射効として，債務者Ｂは，受戻権の行使が認められることになる（判決の挙げる理由には論拠がなく，これを肯定した原審の判断が正当であると考える。なお，本件において受戻権が排除されるのは，「第三者への処分」に特有の問題だとするむきもあるが，「処分」か「帰属」かは清算の方法にすぎず，「処分」が受戻権を否定するわけではない）$\binom{なお，道垣内弘人「判批」}{法協112巻7号145頁以下参照}$。

**(b) 譲渡担保権者の
　一般債権者の差押え**　　　**i　弁済期「前」の差押え**　　不動産の登記名義は譲渡担保権者にあるから，弁済期前に，譲渡担保権者の一般債権者Ｄが差し押えることがあり得る。その場合，設定者Ｂは第三者異議の訴え$\binom{民執}{38条}$を提起して競売を阻止できるか。所有権的構成では，所有権は譲渡担保権者にあるのだから，設定者は第三者異議を提起できない。

　担保権的構成では，原則として設定者は第三者異議を提起できよう$\binom{後掲最}{判平18}$$\binom{\cdot10\cdot20(た)}{だし傍論}$。しかし，このような場合に，真実に合致しない外観を信頼して（善意・無過失）差し押えた一般債権者は，94条2項の類推により保護され，設定者は第三者異議を提起できないと解すべきである$\binom{米倉・譲渡担保81頁以下，川}{井・概論468頁，高木361頁}$。

　　ii　弁済期「後」の差押え　　では，弁済期「後」に，譲渡担保権者の一般債権者が差し押さえて差押登記を経由した場合に，設定者は，受戻権の行使により債務相当額を譲渡担保権者に支払い，第三者異議を提起できるであろうか。判例は，弁済期後は，譲渡担保権者が目的物を処分する権能を取得し，設定者は目的不動産が換価処分されることを受忍すべき立場にあるとして所有権の回復を認めない$\binom{最判平18\cdot10\cdot20}{民集60巻8号3098頁}$。この結論は，差押登記の対抗力からいっても当然であって，設定者は，受戻権の行使を対抗できないというべきである。

(c) 譲渡担保権者の倒産　譲渡担保権の実質は担保であるから，譲渡担保権者が破産した場合には，取戻権の対象となる。すなわち，譲渡担保権者 A が破産手続の開始決定を受けた場合，実質的な所有権者である設定者 B は，債務を弁済して目的不動産を取り戻すことができる（2004年の改正で破旧88条は削除）。民事再生手続・会社更生手続においても，準用はなくなり，同様の扱いとなった（民再52条，会更64条参照）。

(2)　設定者側の第三者と譲渡担保権者

(a) 設定者の倒産　設定者 B に破産手続や民事再生手続・会社更生手続が開始された場合，譲渡担保権者 A は，取戻権を有するのか，それとも別除権ないし更生担保権を有するのか。不動産については，その登記名義が譲渡担保権者にあることから，破産財団を構成することはなく，また再生手続・更生手続に捕捉されることはないとして取戻権を認める見解（川井・概論468頁）もあるが，しかし，担保的実体から考えれば，別除権ないし更生担保権として扱うべきである（通説）。

　なお，判例は，動産の譲渡担保についてであるが，会社更生手続において，これを更生担保権として扱い，取戻権とすることを否定している（最判昭41・4・28民集20巻4号900頁。詳細は，後掲第2節4 2(d)(330頁)参照）。

(b) 設定者の国税滞納　設定者が国税を滞納した場合，設定者の財産につき滞納処分を執行してもなお徴収すべき国税に不足すると認められるときに限り，譲渡担保財産から納税者の国税を徴収することができる（税徴24条）。

(c) 設定者の処分　登記が譲渡担保権者 A にあるので，設定者の処分はまずありえない。あったとしても，譲渡担保権者は対抗要件をもって対抗できる（川井・概論468頁）。

5　「法定借地権」の問題

　譲渡担保の場合にも，法定地上権ないし法定借地権が成立するのかどうか

の問題が生じよう。仮登記担保法が変則担保の準則たる意義を有するものであるゆえに，同法10条を類推適用し，土地のみに譲渡担保が設定された場合に限って法定借地権が発生すると解すべきであろう（その意義および解釈については，第2章⑥（300頁）参照）。

第2節　動産の譲渡担保

1　動産譲渡担保の意義

≪「動産抵当」としての機能≫

　動産譲渡担保は，端的に，「動産抵当」制度として発達したものである。ド
イツでは，19世紀中葉頃から，都市において動産抵当制度の必要性が生じ，
動産担保の確固たる原則である「占有担保（Faustpfand）原則」との確執のな
かで，次第に譲渡担保が動産抵当の法手段として認められるようになってき
た（近江『研究』78頁以下参照）。わが国においても，動産譲渡担保は，動産抵当化の方法とし
て使われてきたのである。

　　＊　「脱法行為」疑惑の問題　　動産の譲渡担保は，動産の占有を設定者に留めるゆ
　　えに，質権における占有改定（constitutum possesorium）の禁止（345条）に抵触しよ
　　う。しかし，この規定は，制限物権である質権に適用される条文であって，権利移
　　転型担保である譲渡担保(担保のための信託的譲渡)には適用されないともいえる。こ
　　のような考え方の下に，この問題は解決された。この面でも，「信託行為」（fiduzia-
　　risches Geschäft）理論は大きな役割を果たした（近江『研究』179頁以下参照）。もちろん，それ
　　を推進させたのは，動産抵当という経済的必要性である。

　なお，譲渡担保の構造や一般論については，不動産の譲渡担保と変わると
ころはないので重複を避け，以下では，「動産」の譲渡担保に特有の問題を扱
う。

2　動産譲渡担保の設定

(1)　譲渡担保権の成立

(a) 譲渡担保設定契約　動産譲渡担保の設定契約が締結される。不動産の場合は，登記との関係もあり，売買の形式がとられるが，動産の場合は，「譲渡担保設定契約」とされるのが多いようである。主として，生産過程・流通過程で使われている。

(b) 他人の物の譲渡担保設定　他人の物を譲渡担保に提供した場合はどうであろうか？　場合を分けて考える必要があろう。

　i　譲渡担保の目的物であることを知っている場合　譲渡担保権者は，その目的物件につき自己の債権者のためにさらに譲渡担保権を設定することができる（最判昭56・12・17民集35巻9号1328頁参照）。したがって，譲渡担保権者がその事実を知っていた場合には，「転譲渡担保権」の設定と解されよう。

　ii　譲渡担保権者が他人の物であることを知らない場合　この場合は，「譲渡担保の即時取得」または「94条2項類推による譲渡担保の取得」が考えられよう（河上345頁）。ただ，即時取得については，動産譲渡担保が「占有改定」の形式をとる以上，その前提として「占有改定による即時取得」理論を承認しなければならない（通説・判例（最判昭35・2・11民集14巻2号168頁）はこれを否定している）。

(2)　対抗要件

(a)「引渡し」と「占有改定」　動産譲渡担保は動産物権と理解してよいから，その対抗要件は，動産物権の対抗要件原則である「引渡し」（178条）と考えられる。ところが，動産譲渡担保は，目的物を債務者が占有する「動産抵当」形態であるから，外形的には，「引渡し」の一形態である「占有改定」となろう。では，これが「対抗」要件として機能するであろうか。

　通説はこれを肯定し，「譲渡担保は占有改定を備えているから対抗力を有す

る」，とする。しかし，占有改定とは，まったくの当事者間の合意で行われるものであって，公示の機能を有するものではない。公示されないものを第三者に対する「対抗」要件として扱うのは矛盾である（公示されるからこそ対抗力が生じる）。したがって，そのように考える必要はなく，譲渡担保は，「動産抵当」という公示のない担保権であって，公示なくして対抗力を有する物権と考えても差しつかえない（米倉教授は，公示具備に執着しても意味がないとし，動産抵当権に対する取引界の需要に応えるべく，公示なくして対抗力を承認すべきであるとする（奥田ほか編『民法学3』189頁））。

(b)「登記」──「動産・債権譲渡特例法」 「法人」が動産を譲渡し，または譲渡担保に供する場合には，「譲渡の登記」をもって対抗要件とする方法が創設された（2004年）。これは，とりわけ中小企業等から動産類を担保とする金融手段の要望が強かったため，それを整備したものであり，以下の内容をもつ。

i 登記の対象 「法人」が行う「動産の譲渡」である（法1条，同3条）。法人が行う譲渡とは，譲渡人が法人であることであり，譲受人は法人でなくてもよい。「動産」とは，個別動産であるか集合動産であるかを問わない。また，「譲渡」とは，「真正譲渡」であるか「譲渡担保」であるかを問わない。

ii 「登記」＝対抗要件 「動産譲渡登記ファイル」（後掲）に記録された「譲渡の登記」は，178条の「引渡し」とみなされる（法3条1項）。この登記の「対抗要件」に関して，以下の点が問題となろう。

①　既存の占有改定との関係 すでに存在している「隠れた譲渡担保」（占有改定が公示方法として機能しないために，このように呼ばれる）に対してはどうか。例えば，債務者Bが，すでにAに対して譲渡担保に供していた甲動産を，Cに譲渡担保に供して「登記」をした場合である。「登記」が178条の「引渡し」とみなされるから，既に存在している「占有改定」（178条の引渡しの一形態）が優先することになる。

②　第三者の即時取得との関係 譲渡登記がされた動産につき，その後に第三者が即時取得をすることがありうるが，ただ，この制度の運用の問題として，譲渡「登記」をもって「悪意ないし過失」を推定してよいから，即時取得は成立しないと解されよう。

iii 登記の存続期間 登記の存続期間は，原則として10年を超えることができない（法7条3項）。ただし，次の「転譲渡」の場合は例外である。──

①　譲渡登記(旧登記)がされた動産について，譲受人Ａがさらに第三者Ｃに譲渡をし，登記（新登記）をした場合において，新登記の存続期間満了日が旧登記の存続期間満了日の後に到来するときは，旧登記の存続期間は，新登記の存続期間が満了する日まで延長されたものとみなされる$\left(\substack{法7条\\4項}\right)$。これは，転質に関する348条と同趣旨であり$\left(\substack{95頁\\参照}\right)$，転譲渡は旧譲渡の存続期間内で存在すべきことを表現したものである。

②　譲渡登記がされた動産について，譲受人Ａがさらに第三者Ｃに譲渡をし，178条の引渡しをした場合には，当該動産譲渡登記の存続期間は，無期限とみなされる$\left(\substack{法7条\\5項}\right)$。これも，上記①と同様の趣旨であり，ただ，178条の「引渡し」には存続期間というものがないから無期限とされるのである。

iv　登記事項　「動産譲渡登記ファイル」に登記される事項は，①　譲渡人の商号等，②　譲受人の氏名等，③　登記原因およびその日付，④　動産を特定するために必要な省令で定める事項，⑤　動産譲渡登記の存続期間，⑥　登記番号，⑦　登記の年月日，である$\left(\substack{法7条\\2項}\right)$。

なお，以上のすべてが記録されている書面を「登記事項証明書」といい$\left(\substack{法11条\\2項}\right)$，④を除いた書面を「登記事項概要証明書」という$\left(\substack{法11条\\1項}\right)$。

v　登記所と登記情報の開示　動産譲渡の登記は，各法務局が登記所として以下のようにつかさどる。登記情報の開示についても一定の工夫が見られる。——

①　「**指定法務局等**」の担当　　「動産譲渡登記ファイル」への登記$\left(\substack{法7\\条}\right)$，延長登記$\left(\substack{法9\\条}\right)$，抹消登記$\left(\substack{法10\\条}\right)$，および「登記事項概要証明書」・「登記事項証明書」の交付$\left(\substack{法11\\条}\right)$は，「指定法務局等」$\left(\substack{法務大臣指定の法務局・地方\\法務局・その支局・出張所等}\right)$が行う$\left(\substack{法5\\条}\right)$。また，譲渡登記・抹消登記をした登記官は，次掲の「本店等所在地法務局等」に対し，その旨の通知をしなければならない$\left(\substack{法12条\\2項}\right)$。

②　「**本店等所在地法務局等**」の担当　　「動産譲渡登記事項概要ファイル」の調製・備付け$\left(\substack{法12条\\1項}\right)$，および同概要ファイルに記録されている事項を証明した「概要記録事項証明書」の交付$\left(\substack{法13条\\1項}\right)$は，「本店等所在地法務局等」が行う$\left(\substack{法5条\\2項}\right)$。また，「指定法務局等」から上記①所掲の通知を受けた登記官は，遅滞なく，通知を受けた登記事項の概要を，譲渡人の上記「登記事

項概要ファイル」に記録しなければならない$\binom{法12条}{3項}$。

③　**開示の対象者**　登記事項の概要を記載した「登記事項概要証明書」および「概要記録事項証明書」は，誰でもその交付を請求できるが$\binom{法11条1項,}{同13条1項}$，すべての登記事項を記載した「登記事項証明書」については，動産の譲渡人・譲受人，動産の差押債権者その他の利害関係人，または譲渡人の使用人，のみがその交付を請求できる$\binom{法11条}{2項}$。

vi　占有代理人が占有する動産の譲渡の特則　倉庫業者など第三者Cが占有している動産につき譲渡の登記がされ，その譲受人AがCに対して当該動産の引渡しを要求した場合に，Cが本人（譲渡人）Bに対して，当該請求につき異議があれば相当の期間内にこれを述べるべき旨を遅滞なく催告し，Bがその期間内に異議を述べなかったときは，Cは，Aに当該動産を引き渡し，それによってBに損害が生じたときであっても，賠償責任を負わない$\binom{法3条}{2項}$。

(c)「明認方法」　取引界では，つとに，機械などの動産に「明認方法」$\binom{ネーム・}{プレート打刻など}$を施し，これによって譲渡担保権の存在を公示する方法がとられている。このことから，明認方法をもって対抗要件とすべきことが提案されている$\binom{吉田真澄『譲渡担保』94頁以下，}{半田吉信・法時56巻1号115頁など}$。この方法だと，公示手段としても有効であり，第三者による即時取得の成立を遮断することができる$\binom{無過失が認}{定されない}$。ただ，問題は，動産といっても種類が多く，明認方法になじまないものもあることである。それゆえ，明認方法が慣習化している動産（ないし分野）については，これをもって対抗要件とすることができる。

(3)　目的物の即時取得

　譲渡担保の目的物を第三者が即時取得できることはいうまでもない。例えば，BがAに動産を譲渡担保に供した後，Cに売却した場合には，Cは，善意・無過失である限り，譲渡担保権の付着しない所有権を取得できる。ただし，――

　i　上記のように，「登記」がされた譲渡担保の目的物については，悪意が推定されるから即時取得が成立しないし，「明認方法」が施された場合も，

無過失が認定されないから即時取得が成立しない。

　　ⅱ　第三者Ｃの占有改定による即時取得は認めるべきではない $\left(\begin{smallmatrix}最判昭32\\・12・27\end{smallmatrix}\right.$
民集11巻14号2485頁，最判昭35・2・11民集14巻2号168頁。近江「占 $\Big)$
有改定と即時取得」民法の基本判例〔第2版〕68頁以下，【Ⅱ】155頁）。

③　対内的効力

（1）　動産譲渡担保権の実行

(a) 所有権の取得
── 実行通知　　譲渡担保権者は，譲渡担保権の実行の結果，目的物の所有権を確定的に取得するが，ただ，債務不履行によって直ちに所有権を取得するのではなく，不動産の場合と同じく，「実行の通知」が必要であろう $\left(\begin{smallmatrix}第1節③(1)\\(a)ⅰ(309頁)\end{smallmatrix}\right)$。ただし，動産という目的物の性格からして，「清算期間」の設定は必要でないと解される。

(b) 清算義務　　目的物の価額が被担保債権額を超えるときは，譲渡担保権者は，その超過額を返還しなければならない（清算義務）。不動産の場合と同じである。

(c) 清算の方法　　帰属清算か処分清算かであるが，不動産の譲渡担保の場合と同様にその双方があり得るが，特約のないときは，帰属清算が原則となろう。

(d) 同時履行　　債権者の正しい額の清算金の支払いと債務者の目的物の引渡しとは，同時履行の関係に立つ。ただ，設定者の行方不明など，特殊事情のあるときは別である $\left(\begin{smallmatrix}後掲(4)\\(a)参照\end{smallmatrix}\right)$。

（2）　受戻権

　設定者の受戻権は，正しい額の清算金の支払いを受けるまで（清算金のないときは，その計算書の提出時まで）存続すると解すべきである $\left(\begin{smallmatrix}鈴木239\\頁参照\end{smallmatrix}\right)$。

（3）　物上代位権

　目的動産が売却，賃貸，滅失または毀損した場合に，債務者が受けるべき

代償物に対して，譲渡担保権者は物上代位権を行使できるであろうか（物上代位の一般理論については，既述した箇所を参照せよ。前掲第1節**3**(4)（314頁））。譲渡担保の法的構成に依存する問題がある。

〔**A**〕　**所有権的構成**　物上代位権は，制限物権である担保権に認められる権利（一種の価値権的追及権）であるから，「所有権」を構成する譲渡担保権には認められない。

〔**B**〕　**設定者留保権説**　債権者には所有権が移転するが，設定者には，所有権から担保部分を除いた権利（設定者留保権）が留保される。「譲渡担保権者は，所有権を譲り受けるという法形式を自らの意思で選択し，かつ，外部的にもそのように公示しているのだから，いくら実質的には担保であっても，少なくとも所有権者〔当事者のとった法形式〕以上の権利を認めるべきではない」として，一般理論として物上代位を否定する（その上で，「賃料」については果実収取権の問題として，「滅失または損傷」については設定者留保権の侵害（不法行為）の問題として，処理すれば足りるとする）（道垣内・314頁以下，道垣内・旧版254頁・261頁）。

〔**C**〕　**担保権的構成**　譲渡担保を担保権的に構成する説では，担保権の価値権的追及権として，当然に物上代位が可能とする。判例もこの立場である。すなわち，設定者Ｂから輸入商品を譲渡担保にとった銀行Ａが，Ｂが破産し，Ｂの第三者Ｃに対する商品の売却代金債権に対して物上代位権を行使した事案で，「Ａは，輸入商品に対する譲渡担保権に基づく物上代位権の行使として，転売された輸入商品の売買代金債権を差し押さえることができ，このことは債務者であるＣ会社が破産宣告を受けた後に右差押えがされる場合であっても異なるところはない」として，物上代位権の行使を肯定している（最決平11・5・17民集53巻5号863頁・近江『平11年度重判解』77頁参照）。集合債権譲渡担保の場合も同旨である（最決平22・12・2民集64巻8号1990頁。後掲第3節(4)(**b**)（335頁）参照。）。

(4)　譲渡担保権者の目的物の搬出行為

設定者が占有・利用している目的物につき，譲渡担保権者がそれを搬出した場合には，不法行為を構成するのかどうか。場合を2つに分けて考えよう（詳細は，近江「譲渡担保権者による目的物の搬出と不法行為責任」手形研究404号80頁参照）。

(a) 弁済期前の搬出行為 債務の弁済期前に譲渡担保権者が目的物を搬出するということは，よほど特殊な事情の存しない限りありえない。判例は，債務者が倒産し行方不明となったため，債権者が目的物を搬出して弁済期日まで保管し，その期日の到来をまって処分した事案で，不法行為にはあたらないとした$\left(\begin{smallmatrix}最判昭53\cdot6\cdot23\\金商553号3頁\end{smallmatrix}\right)$。倒産という異常な事態は担保関係の終焉であるから，このような場合の搬出行為は，自力救済的に認められるべきである。

(b) 弁済期後の搬出行為 B所有の機械につきAが根譲渡担保の設定を受けた後，その機械を第三者CがBから抵当（工場抵当）にとり，その後，Bが倒産したため，Aがその機械を搬出した事案で，Aの譲渡担保は処分清算型であるから処分の前提としての搬出行為は許されるとした$\left(\begin{smallmatrix}最判昭43\cdot3\cdot8\\判時516号41頁\end{smallmatrix}\right)$。このような行為は，むしろ，譲渡担保権の実行行為（目的物引渡請求権）と考えるべきであろう$\left(\begin{smallmatrix}前掲第1節\textbf{3}\textbf{1}\textbf{(b)}\\(310頁)\ 参照\end{smallmatrix}\right)$。

4 対外的効力

(1) 譲渡担保権者側の第三者と設定者

(a) 譲渡担保権者の処分 動産の譲渡担保にあっては，設定者が目的物を占有しているので，譲渡担保権者が目的物を処分するということは，現実ではまずありえない。理論的にありえても，第三者に即時取得の成立する可能性はほとんどない。

(b) 譲渡担保権者の 一般債権者の差押え 譲渡担保権者Aの一般債権者Cは，譲渡担保の目的動産を差押えることができるかどうか。この場合も，目的動産を設定者Bが占有しているから，それを差し押えることはあまりないであろう。また，譲渡担保は動産抵当という担保権にすぎないのだから，他人Bの占有物に執行することは執行法上許されないというべきである。なお，譲渡担保権者Aが譲渡担保権の実行の要件を具備した場合において，Cは，AのBに対する目的物引渡請求権を差し押えることはできるが

$\binom{民\ 執}{163条}$，そのことは，ここでは別問題である。

(c) 譲渡担保権者の倒産　譲渡担保権者に破産手続や民事再生手続・会社更生手続が開始された場合には，不動産の場合と同様に考えてよい。すなわち，設定者は，取戻権を有する $\binom{前掲第1節\blacksquare(1)}{(c)(319頁)\ 参照}$。とりわけ，動産の場合には，外形的にも，設定者が目的物を占有しており，担保関係が公示されているから，不都合はない$\binom{通}{説}$。

(2) 設定者側の第三者と譲渡担保権者

(a) 設定者の処分　設定者が，約定に反して，譲渡担保の目的動産を第三者に処分した場合はどうであろうか。設定者が目的物を占有しているから，このことはあり得る。

〔A〕　**所有権的構成**　所有権的構成に立てば，設定者は他人の物の譲渡ということになり，その際，譲渡担保権者は，所有権に基づく返還請求が可能である反面，第三者は即時取得することがあり得る。したがって，第三者が善意・無過失であれば，有効に所有権を取得でき，その場合には，譲渡担保権は消滅する。

〔B〕　**担保権的構成**　担保権的構成では，設定者は実質的な所有権者であるから，第三者も有効に所有権を取得する。ただし，譲渡担保権の存在を前提に動産を譲り受けた場合には，譲渡担保権を負担する所有者（第三取得者）となる。

(b) 二重譲渡担保の設定　設定者Bが，すでに譲渡担保権者Aに譲渡担保に入れた動産を，他のCに二重に譲渡担保を設定した場合はどうなるか。

〔A〕　**所有権的構成**　この立場では，二重の譲渡担保設定ということは理論的にありえない。そして，占有改定に対抗力を認めることを前提とすると，常に後順位者Cが勝つことになる。しかし，常に後の者が勝つという結論は，妥当ではないであろう。

〔B〕　**担保権的構成**　譲渡担保は担保権の設定にすぎないと考えれば，二重の譲渡担保権の設定はあり得る。そこで，AとCとの関係だが，Cが第

1譲渡担保権の存在を知らなくて（善意・無過失で）譲渡担保に取った場合は，Cは，Aより先順位の譲渡担保権を即時取得するという主張もある。しかし，この場合は，共に担保権の設定なのであるから，設定の順序によって，Aが第1，Cが第2の譲渡担保権を有するものと解すべきである（詳細は，【Ⅱ】158頁参照。高木354頁は，占有改定の順序とするが，設定の順序と同じことである）。

**(c) 設定者の一般
　　債権者の差押え**　　設定者の一般債権者が目的動産を差し押えた場合，譲渡担保権者は，配当要求権（動産の配当要求権者は，質権者と先取特権者。民執133条は限定列挙）ではなく，第三者異議の訴え（民執38条）を提起できる（最判昭56・12・17民集35巻9号1328頁。鈴木242頁，星野323頁）。

　これに対しては，旧競売法の下で「優先弁済の訴え」が認められていたことから，ⓐ譲渡担保権者が第三者異議の訴えを提起したときは，優先弁済を一部認容判決として認めるべきだとする説（三ケ月章『民事執行法』151頁以下），ⓑ譲渡担保権者に配当要求を認め（民執133条の類推），それで満足を受けないときに第三者異議の訴えを認めるべきだとする説（竹下守夫「譲渡担保と民事執行」ジュリ809号89頁），ⓒ民事執行法133条に譲渡担保権者を含ませるべきだとする説（橫369頁以下），がある。

(d) 設定者の倒産　　この点についても，不動産の場合と同様に考えてよい（前掲第1節❹(2)(a)(319頁)参照）。すなわち，設定者に破産手続や民事再生手続・会社更生手続が開始された場合は，譲渡担保権者は，担保権を有するにすぎないから，取戻権（破62条，民再52条，会更64条）は認められず，別除権（破65条，民再53条）または更生担保権（会更2条10号）が認められるものと解すべきである。

　判例は，会社更生手続において，譲渡担保権者は，担保動産に対する取戻権の行使は認められず，更生担保権者に準じてその届出をし，更生手続によってのみ権利行使をすべきものとする（最判昭41・4・28民集20巻4号900頁。詳細は，近江『百選Ⅰ［第4版］』202頁参照）。

第3節　集合動産の譲渡担保

(1) 集合動産の譲渡担保の意義

〔図〕債務者Bが自己の特定倉庫内にある動産（機械・器具，在庫商品など）を一括して譲渡担保の目的とし，債権者Aから金融を受ける方法がある。これを集合動産（ないし流動動産）の譲渡担保という。この場合，通常は，設定者は倉庫内の動産類を自由に処分できるが，同種の動産類を取得したときは，その倉庫内に搬入しなければならない，とする約定が結ばれる。したがって，譲渡担保の目的動産は流動性を

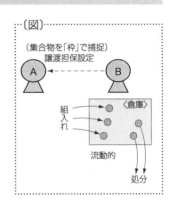

〔図〕
（集合物を「枠」で捕捉）
譲渡担保設定
A　←‐‐‐‐‐　B
〈倉庫〉
組入れ
流動的
処分

もち，債権者は，動産類を「特定場所」（倉庫）という「枠」で支配（捕捉）していることになる。このように，集合動産（流動動産）の譲渡担保は，目的物である対象（動産）の入れ替わりを前提としている。物的資産に乏しい企業にとっては，有効な金融手段である。

(2) 集合動産譲渡担保の設定

(a)「集合物」概念の導入　　「集合物」に対する譲渡担保の設定は，民法理論からすれば，問題がなくはない。すなわち，動産の集合体といえども，個々の動産から成っているわけで，個々の動産は1個の物権（譲渡担保）の対象となるからである（一物一権主義）。したがって，各動産については，個々的に譲渡担保の対象となっているとも考えられるのである。しかし，そうすると，流動性をもつ集合動産は，倉庫への搬入・搬出のたびごとに譲渡担保を設定しなければならないことになる。そこで，このような動産の集合体を1個の「集合物」と捉える「集合物」概念ないし理論を

導入することにより，「集合動産」の上に１つの譲渡担保権が成立するものとするのが，集合動産の譲渡担保である。判例・学説もこれを認める。

> **【集合物論と分析論】** 「集合物論」とは，このように，集合物（集合動産）の上に１個の物権が成立すると解するものであるが，反対に，一物一権主義に忠実に，個々の動産につき個々的に物権が成立すると考えるのを「分析論」という。分析論と集合物論の議論は，ドイツではすでに20世紀の前半において，激しく争われたところであるが，わが国では，その議論の集約を取り入れることができたので，そのような論争はみられない（この研究に大きく寄与したのは，米倉明「流動動産譲渡担保論一斑」北大法学論集18巻3・4号，19巻2・3号〔昭43-44〕（『譲渡担保の研究』所収）。なお，それ以前には，我妻榮「集合動産の譲渡担保に関するエルトマンの提案」法協48巻4号〔昭5〕（『民法研究Ⅳ』所収）がある）。

(b) 集合動産の「特定」 「集合物」（集合動産）が譲渡担保の対象となる場合には，流動性があるといっても，「特定」されなければならない。判例は，次の３つの基準によって目的物が特定されるとする（最判昭54・2・15民集33巻1号51頁（ただし，集合動産譲渡担保の成立は否定した），最判昭62・11・10民集41巻8号1559頁）。すなわち，①「種類」，②「所在場所」，③「量的範囲」，である。この３つの基準によって目的物が特定されれば，集合動産は１個の譲渡担保の目的となり得る（松井宏興「集合物の譲渡担保」『金融担保法講座Ⅲ』75頁以下，角紀代恵「商品や原材料の担保化」『金融担保法講座Ⅲ』45頁以下参照）。

(3) 対抗要件

(a)「占有改定」 集合動産の譲渡担保についても，その対抗要件は，「引渡し」（178条）としての「占有改定」，すなわち，「集合物自体の占有改定」であるとされる。「集合物」自体の占有改定とは，譲渡担保契約時の集合物に占有改定があれば，新たに加わってその集合物を構成する動産類はすべて占有改定による対抗要件を備えるとする概念である。また，分析論からは，「予めの占有改定」（個々の物につき"あらかじめ"占有改定がされることを約定しておくこと）が主張されるが，結論は同じである。

しかし，例えば，ＡがＢに建築材料を売却したが代金を受けていない場合，または所有権を留保して売買した場合は，Ａは先取特権か所有権留保を主張できることになるが，すでに，Ｂが「甲倉庫内の物」についてＣのために譲渡担保を設定していたとすると，その倉庫に運び込まれたとたんに，Ｃの譲

渡担保権によって捕捉されることになる（譲渡担保権は集合物の占有改定によって対抗要件を具備している（前掲最判昭62・11・10（先取特権との競合事案）。その処理については，第1編第2章第3節**3**（2）(b)（69頁）参照））。こうなると，集合動産の場合，第三者にとっては，ある意味では特定動産の場合以上に危険なものとなろう。このようなことから，集合動産譲渡担保は当事者間の債権契約以上のものでないとする説もあり（石田喜久夫『現代の契約法』198頁以下），また，明認方法の設置などが提案されてきたのである。

(b)「登 記」　「動産・債権譲渡特例法」による動産譲渡「登記」制度（2004年導入）は，実務上，とりわけ集合動産の譲渡担保について大きな役割を果たしている。この法律の基本的なしくみと概要については，前節で詳しく説明したので（第2節**2**（2）(b)（323頁）参照），ここでは，それを前提として，集合動産の場合の特殊性について述べる。

i　集合動産の「譲渡の登記」　「法人」が行う集合動産の譲渡（譲渡担保）について，「動産譲渡登記ファイル」に「譲渡の登記」がされたときは，当該動産については，178条の「引渡し」があったものとみなされる（法3条1項）。すなわち，「登記」が動産譲渡担保の対抗要件となる。

ii　集合物の「特定」　「集合物」は，一般に「種類」・「所在場所」・「量的範囲」という基準によって特定されるが，特定のための「登記事項」は，2つの場合に分けられ，(α) 動産の「特質」によって特定する場合には，① 動産の種類，② 動産の記号，番号その他の同種類の他の物と識別するために必要な特質が，(β) 動産の「所在」によって特定する場合には，① 動産の種類，② 動産の保管場所の所在地が，それぞれ「特定のために必要な事項」となる（法7条2項5号→動産・債権譲渡登記規則8条）。

iii　効 果　「登記」を具えた集合動産譲渡担保は，対抗要件としての「引渡し」を具備したものとみなされる。登記は，178条の引渡しと同格に扱われるわけであるから，すでに存在している譲渡担保（占有改定を備えた「隠れた譲渡担保」）との関係では，占有改定が優先する。その他，第三者の即時取得との関係，転譲渡との関係，占有代理人との関係などが問題となるが，これらについては既述したところを参照せよ（第2節**2**（2）(b)（323頁）参照）。

(4) 集合動産譲渡担保の効力

(a) 目的物の「処分」——
「通常の営業の範囲」の意義　集合動産（流動動産）の譲渡担保の目的物は，一定の範囲に特定された複数の動産から成る1個の「集合物」である。そして，債務者の営業上，その特定範囲に入ってくる動産は「集合物」を構成し，他方，売却などによってその特定範囲から離れれば，「集合物」から離脱することになる（前掲(1)参照）。このように，設定者には，営業上必要である場合には，「集合物」内の個々的な動産を「処分」する権限が与えられている。判例は，この「処分」権限につき，「通常の営業の範囲」内かどうかで判断している（次掲〔2〕の点）（最判平18・7・20・平17(受)948号・民集60巻6号2499頁）。

> **【最判平18・7・20（ブリ・ハマチ事件）】**　養魚業者Yは，特定の「いけす」にある養魚原魚（第1物件）と養殖ハマチ（第2物件）につき，A，BおよびCに対して，順次集合動産譲渡担保権を設定した。その後，Yは，第1物件につき，Xに対して集合動産譲渡担保権を設定し，第2物件については，Yに売却する契約を締結した。その後Yが破産したので，Xは，Yに対して，第1物件につき，譲渡担保権の実行としての目的物の引渡しを求め，第2物件については，売買契約による所有権に基づき引渡しを求めた。原審がXの請求を認めたため，Yの上告。
>
> 〔1〕判決は，第1物件については，Xの「本件契約に先立って，A，B及びCのために本件各譲渡担保が設定され，占有改定の方法による引渡しをもってその対抗要件が具備されているのであるから，これに劣後する譲渡担保が，Xのために重複して設定されたということになる。このように重複して譲渡担保を設定すること自体は許されるとしても，劣後する譲渡担保に独自の私的実行〔＝所有権取得〕の権限を認めた場合，配当の手続が整備されている民事執行法上の執行手続が行われる場合と異なり，先行する譲渡担保権者には優先権を行使する機会が与えられず，その譲渡担保は有名無実のものとなりかねない。このような結果を招来する後順位譲渡担保権者による私的実行を認めることはできないというべきである。また，Xは，本件契約により第1物件につき占有改定による引渡しを受けた旨の主張をするにすぎないところ，

占有改定による引渡しを受けたにとどまる者に即時取得を認めることはできないから，Xが即時取得により完全な譲渡担保を取得したということもできない」として，後順位譲渡担保権者の担保権実行を否定した。

　なお，この点については，「占有改定では即時取得は成立しない」とする判例・通説の立場を踏襲しているものである。

　〔2〕　他方，第2物件については，「構成部分の変動する集合動産を目的とする譲渡担保においては，集合物の内容が譲渡担保設定者の営業活動を通じて当然に変動することが予定されているのであるから，譲渡担保設定者には，その通常の営業の範囲内で，譲渡担保の目的を構成する動産を処分する権限が付与されており，この権限内でされた処分の相手方は，当該動産について，譲渡担保の拘束を受けることなく確定的に所有権を取得することができる」と一般論を述べた上で，「他方，対抗要件を備えた集合動産譲渡担保の設定者がその目的物である動産につき通常の営業の範囲を超える売却処分をした場合，当該処分は上記権限に基づかないものである以上，譲渡担保契約に定められた保管場所から搬出されるなどして当該譲渡担保の目的である集合物から離脱したと認められる場合でない限り，当該処分の相手方は目的物の所有権を承継取得することはできないというべきである」とし，原審はこの点を審理していないとして，破棄差し戻した。

(b) 物上代位　動産譲渡担保一般につき，物上代位権を行使できるかについては，既に述べた（第2節**3**3)）（326頁）。では，債務者の営業継続が前提となっている集合動産譲渡担保について，物上代位権は認められるであろうか。判例（最決平22・12・2民 集64巻8号1990頁）は，設定者が営業を継続している場合は，合意など特段の事情のない限り，物上代位はできないが，営業を廃止して営業を継続する余地がなかった場合には，可能であるとする（従来の判例（前掲最決平11・5・17民集53巻5号863頁）と同じ見解である）。

　　【集合動産譲渡担保権に基づく物上代位と「営業の廃止」】　前掲最決平22・12・2。魚の養殖業者Bは，金融機関Aから融資を受け，本件養殖施設内の養殖魚に集合動産譲渡担保権を設定していた。その際，「Bが本件養殖施設内の養殖魚を通常の営業方法に従って販売できること，その場合，Bは，これと同価値以上の養殖魚を補充すること」などが定められていた。ところが，本

件養殖施設内の養殖魚 2510 匹が赤潮により死滅し，B は，C 共済組合との間で締結していた漁業共済契約に基づき，C 共済組合に対し，養殖魚の滅失による損害をてん補するために支払われる共済金に係る漁業共済金請求権（本件共済金請求権）を取得した。その後，B は，その赤潮被害発生後，A から新たな貸付けを受けられなかったため，養殖業を廃止した，という事案である。

　そこで，A は，本件譲渡担保権の実行として，本件養殖施設及び本件養殖施設内に残存していた養殖魚を売却し，その売却代金を B に対する貸金債権に充当した。更に，A は，熊本地方裁判所に対し，上記の充当後の貸金残債権を被担保債権とし，本件譲渡担保権に基づく物上代位権の行使として，本件共済金請求権の差押えの申立てをした。原審は，これを認めたため，B の抗告。

　本決定は，「構成部分の変動する集合動産を目的とする集合物譲渡担保権は，譲渡担保権者において譲渡担保の目的である集合動産を構成するに至った動産（「目的動産」）の価値を担保として把握するものであるから，その効力は，<u>目的動産が滅失した場合にその損害をてん補するために譲渡担保権設定者に対して支払われる損害保険金に係る請求権に及ぶ</u>」と一般論を述べた上で，

　「もっとも，構成部分の変動する集合動産を目的とする集合物譲渡担保契約は，譲渡担保権設定者が目的動産を販売して営業を継続することを前提とするものであるから，<u>譲渡担保権設定者が通常の営業を継続している場合には，目的動産の滅失により上記請求権が発生したとしても，これに対して直ちに物上代位権を行使することができる旨が合意されているなどの特段の事情がない限り，譲渡担保権者が当該請求権に対して物上代位権を行使することは許されない</u>」が，本件では，「A が本件共済金請求権の差押えを申し立てた時点においては，B は目的動産である本件養殖施設及び本件養殖施設内の<u>養殖魚を用いた営業を廃止</u>し，これらに対する譲渡担保権が実行されていたというのであって，<u>B において本件譲渡担保権の目的動産を用いた営業を継続する余地はなかった</u>というべきであるから，A が，本件共済金請求権に対して物上代位権を行使することができることは明らか」であるとした。

第4章　所有権留保

(a) 所有権留保とは何か　　所有権留保（Eigentumsvorbehalt）は，売買目的物の売主が，その代金の完済を受けるまで，目的物の所有権を留保する制度である。売買目的物の占有・利用権能は買主に移転するが，所有権だけは売主に属する。いうまでもなく，代金債権を「担保」するためである。

　もともと，この制度は，ドイツで発達したものである。ドイツ民法は，先取特権制度をもたず，したがって，日本のような動産の売主が保護される制度（動産売買先取特権）はない。そこで，所有権留保制度が発達し，民法典に規定されたのである（$\substack{\S449 \\ \text{BGB}}$）。わが国では動産売買先取特権制度があるものの，所有権による強力な債権者（所有者）保護機能から，ドイツで展開された所有権留保制度を受け継いでいる。

(b) 所有権留保の形態　　所有権留保は，① 売主・買主間の単純な所有権留保（一般の消費過程で利用。割賦7条（指定商品の割賦販売における所有権留保の推定）参照）のみならず，② 売買目的物が「転売」されることを前提とした所有権留保（自動車の販売など。後掲(2)(b)参照），または，③ 売買目的物が「加工」（商品化）されることを前提とした所有権留保（生産・流通過程における原材料の供給者が利用。後掲(5)参照），もある。

　そこで，所有権留保も，その利用形態に応じて，いくつかに分類できるが，ここでは，「単純な所有権留保」（①を中心として，②の「転売授権」がされた場合も含める）と，「延長された所有権留保」（②と③が組み合わされた形態）とに大別し，まず，前者を中心に要件・効果を説明し，後に後者を扱う。

　　【所有権留保の形態】　　所有権留保は，上記の利用形態に対応して，以下のように分類される。法律構成の問題である（米倉・所有権留保37頁以下による）。――
　　i　単純な所有権留保とその延長形態
　　①　「単純な所有権留保」（einfacher od. echter EV）　　一般の消費過程で

みられる単純な割賦売買の場合である。

　②　「継続された所有権留保」（weitergeleiteter EV）　転売・加工に対して，買主が留保売主の所有権留保を継続する（買主は第2買主に対して目的物が留保売主の所有であることを通知する義務がある），とする構成をとる。

　③　「接続された所有権留保」（nachgeschalteter EV）　転売が許された買主が，転売するに際して，みずから所有権を留保する形態である。

ii　所有権留保の拡大形態

　①　「延長された所有権留保」（verlängerter EV）　転売・加工に対して，(α)「加工条項」（加工生産物の所有権が留保売主に帰属する旨の規定）と，(β)「転売代金債権（将来債権）の譲渡条項」（供給物を転売した場合に取得する代金債権をあらかじめ売主に譲渡させる規定）を，約款中に設ける所有権留保形態である。

　②　「コンツェルン留保」（Konzernvorbehlt）　買主が留保売主の債権者に対して，留保売主の代わりに債務を履行するまでは所有権は移転しない，とする所有権留保である。しかし，これは，明文によって無効とされている（§449(3) BGB）。

　【譲渡担保との抗争】　ドイツでは，すでに19世紀の終わりから20世紀前半において，所有権留保の効力をめぐり，原材料の供給者（所有権留保者）と，金融機関（譲渡担保権者）との間に，激しい抗争があった。それは，原材料の供給を受けた加工業者が，それを譲渡担保に供して金融機関から融資を受けることが多かったからである。この対立は，政治問題と化し，大きな論争を巻き起こした（Klaus Melsheimer, Sicherungsübereignung oder Registerpfandrecht – Eine politologische Studie über den Kampf von Interessengruppen und die Reform des Kreditsicherungsrechts（"STAAT UND POLITIK" Band 11), 1967, 近江『研究』215頁以下）。

　＊　**不動産の割賦販売**　不動産の場合でも所有権留保はあり得る。しかし，宅地建物取引業者が，みずから売主として宅地または建物の割賦販売を行なつた場合には，代金の10分の3以上の金銭の支払いをうけたときは，所有権を留保することはできない（宅建43条）。

(c) 所有権留保の法的構成　所有権留保は，売買契約において，代金債権担保のために行われるものである。では，売主に留保された「所有権」が，文字通り所有権なのか，それとも，譲渡担保に類似する担保権にすぎないのか。

〔**A**〕　**所有権的構成**　少なくとも，形式上は，「所有権」が留保されるのであるから，その形式を払拭できないとする考え方である。

〔**B**〕　**担保権的構成**　そもそも所有権留保制度は，売買代金を担保するために所有権を留保するにすぎない以上，売主の「所有権」は一種の担保権であると解する。この考え方が，現在の判例・通説である。

　なお，この問題に先鞭を付けた米倉教授は，「動産抵当権説」を唱え，「買主に目的物の所有権が移転し，直接占有も移され，続いて（時間的にはその直後に），その所有権に対して売主が抵当権を取得する（設定的取得）」とし，留保売主は，抵当権取得を，引渡しもなく，特段の公示もなくして，第三者に対抗できるとする$\binom{米倉}{378頁}$。

　また，譲渡担保につき設定者留保権説を主張する道垣内教授もこの立場に立つが，ただ，債務者（買主）が代金完済によって目的物の所有権取得を期待できる権利を，特に「物権的期待権」と呼ぶ$\binom{道垣内367}{頁以下}$。

　いずれにせよ，後掲するように，解除や，売主の代金請求権・返還請求権などが問題となるが，形式用語はともかく，「担保」の実質から考えるべきである。

(2)　所有権留保の設定

(a) 担保権の設定　上記したように，所有権留保は，売買代金を担保するために，売主が所有権を留保するのであるから，所有権留保付売買は担保権の設定と考えた方がよい。担保的構成をとる意義は，第1に，清算義務を認めること，第2に，第三者との関係で，他の権利移転型担保と同じく，担保的実体に見合った取扱いができることである。

(b) 転売授権　自動車の販売ルートなどは，ディーラー（大手の販売会社）D→サブ・ディーラー（中小の販売協力会社）S→ユーザーUへと売買されるが，このとき，DからSへの割賦販売は，SからUへの転売承認が前提となっているのが普通である。これを「転売授権」という。この結果，D→S間においても，S→U間においても，それぞれ所有権留保付で売買が行われる。

(c) **公　示**　　所有権留保では，特別の公示方法は存しない。買主から売主への占有改定を擬制する説もあるが$\left(\substack{高\ 木\\381頁}\right)$，占有改定が機能しないことは，譲渡担保の場合と同じであるから，公示方法なくして対抗力を有する担保権と考えてよい$\left(\substack{米\ 倉\\378頁}\right)$。

なお，実務界では，ネームプレート等の明認方法が利用されているが，取引上，このような方法が慣習化している動産類については，これをもって公示方法としてよいであろう$\left(\substack{米倉『所有権留保の実証的研究』1頁\\以下，米倉・所有権留保384頁参照}\right)$。

(3)　対内的効力

(a) **所有権留保の実行**
──目的物の取戻し　　買主が代金を払わないときは，売主は，売買契約を「解除」して，その目的物を取り戻す（＝引き揚げる）ことができる。この目的物の取戻し（返還請求）については，形式的にも「解除」が必要であるが$\left(\substack{ドイツの議論については，石口修「ドイツ法における所有\\権留保の対内関係（一）」エコノミスト6巻3号58頁以下}\right)$，「解除」は担保権の実行（私的実行$\left(\substack{鈴\ 木\\275頁}\right)$）と考えてよいから，必ずしも「解除」理論にとらわれる必要はない$\left(\substack{例えば，催告\\の要否など}\right)$。したがって，解除の意思表示は，所有権留保の実行通知と考えることができる。

買主が任意に引き渡さない場合は，売主は，留保所有権に基づく売却物引渡請求権を被保全権利とする仮処分により，引渡しを受けることができる。

(b) **清算義務**　　目的物の価額が，債権の残代金（未払代金）を超過するときは，清算し，その超過分を返還しなければならない。また，売主が「正しい額の清算金」を買主に支払うまでは，買主は残債務を支払って所有権留保を消滅させることができる。譲渡担保の受戻権と同じである$\left(\substack{鈴\ 木\\253頁}\right)$。

(c) **処分禁止特約**
と即時取得　　消費過程での割賦販売の場合には，転売授権がある場合を除き，買主が目的物を処分することを禁止する特約が締結されるのが普通である。しかし，第三者が即時取得$\left(\substack{192\\条}\right)$できることはいうまでもない。その際，ネームプレートなどの公示方法がされていれば，即時取得の成立を遮断することができる$\left(\substack{米倉・前掲『所有権留保\\の実証的研究』6頁以下}\right)$。

> **【自動車の場合】**　　自動車は，陸運局への登録をもって公示・対抗要件とされているから$\left(\substack{道路運送車\\両4条・5条}\right)$，即時取得の規定の適用はない$\left(\substack{最判昭62・4・24\\判時1243号24頁}\right)$。しか

し，買主が車検証上の「所有者」とされていて，これが第三者に譲渡した場合，第三者は所有権を取得できるかどうか。

　所有権留保の外形から考えれば，留保買主（売主）は無権利者であるから，第三者に転売できる権原を持たないことになる。その場合には，留保売主は，対抗要件（登録）なくして，第三者に対して留保所有権を主張し，自動車の引渡しを請求できる（ただし，事情を知らない第三者は94条2項によって保護され得る）。

　しかし，所有権留保の実質は担保権の設定にすぎず，留保買主は，実質的に所有権を有している以上，転売する権限を有している。したがって，第三者は，登録換え（名義の書換え）により有効に所有権を取得できると解すべきである。ただし，第三者が，その自動車が所有権留保付売買の対象物であることなどの事情を知っていた場合には，背信的悪意者排除法理の類推により，留保売主に所有権取得を対抗できないというべきである（詳細は，【Ⅱ】152頁参照）。

(4)　対外的効力

(a) 売主側の第三者と買主　売主自身の処分は，買主が目的動産を占有しているから，現実的にはまずありえない。

　i　売主の一般債権者の差押え　これもまた，買主が目的動産を占有する以上，現実的には考えられない（民執124条参照）。

　ii　売主の倒産　売主に破産手続が開始した場合は，債権および所有権留保の権利は破産財団に帰属する。民事再生手続・会社更生手続が開始された場合も同様である。

(b) 買主側の第三者と売主　この場合には，個別的に検討を要することがある。――

　i　買主の処分　単純な所有権留保付売買においては，買主の目的物の処分禁止が特約されるのが普通である（これに違反した場合は，解除の原因となる）。しかし，第三者は即時取得が認められる。

　ii　買主の一般債権者の差押え　買主の一般債権者が目的動産を差し押えた場合，売主は第三者異議の訴え（民執38条）が認められる（最判昭49・7・18民集28巻5号743頁）。

この問題については，動産譲渡担保における設定者の一般債権者による差押えの場合（第3章第2節**4**(2)(c)（318頁）参照）と同様に考えてよい。

iii　買主の倒産　　動産譲渡担保の設定者の破産等と同じで（第3章第2節**4**(2)(d)（330頁）），売主は，担保権を有するにすぎないから，取戻権ではなく，別除権・更生担保権を有すると解すべきである（伊藤眞『破産法〔全訂第3版補訂版〕』300頁など通説）。なお，前記した譲渡担保設定者留保権説は，一応取戻権を承認した上で，民事再生・会社更生にあっては場合に応じてその取戻し（＝所有権留保の実行）を中止命令（民再31条，会更24条1項）でコントロールすべきだとする（道垣内373頁。なお，道垣内『買主の倒産における動産売主の保護』284頁以下参照）。

　自動車の場合には，登録が対抗要件となるから，B が自動車の購入代金の立替払いを信販会社 C に委託し，「C の立替払債権を担保するために売主 A に留保されていた所有権を C に移転する旨の三者間契約」がなされていても，B の「再生手続開始の時点で C を所有者とする登録がされていない限り，A を所有者とする登録がされていても，C が，本件立替金等債権を担保するために本件三者契約に基づき留保した所有権を別除権として行使することは許されない」（最判平22・6・4民集64巻4号1107頁）。

iv　転売授権と買主の破産　　前記した自動車の販売の場合（前掲(2)(b)（339頁）参照），転売授権を前提に，ディーラー D→サブ・ディーラー S→ユーザー U へと売買される。そこで，ユーザーがサブ・ディーラーに対して代金を完済したにもかかわらず，サブ・ディーラーがディーラーに代金を支払わないまま倒産した場合に，ディーラーは，ユーザーに対して自動車の引渡し（引揚げ）を請求できるであろうか。

　判例は，ユーザーは，代金を完済した以上完全に所有権を取得できるとし，ディーラーのユーザーに対する引渡請求を権利濫用とする（最判昭50・2・28民集29巻2号193頁，最判昭57・12・17判時1070号26頁など。詳細は，米倉301頁以下，安永正昭・判評280号（判時1037号）14頁以下参照）。

　この結論は正当であるが，問題は，理論構成である。権利濫用理論は，権利者の権利行使を制限する理論であるから，権利がディーラーにあることを前提とする。しかし，「転売授権」をした場合，すなわち「買主の営業の通常の範囲内で転売される場合」には，ユーザーが代金を完済したときは，もはや所有権はユーザーに当然移転すると考えるべきであるから，ユーザーの完

済によって所有権留保は当然消滅するとする説 $\left(\substack{米　倉 \\ 335頁}\right)$ が妥当である。

(c) 譲渡担保権との　　所有権が留保された動産につき，第三者に対して譲渡
**　　　衝突（対抗）**　　担保が設定された場合，所有権留保と譲渡担保権との
対抗関係が問題となる。

　最判平 30・12・7 $\left(\substack{民集72巻6 \\ 号1044頁}\right)$ は，A（売主）・B（買主）間で，金属スクラップ
等を継続的に売却する契約が締結され，一月ごとに納品された目的物につき
代金を支払い，その完済をもって同部分の所有権が A から B に移転するこ
ととされた。他方，B は，C 金融機関に対して，本件金属スクラップ等に集
合動産譲渡担保を設定した。その後，B は，事業を廃止するに至り，A が代
金未収部分の金属スクラップを，留保所有権に基づく仮処分の決定により引
き揚げた，という事案である。

　判決は，「上記のような定めは，<u>売買代金の額が期間ごとに算定される継続
的な動産の売買契約において，目的物の引渡しからその完済までの間，その
支払を確保する手段を売主に与えるものであって，その限度で目的物の所有
権を留保するものである。</u>」とし，したがって，「本件動産につき，X は，Y に
対して譲渡担保権を主張できない」とした（Y の勝訴）。

　この判決は妥当である。一説には，所有権留保と動産譲渡担保権との「対
抗」と考えるものもなくはないが（Y 側は，「占有改定の方法によって譲渡担保
の対抗要件を備えた」とする），しかし，「占有改定」は，公示機能を果たしてい
ないのであるから，対抗要件とはいえない。両者は，共に，公示なき物的動
産担保権と考えなければならない。物権法原則により，所有権留保が優先す
るのは当然である。

(d) 第三者に対する　　所有権留保付で購入した物については，その実質的な
**　　　「責任」**　　所有権は，購入者にあるというべきである。したがっ
て，その物によって第三者に発生する損害や負担などは，原則として購入者
が負うべきである。しかし，買主が，期限の利益を喪失するなどして，売主
が実質的な所有権を取得した場合は別である。

　最判平 21・3・10 $\left(\substack{民集63巻 \\ 3号385頁}\right)$。B は，A ローン会社の代金立替払契約により
自動車を購入したが，契約上，割賦金が完済されるまで自動車の所有権は A

に留保された。Bは，自動車をC所有の駐車場に駐車していたが，そのうち駐車場代を払わなくなり，他方，Aに対するローンも不払いとなり，<u>Aとの間で期限利益を喪失した</u>。このため，Cは，形式上「所有者」であるAに対して，車両撤去土地明渡等を求めた。

　判決は，「立替金債務が完済されるまで同債務の担保として当該動産の所有権を留保する場合」において，A（留保所有権者）の有する権原が，期限の利益喪失による残債務全額の弁済期の到来の前後で異なるときは，「〔①〕<u>留保所有権者は，残債務弁済期が到来するまでは，当該動産が第三者の土地上に存在して第三者の土地所有権の行使を妨害しているとしても，特段の事情がない限り，当該動産の撤去義務や不法行為責任を負うことはないが，〔②〕残債務弁済期が経過した後は，留保所有権が担保権の性質を有するからといって上記撤去義務や不法行為責任を免れることはない</u>」とし，その理由を，「〔①〕留保所有権者が有する留保所有権は，原則として，残債務弁済期が到来するまでは，当該動産の交換価値を把握するにとどまるが，〔②〕<u>残債務弁済期の経過後は，当該動産を占有し，処分することができる権能を有するもの</u>と解されるからである」とした上で，「もっとも，残債務弁済期の経過後であっても，留保所有権者は，原則として，当該動産が第三者の土地所有権の行使を妨害している事実を知らなければ不法行為責任を問われることはなく，<u>上記妨害の事実を告げられるなどしてこれを知ったときに不法行為責任を負うと解する</u>」とし，原審はこれらの点を審理していないとして，破棄差し戻した。

　この判決も，所有権留保の構造に着目したもので，理論的にも妥当な判断である。

(5)　延長された所有権留保

(a)「延長された所有権留保」の意義　「延長された所有権留保」（verlängerter EV）とは，原材料の供給など，それが加工・転売されることが前提で所有権留保付売買がされる場合に，その約款（普通契約約款）の中に当然に，次掲の①「加工条項」と，②「転売代金債権の譲渡条項」が入れられた形態

の所有権留保をいう（米倉・所有権 留保70頁以下）。この形態が，かつてはドイツにおいて譲渡担保権者と大きな対立を生んだことは既述した。

　わが国においては，特に②の点に関して，債権譲渡につき第三債務者を特定できないためにその有効性が疑問視されていたが，しかし，近時，動産・債権譲渡特例法の改正（2004 年）によってその有効性が認められることになった。

(b) 加工条項　売買の目的物である原材料が「加工」されることを前提に供給（所有権留保付売買）されるのであるが，その際，加工された生産物につき，その所有権が，依然売主に帰属する旨の条項である。この条項は，業種ごとの普通契約約款に入っているのであるから，公知性があり，「隠れた担保権」とはならないであろう。

(c) 転売代金債権 の譲渡条項　供給した原材料が加工されて商品となり，それが転売された場合において，その「転売代金債権」（すなわち将来債権）を，あらかじめ，留保売主に譲渡させる条項である。これまでは，将来債権の譲渡が疑問視され，あるいは，第三債務者不特定の債権譲渡が否定されてきた経緯があるが，将来債権の譲渡は，後述のごとく有効であり，他方，第三債務者不特定の債権譲渡が有効とされたので（動産・債権譲渡 特例法8条2項4号），これまでの制度的困難性は払拭された。このことを前提とすれば，流通過程において，物的資産に乏しい製造業等に対する強力な担保方法が今後展開されることになろう（石口修〔私法学会報告〕「ドイツ法におけ る所有権留保論」私法66号149頁以下）。

第4編　債権担保

序　説

　ここで「債権担保」というのは，一般に使われる「債権を担保する」という概念とは異なり，債務者が第三者（第三債務者）に対して有する「債権」を，担保の目的として提供する方法を指す。「不動産担保」・「動産担保」と並んだ概念である。

　「債権」（ひいては「権利」一般）も，不動産・動産と同じく，価値物であるから担保の目的とすることができる。民法は，債権（権利）を担保に入れる方法を「質権」として構成した。これは，古くは担保権が質権（動産担保）と抵当権（不動産担保）しかなく，債権は少なくとも不動産ではないという発想から質権の中に押し込められたのであった（単なる歴史的事情）。しかし，債権担保の方法は，質権の理論で割り切れるものでなく，むしろ債権譲渡の理論に近いのである。

　そこで，本編では，「債権」が担保の目的となる方法・制度を総合的にとりあげる。すなわち，最初に，わが民法典の債権担保の基本原則である「債権質権」を観察し（第1章），次いで，債権担保の一般的方法である「担保のための債権譲渡（債権譲渡担保）」を検討する（第2章）。さらに，特定の領域で使われる方法だが，実質的に担保的機能を営む「代理受領」と「振込指定」を扱う（第3章）。

第1章　債権質（権利質一般）

第1節　債権質の設定

(1) 債権質の意義

(a)「債権質」　「財産権」は，動産，不動産と同じく質権の目的とすることができる$\binom{362条}{1項}$。この財産権に対する質権を「権利質」といい，債権，株式，無体財産権，不動産物権などがその目的となる。そして，「債権」を目的とするものを「債権質（債権質権）」という。この中でも，債権の中心は，債権者の特定している「指名債権」であるので，ここでは，指名債権の質権を中心に述べ，それ以外の債権については，後述する$\binom{336}{頁}$。

(b) 目的となる債権　債権は，譲渡性があるから$\binom{466条1}{項本文}$，原則として質権の目的となり得るが，性質上譲渡性のない債権$\binom{466条1項}{ただし書}$や法律上処分ないし担保設定が禁止されている債権（例えば，扶養請求権$\binom{881}{条}$，恩給を受ける権利$\binom{恩給11}{条1項}$）などは，質権の目的とすることはできない$\binom{343}{条}$。

> **【質入禁止特約の効力】**　銀行の定期預金などは，第三者への質権設定の禁止特約条項があるのが普通である。2017年の改正法は，金融機関に対する預貯金債権について，当事者が「譲渡制限」をしたときは，466条2項〔譲渡制限〕の規定にかかわらず，「その譲渡制限の意思表示がされたことを知り，又は重大な過失によって知らなかった譲受人その他の第三者に対抗することができる」$\binom{466条の}{5第1項}$とされた。この規定は，当然に質権設定の場合にも準用されよう。

(2) 債権質の対抗要件

(a) 第三債務者への通知・承諾　〔図〕BからCに対する指名債権を，Aに質入れする場合，第三債務者Cやその他の第三者D（質権者）・E（差

押債権者）に「対抗」するには，債権譲渡に関する467条の方式により，設定者Bから第三債務者Cに対する「通知」またはCの「承諾」を要するが（364条。第三債務者をして質権設定のインフォメーション・センターとさせさるためである），第三債務者C以外の第三者D・Eに対しては，その通知または承諾が，「確定日付ある証書」によってされなければならない（364条→467条2項）。質権の二重設定や差押債権者との関係では，「対抗」問題が生じるからである（債権譲渡の場合と同じなので，債権総論に譲る）。〔▶→『債権総論』「債権の二重譲渡」（【Ⅳ】278頁以下）〕

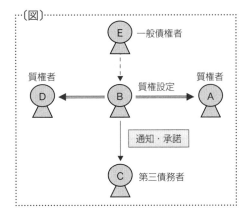

〔図〕

E　一般債権者

質権者　　　　　　　　質権設定　　　　　質権者
D　　　　　　　　　B　　　　　　　　　A

通知・承諾

C　第三債務者

(b)「登記」── 動産・債権譲渡特例法　動産・債権譲渡特例法は，債権譲渡の「登記」制度を，債権質に準用している（法14条。なお本法の詳細は，第4編第2章第2節**2**(2)(b)（368頁）を参照せよ）。すなわち，法人が債権質を設定し，「質権設定ファイル」にその質権設定の登記をしたときは，──

　　　i　第三者対抗要件＝「登記」　質権の目的とされた債権の債務者（第三債務者）以外の「第三者」については，364条1項→467条の「確定日付のある証書」による「通知」があったものとみなし，登記の日付をもって確定日付とする（法4条1項←同14条）。

　　　ii　第三債務者対抗要件＝「登記事項証明書」による通知または承諾　質権者もしくは質権設定者が，質権の目的債権の債務者（第三債務者）に，「登記事項証明書」（法11条2項）を交付して通知し，または第三債務者が承諾したときは，第三債務者に対しても対抗力を有する（法4条2項←同14条）。〔▶→「動産・債権譲渡特例法」（368頁）〕

第2節　債権質の効力

(1)　債権質の効力の及ぶ目的物（指名債権）の範囲

(a) 利息債権　　質入れされた債権が利息付きのときは，質権の効力はその利息債権にも及ぶ$\left(\substack{87条 \\ 2項}\right)$。したがって，質権者は，この利息を直接取り立てて優先弁済に充てることができる$\left(\substack{366条,\ 350 \\ 条→297条}\right)$。

(b) 不可分性　　被担保債権の全部の弁済を受けるまで，質入れ債権の全部を拘束する$\left(\substack{350条→ \\ 296条}\right)$。

(c) 物上代位　　債権の侵害に対する損害賠償請求権や滅失による保険金などに及ぶことは，他の質権と同様である$\left(\substack{350条→ \\ 304条}\right)$。

(d) 担保権を随伴する場合　　債権が「保証債務」や「担保物権」を伴う場合は，債権質の効力は，当然にこれらのものの上に及ぶ（随伴性）。ただし，質権・抵当権などの上に債権質の効力が及ぶ場合は，目的物の引渡しまたは登記をもって，それぞれ効力発生要件または対抗要件となる，と解されている$\left(\substack{我 妻 \\ 190頁}\right)$。

(2)　優先弁済的効力

(a) 優先弁済の方法　　質権が留置的効力をその本体としていることは前述したが，およそ債権の留置ということはありえないから，債権質については，「優先弁済的効力」を中心とするものと考えればよい。

　債権質につき優先弁済を受ける方法は，2つある。1つは，債権の直接取立てであり$\left(\substack{366 \\ 条}\right)$，もう1つは，担保権としての債権質権の実行である。

(b) 債権の直接取立て　　質権者は，質権の目的である債権を，自己の名において直接に取り立て，その引渡しを請求することができる$\left(\substack{366条 \\ 1項}\right)$。利息債権についても同様である。そして，質権者は，取り立てた債権を自己の債権の弁済に充当できる。ただし，──

　　i　債権の目的物が金銭であるときは，質権者は自己の債権額に対応する部分に限って，取り立てることが許される$\left(\substack{366条\\2項}\right)$。

　　ii　質入れ債権の弁済期が，被担保債権の弁済期前に到来したときは，質権者は，第三債務者にその弁済金額を供託させることができる。この場合は，質権はその供託金について存在する$\left(\substack{366条\\3項}\right)$。

　　iii　債権の目的物が金銭でないときは，質権者は，弁済として受け取った物について質権を有する$\left(\substack{366条\\4項}\right)$。

(c) 債権質の実行　　質権者は，担保権としての債権質権を実行することができる。すなわち，「債権」$\left(\substack{金銭の支払いまたは船舶もしくは動産の\\引渡しを目的とする債権。民執143条}\right)$および「その他の財産権」$\left(\substack{不動産，船舶，動産および債\\権以外の財産権。民執167条}\right)$についての担保権実行である。これは，「担保権の存在を証する文書」が提出されたときに開始されるが$\left(\substack{民執193\\条1項}\right)$，その手続は，債権その他の財産権に対する強制執行手続$\left(\substack{民執143\\条以下}\right)$が準用される$\left(\substack{民執193\\条2項}\right)$。債権執行について重要なのは，取立訴訟$\left(\substack{民 執\\157条}\right)$，転付命令$\left(\substack{民 執\\159条}\right)$などである。

(d) 流質契約の禁止　　債権質についても，流質契約の禁止規定$\left(\substack{349\\条}\right)$が適用される$\left(\substack{362条\\2項}\right)$。直接取立てを認める以上は，この法理は無意味だとの指摘もある$\left(\substack{川井・概\\論304頁}\right)$。

(3) 債権質設定による拘束関係

(a) 設定者に対する拘束　　自己の債権を質入れした以上，設定者（債権者）がその債権を消滅させない義務を負うことは当然である（担保関係に基づく担保価値維持義務）。したがって，質入れした債権につき，その取立て，相殺，免除など，債権を消滅・変更させる行為は，質権者に対抗できないというべきである。ただし，設定者は，——

　　i　質入れ債権が時効にかかるような場合には，時効を完成させないために，第三債務者に対して，催告$\left(\substack{150\\条}\right)$をしたり，債権存在の確認訴訟を提起することができる$\left(\substack{大判昭5・6・27\\民集9巻619頁}\right)$。

　　ii　質入れ債権を他に譲渡することはできる。この場合は，譲受人は，質権の負担の付いた債権を取得することになる。

(b) 第三債務者に対する拘束　第三債務者も，上記した，債権を消滅・変更させない義務を原則として負う(481条参照)。したがって，債権質設定後に取得した質権設定者に対する債権をもって，質入れ債権を相殺することはできない。

(4) 設定者の担保価値維持義務 —— 破産手続との関係

　第三者に対する債権につき質権を設定した債務者（設定者）は，質権債権者に対して，担保価値維持義務を負うのであるから，債権を放棄したり免除するなど，担保価値を害することは許されない(最判平18・12・21民集60巻10号3964頁（ただし，原則論）)。

　ところが，前掲最判平18・12・21は，破産手続との関係で，破産管財人の義務につき「破産債権者のために破産財団の減少を防ぐという職務上の義務」と「破産者である質権設定者の義務を承継する者として質権者に対して負う義務」とが衝突する場面において，妙な論理を展開している。

　事案を簡略化すると，Aは，Bから建物を賃借し，その敷金として6000万円を差し入れていたところ，Cら複数の銀行から融資を受け，その担保としてBに対する敷金返還請求権につき質権を設定した。その後，Aが破産し，Yが破産管財人に就任した。他方，Cは，Aに対して有する債権とそれに付随する担保権一切を，Xに譲渡した。破産管財人Yは，破産宣告後2～9か月間賃貸借を継続し，その間賃料等を支払わず，その後，裁判所の許可を得て，Bとの間で，本件賃貸借を合意解除し，敷金のほとんどを未払賃料に充当する合意をした（Bの債権のうち4500万円が破産宣告後に生じた賃料債権であるが，当時，Aには，賃料等を支払うべき十分な資力5～6億円があった）。

　Xは，本件充当合意は破産管財人の善管注意義務に違反し，これにより破産財団が宣告後賃料の支払を免れ，Xの質権が無価値となったとして，旧破産法164条2項に基づき損害賠償ないし不当利得の返還を求めた。判決は，次のように判示した。

　〔①〕「Yは，本件各賃貸借がすべて合意解除された平成11年10月までの間，破産財団に本件賃料等を支払うのに十分な銀行預金が存在しており，現実にこれを支払うことに支障がなかったにもかかわらず，これを現実に支

払わないでBとの間で本件敷金をもって充当する旨の合意をし，本件敷金返還請求権の発生を阻害したのであって，このような行為は，特段の事情がない限り，正当な理由に基づくものとはいえない」として，Yの「担保価値を維持すべき義務」違反を認めた。

〔②〕「〔Yの〕本件行為が質権者に対する義務に違反することになるのは，本件行為によって破産財団の減少を防ぐことに正当な理由があるとは認められないからであるが，正当な理由があるか否かは，破産債権者のために破産財団の減少を防ぐという破産管財人の職務上の義務と質権設定者が質権者に対して負う義務との関係をどのように解するかによって結論の異なり得る問題であって，この点について論ずる学説や判例も乏しかったことや，Yが本件行為につき破産裁判所の許可を得ていることを考慮すると，Yが，質権者に対する義務に違反するものではないと考えて本件行為を行ったとしても，このことをもって破産管財人が善管注意義務違反の責任を負うということはできないというべきである」。

〔③〕「本件質権の被担保債権の額〔75億円〕が本件敷金の額〔6000万円〕を大幅に上回ることが明らかである本件においては，本件敷金返還請求権は，別除権である本件質権によってその価値の全部を把握されていたというべきであるから，破産財団が支払を免れた本件宣告後賃料等の額に対応して本件敷金返還請求権の額が減少するとしても，これをもって破産財団の有する財産が実質的に減少したとはいえない。そうすると，破産財団は，本件充当合意により本件宣告後賃料等の支出を免れ，その結果，同額の本件敷金返還請求権が消滅し，質権者が優先弁済を受けることができなくなったのであるから，破産財団は，質権者の損失において本件宣告後賃料等に相当する金額を利得した」として，その利得分の返還を命じた。

本判決に対し，滝澤孝臣判事は，〔①〕につき，「敷金返還請求権に質権を設定した賃借人が賃料を支払うことが可能であるのに，敷金で充当されることを見込んで賃料の不払を続けて敷金返還請求権を消滅させるようなことがあれば，質権者に対する関係では，故意に質権の目的物である敷金返還請求権を消滅させたとして，その責任を追及されて当然である」とする。また，

〔③〕についても，Aの破産後，自らの判断で賃貸借の継続を選択して，これにともない，その賃借人の地位を承継している破産管財人において，破産者が敷金返還請求権に設定していた質権を消滅させる理由はないから，破産管財人の不当利得責任は当然の判断であるとする。

　問題は，〔②〕であり，「本判決がいうように結論が異なり得る問題であったかというと，はなはだ疑問である。筆者は，破産管財人は悪意の受益者に当たるはずであるし，さらに，不法行為責任も免れないのではないかと考えるが，それというのも，本件のような場合において，破産管財人がその支払可能な賃料の支払をしない代わりに，当該賃料に敷金を充当することで足りるとすることは，……質権が設定されている本件においては，そのような破産管財人の措置を是認する余地は皆無であると考えるからである」。「破産管財人の職務上の義務の追行のためには破産者が設定した質権を消滅させることも可能であるという見解はなかったばかりでなく，およそ破産手続が，破産債権者のためでありさえすれば，別除権者の利害を考慮せず，あるいは，これを無視して進行し得るといった手続でないことは明白であって，そのような見解はあり得べきはずもない。」として，厳しく批判する（滝澤孝臣・平成19年度主要民事判例解説234頁以下）。

　この点は，滝澤判事の指摘の通りであって，破産宣告後も賃貸借を継続しつつ賃料も払わず，裁判所の許可を得たからといってその未払賃料に敷金をもって充当することは，他に十分に賃料支払の資力があったとしても，質権設定者（その承継者）としての担保価値維持義務に違反し，許されるものではない。本判決の論理には違和感を覚えるものである。

(5)　債権質の転質

　債権質を「転質」に供することもできる（348条）。質権者Cが，他の第三者F（Cの債権者）に，Aに対する債権質権を転質とすることである。その一般理論は，「転質」を参照せよ。〔▶→第2編第2章第1節**4**「転質」（96頁）〕

⑹　債権質の消滅

　債権質は，被担保債権の消滅$\left(\begin{smallmatrix}弁済\\など\end{smallmatrix}\right)$によって消滅する。債権の譲渡に債権証書の交付が要求されるもの（＝証券的債権）については，証書の交付をもって質権設定の効力発生要件とされる$\left(\begin{smallmatrix}520条\\の17\end{smallmatrix}\right)$。そこで，その債権証書を返還したときは，債権質が消滅すると解すべきではなかろうか。

第3節　債権質以外の権利質

(1)　証券的債権の質権

　証券的債権とは，債権を証券に化体させたものである。証券は，本来的に転々流通することを目的としているから，債権の証券への化体は，債権が証券法理に服することを意味する。それゆえ，原則として債権の行使・譲渡には証券を必要とし，反対に，民法上の債権規定は必ずしも妥当しない。質権設定についても，以下のような特殊性がある。

(a) 記名社債　「記名社債」とは，「社債原簿」に社債権者の氏名・住所が記載される社債であって，「社債券」が発行されるものと，発行されないものがある。記名社債の質入れは，「社債原簿への記載」が発行会社その他の第三者に対する「対抗要件」であるが（会693条1項），「社債券が発行される社債」については，社債券を「交付」しなければその「効力」を生ぜず（会692条），かつ，社債券の「占有の継続」が対抗要件となる（会693条2項）。

(b) 指図証券　「指図証券」とは，手形，小切手，倉庫証券，貨物引換証，船荷証券など，証券上に権利者と指定された者（またはその者が指図した人）が権利を行使できる証券である。債権が証券に化体しているから，質権設定は，その証券に「裏書して交付」しなければ，その効力を生じない（520条の7→520条の2）。

(c) 記名式所持人払証券　「記名式所持人払証券」とは，証券に債権者が記名されているが，その所持人に弁済すべき旨が付記されている証券をいう（520条の13）。例えば，記名式の持参人払小切手などで，「○○〔証券上の記名者〕又はこの証券の所持人にお支払いください。」などの文言が付されたものである。記名式所持人払証券の質入れについては，「証券の交付」がなければ，その効力を生じない（520条の17→520条の13）。

(d) 無記名証券　「無記名証券」とは，証券に債権者が記名されておらず，その所持人を債権者として弁済すべき旨が付記されている証券をいう。持参人払式小切手，商品券，乗車券などである。無記名証券の質入れについては，記名式所持人払証券の規定が準用されるから，その「証券の交付」がなければ効力を生じない $\left(\substack{520条の20→520条\\の17→520条の13}\right)$。

(e) 国　債　「国債」のうち，「無記名国債」は無記名証券として扱われるが，「記名国債」は，遺族国庫債券など特別なものであるから，民法の規定の適用が排除され $\left(\substack{「記名ノ国債ヲ目的トスル質権\\ノ設定ニ関スル法律」(明37)}\right)$，原則としてその譲渡や担保権の設定は禁止される。

　他方，「登録国債」に質権を設定する場合は，「登録」を受けなければ，政府その他の第三者に対抗することができない $\left(\substack{「国債ニ関スル法\\律」(明39) 3条1項}\right)$。

(2)　株式上の質権

　株式の質入れについては，民法 364 条の規定（通知・承諾による対抗要件）は適用されず $\left(\substack{会147\\条3項}\right)$，「株券の交付」をもって効力発生要件とするが $\left(\substack{会146\\条2項}\right)$，質権者の氏名・住所を「株主名簿に記載」し，かつ，「継続して株券を占有」しなければ，会社その他の第三者に対抗することができない $\left(\substack{会147条\\1項・2項}\right)$。

(3)　無体財産権上の質権

　特許権，実用新案権，意匠権，商標権，著作権などの無体財産権の質入れは，それぞれの特別法の規定による。

(4)　不動産物権上の質権

　地上権，永小作権，地役権など，不動産の利用を目的とする物権も，質入れすることができる。これらの質権の設定は，権利の客体たる土地の引渡しを効力発生要件とし $\left(\substack{344\\条}\right)$，登記を対抗要件とする。不動産質権に準じた扱いとなる。

　また，不動産賃借権についても質権の対象となり得るが，賃借権の譲渡又は賃借物の転貸には賃貸人の承諾が必要であるから $\left(\substack{612\\条}\right)$，質権設定の場合

にもこの規定が準用され，賃貸人の承諾が必要となる。

第2章　債権の譲渡担保

第1節　債権譲渡担保の一般理論

(1)　債権の譲渡担保の意義

(a) 債権の譲渡担保とは何か　債権の譲渡担保は，既述した不動産・動産と同じく，「債権」の帰属自体を移転して担保に供する方法である。

　債権の譲渡担保は，ドイツではかなり使われている。その理由は，債権質と債権譲渡との法律構成上の差にある。すなわち，ドイツでも債権の担保方法は「債権質」であるが，債権質を設定するには通知を要する$\binom{\S\S1279,}{1280\text{BGB}}$。これに対し，同じ担保目的を達成することのできる「債権譲渡」では，わが国と異なって，通知が不要なため，担保設定を債務者に知られないなど種々の便宜性を有するので，盛んに利用されている。これが債権の譲渡担保（Sicherungsabtretung）として機能しているのである。

　わが国の法制度は，ドイツと異なり，債権質および債権譲渡の対抗要件につき，共に通知・承諾を要求していることを注意しなければならない。

(b) 債権譲渡方式と担保権的構成　債権の譲渡担保は，担保権の設定である債権質とは異なって，「担保」のために債権自体を移転する形式をとる$\left(\begin{smallmatrix}\text{したがって，「担保目的でされる債権譲渡」ない}\\\text{し「信託的債権譲渡」と実体的にも同一である}\end{smallmatrix}\right)$。このことから，法形式的には，民法債権編の「債権譲渡」の方式によらざるをえない。「債権質」においても，その担保方法は債権譲渡に関する規定が準用されているのだから，譲渡担保の場合も同様と解してよい。しかし，そうすると，債権譲渡担保は，債権質と，そして債権譲渡とどのような関係にあるかが検討されなければならない。

(2) 他の債権担保制度との区別

(a) 債権質との関係 「債権質」は，対抗要件として，債権譲渡に関する467条の規定に従って「通知・承諾」を必要とする$\binom{364}{条}$。それゆえ，債権担保の方式は，債権質と譲渡担保で変わるところはない。そうすると，債権質以外に債権の譲渡担保を認めるべき理由があるかという疑問が出でこよう。そこから，同様の形式をとる債権質を避けて，あえて譲渡担保とすべき合理的な根拠は見出せない以上，これを債権質に準じて扱えばよい$\binom{特に指名債}{権について}$とする考えもある$\binom{我妻671頁，鈴木}{『譲渡担保』255頁}$。しかし，指名債権群（とりわけ将来債権）や生成途上の権利などは，債権質ではこれを行うことができず，譲渡担保の方法によらざるをえないのであるから，否定する必要はない。

なお，法効果の問題として，「債権質」は，制限物権的構成（担保権の設定）であるから，「取立権」（優先弁済権）が解釈の中心となるのに対し，「譲渡担保」は，債権の帰属自体を変更させる権利移転的構成であるから，優先弁済権と共に，体内的な拘束関係（とりわけ清算）が中心となろう。

(b) 債権譲渡との関係 債権の譲渡担保は，債権の"譲渡"であることから，「債権譲渡」に関する方式が踏まれることになる。すなわち，467条の「通知・承諾」が対抗要件となる。そうすると，債権譲渡との関係はどうなのか。実をいえば，この関係が不明なのである。学説上，一般に，債権譲渡には，その特殊形態として，「担保目的でされる債権譲渡」および「取立目的でされる債権譲渡」，があり，後者はさらに，「信託的譲渡」と「取立権のみの授与」，があると説明されてきた。そして，「担保目的でされる債権譲渡」は，『債権法』での守備外とされ，そこ（債権法）では専ら「取立目的でされる債権譲渡」（信託的譲渡，取立権のみの授与）が論じられてきたのである$\binom{例えば，我妻『新訂債権}{総論』550頁以下など}$。

そして，「取立権のみの授与」の債権譲渡とは，債権の譲受人は自己の名で他人（譲渡人）の権利を行使する権限しか有しないが，「信託的譲渡」の債権譲渡は，譲受人が債権を信託的に譲り受けるものであり，対外的には債権は譲受人に属するが，ただ，取立てという目的に拘束されるものとする$\binom{我妻・}{前掲書}$

553頁は後者を原則形態と見るが，林（安永）＝石田＝高木
『債権総論』527頁以下〔高木〕は前者を原則とする）。こうなると，概念自体がほとんど混乱しているのである。

　思うに，「担保」目的か，「取立て」目的かは，いわば，当事者の経済的利用目的による分類である。それに対し，「信託的譲渡」とは，「譲渡」自体が，真の譲渡ではなく，ある「目的」によって拘束された関係の譲渡であることを，法律的に構成した場合の法的表現なのである。本来，「信託」とは，ローマ法の fiducia に由来するところの「目的による拘束を受けた譲渡」を指す概念であり，それをドイツ普通法学が fiduziarisches Geschäft（信託的行為）として構築したのである（前掲306頁【「隠れた行為」理論から「信託行為」理論へ】参照）。

　それゆえ，「担保目的でされる債権譲渡」とは，まさに信託的譲渡にほかならないのである（同旨，椿「民法の制度・理論と権利担保」『現代における担保法の諸問題』56頁）。したがってまた，この信託的譲渡，すなわち担保のための債権譲渡こそ，債権の譲渡担保といわざるをえない。債権の譲渡担保は，債権譲渡の法形式を借りてするものである以上，担保の目的でする債権譲渡と論理的に区別され得るわけがないからである。

(3)　債権譲渡担保の効力

(a) 取立権・弁済充当権　債権の譲渡担保の効力の第一は，取立権の譲渡担保権者への委譲と，優先弁済権としての弁済充当（債権者の債権回収）権の付与である（466条1項，366条1項の類推）。

　ただし，後に述べる集合債権の譲渡担保では，被担保債権の弁済期前の取立権は，設定者に留めておくのが一般的である。そのため，法的手段として，設定者に取立委任などが行われる必要がある（詳細は，343頁以下）。

> **【譲渡債権の受戻しは？】**　譲渡担保は，目的物の権利自体を移転し，被担保債権の弁済があったときはその目的物を返すというのが基本構造であるから，債務者には受戻権がある。このことから，譲渡債権の受戻し（戻し譲渡）をもって債権譲渡担保の特質と考える説もある（鳥矢部知茂「権利の譲渡担保」法時52巻7号124頁）。
>
> 　しかし，不動産や動産と異なり，債権は存在も短い上に個性はなく，誰が取り立てても同じであるから，取立権と弁済充当（優先弁済）とが譲渡担保権者に与えられる以上，債権の受戻しとはほとんど意味をもたないであろう。した

がって，後掲(c)の「清算法理」が確立されることにより，債務者に清算請求権を認めれば足りよう（椿寿夫「新しい集合債権担保論の基礎」ジュリスト807号79頁）。

(b) 清算法理の確立　「担保」である以上は，その形式を問わず，「清算法理」が確立されなければならない。債権譲渡担保は，債権譲渡という外形をもっていても，その実態は「担保」にすぎないことは，動産・不動産の譲渡担保の場合と同様だからである（担保権的構成）。

(c) 対抗要件　債権譲渡担保の対抗要件は2つある。民法の一般原則である「通知・承諾」と，動産・債権譲渡特例法による「登記」である（なお，ここでは，債権譲渡担保の一般論として，特定・既発生の指名債権を念頭に置く）。

i　第三債務者への「通知・承諾」　譲渡担保設定者（債権譲渡人）から，第三債務者に対する譲渡担保設定（ないし債権譲渡）の旨の「通知・承諾」である（467条1項）。第三債務者以外の第三者に対抗するためには，「確定日付証書」によることが必要である（467条2項。詳細は，「債権質」に関する前掲第1章第1節(2)(a)（348頁）参照）。

ii　「登記」（動産・債権譲渡特例法）　法人が債権（指名債権）を譲渡した場合において，その譲渡につき，「債権譲渡登記ファイル」に譲渡の登記（債権譲渡登記）がされたときは（本法の詳細は，第2節②2)，(b)(360頁) を参照せよ），──

①　**第三者対抗要件＝「登記」**　当該債権の債務者（第三債務者）以外の第三者については，467条の「確定日付のある証書」による「通知」があったものとみなし，登記の日付をもって確定日付とする（法4条1項）。

②　**第三債務者対抗要件＝「登記事項証明書」による通知または承諾**　譲渡人もしくは譲受人が，当該債権の債務者（第三債務者）に，「登記事項証明書」（法11条2項）を交付して通知し，または第三債務者が承諾したときは，第三債務者に対しても対抗力を有する（法4条2項）。〔▶→「動産・債権譲渡特例法」（368頁）〕

第2節　集合債権の譲渡担保

1　集合債権譲渡担保の意義

(1)　「集合債権」の担保

「集合債権」とは，すでに発生している債権（既発債権）および将来発生する債権（将来債権）を包括した「債権群」をいう（集合物概念）。この債権群を一括して担保の目的物にしようとするのが，集合債権譲渡担保である（近江「集合債権の譲渡担保」手形研究415号4頁以下参照。ただし，道垣内361頁は，個別的な問題の検討からこれを否定し，個々の金銭債権の譲渡担保と同じと考える）。したがって，目的債権の内容・額が必ずしも定まっていない（債権の不回収リスクはあるものの，一定の取引から生じる将来債権を対象とするものであるから，担保物としての捕捉性は高い）。

このような担保方法は，1980年代頃から，物的資産を有しないリース・信販会社が銀行から融資を受けるため，顧客に対する小口の債権を包括譲渡したり，あるいは，一般企業が売掛代金債権を一括担保とする形で行われてきたが，現在では，将来的な収益債権の担保化，企業金融における債権の流動化・証券化へと発展し，金融担保方法の重要な手段として大きな展開を見せている。

(2)　集合債権譲渡担保の問題性

しかし，2つの問題がある。第1は，「集合債権」譲渡担保が目的とする機能とその設定方法とに相矛盾した問題性が存在することである。集合債権譲渡担保の機能は，不動産に対する抵当権設定とまったく同じであり，債務者が不履行に至ってはじめて，その集合債権が優先弁済の対象となるものである（→債権に対する取立ての開始）。しかし，それ以前は，その集合債権は債務者の営業資産であるから，債務者がその取立てを行う必要があり，反対に，

債権者は債権の取立てには関心を持たない（このため，「根」譲渡担保で使われることが多い。堀龍兒「『集合債権譲渡担保契約書』作成上の留意点」NBL201号16頁・204号38頁）。ところが，譲渡担保の設定（対抗要件の具備）は，集合債権の取立権を譲渡担保権者に移転させるから，上記の，債務者の営業活動の継続という要求に応えられなくなる。そこで，どうしても，平常の常態においては，「取立権」を債務者に留保させる法技術が要求されてくるのである。

　第2は，将来債権を問題とすることから，第三債務者が不特定の場合があり得ることである。例えば，多数のテナントを収容する賃貸ビルを建築する際に，そこから将来的に生じる収益（賃料）債権を包括的に譲渡担保に供して建築資金を獲得するという方法がとられるが，この場合には，現在的には第三債務者（テナント）は発生していないから，「第三債務者不特定」として扱わざるをえない。このような場合も，その有効性を承認する必要があるのである。

2　集合債権譲渡担保の設定と対抗要件

(1)　集合債権の範囲の限定（債権の特定）

(a) 債権の特定の必要性　将来発生する債権を一括して担保に供しようとするものであるから，「設定者」（譲渡人）および「第三者」（他の債権者・後順位譲受人）との関係で，一定の範囲の債権に限定される必要がある。債権の特定は，「設定者」との関係では設定者の保護として，「第三者」との関係では対抗力の問題として機能する。

　この関係につき，判例は，将来債権につき何ら限定のない包括的譲渡や，債権発生の期間が異常に長いなど，「契約内容が譲渡人の営業活動等に対して社会通念に照らし相当とされる範囲を著しく逸脱する制限を加え，又は他の債権者に不当な不利益を与えるもの」であるときは，公序良俗（90条）に反するものとする（最判平11・1・29民集53巻1号151頁（ただし，傍論）。東京高判昭57・7・15金商674号23頁および東京地判昭60・10・22判時1207号78頁は，何ら限定がなく一切の将来債権を担保とする譲渡担保の効力を否定する。同旨，高木多喜男「集合債権譲渡担保の有効性と対抗要件」NBL234号11頁）。

(b) 限定基準　　そこで，集合債権の範囲の限定（特定）であるが，以下の基準が考えられる（高木・前掲論文234号12頁以下。なお，総合的な問題は，千葉恵美子「集合債権譲渡担保と目的債権の特定性」みんけん528号18頁以下，三林宏「集合債権譲渡担保」NBL766号86頁以下参照。なお，動産・債権譲渡対抗要件特例法が適用される集合債権の特定については，次の2(b)で扱う）。――

　　i　**債権の「種類」**　　債権の「発生原因」の特定である。債権を発生させる取引の種類と考えてよい。

　　ii　**債権の「始期」と「終期」**　　債権の「発生期間」の特定である。その「期間」が問題となるが，最判昭53・12・15（判時916号25頁）で1年の間に支払われる診療報酬債権の有効性が問題となったことから（有効性を承認した），それ以後は，「1年」を期間とする債権の差押えが定着した。しかし，それに根拠があるわけではないから，「1年」に画定される必要はない（前掲最判平11・1・29では，8年3か月の期間であった）。もとより，その期間が異常に長期で，設定者や他の債権者に不利益を与える場合は別である（上記(a)参照）。

　　iii　**「金額」**

　　iv　**「第三債務者」**　　ただし，第三債務者については，将来債権の種類・態様によっては現に存在しない場合がありうるから，「第三者」との関係では必ずしも必要とされない。すなわち，これを欠いても，対抗力を有すると解すべきである。なお，債権譲渡特例法による「登記」については，第三債務者が不特定でも登記が可能とされ，立法的に解決された（ただし，この点につき，道垣内361頁は，「債務者に対する通知・承諾」という民法の対抗要件の構造をとっていない以上，対抗要件具備の効力を認めることはできず，動産・債権譲渡特例法による独自の効力であるとする）。

(2)　対抗要件

(a)「通知又は承諾」　　集合債権の譲渡担保の「対抗要件」は，一般の指名債権譲渡と同じく，「債務者その他の第三者」に対しては「通知又は承諾」であり，「債務者以外の第三者」に対しては「確定日付ある証書による通知又は承諾」である（467条。最判平13・11・22民集55巻6号1056頁，最判平19・2・15民集61巻1号243頁）。ただ，いくつかの問題がある。

　　i　**「包括的通知」の対抗力**　　譲渡担保設定時にされた一個の包括的な通知で，将来発生する債権について対抗力を有するのか。逆からいえば，後に具体的に発生した債権につき，第三者に対抗するには，改めて個別的な

通知が必要なのかどうか。

　要は，債権がまだ発生していなくても，第三債務者および他の第三者が，将来発生する債権が譲渡されていることを知ることができればよいことであるから，包括的な通知で第三者対抗力を有するというべきである。前掲最判昭53・12・15は，このような包括的通知による全債権に対する対抗力を認めている（長井秀典・判タ960号42頁も，停止条件付債権譲渡の包括的通知を仮登記担保の仮登記に譬えて，包括的通知があれば担保権の取得を管財人に対抗することができ，否認権行使はできないとする）。

　　ii　通知の効力発生（対抗要件具備）時期　「通知」の効力が発生するのは，通知の到達時か，それとも債権が現実に発生した時か。通知は第三債務者に対してされるものであり，第三債務者が将来債権が譲渡されたことを認識すればよいことであるから（他の第三者は第三債務者を情報源として介入してくる），通知の到達時としても，いっこうに差しつかえない（高木・前掲論文235号25頁。債権発生時とするのは，小川幸士「将来の売掛代金債権の譲渡担保」法時52巻9号120頁）。

　　iii　対抗要件具備と取立権の発生　債権譲渡は，債権の帰属の変更であるから，対抗要件が具備されれば，債権の譲受人は有効にその取立てを行うことができる（467条。なお364条・366条参照）。しかし，そうすると，前記した「第1」問題（**Ⅰ**2)（363頁)）を解決することができない。

　そこで，現在では，債権者A・債務者B間で譲渡担保を設定した際に，第三債務者Cに対して債権譲渡の「通知」を行うが（これにより，譲渡担保権は第三者対抗要件を具備する），その際，<u>Aが，Cに対して，実行通知まで債権の取立権限を債務者（譲渡人）Bに付与する特約が付される</u>のが一般である（前掲最判平13・11・22）。これを，「取立権付与型」と呼んでいる（飯島敬子「集合債権譲渡担保契約の否認」判タ1108号20頁参照）。

【**対抗要件否認と危機否認の問題**】　「対抗要件否認」とは，支払停止または破産申立て後に，権利の設定，移転または変更（＝原因行為）について「対抗要件具備行為」がされた場合に，それが原因行為から15日を経過した後に「悪意」で行われたときは，その対抗要件具備を否認するものである（破164条1項)。破産宣告前の危機時期に至ってはじめて対抗要件を具備するような行為は，一般債権者の信頼を裏切る秘密取引と認められるからである。

　他方，「危機否認」とは，支払停止・破産手続開始申立てから破産宣告までを法律上の「危機時期」とし，この時期にされた担保の供与や債務の消滅その他

債権者を害する行為（＝原因行為）については，破産債権者が否認できる（破162条1項1号）。原因行為そのものを否認するものである。

　かつて，取立権を留保した形態につき，予約型などの議論が生じた際に論じられた問題であるが，前掲最判平13・11・22の出現によってこの問題は解決されたといえる。

iv　将来債権の移転時期　　対抗要件が譲渡担保契約時に具備されるとしても，「将来債権」が具体的に移転するのは，譲渡担保契約時なのか債権発生時なのか。前掲最判平19・2・15は，「債権譲渡の効果の発生を留保する特段の付款のない限り，……債権は譲渡担保契約によって譲渡担保設定者から譲渡担保権者に確定的に譲渡されている」とし，譲渡担保契約時に立っている。将来債権の譲渡につき上記に述べた理論に立つ限り，判例の結論は妥当であろう（問題点とその整理については，森田宏樹・ジュリ1354号74頁参照）。

【将来債権の移転時期の問題】　　将来債権の譲渡担保と国税債権（優先債権）とが優先関係が問題となることがある。前掲最判平19・2・15。A社は，平成9年3月31日，Xとの間で，B社がXに対して負担する一切の債務の担保として，C社との継続的取引契約から生じる集合債権（将来発生する債権を含む）を譲渡担保に供し，同年6月5日に，C社に対してその旨の通知がされた。なお，この契約では，「担保権実行の事由が生じたことに基づき，XがC社に対して担保権実行の通知をするまでは，A社がその計算においてC社から本件目的債権につき弁済を受ける」ことが約されていた。その後，A社が国税を滞納したため，平成10年4月3日・6日，Y（国）は，AのCに対する本件債権を差し押さえ，また，国税のうち本件債権の発生前に法定納期限等を徒過していた「本件国税」につき，Xに対し，国税徴収法24条1項により譲渡担保財産である本件債権から徴収する旨を通知した。

　これに対し，Xは，「国税の法定納期限等以前に譲渡担保財産となっている事実」（同旧6項）を証明し，差押えの取消しを求めたが，原審は，前記「債権発生時説」に立ち，「本件債権は，本件国税の法定納期限等が到来した後に発生したものであって，本件国税の法定納期限等以前に譲渡担保財産となっていたものではない」とした。Xの上告。

　判決は，将来債権の譲渡担保の対抗要件の有効性につき前掲最判平13・11・

22 を引用した上で,「国税の法定納期限等以前に,将来発生すべき債権を目的
として,<u>債権譲渡の効果の発生を留保する特段の付款のない譲渡担保契約が</u>
<u>締結され,その債権譲渡につき第三者に対する対抗要件が具備されていた場</u>
<u>合には,譲渡担保の目的とされた債権が国税の法定納期限等の到来後に発生</u>
<u>したとしても,当該債権は『国税の法定納期限等以前に譲渡担保財産となって</u>
<u>いる』ものに該当すると解するのが相当である</u>」として,Xの請求を認めた。

(b)「登記」── 動産・債権譲渡特例法 ・・・「法人」が債権(指名債権であって金銭の支払いを目的とするもの)を譲渡し,または・・・譲渡担保に供した場合において,「譲渡の登記」をし
たときは,この登記が対抗要件となる(従来の「債権譲渡対抗要件特例法」を改変したものである。第3編第3章第2節**2** 2)(b)(323頁))。
すなわち,──

　　i　登記の対象・債権の特定　(α)　登記の対象　「法人」が行う「債
権の譲渡」である(法1条・同4条)。法人が行う譲渡とは,譲渡人が法人であることで
あり,譲受人は法人でなくてもよい。「債権」とは,既発債権であるか将来債
権であるかを問わない。また,「譲渡」とは,「真正譲渡」であるか「譲渡担
保」であるかを問わない。

　　(β)　債権の特定　本法による「債権の特定」に必要な登記事項は,
① 債権の個数,② 債務者が特定しているときは,債務者及び債権発生時に
おける債権者の氏名・住所,③ 債務者が特定していないときは,債権の発生
原因及び債権発生時における債権者の氏名・住所,④ 貸付債権,売掛債権そ
の他の債権の種別,⑤ 債権の発生年月日,⑥ 債権発生時及び譲渡時におけ
る債権額(既発債のみを譲渡する場合に限る),である(法8条2項4号→動産・債権譲渡登記規則9条1項)。

　　ii　第三者対抗要件＝「登記」　「債権譲渡登記ファイル」(後掲)に「譲渡
の登記」がされたときは,債務者(第三債務者)以外の「第三者」については,
467条の「確定日付のある証書による通知」とみなし(法4条1項前段),登記の日付を
もって確定日付とする(同後段)。

　　iii　第三債務者対抗要件＝登記事項証明書による通知または承諾　譲
渡人もしくは譲受人が,当該債権の債務者(第三債務者)に,「登記事項証明書」
(法11条2項)を交付して「通知」し,または第三債務者が「承諾」したときは,第
三債務者に対しても対抗力を有する(法4条2項)。468条2項の規定は,この通知が

あった場合に適用し，債務者は，通知を受けるまでに譲渡人に対して生じた事由を譲受人に対抗できる$\binom{\text{同3}}{\text{項}}$。

　なお，本法においては「仮登記」の制度はないから，通知留保型・停止条件型・予約完結権型については，本法に依拠することはできない。したがって，集合債権譲渡の「登記」を行い，当事者間の特約により，一定事由が生じるまでは債務者が債権者の代理人として取立てを行うことを合意し，第三債務者には譲渡通知を行わず，支払停止等が生じたときにはじめて譲渡通知を行って債権者が取立権を行使する運用になるとされる$\binom{\text{長井・前掲金}}{\text{商論文108頁}}$。

　iv　登記の存続期間　　登記の存続期間は，原則として，(α) 債務者のすべてが特定している場合は 50 年，(β) それ以外の場合は 10 年，を超えることができない。ただ，当該期間を超えて存続期間を定めるべき特別の事由がある場合は，この限りでない$\binom{\text{法8条}}{\text{3項}}$。

　ただし，次の「転譲渡」の場合は例外である。——

　① 譲渡登記(旧登記)がされた債権について，譲受人 A がさらに第三者 D に譲渡をし，登記 (新登記) をした場合において，新登記の存続期間満了日が旧登記の存続期間満了日の後に到来するときは，旧登記の存続期間は，新登記の存続期間が満了する日まで延長されたものとみなされる$\binom{\text{法8条4項。その}}{\text{趣旨は，312頁参照}}$。

　② 譲渡登記がされた債権について，譲受人 A がさらに第三者 D に譲渡をし，467 条の通知または承諾がされた場合には，当該債権譲渡登記の存続期間は，無期限とみなされる$\binom{\text{法7条}}{\text{5項}}$。これも，上記①と同様の趣旨である$\binom{\text{323頁}}{\text{参照}}$。

　v　登記事項　　「債権譲渡登記ファイル」に登記される事項は，① 譲渡人の商号等，② 譲受人の氏名等，③ 登記番号，④ 債権譲渡登記の登記原因およびその日付，⑤ 譲渡債権 (既発債権のみを譲渡する場合に限る) の総額，⑥ 譲渡債権を特定するために必要な法務省令で定める事項，⑦ 債権譲渡登記の存続期間，である$\binom{\text{法8条}}{\text{2項}}$。

　なお，以上のすべてが記録されている書面を「登記事項証明書」といい$\binom{\text{法11}}{\text{条2項}}$，④を除いた書面を「登記事項概要証明書」という$\binom{\text{法11条}}{\text{1項}}$。

vi　登記所と登記情報の開示　　債権譲渡の登記は，各法務局が登記所として以下のようにつかさどる。

①　**「指定法務局等」の担当**　　「債権譲渡登記ファイル」への登記$\left(\substack{法8\\条}\right)$，延長登記$\left(\substack{法9\\条}\right)$，抹消登記$\left(\substack{法10\\条}\right)$，および「登記事項概要証明書」・「登記事項証明書」の交付$\left(\substack{法11\\条}\right)$は，「指定法務局等」$\left(\substack{法務大臣指定の法務局・地方\\法務局・その支局・出張所等}\right)$が行う$\left(\substack{法5\\条}\right)$。また，譲渡登記・抹消登記をした登記官は，次掲の「本店等所在地法務局等」に対し，その旨の通知をしなければならない$\left(\substack{法12条\\2項}\right)$。

②　**「本店等所在地法務局等」の担当**　　「債権譲渡登記事項概要ファイル」の調製・備付け$\left(\substack{法12条\\1項}\right)$，および同概要ファイルに記録されている事項を証明した「概要記録事項証明書」の交付$\left(\substack{法13条\\1項}\right)$は，「本店等所在地法務局等」が行う$\left(\substack{法5条\\2項}\right)$。また，「指定法務局等」から上記①所掲の通知を受けた登記官は，遅滞なく，通知を受けた登記事項の概要を，譲渡人の上記「登記事項概要ファイル」に記録しなければならない$\left(\substack{法12条\\3項}\right)$。

③　**開示の対象者**　　登記事項の概要を記載した「登記事項概要証明書」および「概要記録事項証明書」は，誰でもその交付を請求できるが$\left(\substack{法11条1項，\\同13条1項}\right)$，すべての登記事項を記載した「登記事項証明書」については，債権の譲渡人・譲受人，債権の差押債権者その他の利害関係人，または譲渡人の使用人，のみがその交付を請求できる$\left(\substack{法11条\\2項}\right)$。

第3章　代理受領・振込指定

第1節　代理受領

(1)　代理受領の意義

(a) 代理受領とは何か

〔図〕で説明するが，代理受領とは，銀行（債権者）Aが，融資先Bに対して融資を行うにつき，Bが自己の債務者（第三債務者）Cに対して有する債権の弁済受領の委任を受け，その融資金の弁済に充当する，という方法である。このことからわかるように，債権者Aは，Bの債権の受領権を有することによって，融資金は確実に担保されることになる。構造的には，BのCに対する債権をAに譲渡ないし質入れすることと，何ら変わるところはない。代理受領が，債権担保とされるゆえんである。

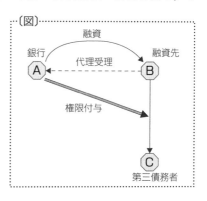

〔図〕

融資

銀行　代理受理　融資先

A　　　　　　B

権限付与

C

第三債務者

なお，代理受領は，具体的には，BがCに対して有する特定債権につき，その請求と弁済の受領方をAに委任し，AとBとが連署した上でCに承諾を求め，その承諾を受けるという方法で行われる。

(b) 代理受領はなぜ利用されるのか

もし，BのCに対する債権が譲渡・質入れを禁止されるもの（工事発注者であるCが国・地方公共団体などの場合）だったら，Bは，債権を担保として融資を受けることはできない。そこで，その役割を，代理受領が発揮することになる。また，債権担保だと，Cへの通知または承諾が必要となるが，このことはかえってBが信用を疑われることにもなる（国から受注した業者など）。

さらに，代理受領は，債権の金額や弁済期が不確定の場合にも有効である。代理受領は，このような理由から発達した制度である（『民法学3』45頁以下〔中馬義直〕，甲斐道太郎「代理受領・振込指定の担保的効果論」『現代における担保法の諸問題』85頁。判例の整理については，辻伸行「代理受領の法律関係」獨協法学16号23頁以下・17号23頁以下，鳥谷部茂「代理受領・振込指定の担保的機能」近大法学32巻2=3=4号1頁以下，35巻1=2号121頁以下参照）。

(2) 法的効力

(a) 債権者と債務者との関係　債権者Aと債務者Bとの間には，法律的には，債権の弁済受領に関する委任関係が成立する。ここにあっては，通常，Bが一方的に委任を撤回しない旨，BがCから弁済を受領しない旨，Bが重ねて他の者に代理受領をしない旨などの特約が結ばれる。特約に違反する場合は，Bは，137条2号の担保価値減少行為として期限の利益を失う（通説）。

(b) 債権者と第三債務者との関係　前述したように，代理受領関係は，第三債務者Cの承諾があって成立するものである。そのことから，債権者と第三債務者との関係は，担保的実体に合わせて法的処理を考えるべきであろう（なお，以下の点に関する学説・判例の対立等については，辻・前掲論文参照）。――

i 債権者の第三債務者に対する直接取立権　法形式的には，債権者Aは弁済受領権限を持つのみで，直接取立権を有しないことになる。しかし，担保としての実体を考えて，Cへの直接取立権を認めるべきであろう（同旨，池田雅則「判批」北大法学論集41巻2号826頁。判例（後掲最判昭61・11・20）は反対）。

ii 第三債務者の債務者への弁済　第三債務者Cの債務者Bへの弁済を認めたのでは，代理受領の担保たる意味は半減するであろう。判例（最判昭44・3・4民集23巻3号561頁，最判昭61・11・20判時1219号63頁）は，Cが代理受領を承諾することは，正当な理由なくAの利益を侵害しない趣旨を含むものであるから，Bへの弁済は義務違反となり，不法行為を構成するとした（同旨，伊藤進「判批」判評343号（判時1239号）16頁以下）。しかし，Cは，そのような担保関係の存在（設定）を承諾したのであって，だとすれば，むしろ担保関係に対する義務違反として，債務不履行と考えるべきではなかろうか（高木330頁。このほか，再度支払うべきだとする説（『民法学3』53頁以下〔中馬〕，方法は問わずいずれでもよいとする説（辻「代理受領と賠償責任」手形研究404号92頁がある）。

(c) 第三者に対する効力　　債権の譲受人，質権者，差押債権者，第三債務者が破産した場合の破産債権者，および二重代理受領者，などの「第三者」に対して，代理受領はいかなる効力を持つか。

　代理受領は第三者に対する対抗要件を有しないゆえに，そのような「第三者」には優先的地位を主張できないとするのが一般の見解である。しかし，代理受領が実質的に債権担保として機能しているのだから，Ｃの承諾をいわゆる対抗要件としての承諾と見られないものかどうか。

第2節 振込指定

(1) 振込指定の意義

〔図〕「振込指定」とは，銀行Ａが，融資先であるＢ$\left(\begin{smallmatrix}\text{工事請負人または}\\\text{商品納入者など}\end{smallmatrix}\right)$が第三債務者Ｃ$\left(\begin{smallmatrix}\text{工事発注者ま}\\\text{たは買主など}\end{smallmatrix}\right)$に対して有する債権$\left(\begin{smallmatrix}\text{請負代金}\\\text{債権や売}\\\text{買代金債}\\\text{権など}\end{smallmatrix}\right)$の支払方法を，Ａ銀行のＢ名義口座に振込むことを指定し，それによって振込まれた金銭を，ＡがＢに対する債権と相殺するという方法である。代理受領と同じく，Ａの債権の担保のために行われるもので，債権譲渡などの方法が使えない場面で

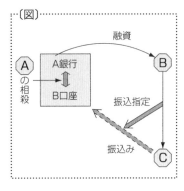

生じてきた。なお，振込指定は，代理受領ほどの一般性はないので，概略に留める$\left(\begin{smallmatrix}\text{鳥谷部・前掲論文32巻}\\\text{2=3=4号29頁以下参照}\end{smallmatrix}\right)$。

(2) 振込指定の方法と効力

振込指定は，現実には，銀行Ａ・融資先（債務者）Ｂ・第三債務者Ｃによる振込指定の合意によって行われる。しかし，Ａが，振込人Ｃに対して，振込指定が債権担保の目的で利用されることからする契約上の責任を追及するためには，次の３つの要件を合意内容としてＣに明示し，その承認を得るべきだとされる$\left(\begin{smallmatrix}\text{福岡高判昭57・5・}\\\text{31金商648号19頁}\end{smallmatrix}\right)$。その３つの要件とは，次のとおりである。――

 i Ａ・Ｂ間には債権関係が存在し，その債権の担保のために振込指定の方法がとられること

 ii Ｃは，指定された振込の方法によらないで直接Ｂに支払ってはならないこと

 iii 振込指定の方法の変更はＢ単独ではできず，Ａの承諾を要すること

　ただ，上記判決の上告審の差戻審である福岡高判昭 59・6・11（金商699号30頁）は，前節で掲げた代理受領についての最判昭 44・3・4 の理論をそのまま用いて，C の承諾は，債権担保のためにされる振込指定によって得られる A の利益を承認し，正当な理由なしにその利益を害しない趣旨を含むものであるから，その趣旨に反して B に支払った場合は，義務違反として不法行為責任があるとした。

　しかし，振込指定に十分な担保的効力を持たせるためには，上記の 3 要件を満たした承諾書に C の承諾を得ておくのが無難であるとされる（松本恒雄「振込指定と賠償責任」手形研究404号90頁）。

事項索引

ボールド体頁は主要項目

判例索引
(上級審・下級審を含めて年月日順)

条文索引

近江幸治（おうみ・こうじ）

略歴　早稲田大学法学部卒業，同大学大学院博士課程修了，同大学
　　　法学部助手，専任講師，助教授，教授（1983-84年フライブル
　　　ク大学客員研究員）

現在　早稲田大学名誉教授・法学博士（早稲田大学）

〈主要著書〉
『担保制度の研究──権利移転型担保研究序説──』（1989・成文堂）
『民法講義0 ゼロからの民法入門』（2012・成文堂）
『民法講義I 民法総則〔第7版〕』（2018・初版1991・成文堂）
『民法講義II 物権法〔第4版〕』（2020・初版1990・成文堂）
『民法講義III 担保物権〔第3版〕』（2020・初版2004・成文堂）
『民法講義IV 債権総論〔第3版補訂〕』（2009・初版1994・成文堂）
『民法講義V 契約法〔第3版〕』（2006・初版1998・成文堂）
『民法講義VI 事務管理・不当利得・不法行為〔第3版〕』
　　（2018・初版2004・成文堂）
『民法講義VII 親族法・相続法〔第2版〕』（2015・初版2010・成文堂）
『担保物権法〔新版補正版〕』（1998・初版1988・弘文堂）
『New Public Management から「第三の道」・「共生」
　　理論への展開──資本主義と福祉社会の共生──』（2002・成文堂）
『物権法（中国語版）』（2006・中国・北京大学出版社）
『担保物権法（中国語版）』（2000・中国・法律出版社）
『強行法・任意法の研究』（共編著・2018・成文堂）
『日中韓における抵当権の現在』（共編著・2015・成文堂）
『クリニック教育で法曹養成はどう変わったか?』（編者・2015・成文堂）
『学術論文の作法〔第2版〕─〔付〕リサーチペーパー・小論文・答案の書き
　　方』（2016・初版2011・成文堂）
『学生のための法律ハンドブック─弁護士は君たちの生活を見守ってい
　　る!』（共編著・2018・成文堂）

　　民法講義III　担保物権〔第3版〕

2004年10月1日　　初　版第1刷発行
2005年4月20日　　第2版第1刷発行
2007年4月20日　　第2版補訂第1刷発行
2020年4月30日　　第3版第1刷発行

　　　　　　　著　者　近　江　幸　治

　　　　　　　発行者　阿　部　成　一

〒162-0041　東京都新宿区早稲田鶴巻町514番地
　発行所　株式会社　成　文　堂

　　電話 03(3203)9201(代)　Fax 03(3203)9206
　　http://www.seibundoh.co.jp

製版・印刷 三報社印刷　　　　　製本 弘伸製本
ISBN 978-4-7923-2755-2　C 3032

定価（本体3300円＋税）